선조대왕과 친인척 2

조선의 왕실 14

• 선조대왕과 친인척 2

• 찍은날 / 2002년 10월 8일
• 펴낸날 / 2002년 10월 11일
• 지은이 / 지두환
• 펴낸이 / 안승배
• 펴낸곳 / 도서출판 역사문화
• 1 3 6 - 8 4 7
• 서울시 성북구 정릉 4동 800 - 64 4층
• 등록번호 / 제 6 - 297호
• 전 화 / 02) 916 - 4686
• 팩 스 / 02) 919 - 0267
• 홈페이지 / http://www.ihc21.com

ISBN 89 - 88096 - 15 - 0 04910
ISBN 89 - 88096 - 02 - 9 (세트)

값 12,000 원

조선의 왕실 14

선조대왕과 친인척 2

지 두 환 지음

도서출판 역사문화

일러두기

▶ 다음과 같은 부호를 사용하였다
( ) : 음과 뜻이 같은 한자를 묶는다
〔 〕 : 음은 다르나 뜻이 같은 한자를 묶는다
" " : 대화 등의 인용문을 묶는다
' ' : 재인용이나 강조 부분을 묶는다
「 」 : 작품명이나 논문을 묶는다
『 』 : 책명을 묶는다

▶ 왕자나 공주·옹주의 봉호는 『선원계보』를 기준으로 하였다
예) 함양군주(咸陽郡主: 선원록), 함양옹주(咸陽翁主: 선원계보)
부마나 국왕 인척들의 봉호는 마지막으로 봉작된 것을 기준으로
하였다

▶ 조선 국왕 연대는 왕명과 연대를 병기하는 것을 원칙으로 하였다
예) 선조 8년(1575)
국왕들의(중국 황제 포함) 재위년도는 즉위년부터 산정하였다

▶ '선원계보에 없는 후궁'은 『선원계보』나 『조선왕조 선원록』에는
나오지 않지만 『실록』 등 정사(正史)에 나오는 후궁을 말한다
여러 왕대에 걸쳐지는 인물에 대한 평전·세계도·연보는 각 낱권
마다 포함하고, 동일한 책에서 나오는 중복인물은 편집상 앞의 인
물의 자료를 참조하게 하였다

▶ 출전을 밝히지 않은 인용문은 『실록』을 기본으로 하였다

▶ 『전주이씨대관』은 '대관'으로 표기하였다

▶ 부록의 세계도는 성씨별 가나다 순으로 정리하였으며, 연보는 연
대순으로 정리하였다

서 문

　그동안 한국사를 연구하고 강의하면서, 역사를 하면 정치사를 배우는 것이 흥미도 있고 중요하기도 하다는 생각을 하였다. 그리고 이를 위해서는 왕실과 그 친인척에 대해 아는 것이 중요하다고 계속 생각해 왔다. 그 중에서도 친가뿐만 아니라 외가·처가를 아는 것이 매우 중요하다는 것을 알았다. 그래서 조선시대 종법과 관련하여 왕위계승문제를 연구하면서, 태조대 태조 처가인 신덕왕후 강씨 집안을 아는 것이나, 태종대 양녕대군·세종대 안평대군 친인척을 아는 것이나, 예종·성종과 관련하여 처가인 한명회 집안을 아는 것이나, 인조반정과 관련하여 선조 후궁인 인빈 김씨 사돈 집안들을 아는 것이 중요하다는 것을 새삼 알게 되었다.

　그동안 유교망국론 때문에, 한편으로는 지배·피지배로 나누는 계급사관 때문에, 70년대까지는 왕실과 중앙에 대한 연구나 정치사에 대한 연구가 소홀하였다. 그러나 80년대에 와서 유교긍정론이 대두하면서 왕실과 궁궐 등 중앙의 주도적인 문화에 대하여 관심이 많아졌고, 한편으로는 정치사에 대한 관심이 많아졌다. 그리고 조선 왕조에 대한 부정적인 생각을 탈피하여 조선 왕조에 대한 긍정적인 생각을 가지게 되고, 더 나아가서는 조선 왕조에서 자랑스러운 것을 찾으려는 분위기가 형성되었다.

　이에 따라 조선의 왕실을 다룬 사극(史劇)이나 영조(英祖)·정조(正祖)의 정치나, 왕실의 여러 가지 행사를 다룬 의궤(儀軌)나, 경복궁·창덕궁·종묘·수원성 같은 궁중 유물 유적에 대한 관심이 높아졌다. 이를 반영하듯

조선왕조실록 CD를 비롯하여 조선왕조를 다룬 책들이 봇물 터지듯 쏟아졌다.

그러면서 이러한 관심들을 체계적으로 뒷받침할 기초적인 정리가 잘되어 있지 않다는 것이 심각한 문제로 부각되었다. 그래서 이러한 기초적인 정리를 하려고 하니 어디서부터 시작해야 할지 깜깜하기만 하였다.

2000년대를 맞이하여 마냥 미룰 수는 없고 하여, 우선 이전에 「조선후기 예송연구」라든지 「조선전기 왕위계승 연구」라든지 한국정치사 강의를 하는 과정에서, 가장 필요하다고 생각되어 틈틈이 정리해 왔던 왕실과 친인척들을 체계적으로 정리하기로 하였다. 1차로 태조부터 선조까지 왕실과 친인척들을 정리하여 조선전기 정치를 비롯한 역사 흐름과 연결하다 보니, 작업이 굉장히 방대하다는 것을 느끼면서 한편으로는 지금까지 이것을 하지 않았다는 것이 후회스럽기도 하였다. 역사를 정리하려면 가장 주도적인 것부터 해야 한다는 것을 새삼 느끼게 되었다. 그래서 다른 것을 좀 미루고라도 올해에는 조선시대 왕실과 친인척을 모두 조사하여 정리하기로 하였다.

이러한 작업을 하는 동안 자료 정리 교정 윤문을 하느라고 밤낮으로 휴일과 방학도 없이 수고를 해준 이순구 이성호 김혁수 안승배 양웅렬 신채용 등 여러 제자들에게 이 자리를 빌어 고마움을 표한다.

임오년 가을에

북악산장에서

차 례

제2편 선조의 후궁

제1장 공빈 김씨

제2장 인빈 김씨

부록

제6장 정빈 홍씨

▓ 정빈 홍씨(貞嬪洪氏)
　부: 홍여겸(洪汝謙)
　외조부: 조명원(曺明遠)
1. 서9남 경창군(慶昌君)
　처부: 조명욱(曺明勗)
　처외조부: 원연(元埏)
2. 서8녀 정정옹주(貞正翁主)
　부마: 유적(柳頔)

제7장 온빈 한씨

▓ 온빈 한씨(溫嬪韓氏)
　부: 한사형(韓士亨)
　외조부: 박유년(朴有年)
1. 서10남 흥안군(興安君)
　처부: 한인급(韓仁及)
　처외조부: 노병준(盧並俊)
2. 서11남 경평군(慶平君)
　처부: 최윤조(崔胤祖)
　처외조부: 심극명(沈克明)
3. 서13남 영성군(寧城君)
　처부: 황이중(黃履中)
　처외조부: 박종서(朴宗緒)
4. 서10녀 정화옹주(貞和翁主)
　부마: 권대항(權大恒)

제8장 선원계보에 없는 후궁들

▓ 귀인 정씨(貴人鄭氏)
　부: 정황(鄭滉)
　외조부: 한기(韓誋)
　　　　신승가(愼承嘉)

▓ 숙의 정씨(淑儀鄭氏)
　부: 정순희(鄭純禧)
　외조부: 윤변(尹忭)

선조대왕 선원록

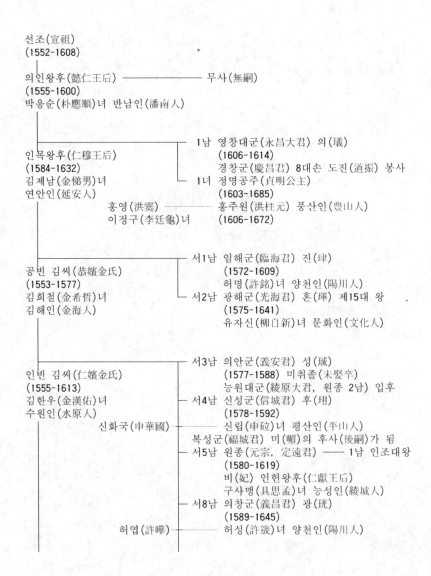

선조(宣祖)
(1552-1608)

의인왕후(懿仁王后) ──────── 무사(無嗣)
(1555-1600)
박응순(朴應順)녀 반남인(潘南人)

인목왕후(仁穆王后)
(1584-1632)
김제남(金悌男)녀
연안인(延安人)

1남 영창대군(永昌大君) 의(瑅)
(1606-1614)
경창군(慶昌君) 8대손 도진(道振) 봉사
1녀 정명공주(貞明公主)
(1603-1685)

홍영(洪霙) ·············· 홍주원(洪柱元) 풍산인(豊山人)
이정구(李廷龜)녀 (1606-1672)

공빈 김씨(恭嬪金氏)
(1553-1577)
김희철(金希哲)녀
김해인(金海人)

서1남 임해군(臨海君) 진(珒)
(1572-1609)
허명(許銘)녀 양천인(陽川人)
서2남 광해군(光海君) 혼(琿) 제15대 왕
(1575-1641)
유자신(柳自新)녀 문화인(文化人)

인빈 김씨(仁嬪金氏)
(1555-1613)
김한우(金漢佑)녀
수원인(水原人)

신화국(申華國)

허엽(許曄)

서3남 의안군(義安君) 성(珹)
(1577-1588) 미취졸(未娶卒)
능원대군(綾原大君, 원종 2남) 입후
서4남 신성군(信城君) 후(珝)
(1578-1592)
신립(申砬)녀 평산인(平山人)
복성군(福城君) 미(嵋)의 후사(後嗣)가 됨
서5남 원종(元宗, 定遠君) ── 1남 인조대왕
(1580-1619)
비(妃) 인헌왕후(仁獻王后)
구사맹(具思孟)녀 능성인(綾城人)
서8남 의창군(義昌君) 광(珖)
(1589-1645)
허성(許筬)녀 양천인(陽川人)

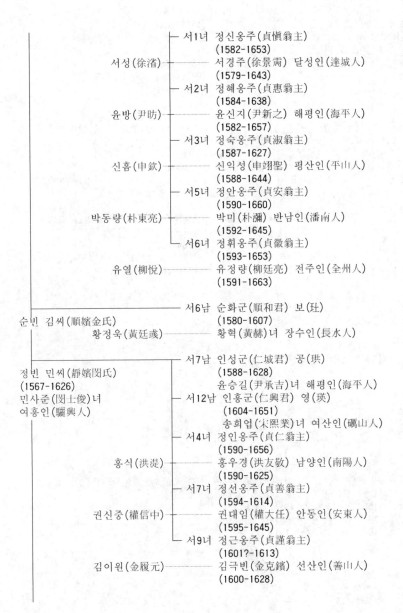

```
                                    ┌ 서1녀 정신옹주(貞愼翁主)
                                    │      (1582-1653)
                    서성(徐渻)───────┤      서경주(徐景霌) 달성인(達城人)
                                    │      (1579-1643)
                                    ├ 서2녀 정혜옹주(貞惠翁主)
                                    │      (1584-1638)
                    윤방(尹昉)───────┤      윤신지(尹新之) 해평인(海平人)
                                    │      (1582-1657)
                                    ├ 서3녀 정숙옹주(貞淑翁主)
                                    │      (1587-1627)
                    신흠(申欽)───────┤      신익성(申翊聖) 평산인(平山人)
                                    │      (1588-1644)
                                    ├ 서5녀 정안옹주(貞安翁主)
                                    │      (1590-1660)
                    박동량(朴東亮)───┤      박미(朴瀰) 반남인(潘南人)
                                    │      (1592-1645)
                                    └ 서6녀 정휘옹주(貞徽翁主)
                                           (1593-1653)
                    유열(柳悅)──────────── 유정량(柳廷亮) 전주인(全州人)
                                           (1591-1663)

                                      서6남 순화군(順和君) 보(玬)
        순빈 김씨(順嬪金氏)                    (1580-1607)
                    황정욱(黃廷彧)───────── 황혁(黃赫)녀 장수인(長水人)

                                    ┌ 서7남 인성군(仁城君) 공(珙)
        정빈 민씨(靜嬪閔氏)          │      (1588-1628)
        (1567-1626)                 │      윤승길(尹承吉)녀 해평인(海平人)
        민사준(閔士俊)녀             ├ 서12남 인흥군(仁興君) 영(瑛)
        여흥인(驪興人)               │      (1604-1651)
                                    │      송희업(宋熙業)녀 여산인(礪山人)
                                    ├ 서4녀 정인옹주(貞仁翁主)
                                    │      (1590-1656)
                    홍식(洪湜)───────┤      홍우경(洪友敬) 남양인(南陽人)
                                    │      (1590-1625)
                                    ├ 서7녀 정선옹주(貞善翁主)
                                    │      (1594-1614)
                    권신중(權信中)───┤      권대임(權大任) 안동인(安東人)
                                    │      (1595-1645)
                                    └ 서9녀 정근옹주(貞謹翁主)
                                           (1601?-1613)
                    김이원(金履元)───────── 김극빈(金克鑌) 선산인(善山人)
                                           (1600-1628)
```

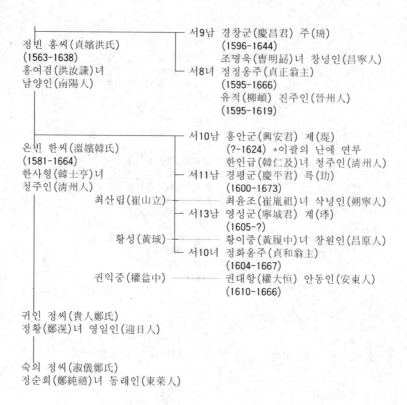

정빈 홍씨(貞嬪洪氏)
(1563-1638)
홍여겸(洪汝謙)녀
남양인(南陽人)

　서9남 경창군(慶昌君) 주(珘)
　(1596-1644)
　조명욱(曹明勗)녀 창녕인(昌寧人)
　서8녀 정정옹주(貞正翁主)
　(1595-1666)
　유적(柳頔) 진주인(晉州人)
　(1595-1619)

온빈 한씨(溫嬪韓氏)
(1581-1664)
한사형(韓士亨)녀
청주인(清州人)

　서10남 흥안군(興安君) 제(瑅)
　(?-1624) *이괄의 난에 연루
　한인급(韓仁及)녀 청주인(清州人)
　서11남 경평군(慶平君) 륵(玏)
　(1600-1673)

최산립(崔山立)
　최윤조(崔胤祖)녀 삭녕인(朔寧人)
　서13남 영성군(寧城君) 계(瑛)
　(1605-?)

황성(黃珹)
　황이중(黃履中)녀 창원인(昌原人)
　서10녀 정화옹주(貞和翁主)
　(1604-1667)

권익중(權益中)
　권대항(權大恒) 안동인(安東人)
　(1610-1666)

귀인 정씨(貴人鄭氏)
정황(鄭滉)녀 영일인(迎日人)

숙의 정씨(淑儀鄭氏)
정순희(鄭純禧)녀 동래인(東萊人)

선조(宣祖: 조선 제 14대 왕)
덕흥대원군(德興大院君) 3남, 하동부대부인(河東府大夫人) 정씨(鄭氏) 소생
하성군(河城君) 이연(李昖, 1552.11.11~1608.2.1)
재위: 1567.7~1608.2. 40년 7개월
등극: 16세(1567), 향년: 57세
부인: 10명, 자녀: 14남 11녀

자녀 생년순

순서	자녀	구분	생년(년월일)	소생모	소생모의 몇번째자녀
1	서1남	임해군	선조 5년(1572)	공빈김씨	2남중 1남
2	서2남	광해군	선조 8년(1575)	공빈김씨	2남중 2남
3	서3남	의안군	선조 10년(1577)	인빈김씨	4남 5녀중 1남
4	서4남	신성군	선조 11년(1578)	인빈김씨	4남 5녀중 2남
5	서5남	정원군	선조 13년(1580)	인빈김씨	4남 5녀중 3남
6	서6남	순화군	선조 13년(1580)	순빈김씨	1남중 1남
7	서1녀	정신옹주	선조 15년(1582)	인빈김씨	4남 5녀중 1녀
8	서2녀	정혜옹주	선조 17년(1584)	인빈김씨	4남 5녀중 2녀
9	서3녀	정숙옹주	선조 20년(1587)	인빈김씨	4남 5녀중 3녀
10	서7남	인성군	선조 21년(1588)	정빈민씨	2남 3녀중 1남
11	서8남	의창군	선조 22년(1589)	인빈김씨	4남 5녀중 4남
12	서4녀	정인옹주	선조 23년(1590)	정빈민씨	2남 3녀중 1녀
13	서5녀	정안옹주	선조 23년(1590)	인빈김씨	4남 5녀중 4녀
14	서6녀	정휘옹주	선조 26년(1593)	인빈김씨	4남 5녀중 5녀
15	서7녀	정선옹주	선조 27년(1594)	정빈민씨	2남 3녀중 2녀
16	서8녀	정정옹주	선조 28년(1595)	정빈홍씨	1남 1녀중 1녀
17	서9남	경창군	선조 29년(1596)	정빈홍씨	1남 1녀중 1남
18	서10남	흥안군		온빈한씨	3남 1녀중 1남
19	서11남	경평군	선조 33년(1600)	온빈한씨	3남 1녀중 2남
20	서9녀	정근옹주	선조 34년(1601) 추정	정민민씨	2남 3녀중 3녀
21	1녀	정명공주	선조 36년(1603)	인목대비	1남 1녀중 1녀
22	서12남	인흥군	선조 37년(1604)	정빈민씨	2남 3녀중 2남
23	서10녀	정화옹주	선조 37년(1604)	온빈한씨	3남 1녀중 1녀
24	서13남	영성군	선조 38년(1605)	온빈한씨	3남 1녀중 3남
25	1남	영창대군	선조 39년(1606)	인목대비	1남 1녀중 1남

자녀 \ 구분		생년(년월일)	가례 (당시나이)
1남	영창대군	선조 39년(1606)	
서1남	임해군	선조 5년(1572)	선조 18년(1585) 14세
서2남	광해군	선조 8년(1575)	
서3남	의안군	선조 10년(1577)	
서4남	신성군	선조 11년(1578)	선조 24년(1591) 14세 추정
서5남	정원군	선조 13년(1580)	
서6남	순화군	선조 13년(1580)	
서7남	인성군	선조 21년(1588)	선조 36년(1603) 16세
서8남	의창군	선조 22년(1589)	선조 36년(1603) 15세
서9남	경창군	선조 29년(1596)	광해군 2년(1610) 14세
서10남	흥안군		
서11남	경평군	선조 33년(1600)	광해군 6년(1614) 15세
서12남	인흥군	선조 37년(1604)	
서13남	영성군	선조 38년(1605)	
1녀	정명공주	선조 36년(1603)	인조 1년(1623) 21세
서1녀	정신옹주	선조 15년(1582)	선조 26년(1593) 12세
서2녀	정혜옹주	선조 17년(1584)	선조 29년(1596) 13세
서3녀	정숙옹주	선조 20년(1587)	선조 32년(1599) 13세
서4녀	정인옹주	선조 23년(1590)	선조 36년(1603) 14세
서5녀	정안옹주	선조 23년(1590)	선조 36년(1603) 14세
서6녀	정휘옹주	선조 26년(1593)	선조 37년(1604) 12세
서7녀	정선옹주	선조 27년(1594)	선조 37년(1604) 11세
서8녀	정정옹주	선조 28년(1595)	광해군 2년(1610) 16세
서9녀	정근옹주	선조 34년(1601) 추정	광해군 3년(1611) 나이는 11세경
서10녀	정화옹주	선조 37년(1604)	인조 8년(1630) 27세

몰년(향년)	소생모	배우자(생몰년, 본관)
광해군 6년(1614) 9세졸	인목왕후	경창군 주 8대손 도진 봉사
광해군 1년(1609) 36세졸	공빈김씨	허명녀(양천인)
인조 19년(1641) 67세졸	공빈김씨	유자신녀(문화인)
선조 21년(1588) 12세졸	인빈김씨	미취졸 능원대군입후
선조 25년(1592) 15세졸	인빈김씨	신립녀(평산인)
광해군 11년(1619) 40세졸	인빈김씨	구사맹녀(능성인)
선조 40년(1607) 28세졸	순빈김씨	황혁녀(장수인)
인조 6년(1628) 41세졸	정빈민씨	윤승길녀(해평인)
인조 23년(1645) 57세졸	인빈김씨	허성녀(양천인)
인조 22년(1644) 49세졸	정빈홍씨	조명욱녀(창녕인)
인조 2년(1624)	온빈한씨	한인급녀(청주인)
현종 14년(1673) 74세졸	온빈한씨	최윤조녀(삭녕인)
효종 2년(1651) 48세졸	정빈민씨	송희업녀(여산인)
	온빈한씨	황이중녀(창원인)
숙종 11년(1685) 83세졸	인목왕후	홍주원(1606~1672, 풍산인)
효종 4년(1653) 72세졸	인빈김씨	서경주(1579~1643, 달성인)
인조 16년(1638) 55세졸	인빈김씨	윤신지(1582~1657, 해평인)
인조 5년(1627) 41세졸	인빈김씨	신익성(1588~1644, 평산인)
효종 7년(1656) 67세졸	정빈민씨	홍우경(1590~1625, 남양인)
현종 1년(1660) 71세졸	인빈김씨	박미(1592~1645, 반남인)
효종 4년(1653) 61세졸	인빈김씨	유정량(1591~1663, 전주인)
광해군 6년(1614) 21세졸	정빈민씨	권대임(1595~1645, 안동인)
현종 7년(1666) 72세졸	정빈홍씨	유적(1595~1619, 진주인)
광해군 5년(1613)	정빈민씨	김극빈(1600~1628, 선산인)
현종 8년(1667) 64세졸	온빈한씨	권대항(1610~1666, 안동인)

개 관

붕당의 발단

명종이 승하하고 외척과 연관이 없는 할머니가 궁비인 선조가 즉위하면서 정권은 비로소 사림의 손으로 넘어가고 역사상 처음으로 사림정치가 구현되었다. 이에 사림들은 선조 초년에 우선 조광조(趙光祖, 1482~1519)를 영의정에 증직하고 문정이란 시호를 내리고, 남곤(南袞, 1471~1527)의 죄를 열거하여 관작을 추탈한다. 이어서 을사사화(乙巳士禍)를 일으킨 사람들을 공신으로 책봉한 것은 잘못되었다 하여 정난공신을 비롯하여 천여명의 원종공신의 훈적을 삭제할 것을 요구하고, 이기(李芑, 1476~1552)·정언각(鄭彦慤, 1498~1556)·정순붕(鄭順朋, 1484~1548)·임백령(林百齡, ?~1546) 등의 죄상을 폭로하여 관작을 추탈하였다. 이와 함께 을사·정미사화(丁未士禍)를 당한 사림들을 신원하고 유관(柳灌, 1484~1545)·유인숙(柳仁淑, 1485~1545) 등을 신원 복관시켰다. 그러나 위훈삭제(僞勳削除)와 윤임(尹任, 1487~1545)·계림군(桂林君) 이유(李瑠, 1502~1545)의 복관은 이준경(李浚慶, 1499~1572) 등의 구신의 반대로 이루어지지 않았다가 선조 10년(1577) 인종비 공의대비(恭懿大妃)의 요청으로 윤임·계림군 이유의 복관이 이루어지고 위훈삭제도 이루어졌다.

이처럼 이상사회 건설을 추구하다가 이를 반대하던 훈구들에게 기묘 을사사화를 당한 사림들을 신원 복관하는데 적극적이던 사림들과 소극적이던 사림들이 다시 대립하기 시작하였다. 이는 사회구성원리인 철학에서도 차이를 나타내었고 이상사회 건설을 위한 사회정책에서도 차이를 보이게 되어, 동인(東人)·서인(西人)의 붕당(朋黨)으로 발전하게 되었다.

동·서분당

동·서분당은 선조 8년(1575)에 이조전랑(吏曹銓郎) 자리를 둘러싼 심의겸(沈義謙, 1535~1587)과 김효원(金孝元, 1542~1590)의 대립에서 비롯되었다. 이조의 전랑은 정5품의 벼슬에 불과하였으나 관리의 인사권을 장악하는 청요직(淸要職)이었다. 더구나 이 전랑직을 거치면 대개는 재상으로 쉽게 올라갈 수 있다는 요직이었다. 이러한 중요성때문에 그 직에의 임명은 이조판서라도 간여하지 못하고 이임자가 추천하도록 되어 있었다. 처음 김효원이 문명이 높아 전랑에 천거를 받았는데 이조참의로 있던 심의겸은 그를 을사오적(乙巳五賊)의 한 사람인 윤원형(尹元衡, ?~1565)에 아부했던 자라 하여 반대하였다. 김효원은 마침내 전랑이 되었지만 그가 이임할 때는 심의겸의 동생이 천망에 오르게 되었다. 이번에는 김효원이 이를 거절하였다. 심의겸은 명종비 인순왕후(仁順王后)의 동생으로 윤원형 집권 당시에 사류를 많이 옹호하여 선배(先輩)들 사이에 명망이 있던 사람이고, 김효원은 신진의 한 사람으로 후배(後輩)들 사이에 명망이 있었다.

처음에는 율곡의 조정이 효과를 거두어 김효원·심의겸 양인을 각각 삼척과 전주, 외관으로 좌천도 시켰으나 근본적인 해결은 보지 못하였다.

결국 인사권을 쟁취하려는 이 두 사람의 싸움은 당시 관료와 유생을 두파로 갈라지게 하였으며, 김효원의 지지세력을 동인이라 부르고 심의겸의 지지세력을 서인이라 불러 동·서분당이 시작되었다.

동인의 영수 허엽(許曄, 1517~1580)과 서인의 영수 박순(朴淳, 1523~1589)은 똑같이 서경덕(徐敬德, 1489~1546)의 문하에서 나왔는데, 이를 계승한 동인에는 이황(李滉, 1501~1570)과 조식(曹植, 1501~1572)의 문인이 많고 서인에는 이이(李珥, 1536~1584)와 성혼(成渾, 1535~1598)의 계통이 많아서 붕당은 학파의 대립과 밀접한 관계가 있었다.

따라서 동·서의 붕당은 심·김 두 사람의 문제를 떠나서 정권쟁탈로 변질하여 율곡의 조정에도 불구하고 싸움은 갈수록 심해졌다. 이러한 가운데 율곡 자신도 서인 가운데 친구가 많고 그 제자는 서인이 주류를 이루게 되니, 동인들에 의해 서인이라 지목을 받았으며 동인인 계미삼찬(癸未三竄)의 모함을 받기에 이르렀다. 그러나 이 당시 명망이 있는 토정(土亭) 이지함(李之菡, 1517~1578)·우계 성혼 등이 율곡을 적극 지지하고 있었으므로 율곡이 관계에 있을 때는 서인이 우세한 편이었다.

계미삼찬

선조 16년(1583) 여진족이 침입하자 율곡이 병조판서로 이들을 막아내기 위하여 십만양병설을 주장하여 선조의 내락을 받아냈으나, 유성룡(柳成龍, 1542~1607) 등이 반대하여 십만양병은 일단 저지된다. 이처럼 율곡이 국난에 처하여 개혁을 하려는 것을 유성룡 등의 보수세력이 저지하는 가운데, 율곡은 여진족 침입을 막아내느라 온갖 노력을 하다가 과로하여, 임금의 부름을 받고 오다가 어지럼증으로 쓰러져 임금을 알현하지 못하고 병조에서 조리하게 되었다.

이를 기회로 동인인 허봉(許篈, 1551~1588)·송응개(宋應漑, 1536~1588)·박근원(朴謹元, 1525~1585) 등 계미삼찬이 왕명무시라는 죄명으로 모함하고, 허봉의 사주를 받은 삼사(三司)가 율곡을 탄핵하였다. 이에 율곡은 해주(海州)로 물러가고 성혼 등이 율곡의 억울함을 호소하고 율곡을 모함한 허봉·송응개·박근원 등을 탄핵하니 선조는 이들을 유배보내고 삼사를 교체하고 율곡을 다시 등용하였다.

그러나 율곡은 이때 모함당한 억울함 때문인지 아니면 정권욕에 눈이 어두운 보수세력때문에 국난에 제대로 대처하지 못한 심려때문인지 선조 17년(1584) 한창 일할 나이인 49세 장년의 나이로 임진왜란을 앞에 두고 숨을 거두게 된다.

이후 선조가 서인(西人)을 싫어하여 동인인 이산해(李山海, 1539~1609)를 이조판서에 10년이나 두니 서인은 실세하고 동인이 정권을 장악하였다.

정여립 모반사건

선조 22년(1589) 10월에 황해감사 한준(韓準, 1542~1601)이, 정여립(鄭汝立, 1546~1589)이 지함두(池涵斗) · 길삼봉(吉三峯) 등과 황해 전라도의 군사를 모아 역모를 꾀한다고 고변하였다. 정여립은 원래 율곡과 우계 문하에 드나들면서 율곡을 성인(聖人)으로 받들다가 율곡이 졸하고 서인이 실세하자 동인에 붙어 이이를 비난하니 동인의 영수인 이발(李潑, 1544~1589)이 받아들인 자이다. 이를 잘 알고 있는 선조는 정여립을 등용하지 않았다.

이러한 연유로 이산해 · 정언신 등은 한준의 고변에도 불구하고 정여립이 모반을 할리가 없다고 옹호하면서 이는 서인의 모함이라고 하였다. 정여립은 진안군 죽도 별장에 도망하였다가 자살하고 그 도당인 변숭복도 그 옆에서 자결하여 정여립 모반 사건은 의문을 남기게 되었지만 정여립의 아들 정옥남(鄭玉男)이 잡혀와 자복하여 길삼봉 · 박연령(朴延齡) 등 소위 정여립 도당이 처벌을 받게 되었다.

그러나 정여립 모반 사건은 11월에 생원 양천회(梁千會) 예조정랑 백유함(白惟咸, 1546~1618) 등이 상소를 하여 정여립과 관련된 조정 대신을 처벌할 것을 주장하여, 우의정 정언신(鄭彦信), 이발(李潑) 형제를 비롯하여 김우옹(金宇顒, 1540~1603) · 정경세(鄭經世) · 정인홍(鄭仁弘, 1535~1623) · 정개청(鄭介淸, 1529~1590) · 유몽정(柳夢井) · 최영경(崔永慶, 1529~1590) 등 동인 중 북인세력으로 확대되어 정여립을 옹호하던 동인은 큰 수난을 당하였고, 정철 · 조헌(趙憲, 1544~1592) 등으로 이루어지는 서인이 집권하였다.

건저문제

선조 24년(1591) 유성룡이 정승이 되자 정철(鄭澈, 1536~1593)에
게, 선조에게 적자가 없자 서자 중에서 세자를 세울 것을 건의하기
로 하고 이산해와 함께 모여 건의하기로 하였다. 그러나 이산해는
선조가 총애하는 인빈 김씨(仁嬪金氏)의 오라비 김공량(金公諒)과
모의하여 정철이 세자를 세우고 인빈 김씨와 그 아들 신성군(信城
君)을 죽이려 한다고 인빈 김씨를 통하여 선조에게 은밀히 모함하였
다. 이러한 모함을 모르고 정철은 유성룡·이산해가 함께 모인 경연
자리에서 세자세우는 의논을 선조에게 아뢰었다. 이에 선조가 노하
자 이산해 유성룡은 아무 말도 안하고 부제학 이성중(李誠中, 15
39~1593) 대사간 이해수(李海壽, 1536~1598)만이 같이 의논한 일
이라 하였다. 이에 정철은 선조에게 크게 미움을 사게 되었는데 이
를 틈타 유생 안덕인·이원장·윤홍·이진·이성경 등이 정철이 국
정을 그르친다고 탄핵하여 물러나고, 뒤이어 이산해와 홍여순(洪汝
諄, 1547~1609)의 공격을 받아 정철은 진주로, 백유함(白惟咸)은 경
흥(慶興), 유공진(柳拱辰, 1547~1604)은 경원, 이춘영(李春英, 1563
~1606)은 삼수(三水)로 유배되었다. 이어 우찬성 윤근수(尹根壽, 15
37~1616), 판중추 홍성민(洪聖民, 1536~1594), 목사 이해수, 부사
장운익 등을 탄핵하여 삭탈 관직시키고 병조판서 황정욱(黃廷彧,
1532~1607), 승지 황혁(黃赫, 1551~1612), 호조판서 윤두수(尹斗
壽, 1533~1601), 좌승지 유근(柳根, 1549~1627), 황해감사 이산보
(李山甫, 1539~1594), 사성 이흡(李洽, 1549~1608) 등을 탄핵하여

서인을 몰아내기 시작한다. 이때 동인 중에는 서인에 대한 강경파와 온건파로 갈리어 남인(南人)과 북인(北人)의 대립이 생기었다. 이 남인과 북인의 분열도 학파로 보면 이황의 문인과 조식의 문인 간의 대립이었다.

이처럼 서인이 세자책봉 문제로 쫓겨나는 가운데 선조 25년(1592) 4월 14일 임진왜란이 발발하니 선조는 의주로 피난가고, 조헌·김천일(金千鎰, 1537~1593)·고경명(高敬命, 1533~1592)·곽재우(郭再祐, 1552~1617) 등의 의병이 일어나 왜군과 맞서게 되었다. 25년 7월 이순신(李舜臣, 1545~1598) 장군의 한산도 대첩, 25년 10월 김시민(金時敏, 1554~1592)의 진주대첩으로 전라도 곡창이 보호되고, 25년 6월 명나라 원군 1진이 내려와 평양에서 대치하고 25년 12월에 명나라 대군이 내려 오면서 일본군이 퇴각하게 된다. 이런 과정에서 26년 2월 권율(權慄, 1537~1599) 장군의 행주대첩이 이루어지고, 26년 6월 김천일 장군의 제2차 진주성 전투가 벌어진다. 이후 일본과 화의가 이루어져 일본이 철수하게 된다.

그러나 다시 선조 30년(1597) 정유재란이 일어나 명군이 다시 원군으로 와서 싸우던 중 선조 31년(1598) 8월 도요토미가 죽어 철수하는 일본군을 31년 11월 노량대첩에서 섬멸하는 과정에서 이순신 장군이 전사하는 것으로 전쟁은 끝난다.

이렇게 임진왜란을 거치는 동안, 노비와 토지를 가진 훈척 등 기득권세력은 피난의 와중에서 몰락하게 되고, 의병투쟁을 전개하며 성장한 신진 사림세력은 전쟁 복구를 하며 주도권을 잡아간다.

그러나 정철·조헌·성혼 등 서인의 원로 대신들이 의병투쟁 중에서 또는 전쟁 전후로 죽게 된 서인들은 의병투쟁을 주도하였으면서도 정계의 주도권을 잡아가지 못하였다.

대신에 의주로 선조를 모시고 갔던 이항복(李恒福, 1556~1618), 이산해(李山海, 1539~1609)의 사위인 이덕형(李德馨, 1561~1613), 남인 유성룡(柳成龍, 1542~1607) 등의 원로 대신들이 선조 25년(1592) 4월 28일 전쟁의 와중에서 북인들에 의해 세자로 추대된 광해군(1608~1623)을 둘러싸고 정계를 주도하게 된다.

선조 32년(1599) 남이공(南以恭, 1565~1640)·김신국(金藎國, 1572~1657)이 홍여순을 탄핵하면서 대북 소북으로 갈리자, 남이공·김신국 등의 소북이 이이첨(李爾瞻, 1560~1623)·기자헌(奇自獻, 1562~1624)·정인홍(鄭仁弘) 등의 대북에게 밀려나게 된다.

그러나 선조 35년(1602) 유영경이 이조판서로 등용되어 선조 37년 호성공신에 책봉되고 영의정에 오르면서 정계를 주도하게 된다.

이런 와중에서 선조 33년 6월 의인왕후(懿仁王后, 1555~1600) 박씨가 승하하고 선조 35년 7월 인목왕후(仁穆王后, 1584~1632) 김씨가 왕비가 되어 뒤늦게 선조 39년(1606) 영창대군 이의(李㼁, 1606~1614)가 태어나니 왕위계승 문제가 다시 대두된다.

선조 41년(1608) 선조 사위 유정량(柳廷亮, 1591~1663)의 조부인 유영경(柳永慶, 1550~1608)은 영창대군을 지지하고 이산해는 광해군을 지지하였다.

그러나 선조 41년(1608) 2월 선조가 승하하고 광해군이 즉위하니 그동안 전개되었던 대북과 소북의 싸움은 대북의 승리로 일단락되고 소북의 유영경은 사사된다.

제2편 선조의 후궁

제1장 공빈 김씨

▦ 공빈 김씨(恭嬪金氏)

공빈 김씨(恭嬪金氏, 1553~1577)
부: 김희철(金希哲, ?~1592). 김해(金海)
외조부: 권장(權璋). 안동(安東)

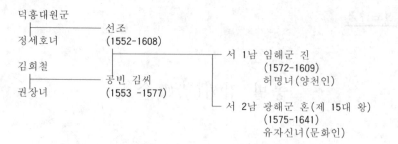

아버지는 사포(司圃) 김희철(金希哲, ?~1592)이며, 어머니는 권장(權璋)의 딸 안동 권씨(安東權氏)이다.

명종 8년(1553) 10월 11일에 태어났다.

슬하에 2남으로 임해군(臨海君, 1572~1609)과 광해군(光海君, 1575~1641)을 두었다.

20세인 선조 5년(1572) 8월 14일 임해군을 낳았고, 23세인 선조 8년(1575) 4월 26일 광해군을 낳았다.

선조 10년(1577) 5월 27일 산후병으로 인해 25세로 졸하였다.

김씨는 본디 선조의 총애를 입어 후궁(後宮)들이 감히 사랑에 끼어들지 못하였다. 병이 위독해지자 선조에게 하소연하기를, '궁중에 나를 원수로 여기는 자가 있어 나의 신발을 가져다가 내가 병들기를 저주하였는데도 상이 조사하여 밝히지 않았으니, 오늘 죽더라도 이는 상이 그렇게 시킨 것입니다. 죽어도 감히 원망하거나 미워하지 않겠습니다' 하였는데, 선조가 심히 애도하여 궁인(宮人)을 만날 적에 사납게 구는 일이 많았다. 소용 김씨(昭容金氏)가 ― 뒤에 인빈(仁嬪)이 되었다 ― 곡진히 보호하면서 공빈의 묵은 잘못을 들춰내자, 선조가 다시는 슬픈 생각을 하지 않으면서 '제가 나를 저버린 것이 많다'고 하였다. 이로부터 김 소용이 특별한 은총을 입어 방을 독차지하니 이는 전에 비할 바가 아니었다. ― 애초 궁중에는 조종조로부터 금성(金姓)은 목성

(木姓)에 해롭다는 말이 있었기 때문에 여자를 가릴 때 언제나 제외하였었는데, 상이 임금이 되어 3빈(嬪)이 모두 김씨였고, 인목왕후(仁穆王后)가 중전(中殿)의 자리를 잇게 되자 식자들은 불길하지 않을까 의심하였다.

선조 41년(1608) 2월 1일 선조가 정릉동 행궁(行宮: 덕수궁)에서 훙(薨)하자 광해군이 다음날인 2월 2일 정릉동 행궁의 서청(西廳)에서 즉위하였다.

광해군은 즉위하면서 자기의 친형인 임해군을 역모로 몰아 2월 14일에 유배보냈다.

그러면서 광해군 즉위년(1608) 5월 7일 공빈의 신주를 임해군 집에서 다른 곳으로 옮기라고 하였다.

"사친(私親)의 신주(神主)를 역모한 자의 집에 오래 둘 수 없으니 효경전(孝敬殿: 의인왕후 혼전)에 옮겨 두도록 하라" 하니, 대사간 최유원(崔有源)이 아뢰기를, "효경전은 바로 별궁(別宮)이니, 사친의 신주를 봉안할 수 없습니다" 하였다. 이에 왕이 예조로 하여금 의논하여 처리하도록 하였다. ─ 사친은 바로 공빈(恭嬪)인데, 임해군이 그 제사를 맡고 있었다.

이항복(李恒福, 1556~1618)의 건의에 따라 광해군이 즉위하기 전에 있었던 잠저로 우선 옮겨 봉안하였다.

신이 그릇되이 새 임명을 받고 송구한 마음으로 사사(私舍)에 움츠리고 있던 차에 예관(禮官)이 여러 대신(大臣)이 의논한 내용을 가지고 와서 보여 주었는데, 엉겁결에 신의 어리석은 소견 또한 대략 그와 같았으므로, 신의 이름을 거기에 첨부하여 바쳤습니다. 그리고 삼가 성교(聖敎) 및 양사(兩司)가 합계(合啓)한 내용을 보았습니다.

만일 다만 감궁(監宮)에 임시로 봉안할 뿐이라면 이는 가까운 전례에도 근거할 데가 있습니다. 황조(皇朝)에서 일찍이 사친(私親)을 위하여 봉선전(奉先殿) 곁에 묘실(廟室)을 세워서 대내(大內)에 사당을 세운다는 명칭을 피하였는데, 그 때의 명신(名臣)인 왕준(汪俊) · 교우(喬宇) 등이 모두 그것을 옳게 여겼습니다. 그런데 지금의 일만 유독 대단히 잘못되었다 해서 대간(臺諫)이 기필코 그 일을 쟁론하려고 하여 "일은 의당 미세한 것을 신중히 해야 한다"고 했겠습니까. 그것은 선유(先儒)의 "양묘(兩廟)가 서로 다투어 견주게 된다"는 혐의스러움을 범하게 되기 때문만이 아니라, 또한 심려원모(深慮遠謨)를 가지고 성궁(聖躬)께 아름다움을 이루어 드려서 끝내 한 가지 하자도 없게 하려고 해서인 것입니다.

대체로 공의(公義)는 엄격하여 친근하지 않고 사은(私恩)은 간절하여 빠져들기 쉬우므로, 옛날의 제왕(帝王)들도 본생가(本生家)와 소후가(所後家)의 사이에 있어 항상 정밀하게 가리지 못하고 익숙히 강론하지 못한데서 병통이 생기어 모두 당시에 그릇된 인상을 받고 후세의 비난을 취했거니와, 그 당시의 유사(有司) 또한 예(禮)를 강론하는 데 있어 말 한 마디의 잘못된 것이 자신도 모르게 절로 아첨하는 데로 빠져들어서 마침내 천고(千古)의 예가(禮家)의 죄인(罪人)이 되고 말았던 것입니다.

그러므로 유신(儒臣)들이 여기에 대하여 항상 준엄한 논의를 펴서 공사(公私)의 사이와 은의(恩義) 사이의 큰 한계로 삼은 것은 그 마음이 시군(時君)의 본생가를 돌보고자 하는 은혜를 일체 저지해서 조금도 펴지 못하게 하려는 것이 아닙니다. 진실로 이렇게 하지 않으면 그 폐단이 끝내는 소후가(所後家)는 잊고 본생가(本生家)만 중히 여기며, 사은(私恩)은 마음대로 쓰고 공의(公義)는 내버림으로써 도리어 친소(親疏)를 정하고 혐의(嫌疑)를 결단하는 대경(大經) 대법(大法)이 날로 어그러져 감을 깨닫게 됨은

물론이요, 간혹 임금의 뜻에 영합(迎合)하는 사설(邪說)들은 망녕
되이 고경(古經)의 "남의 친자(親子)의 은정을 빼앗지 못한다〔不
奪人之親〕"는 설(說)을 끌어대서 교묘하게 견강부회하여 임금을
무례(無禮)한 지경으로 빠뜨리게 하는 데에 이르는 것입니다. 그
러니 지금 대간이 논한 것은 그 말은 비록 지나치지만 본심(本
心)은 다른 데에 있지 않고 오직 임금이 겸손한 마음으로 허심
탄회하게 간언(諫言)을 받아들여서 익히 강론하여 일을 신중히
처리하기를 바라는 것일 뿐입니다.

　비록 그러하나 『예기 禮記』에 이르기를, "예(禮)는 하늘에서 내
려온 것도 아니고 땅에서 솟아난 것도 아니며 인정(人情)일 뿐이
다" 하였고, 또 이르기를, "예는 시대에 맞게 하는 것이 가장 중
대하고 때에 타당하게 하는 것이 그 다음이며 인정에 순한 것이
그 다음이다" 하였으니, 만일 때에 타당하지 않고 인정에 순하지
않으면 어떻게 예라고 할 수 있겠습니까. 그러므로 사친(私親)에
대한 논의가 송(宋) 나라에 이르러서 더욱 엄격해졌으나, 당시의
유신(儒臣)은 오히려 말하기를, "본인을 낳아 준 데에 대한 의의
는 지극히 높고 큰 것인데, 비록 오로지 정통(正統)에 뜻을 두어
야 하기는 하나 어찌 사은(私恩)을 모조리 끊어 버릴 수야 있겠
는가" 라고 하였습니다. 본조(本朝)의 유신은 일찍이 이 일을 논
하여 말하기를, "옛날에 비록 '사친을 강등시켜 제사 지내지 않
는다'는 글이 있기는 하나, 인정의 지극한 곳은 끝내 막을 수 없
는 것이다"라고 하였으니, 이것을 가지고 말한다면 대간의 '미세
한 일을 신중히 해야 한다'는 말과 성상의 근본에 후하신 효성
에서 은의(恩義)가 갖추 지극해질 수 있으리라고 여겨집니다.

　신이 또 상고하건데, 황조(皇朝)의 명신(名臣) 오일붕(吳一鵬)이
세종(世宗)에게 말하기를, "사친 흥헌왕(興獻王)의 사당을 안륙(安
陸)에 그대로 모셔 두고 세시(歲時)로 관(官)을 보내서 봉사(奉祀)
하도록 해야 한다" 하였습니다. 그러니 지금 예관(禮官)의 의논에

따라서 사당을 잠저(潛邸)로 받들어 옮긴다면 정히 사당을 안륙에 그대로 모시는 뜻이 되고, 별도로 여러 왕자(王子)를 명하여 삼헌관(三獻官)으로 삼아서 초헌(初獻)한 사람이 임시로 제사를 주관하게 하여 사시(四時) 및 기일(忌日)에 치제(致祭)한다면 정히 관을 보내서 봉사하는 뜻이 되며, 천천히 왕자가 더 번성해지기를 기다려서 그 중에 알맞은 왕자를 선택하여 봉사하도록 한다면 정히 습봉하여 대대로 향사하는 뜻이 됩니다.

또 해관(該官)에게 명하여 관(官)에서 제물(祭物)을 제공하게 하되 힘써 매우 풍족하고 정결하게 해서 성상의 망극한 뜻을 부치도록 한다면 이는 또한 송조(宋朝)에서 영종(英宗)의 사친인 복왕(濮王)과 효종(孝宗)의 사친인 수왕(秀王)의 사당에 관에서 제물을 제공하던 유의(遺意)가 될 것입니다. 그리고 이 밖의 부정한 말들이 일체 성상의 뜻을 동요시키지 못하게 한다면 미세한 일을 삼가는 것을 어찌 걱정할 것이 있으며, 원대한 계책을 어찌 염려할 것이 있겠습니까? 삼가 바라건대 상께서 재결하소서.

『백사집 白沙集』별집(別集) 권3 「무신오월초구일사친묘부득권안어효경전감궁의 戊申五月初九日私親廟不得權安於孝敬殿監宮議」

광해군 1년(1609) 2월 19일에 공빈 김씨 묘를 개수할 것을 의논하였다.

"사묘(私墓)를 개수하는 날에 상이 변복하는 절차는 없으나, 조시(朝市)를 정지하여 일을 보지 않는 것은 그만둘 수 없을 듯하니, 이 뜻을 예조에 말하여 의정(議定)해 아뢰도록 하라. … "

광해군 1년 2월 27일 사묘를 수개하니 잡공사를 봉입하지 말라고 전교하였다.

전교하였다. "산릉을 수개할 때 3일 동안 공사(公事)를 출입시

키지 않았다. 이번에는 사묘(私墓)를 수개하니, 오늘은 잡공사(雜
公事)를 봉입(捧入)하지 말라"

광해군 2년(1610) 2월 18일에 예조(禮曹)가 비밀히 쓴 공빈(恭
嬪) 추숭(追崇)에 관한 기록을 봉하여 홍문관(弘文館)에 내리니
홍문관이 널리 상고하여 봉입하였다.

이에 이항복(李恒福)이 헌의하여 공빈을 왕후로 추숭하는 것
이 불가함을 말하였다.

광해군 2년 3월 23일에 예조가 공빈 김씨를 왕후보다 하나
격이 낮은 왕비로 추존하고 별묘를 세워 제사지낼 것을 건의
하였으나 광해군이 왕후로 추숭할 것을 지시하였다.

"신들이 삼가 생각건대 이 일은 본래 마땅히 의논 처리해야
할 일이고 신들도 또한 일찍이 사적으로 강구하였으나 감히 여
쭙지 못했습니다. 지금의 성교(聖敎)는 실로 정(情)과 예(禮)에 말
수 없는 바입니다. 다만 그 위호(位號)의 절목은 합당함을 참작
하여 중도(中道)를 얻는 것이 매우 용이하지 않습니다. 지나치게
높이면 제도에 넘게 되니, 아마도 『춘추』에 왕후와 똑같이 했다
는 비방을 면하지 못할 것이고, 너무 가볍게 하면 사은(私恩)에
소략하여 성상의 추효(追孝)하는 정(情)을 펴지 못할 것입니다.
지금 고례(古禮)를 따르려고 하니, 중자(仲子)의 사당을 이룬 것
과 성풍(成風)의 수의(隧衣)를 보낸 일이 모두 『춘추』에서도 비방
을 받았고 선유(先儒)들도 실례라고 하였습니다. 지금 고사(古事)
를 따르려고 하니, 한(漢)나라와 당(唐)나라와 송(宋)나라의 여러
임금들이 모두 각각 추숭한 일이 있었으나, 이는 모두 어머니가
아들 때문에 귀하게 되었다는 말에 구애되어 성인이 예를 제정
한 본뜻에 위배됨을 깨닫지 못한 것입니다. 주자(朱子)가 『강목
綱目』에 쓸 때에 모두 폄하하는 말을 사용하였습니다.

성상께서 삼대의 정치를 법받으려는 훌륭한 마음으로 장차 위로 성인의 예법을 따르시겠습니까, 아니면 장차 아래로 한나라와 당나라의 잘못된 규정을 따르시겠습니까? 신들이 예를 집행하는 관직에 있으니, 삼대의 법이 아니면 법받지 않는 것은 실로 평일에 배운 바이니, 감히 다시 다른 의논이 있을 수 없습니다. 더구나 의인왕후께서 아들이 없으시므로 선왕(先王)께 건의하여 여러 아들 중에 전하를 택하여 사왕(嗣王)으로 삼아 세자로 세웠으니, 의인왕후는 이미 전하의 어머니이십니다. 전하께서 사친(私親)에게는 자연 복(服)을 강등하는 예가 있으니, 일체로 높일 수 없는 것이 명백합니다. 그러나 공빈(恭嬪)이 선조(先朝)에게는 이미 맨 앞의 후궁이고 또 성상을 탄생시킨 덕이 있으니, 그 사체(事體)가 실로 송(宋)나라의 이신비(李宸妃)와 서로 같으나 다만 유황후(劉皇后)가 몰래 인종(仁宗)을 기른 것은 또 의인왕후가 전하에게 있어 위로 천자에게 고하여 광명 정대한 종통(宗統)의 세자로 정한 것만 못합니다.

그러나 신들이 또 상고해 보건대, 명나라 효종 황제가 생모인 귀비 기씨(貴妃紀氏)를 추존하여 효목 황후(孝穆皇后)로 삼고 조서하기를 '효목 황후는 나를 낳은 생모이나, 황태후라 칭하는 데 그치고 봉자전(奉慈殿)에 별도로 제사지내라' 하고는, 인하여 여러 신하들과 그 가부를 의논하니, 예부 상서(禮部尙書) 오관(吳寬)이 아뢰기를 '노송(魯頌)에 강원(姜嫄)의 깊숙한 사당[閟宮]이라 한 것은 예에 별도로 사당을 세운 제도이고 한나라, 당나라도 또한 그러하였는데, 송나라에 이르러 병부(竝祔)한 자가 있었으니, 그 예는 잘못된 것입니다. 그러나 모두 여러 임금의 계실(繼室)로서 살아서 배위가 된 자이니, 후일 자손들이 추숭하는 것에는 비할 바가 아닙니다. 오직 이신비가 별세하자 인종이 몹시 애통하여 이에 추존하고 부제(祔祭)하였으니, 이것이 어찌 후세에 본받을 만한 것이겠습니까' 하니, 효종이 기꺼이 받아들이고,

비답하기를 '배향(配享)하는 중대한 일은 예에 마땅히 상세히 하고 삼가야 한다. 경들이 고전(古典)과 조종(祖宗)의 묘제(廟制)를 이미 명백하게 상고하였으니, 모두 의논에 준하여 사당을 세워 봉향하고 인하여 황태후라 칭하여 어버이 존숭하는 뜻을 펴게 하고 후세 자손들은 준수하고 숭봉하여 영구한 제도로 삼으라' 하니, 이에 중외(中外)가 화합하여 예에 맞는다고 하였습니다.

명나라에서 올바른 가법(家法)을 시행한 자는 효종이 제일이고 홍치(弘治) 연간의 훌륭한 정치와 교화는 한나라와 당나라 때보다 월등하였으니, 이는 바로 시왕(時王)의 제도이고 사례(事例)도 동일하니, 이를 근거로 의논하는 것이 합당할 듯합니다. 다만 위호(位號)는 사적으로 국중(國中)에서만 칭하고 국경 밖으로 나가지 않게 한다는 고인(古人)의 말이 있으나, 우리나라는 위로 천자가 있어 형세가 명나라와는 다릅니다. 신들의 뜻은 본래의 위호(位號)를 그대로 둔다면 추숭하는 실상이 없을 듯하고, 위로 왕후와 똑같이 한다면 반드시 둘을 높였다는 혐의를 끼칠 것입니다. 따라서 강등(降等)하는 의의가 없을 듯합니다. 우리나라에서는 생존하였을 때에는 비(妃)라 칭하고 별세하면 왕후라 칭하는 것은 이미 조종조에서 이루어 놓은 준례입니다만, 고전(古典)을 상고해 보건대 왕비를 왕후로 올렸다고 하였으니, 왕후와 왕비는 등급이 다소 다릅니다. 지금 마땅히 추존하여 왕비를 삼아 다소 높이는 분별을 보여 주고 휘호를 더하여 별묘(別廟)에 제사를 올리는 것이 지극히 높이는 것입니다.

그 밖의 절목(節目)은 아울러 홍치 연간 봉자전(奉慈殿)의 고사대로 하면 성상께서 종통(宗統)을 중히 여기고 본생(本生)에 보답하는 도리에 양쪽 다 지극히 아름다울 것이고 정(情)과 예(禮)에도 참작한 의의가 있을 것입니다. 신들은 모두 용렬한 자들로서 이 대례(大禮)를 당하여 구구한 소견이 이 밖에는 다른 것이 없습니다. 대신들에게 의논하니 모두가 그렇다고 하므로 황공스럽

게 감히 아룁니다" 하니, 답하기를, "아뢴 뜻이 명백하여 내가
분명하게 알았다. 부묘에 관하여 경솔히 의논하기 어려우면 천
천히 후일을 기다려 숙의해서 처리하라. 다만 왕비라는 칭호를
올리는 것은 추숭하는 법에 흠이 될 듯하고 또 명나라의 효종
황제도 이미 소생모인 귀비 기씨(紀氏)를 효목 황태후(孝穆皇太
后)로 높였으니, 지금 또한 왕후의 호를 올리고 별묘(別廟)를 세
워 책보(冊寶)를 올리고 의식을 갖추어 능(陵)을 봉하는 등의 절
목을 다시 상세히 의논하여 속히 거행하라" 하였다.

그래서 3월 29일 사친(私親)인 공빈 김씨를 추존하여 자숙단
인 공성왕후(慈淑端仁恭聖王后)로 삼았다. 전(殿)의 이름은 봉자
(奉慈)라 하였고, 능(陵)의 이름은 성릉(成陵)이라 하였다.

봉자전(奉慈殿)은 경성의 남부 훈도방(薰陶坊)에 있는데 원래
세조조 의숙공주(懿淑公主)의 집으로 중종조 중종 1년(1506)에
단경왕후(端敬王后, 1487~1557)가 손위(遜位)할 때의 궁이었다.
광해군 11년(1619)에 태조·세조의 어진(御眞)을 봉안하고 궁의
이름을 남별전(南別殿)이라 하였다.

광해군 2년(1610) 5월 16일 공성왕후와 해령부원군(海寧府院
君) 김희철(金希哲)의 가족을 추증하였다.

공성후(恭聖后)의 아버지인 고 사포(司圃) 김희철(金希哲)을 추
증하고, 그의 부모 이상 3대에게 증직하였다. ─ 해령 부원군(海
寧府院君)의 부모 이상 3대에게 추증하였다.

광해군 2년(1610) 5월 22일 세자가 태묘와 공성왕후 사묘를
알현하였다.

공빈 김씨 묘 전경

공빈 김씨 묘 무인석

공빈 김씨 묘 문인석

광해군 2년 12월 26일 좌의정 이항복을 봉성릉 도감(封成陵都監)의 도제조로 삼아 성릉을 봉하는 일을 감독하게 하였다.

예조가 청하기를, "성릉(成陵) 정자각(丁字閣)의 조성을 담당할 국(局)을 봄에 설치하라는 주상의 전교가 일찍이 있었습니다. 만약 4월에 조성하려면 초봄에 관원을 설치하여 감독하고 다스리게 해야 할 것이니, 이조로 하여금 미리 도감 당상과 낭청을 차출하게 하여 봉릉(封陵)이라고 칭하고, 정자각이 완성된 후에는 그대로 능역(陵役)을 담당하도록 해야겠습니다" 하니 왕이 따랐다.

─ 사신은 논한다. 공성왕후(恭聖王后)는 선왕(先王)으로 보면 측실(側室)이고 의인(懿仁)으로 보면 서첩(庶妾)이다. 그런데 지금 왕이 사정을 좇아 천리를 무시한 채 하루아침에 높여서는 안 되는 지위로 높여, 시호를 후(后)라 하고, 묘(廟)를 전(殿)이라 하고, 인산을 능(陵)이라 하여, 40년 간 대궐의 안주인이자 온 나라에 어머니로서의 본보기가 되었던 의인왕후와 대등하게 하였다. 이는 측실로서 지존(至尊)과 짝하고 서첩으로서 정후(正后)와 대적하는 것이니, 이보다 더한 참란이 어디에 있겠는가. 왕이 의인의 아들이 되어 종묘 사직을 주관하고 있고 보면, 어떻게 자기를 낳아준 사사로운 은혜 때문에 계통의 대의를 가릴 수 있겠는가. 한(漢)나라 소제(昭帝)와 송(宋)나라 인종(仁宗)도 이 때문에 많은 비난을 받았으니, 신하가 되어 임금을 섬기는 자는 예가 아닌 일을 하도록 임금을 인도해서는 안 된다. 그래놓고는 '옛사람 중에도 이렇게 행한 자가 있었다'고 변명하니, 아, 동방 수천리에 인륜이 다 무너져 버린 것이다. 그런데도 묘당과 대각은 한마디 말이라도 꺼내어 바로잡은 일이 전혀 없으니, 아첨하여 잘 보이려는 신하를 어찌 벌 줄 가치나 있겠는가.

그리고 광해군 4년(1612) 윤11월 11일 대신과 사헌부(司憲府)가 반대하는데도 불구하고 명(明)나라에 주청사(奏請使)를 파견하여 공빈을 왕후로 책봉해 줄 것을 청하려 하였다.

광해군 5년(1613) 4월 25일 계축옥사(癸丑獄事)를 일으켜 인목대비의 아버지 김제남(金悌男, 1562~1613)을 죽이고 영창대군(永昌大君, 1606~1614)을 유배보냈다가 죽이고 하면서 폐모론마저 제기 되었다. 이에 그동안 대신들의 반대로 늦추어졌던 공성왕후 책봉 주청을 다시 하였다.

광해군 5년(1613) 12월 11일 박홍구(朴弘耉, 1552~1624)·이지완(李志完, 1575~1617)을 명나라에 보내 공빈 김씨를 공성왕후로 책봉해 줄 것을 주청하였다.

왕이 이미 공성을 추숭(追崇)하고 태묘(太廟)에 부제(祔祭)하고자 하여 정인홍(鄭仁弘)에게 물으니, 정인홍이 말씀드리기를, "모름지기 명(明)나라 조정에 보고하여 명나라 조정에서 책명(策命)을 받은 다음에 비로소 태묘에 부제하는 일을 논의할 수 있습니다" 하였다. 왕이 대신들에 의논할 것을 명하자, 대신이 누차 곤란하게 여기니, 왕이 결단하여 시행한 것이었다.

주문(奏文)은 다음과 같다. "신은 일찍이 민흉(愍凶)을 만나 태어난 지 겨우 두 살에 자모(慈母)가 돌아가시어 끝없는 슬픔 속에 어언간 30여 년이 지났습니다. 신의 모친 김씨(金氏)는 고 영돈녕부사 김희철(金希哲)의 딸로서 선부왕(先父王) 신(臣) 휘(諱)께서 수명(受命)하신 처음에 맞아들여 부실(副室)로 삼고 궁위에서 일을 받들게 했는데 현덕이 대단히 나타났었으나 불행하게 일찍 서거하였습니다. 또한 선부왕 신 휘께서 신의 불초한 것을 알지 못하시고 천조(天朝)에 상주(上奏), 신으로 후사를 삼으시어 지금에 이르러서는 거듭 황령(皇靈)에 힘입어 선대의 왕업을 계승한 지가 여러 해 되었습니다.

신은 외람되게 황제가 내리신 은총으로 귀하게 나라의 임금이

되었는데도 나를 낳아 길러 준 어머니는 아직까지 명칭(名稱)이
없습니다. 생전에는 제후 임금이 모시는 봉양을 받지 못했고 사
후(死後)에는 높여 드러내는 존호를 더하지 못했으니, 생육해 준
은혜 갚고자 하나 갚을 길이 없어 복받치는 사모의 심정 한량이
없으며 말이 여기에 다다름에 오장 육부가 찢어지는 듯이 아픕
니다. 하지만 신같이 외번 먼 나라에 있는 천한 몸이 감히 구구
한 사정(私情)을 갑자기 천자의 위엄 앞에 요구하지 못하고 민망
한 마음으로 말못하고 있은 지가 오래입니다. 그러나 생각건대,
천조가 저의 소방(小邦)을 한집같이 보고 있으며 소방이 천조를
부모같이 우러르고 있으니, 진실로 하고자 하는 바가 있으면 반
드시 부모님께 알리고, 일에는 크고 작은 것 없이 모두 품달하
여야 당연합니다. 자기를 낳아 준 이를 추숭하는 일은 천조에서
는 본디 상전(常典)으로 되어 있는 것이지만 미약한 신에 있어서
는 실로 영광이 되는 것입니다. 더구나 어머니가 자식으로 하여
귀하게 되는 것은 전기(傳記)에도 일컬어지고 있는 것이어니와
그 어버이를 현달하게 하고자 하는 것은 자식된 자의 지극한 심
정인 것입니다.

　삼가 보건대, 역대의 제왕과 황조의 열성들에 이르기까지 추
숭한 고사가 한두 가지가 아니지만 신이 감히 참람되게 인거할
수 없는 일이고, 다만 소방의 선조들이 이미 천조의 준허(准許)
를 얻은 자만을 가지고 말씀드리겠습니다. 신의 선조(先祖) 강정
왕(康靖王: 성종) 신 휘(諱)는 성화(成化) 11년(성종 6년, 1475)에
생부(生父)와 생모(生母)의 추존(追尊)을 주청하자, 헌종 황제께서
즉시 준허의 명을 내려 그 생부 휘(諱)를 추봉(追封)하여 회간왕
(懷簡王: 덕종)으로 삼고, 생모 한씨(韓氏)를 왕비(王妃)로 삼아 아
울러 고명(誥命)과 관복(冠服)을 하사하여, 주청사인 배신(陪臣) 김
질(金礩) 등이 돌아오는 편에 부쳐 보내는 은혜를 받았고, 또 성
화 16년(성종 11년, 1480)에는 부실(副室) 윤씨(尹氏)를 봉하여 왕

비로 삼기를 청하자, 헌종 황제께서 즉시 왕비로 봉할 것을 준
허하고 이어 고명과 관복을 하사하여 배신 한명회(韓明澮)가 돌
아오는 편에 부쳐 보내시는 은전을 입었습니다. 이는 바로 천조
가, 소방에서 부모의 추존과 부실의 승봉(陞封)을 청한 데 대해
허락한 것이었습니다. 그 뒤에도 계속하여 은전(恩典)을 입어, 그
러한 전례가 한 번만이 아니었음을 환히 볼 수가 있습니다.

　신이 비록 어리석고 용렬하나 타고난 착한 성품은 똑같이 하
늘에서 나온 것인데 어버이를 현양하고자 하는 정성이 어찌 옛
날과 지금에 있어 차이가 있기에 끝내 천조에 호소하지 않겠습
니까. 삼가 바라건대, 천지부모이신 성자(聖慈)께서는 미약한 신
의 추원(追遠)의 심정을 굽어 살피시어 빨리 해부(該部)에 명하여
선대와 지금의 사례(事例)를 비교해 살피게 해서 특별히 김씨(金
氏)를 추봉하여 왕비로 삼도록 허락하시고, 아울러 고명과 관복
을 하사하시어 효의 이치를 넓히소서"

이렇게 주청한지 1년 반이 지난 광해군 7년(1615) 6월 13일
사은사 윤방(尹昉, 1563~1640) 등이 공성왕후의 고명(誥命)을
싸가지고 중국에서 돌아왔다. 그러나 관복은 보내주지 않았다.
　그래서 광해군 7년 7월 29일 공성왕후 관복을 다시 주청하
는 것에 대해 예관으로 하여금 의논하도록 하였다.

　전교하기를, "관복(冠服)을 다시 주청(奏請)하지 않을 수 없다.
요영제(姚永濟)가 그대로 본과(本科)에 남아 있으면 성사시키기가
어려울 듯하다. 요영제가 떠나갔는지 남아있는지의 여부를 살펴
보고서 형세를 보아 진정(進呈)하기로 하고, 주청하는 문서를 아
울러 마련하여 보내는 것이 어떻겠는가. 예관으로 하여금 의논
해 아뢰게 하라" 하였다. ― 공성왕후(恭聖王后)의 관복에 관한
일을 급간(給諫) 요영제가 저지했기 때문이다.

그래서 광해군 7년(1615) 8월 13일 공성왕후의 책봉 고명에 대한 사은 전문을 김상헌(金尙憲, 1570~1652)이 짓게 되었는데 전문 내용에 문제가 있다 하여 삭탈 관작되었다.

사헌부가 아뢰기를 "사과(司果) 김상헌이 지은 공성왕후(恭聖王后)의 책봉 고명(誥命)에 대한 사은 전문(謝恩箋文)에 '어머니가 자식으로 말미암아 귀해짐을 생각한다', '삼가 허물을 보면 어진 지의 여부를 알 수 있다는 데 관계된다'는 등의 말이 있는데, '허물을 보면' 이라는 뜻의 '관과(觀過)' 두 자는 신하가 감히 말할 수 있는 단어가 아닙니다. 그런데 김상헌은 기롱하고 풍자하는 말을 감히 사은 전문에다 써넣었으니, 그가 임금을 무시하고 도리를 어긴 정상이 몹시 통분스럽습니다. 전에 이민성(李民宬)이 지은 것에도 성풍(成風)에 비교한 말이 있었는데, 그 당시에 적발하여 치죄하지 않았습니다. 그러므로 이런 따위의 임금을 무시하는 마음이 징계되지 않아 일종의 사론(邪論)이 잇달아 일어나게 된 것이니, 법으로 다스리지 않을 수 없습니다. 김상헌과 이민성 등을 삭탈 관작하소서" 하니, 왕이 따랐다.

광해군 7년 8월 27일 명나라에서 고명을 받았기 때문에 공성 왕후의 신주(神主)를 고쳐 쓰고 광해군이 친히 제사를 지냈다.

자시에 공성왕후(恭聖王后)의 신주(神主)를 고쳐 썼다. 축시에 친제를 행한 후 환궁하였다. 이날 한밤중에 장단(長湍)에 큰 비가 오고 벼락이 쳤다. 하서면(下西面)에 사는 충의위 유광정(柳光庭)의 집에 불덩이가 하늘에서 떨어져 마굿간을 불태웠는데 말 1마리와 소 2마리, 닭 10여 마리가 모두 불타 죽었다. — 이때에 재변이 이루다 기록할 수 없을 정도로 많았는데, 이것은 이변 가운데 큰 것이다. 마침 친제를 지내는 날 일어났으니 하늘이 아무 뜻도 없이 한 것이겠는가.

광해군 7년(1615) 9월 13일 종묘에 부묘되었다. 광해군 7년
(1615) 6월부터 9월까지 공빈을 추숭하여 부묘한 것을 기록한
『공성왕후부묘도감의궤 恭聖王后祔廟都監儀軌』 1책이 있다.

광해군 7년 6월부터 9월까지 선조 후궁인 공빈 김씨를 추숭하
여 부묘한 기록이다. 「목록」은 없고 책머리에 추숭(追崇)·부묘
(祔廟) 발의상계(發議上啓) 내용에 의하면, 광해군 7년(1615) 6월
17일 예조에서 성모추봉지례(聖母追封之禮)와 부묘례(祔廟禮)에
대한 비망기(備忘記)에 의해 처음에 설치된 추숭도감을 부묘도감
(祔廟都監)으로 개칭했다. 이어 「좌목 座目」에는 도제조(都提調)에
영의정 기자헌(奇自獻), 제조(提調)에 이상의(李尙毅) 등이 차출되
어 있다. 예조첩정(禮曹牒呈)에 의하면 부묘일(祔廟日)은 9월 13일
이고 부묘시(祔廟時)의 제반 의주(儀註)가 실려 있다. 「삼방 三房」
에는 제기(祭器) 도식(圖式)이 들어 있으며, 「논상 論賞」에 이어
책끝에는 반차도(班次圖, 6面)가 실려 있다. 공빈 김씨(恭嬪金氏)
는 이 당시 공성왕후(恭聖王后)로 추숭(追崇)·부묘(祔廟)되었으나
인조반정 후에 인목대비(仁穆大妃)가 복위되면서 다시 공빈으로
추삭(追削)되었기 때문에 선원계보(璿源系譜)에는 공빈으로 기록
되어 있다. 『공성왕후부묘도감의궤 恭聖王后祔廟都監儀軌』 해제.
(규장각, 奎-14939)

광해군 8년(1616) 11월 4일 좌의정 월사(月沙) 이정구(李廷龜,
1564~1635)와 공조판서 유간(柳澗)을 보내어 공성왕후의 면복
을 거듭 청하는 주문을 보냈다.

그 주문(奏文)에, "삼가 다시 간절한 마음을 진달하여 은명(恩
命)을 내려주시기를 청합니다. 지난번 만력(萬曆) 43년 6월 12일
에 사은사(謝恩使) 윤방(尹昉) 등이 경사(京師)로부터 돌아왔는데
신의 생모(生母)인 김씨(金氏)를 추봉(追封)하는 고명(誥命)을 싸받

들고 도착하였습니다. 삼가 저희 나라가 응당 시행해야 할 일들에 대해서는 받들어 시행하였습니다. 다만 내리게 되어 있는 바의 관복(冠服)을 아직까지 하사받지 못하였으므로 신은 두렵고 실망스러운 마음을 이기지 못하여 다시 온 정성을 다한 글을 폐하께 진달하고 오로지 성지(聖旨)가 내려오기만을 기다리고 있는데, 지금까지도 폐하께서는 성명을 내리지 않고 계십니다. 이에 부모와 같은 천자께 감히 다시 아뢰는 바입니다. 신이 삼가 생각건대, 추봉(追封)과 생봉(生封)은 똑같은 은전이요 고명(誥命)과 관복(冠服)은 본래 두 가지 물건이 아니니, 봉작(封爵)이 있으면 고명이 있고 고명이 있으면 관복이 있는 것입니다. 봉작을 받으면서 장복(章服)이 없는 경우는 없었습니다.

삼가 조사를 해보니, 지난 성화(成化) 11년(성종 6년, 1475)에 신의 선조 강정왕(康靖王: 성종) 신 아무가 그의 생부와 생모의 추봉을 청하여 삼가 헌종 황제(憲宗皇帝)의 준허(准許)를 받았는데 고명과 관복도 아울러 하사받았습니다. 그리고 성화 7년에 헌종 황제께서 신의 선조 신 아무의 비(妃) 윤씨(尹氏)를 책봉하시고 아울러 고명과 관복을 하사하셨습니다. 그뒤로도 열성(列聖)들께서 저희 나라에 봉전(封典)을 내린 거조가 대부분 이와 같았습니다. 이것이 바로 저희 나라가 대대로 물품을 갖추어 하사받은 것으로서 전후로 찬란하게 빛난 것입니다.

우리 황상(皇上)께서는 어버이를 드러내고자 하는 신의 정성을 가련히 여기시고 효성을 장려하는 성인(聖人)의 마음을 독실히 미루어 먼저 칙서(勅書)를 내리고 이어서 고명을 내리시어 특별히 추봉을 준허하시고 흡족한 존호를 하사하셨으니, 특별한 성천자의 은총이 우리나라에 가득 넘쳤습니다. 그러나 유독 관복만은 아직도 내리지 않으셨기 때문에, 온 나라의 백성들이 기뻐하며 감격스러워하면서도 도리어 옛 전례와 다름이 있음을 가지고 말들을 하고 있습니다. 더구나 자식인 신의 간절함이야 여러

다른 사람들의 마음보다 어찌 배가 되지 않겠습니까. 신은, 지금
의 이 추봉의 은총이 참으로 보통이 넘는 특별한 은수에서 나온
것이라는 것과 관복(冠服)에 대해서 부(部)·과(科)에서 쉽게 허락
하지 않으려고 함은 또한 신중하게 처리하려는 뜻에 근본한 것
이라는 사실을 모르는 것이 아닙니다. 신이 어찌 감히 다시 황
상께 입을 놀려 미진한 은전을 내려주시기를 바라겠습니까.

다만 신의 구구한 일념은 두터운 은총을 갖추어 받아 어버이
를 드러내는 도리를 다하고, 선조들의 전례를 이어서 후손으로
서 선조들이 물려주신 뜻을 이루고자 하는 마음일 뿐입니다. 의
상(衣裳)을 진설해 놓고 어버이가 옆에 계신 듯이 제사를 올려
정성을 다하고, 물품을 진열해 놓고 인륜(人倫)을 극진히 하는
제도를 드러내는 것이 바로 신이 하늘을 우러러 소망하며 애가
타도록 바라는 바입니다. 근래에 삼가 들은 바에 의하면, 황조
(皇朝) 내번(內藩)의 숭왕(崇王)이, 세종 황제(世宗皇帝)께서 형왕
(荊王)의 모비(母妃)인 수씨(壽氏)의 책명(冊命)과 관복(冠服)을 준
허하여 지급한 일을 인용하여, 그의 생모를 추봉해 주기를 청하
였는데, 조정에서 그의 정상을 가련하게 여기어 책명과 관복을
준허하여 주었다고 합니다. 이것은 바로 헌종 황제께서 신의 선
조이신 강정왕(康靖王)의 생모에게 고명과 관복을 지급해 주셨던
것과 같은 성대한 은전입니다. 전후의 성인(聖人)이 그 법도가
같다고 할 수가 있습니다.

지금 성조(聖朝)에서 저희 나라를 보살펴 주시는 것은 안팎의
차이를 두지 않으시어, 칙유(勅諭)를 내리실 때에 매양 '내복(內
服)과 같이 본다'고 하셨으며 또한 '짐이 바야흐로 은전을 내리
어 같은 문자를 사용하는 것을 가상하게 여긴다'고 하셨습니다.
그 돌보아주시고 덮어 감싸주시며 구제해 주시고 생성시켜 주시
는 융성한 은덕이 고금에 일찍이 없었던 바이며 천하에 둘도 없
는 것입니다. 신은 선조의 왕업을 이어받아 공손히 제후의 도리

를 지켰으며 예물을 바치는 의례를 중국 안의 제후들보다 못하지 않게 하였습니다. 그러니 어찌 감히 스스로 성상의 교화가 미치는 전복(甸服)을 벗어나겠습니까. 이에 삼가 내번(內藩)에 견주고자 하여 형왕(荊王)과 숭왕(崇王)의 사례를 끌어다 신청하는 바이니, 정리로 보아 참으로 불쌍히 여겨 주셔야 하며 예의로 보아 참으로 그렇게 해야 하는 것입니다. 더구나 지금 성상께서 즉위하여 왕도(王道)가 치우침이 없으시고 먼 나라 가까운 나라 할 것 없이 복종하는 나라들을 모두 포용하시니, 저희 나라를 품어주심에 또한 어찌 피차의 차별을 둘 수가 있겠습니까.

신이 감히 이전에 자주 내리셨던 은총을 믿고 앞으로도 그 은총을 내려주시기를 바라고자, 번독스럽게 해드리는 죄를 피하지 아니하고 호소하는 주문(奏文)을 누차 거듭 올립니다. 삼가 바라건대 자애로우신 성상께서는 마음을 두시고 신의 간절함을 굽어 살피시어, 멀리는 헌종 황제께서 이미 시행하셨던 법식을 따르고 가까이는 형왕과 숭왕에게 베푼 전례를 비추어 해부(該部)에 특별히 명하여 곧바로 신의 어미의 관복을 아울러 지급하게 하소서. 그러면 죽은 자와 산 자가 모두 감격하고 기뻐할 것이니, 성상께서 옛 법식을 따르는 도리에 길이 신용이 있게 될 것이고 신이 근본에 보답하여 멀리 추모하는 예의에도 또한 유감이 없게 될 것입니다. 만력 44년(광해 8년, 1616) 11월 4일 배신(陪臣) 의정부 좌의정 이정구(李廷龜)와 공조 판서 유간(柳澗) 등을 차임하여 주문(奏文)을 가지고 가서 올리게 합니다" 하였다.

— 민형남(閔馨男)의 행차에 은(銀) 1만여 냥을 싸가지고 가서 고면(誥冕)을 겸하여 청하게 하였는데, 허균(許筠)이 그 절반을 도용(盜用)하였다. 예부(禮部)에서 뇌물이 적은 것을 혐의로 여겨 허락을 하지 아니했다. 이 때에 이르러 다시 1만 수천 냥을 가지고 갔는데, 모두 역관(譯官)의 무리들이 예부의 낭리(郎吏)들과 이익을 나누어 가졌다.

광해군 9년(1617) 8월 19일 모화관에 거둥하여 공성왕후의 관복을 맞이하는 예를 거행하였다.

왕이 진시에 모화관 막차에 거둥하여 공성왕후(恭聖王后)의 관복(冠服)을 맞이하였다. 왕이 대궐로 돌아올 때 돈화문(敦化門) 밖에서 잠시 수레를 쉬면서 예조 판서 이이첨에게 묻기를, "관복은 정문(正門)으로 들어가야 할 것이니, 나는 협문(夾門)으로 들어가는 것이 어떻겠는가?" 하니, 대답하여 아뢰기를, "상의 분부가 옳습니다. 동협문으로 들어가도록 하소서" 하였다. 왕이 인정전(仁政殿) 뜰에서 관복을 맞이하는 예를 거행하였다.

예를 마치고 대궐로 돌아오기 앞서 이이첨을 돌아보고 이르기를, "관복을 인정전에다 봉안하였으니, 내가 교자(轎子)를 타는 것은 거북스럽다. 걸어서 들어가는 것이 어떻겠는가?" 하니, 대답하기를, "교외에 거둥하셨으니 옥체가 수고로울 뿐만 아니라 일의 체모상 걸어서 들어가는 것은 부당합니다. 불가불 교자를 타셔야 합니다" 하였다. 그래서 그대로 교자를 타고 들어갔다. 왕이 나와서 황은(皇恩)에 감사하니, 백관들이 하례를 올렸다.

광해군 9년(1617) 9월 17일 공성왕후의 관복(冠服)을 태묘(太廟)에 고하였다.

왕이 공성왕후(恭聖王后)의 관복(冠服)을 태묘에 고하였다. 제사를 마치고 어가를 타고 나갔다. 채붕(彩棚)과 향산(香山)을 설치해 놓고 배우와 기생들이 큰길에서 놀이를 하니, 곳곳에서 어가를 멈추고서 하루 종일 관람하였다.

광해군 14년(1622) 9월 25일 광해군이 공성왕후의 증조부모, 조부모를 추증한 후 석물, 비석을 세우고 신주를 쓰도록 공홍

감사(公洪監司)에게 하유하였다.

인조반정 후 인조 1년(1623) 3월 18일 고명(誥命)·면복(冕服) 등이 불태워지고 성릉(成陵)의 호가 혁파되었다.

예조가 아뢰기를, "선조대왕의 후궁 김씨 — 광해의 생모인데, 중국에 주청하여 추존하고 부묘하였다 — 의 위호(僞號)를 이미 삭제하였으니 그 신주는 의당 김가의 자손에게로 돌려보내야 하고, 고명(誥命)·면복(冕服)·책보(冊寶)·의장(儀仗) 등의 물건은 종묘에 고유한 다음 모두 내다가 불태워 없애야 할 것이므로 감히 아룁니다" 하니, 상이 따랐다. 뒤에 예조가 또 아뢰기를, "신주의 형식이 사가의 목주(木主)와 다르니 태워 없앤 뒤 개조하고, 또 성릉(成陵)의 호를 혁파하소서" 하였다.

광해군 2년에 공빈을 성릉으로 추숭할 때, 고려 상주국 문하 시중 조맹(趙孟)의 묘소가 그 곁에 있었는데 봉분을 허물고 성릉의 석물들을 만들었다가, 인조 8년(1630) 5월에 풍양 조씨(豊壤趙氏) 조맹의 후손 조수이(趙守彝) 등이 상소하여 조맹의 봉분을 다시 만들고 공빈 묘소의 석물을 헐었다.

과거 선조(宣祖) 때에 공빈 김씨(恭嬪金氏)가 죽자 양주(楊州)에 장지를 잡았는데, 고려의 상주국 문하 시중(上柱國門下侍中) 조맹(趙孟)의 묘소가 그 곁에 있었으므로 그 부분을 허물 것을 의논하였으나 선조가 허락하지 않았다. 그러다가 광해가 왕위에 오른 뒤 공빈을 왕후로 추존하고 묘호(墓號)를 성릉(成陵)으로 올렸는데, 조맹의 묘소를 파낼 것인지에 대해 광해가 대신에게 의논하도록 명하였다. 그러나 영의정 이덕형(李德馨)이 불가하다고 하였기 때문에 봉분만 헐었다. 광해가 폐위되자 김씨도 따라서 공빈으로 폐해지고 마침내 능호도 고쳐졌으나 조맹의 무덤은 여전

히 봉분이나 표석도 없는 상태였다. 그의 후손 조수이(趙守彝) 등
이 상소하여 봉분할 것을 청하니, 상이 허락하고 이어 공빈의
묘소에 법에 어긋나게 세운 석물들을 헐도록 명하였다. 『인조실
록』 권22. 인조 8년 5월 21일

풍양 조씨 조맹 묘비

공빈(恭嬪)의 원찰(願刹) 봉인사(奉印寺)는 남양주시 진건면 송릉리에 있고, 봉인사 석가세존사리탑은 경복궁에 있다.

광해군은 보위에 오른 다음 그 2년(1610) 3월 29일에 그 선모(先母) 공빈(恭嬪) 김씨를 왕후로 추존한다. 따라서 공빈의 묘소도 능으로 격상되니 성릉(成陵)이란 능호가 올려지고 그 석의(石儀) 상설(像設)도 능제(陵制)의 격식에 맞게 추설(追設)된다. 뿐만 아니라 능침 원찰도 부근에 세우게 되니 그것이 바로 봉인사(奉印寺)이었다. 광릉(光陵) 봉선사(奉先寺), 선·정릉(宣靖陵) 봉은사(奉恩寺), 경릉(敬陵) 정인사(正因寺)의 예에 따른 것으로 이름도 이들 원찰의 이름을 조합해 짓고 있다, 그 생모가 생시에 후궁이라는 미천한 신분이었기 때문에 광해군 자신이 감당해야 했던 열등감과 수모를 설분하기 위해 이런 법도에 어긋나는 일을 저질렀던 듯하다.

이런 일들이 결국 광해군으로 하여금 왕좌를 지킬 수 없게 하는 명분이 되는데, 어떻든 광해군은 그 모후의 명복을 빌기 위해 그 12년(1620) 경신 5월 14일에 봉인사 동쪽 2백 보 떨어진 지점에 석가세존 사리탑을 세우고 이를 지킬 전당을 세우도록 한다. 석가세존 사리는 전년에 중국으로부터 봉안해 온 것이었다. 이런 사실은 탑중(塔中) 고문(古文)과 중수기(重修記)를 새긴 탑비명에 의해서 확인할 수 있다. 이 탑비는 영조 35년(1759)에 절충(折衝) 최세환(崔世煥)이 짓고 쓴 비석이다. 그 내용에 의하면 풍암(楓巖) 취우(取愚)선사가 영조 32년 금강산으로부터 오다가 이 탑이 퇴락한 것을 보고 중수할 뜻을 세워 당시 사도세자의 모빈(母嬪)인 영빈(暎嬪) 이씨와 화완 옹주(和緩翁主) 및 궁녀들의 시주를 받아 탑을 보수하고 그때 탑 내에서 출현한 고기(古記) 및 새로 지은 중수기를 함께 비석에 새겨 놓았다는 것이다. 그런데 이 탑 내에 봉안된 은제(銀製) 사리호 바닥에는 '세자 무술생, 수복무강, 성자창성, 만력 사십팔년 경신 오월(世子 戊戌生,

壽福無疆, 聖子昌盛, 萬曆四十八年庚申五月)'이라는 발원문이 새겨
져 있어 광해 세자 질(侄)의 수복다남(壽福多男)을 기원했던 사실
도 확인할 수 있다. 어떻든 이렇게 성릉 원찰로 세워진 이 봉인
사와 부도암은 인조반정으로 성릉이 폐릉 환원되자 왕실 원찰의
지위를 박탈당하여 사리탑이 퇴락할 정도가 되었던 것이다. 그
런데 풍암 선사가 영빈 이씨의 원찰로 인연을 맺어 놓아 다시
왕실의 외호를 받게 만들어 놓았다. 『명찰 순례』 2권 79쪽. 「봉
선사 奉先寺」

봉인사 사리탑(1984년 제작)
원형은 경복궁내 뜰에 전시되고 있다

■ 공빈 김씨

【생몰년】명종 8년(1553) ~ 선조 10년(1577). 향년 25세
【본　관】김해 김씨(金海金氏)
【　묘　】성묘(成墓, 사적 365호) 1992년 2월 13일 지정
　　　　　남양주시 진건면 사릉리(南楊州市眞乾面思陵里: 선원강요)
　　　　　기신은 5월 21일
　　　　　경기도 남양주시 진건면 송릉리 산55
【문　헌】『광해군일기 光海君日記』『선원록 璿源錄』
　　　　　『양주군지 楊州郡誌』『연려실기술 燃藜室記述』

공빈 김씨 묘(사적 제365호)
경기도 남양주시 진건면 송릉리 산55

공빈 김씨 아버지

김희철(金希哲)

출전:『김해김씨경파통합보 金海金氏京派統合譜』

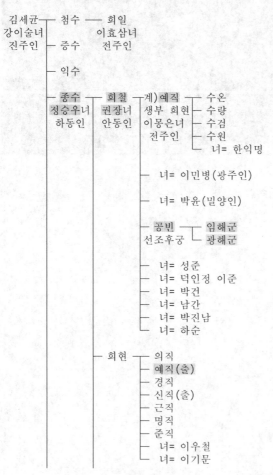

```
김세균 ── 첨수 ── 희일
강이숙녀         이효삼녀
진주인 ── 증수    전주인

        ── 익수

        ── 종수 ── 희철 ── 계)예직 ── 수온
          정승우녀   권장녀   생부 희현 ── 수량
          하동인    안동인   이몽은녀 ── 수검
                           전주인   ── 수원
                                     └ 녀= 한익명

                          ── 녀= 이민병(광주인)

                          ── 녀= 박윤(밀양인)

                          ── 공빈 ── 임해군
                            선조후궁 └ 광해군

                          ── 녀= 성준
                          ── 녀= 덕인정 이준
                          ── 녀= 박건
                          ── 녀= 남간
                          ── 녀= 박진남
                          └ 녀= 하순

        ── 희현 ── 의직
                ── 예직(출)
                ── 경직
                ── 신직(출)
                ── 근직
                ── 명직
                ── 준직
                ── 녀= 이우철
                └ 녀= 이기문
```

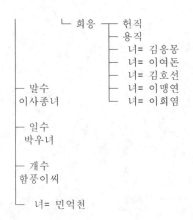

```
        ┗ 회응 ┬ 헌직
              ├ 용직
              ├ 녀= 김응몽
              ├ 녀= 이여돈
              ├ 녀= 김호선
              ├ 녀= 이맹연
              └ 녀= 이희염
  ┌ 말수
  │ 이사종녀
  │
  ├ 일수
  │ 박우녀
  │
  ├ 개수
  │ 함풍이씨
  │
  └ 녀= 민억천
```

※ 본서 부록 391쪽 참조

아버지는 김종수(金從壽)이며, 어머니는 정승우(鄭承佑)의 딸 하동 정씨(河東鄭氏)이다.

정승우는 영의정 정인지(鄭麟趾, 1396~1478)의 손자이고, 선조의 아버지 덕흥대원군(德興大院君, 1530~1559)의 장인인 정세호(鄭世虎, 1486~1563)와는 사촌간이다. 정승우의 아버지 정경조는 세종 후궁 신빈 김씨(愼嬪金氏) 소생 서2남 계양군(桂陽君) 이증(李璔, 1427~1464)의 사위이다.

정세호는 정인지의 손자로 아버지는 호군 정상조(鄭尙祖)이며, 어머니는 안온천(安溫泉)의 딸 죽산 안씨(竹山安氏, 1459~?)이다. 안씨는 세종부마 안맹담(安孟聃)의 손녀이다.

정인지의 아들 정현조(鄭顯祖)는 세조부마이다. 정승우에게는 중부(仲父)가 된다.

중종 후궁 희빈 홍씨(熙嬪洪氏, 1494~1581)의 아버지 홍경주(洪景舟, ?~1521)의 부인과 정승우는 고종사촌간이 된다.

【하동 정씨 정승우를 중심으로】

```
정인지 ─ 광조 ──── 녀  * 생 2남1녀
조후녀    안맹담녀  권자균
* 무자 ─ 현조 ──── 승수
이휴녀   세조부마
*5남2녀  의숙공주  * 무자
         이씨(再娶)
       ─ 숭조 ┬── 녀 母 박씨
        박후녀 │   회원군 이쟁
        * 1녀  ├── 승충
        조창로녀│   덕원군 이서녀
        * 4남1녀└── 승효

       ─ 경조 ── 승우 ── 녀 ── 김희철 ── 녀   공빈 김씨
        계양군         김종수  권장녀        선조후궁
        이증녀
        이계손녀
       ─ 상조 ── 세호 ── 녀
        안온천녀 이세걸녀  덕흥대원군
                         중종 서7남
                         창빈안씨 소생

       ─ 녀 ── 녀 ── 녀
        권금성  홍경주  희빈홍씨
        안동인  남양인  중종후궁

       ─ 녀 ── 녀
        김유악  연성군 이지
```

※ 본서 부록 417쪽 참조

부인은 권장(權璋)의 딸 안동 권씨(權氏)이다.

슬하에 9녀를 두었다. 아들이 없어 동생 김희현(金希賢)의 둘째 아들 김예직(金禮直)을 양자로 삼았다.

1녀는 광주 이씨(廣州李氏) 이민병(李民秉), 2녀는 밀양 박씨(密陽朴氏) 박윤(朴潤), 4녀는 창녕 성씨(昌寧成氏) 성준(成準, 1554~1619), 5녀는 전주 이씨(全州李氏) 덕인정(德仁正) 이준(李埈), 6녀는 고령 박씨(高靈朴氏) 박건(朴楗), 7녀는 남간(南侃), 8녀는 박진남(朴震男), 9녀는 하순(河淳)에게 각각 출가하였다.

이중 셋째 딸이 선조의 후궁이 되어 임해군·광해군 두 왕
자를 낳아 왕의 총애를 받았다.

선조 후궁 인빈 김씨의 외조부 이효성(李孝誠)의 동생 이효
삼(李孝參)의 사위가 김희철(金希哲)의 사촌형인 김희일(金希逸)
이다.

【공빈김씨와 인빈김씨와의 관계】

```
                     김한우
                      ‖
  이건손 ┬ 이효성 ── 녀 ──── 인빈김씨
        │
        └ 이효삼 ── 녀
                      ‖
  김세균 ┬ 김첨수 ── 김희일
        │
        └ 김종수 ── 김희철 ── 공빈김씨
                   권장녀
```

무과에 급제하여 사포서 별제(司圃署別提)에 올랐다.

선조 10년(1577) 5월 27일 딸인 선조 후궁 공빈 김씨(恭嬪金
氏)가 산후병으로 졸하였다.

선조 16년(1583) 사도시 첨정(司䆃寺僉正)이 되었다.

선조 16년(1583) 윤2월 23일 사도시 첨정에서 제식되었다.

선조 25년(1592) 임진왜란이 일어나자 의병장 조헌(趙憲)의
비장(稗將)으로 출전하여 크게 공을 세우고, 상장(上將)이 되었
다. 8월 18일에 금산(錦山)싸움에서, 김절(金節)·변계온(邊繼溫)
등 16인의 비장과 함께 왜군과 혈전을 벌이다가 전사하였다.

광해군 2년(1610) 5월 16일 공빈이 공성왕후로 추숭되면서
해령부원군(海寧府院君)으로 추증되고, 그의 부모 이상 3대가
증직되었다.

　광해 2년 5월 17일 김희철의 증조의 추증은 법규대로 하게
하였다.

　　이비(吏批)에 아뢰기를, "해령부원군(海寧府院君)의 위로 3대를
추증하라는 명을 내리셨습니다. 김희철의 증조인 김영정(金永貞)
은 마땅히 정2품을 증직하여야 하는데, 이미 정헌대부(正憲大夫)
병조판서에 증직하였으므로 지금 더 증직할 관작이 없습니다.
어떻게 할지 감히 아룁니다" 하니, 일상적인 법규에 따라 시행하
라고 전교하였다.

　광해 2년(1610) 9월 15일 아들 첨지 김예직(金禮直)이 원주에
있는 조부모 산소에 성묘를 갔다.

▓ 공빈 김씨 아버지

【생몰년】 ? ~ 선조 25년(1592)

【성　명】 김희철(金希哲)		【본　관】 김해(金海)	
【　자　】 원명(原明)		【　호　】 휴계(休溪)	

【시　호】

【　묘　】 파주(坡州) 탄현(炭縣) 금승리(金蠅里) 문지곡(文地谷)
　　　　　대산(大山) 밑 자좌(子坐)
　　　　　영주의 방산서원(方山書院)에 제향

【문　헌】 『선조실록 宣祖實錄』 『광해군일기 光海君日記』
　　　　　『연려실기술 燃藜室記述』 『국조문과방목 國朝文科榜目』
　　　　　『김해김씨경파통합보 金海金氏京派統合譜』

칠백의사 순의탑
충남 금산군 금성면 의총리 52-1

공빈 김씨 외조부

권 장(權璋)

출전 : 『안동권씨세보 安東權氏世譜』

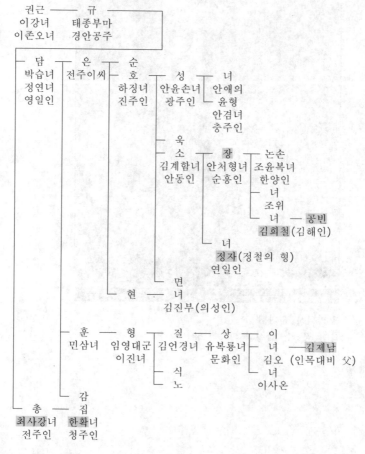

※ 본서 부록 389쪽 참조

아버지는 권소(權劭)이며 어머니는 김계함(金季諴)의 딸 안동 김씨(安東金氏)이다.

권장은 태종 3녀 경안공주(慶安公主, 1393~1415)와 혼인한 권규(權跬, 1393~1421)의 5대손이다. 권규는 권근(權近, 1352~1409)의 아들이다.

권장의 누이는 정자(鄭滋, 1516~1547)에게 출가했는데 정자는 송강(松江) 정철(鄭澈, 1536~1593)의 형이다.

권규의 증손자 권형(權衡)은 세종 왕비 소헌왕후 소생 4남 임영대군(臨瀛大君, 1420~1469) 사위이다. 권형의 손자 권상(權常)은 인목대비 아버지 김제남(金悌男)의 외조부가 된다.

부인은 안처형(安處亨)의 딸 순흥 안씨(順興安氏)이다.

슬하에 1남 2녀를 두었다. 원래는 아들이 없고 딸만 2명이 있다고 하였는데, 양자로 권논손(權論遜, 1553~1624)을 맞이한 것 같다.

1남 권논손(權論遜, 1553~1624)은 조윤복(趙允福)의 딸인 한양 조씨(漢陽趙氏)와 혼인하였다.

1녀는 조위(趙瑋)에게 출가했고, 2녀는 김희철(金希哲)에게 출가하여 선조 후궁인 공빈 김씨를 낳았다.

▓ 공빈 김씨 외조부

【생몰년】 ? ~ ?
【성 명】 권장(權璋)　　　　　　　【본 관】 안동(安東)
【묘 】
【문 헌】『선원록 璿源錄』『안동권씨세보 安東權氏世譜』

1. 임해군(臨海君)

서1남 임해군(臨海君, 1572~1609)
처부: 허명(許銘, 1539~?). 양천(陽川)
처외조부: 한경복(韓景福). 청주(淸州)

출전:『선원록 璿源錄』

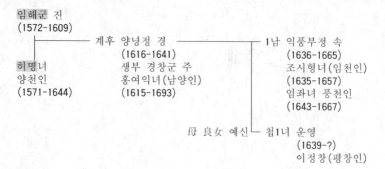

임해군 진
(1572-1609)
───── 계후 양녕정 경 ───── 1남 익풍부정 속
(1616-1641)   (1636-1665)
허명녀   생부 경창군 주   조시형녀(임천인)
양천인   홍여익녀(남양인)   (1635-1657)
(1571-1644)   (1615-1693)   임좌녀 풍천인
                                    (1643-1667)

                      母 良女 예신 ── 첩1녀 운영
                                    (1639-?)
                                    이정창(평창인)

※ 본서 부록 371쪽 참조

　선조의 서1남으로 어머니는 공빈 김씨(恭嬪金氏)이다.

　부인은 허명(許銘)의 딸인 양천 허씨(陽川許氏, 1571~1644)이다.

　슬하에 자식이 없어, 선조의 서9남으로 정빈 홍씨(貞嬪洪氏) 소생인 경창군(慶昌君, 1596~1644)의 아들 양녕정(陽寧正, 1616 ~1641)이 뒤를 이었다.

　서자이지만 서열이 첫째이므로 당연히 세자가 되어야 하나 성질이 난폭하여 아우인 광해군에게 세자 자리를 빼앗기고 비참한 최후를 맞았다.

　선조 5년(1572) 8월 14일 태어났다.

　3세인 선조 7년(1574) 1월 15일에 진국(鎭國)이라고 이름을 지어『선원록 璿源錄』에 올렸다. 뒤의 이름은 진(珒)이다.

　14세인 선조 18년(1585) 4월 17일 허명의 딸과 혼인하였다.

　21세인 선조 25년(1592) 4월 임진왜란이 일어나자 4월 29일 왕명에 의하여 선조의 서6남 순화군(順和君)과 함께 김귀영(金貴榮)·윤탁연(尹卓然) 등을 대동하고 근왕병을 모집하기 위하여 함경도로 떠났다.

선조 25년 7월 24일 반적 국경인(鞠景仁) 등에 의하여 포로
가 되어 회령(會寧)에서 왜장(倭將) 가토 기요마사[加藤淸正]에
게 넘겨져 고원(高原)에 수감되었다.

22세인 선조 26년(1593) 4월 부산으로 이송되었다. 7월 여러
차례 석방협상 끝에 석방되어 서울로 돌아왔다. 본래 성질이
포악한 데다가 포로가 되었던 정신적인 압박으로 인하여 그
포악함은 더욱 심해져서 분을 발산시키기 위하여 길거리를 헤
매었고 민가에 들어가 재물을 약탈하고 상민을 구타하는 등
행패를 부렸다. 한편, 왜장 가토[加藤淸正]는 포로로 있을 때
친분을 기화로 여러 차례 그에게 사신을 보내서 내정(內政)을
탐사하려고 하였다.

26세인 선조 30년(1597) 12월 1일 정언 이이첨(李爾瞻, 1560~
1623)이 중국 장수 접대시 그를 참석하지 못하도록 청하였다.

정언 이이첨(李爾瞻)이 와서 아뢰기를, "지난해 세자 책봉(冊封)
을 중국 조정에 주문(奏聞)할 적에, 임해군(臨海君) 이진(李珒)이
놀라서 병이 생겨 심성(心性)을 잃었다고 말하였습니다. 그런데
근래 상께서 중국의 장관(將官)을 접대하실 적에 매번 대가(大駕)
를 수행하게 하였고 경리(經理)와 제독(提督)을 불러다 보기까지
하였으니, 당초 주문한 말과 서로 어긋나 매우 미안스럽습니다.
이후로 중국 장수를 접대할 적에는 임해군은 호가(扈駕)하지 말
게 하소서" 하니, 아뢴 대로 하라고 답하였다.

32세인 선조 36년(1603) 사옹원 도제조가 되었다.

선조 36년 3월 9일 『선조실록 宣祖實錄』에서 사신이 다음과

같이 임해군을 평했다.

왕자 임해군(臨海君) 이진(李珒)은 궁노(宮奴)를 풀어 보내어 산택(山澤)을 멋대로 차지하였고, 재화(財貨)가 많은 시장 사람은 죄가 있다고 칭탁하여 얽어매어 매우 괴롭히다가 시장 사람이 은포(銀布)를 많이 바친 연후에야 놓아주었다. 또 거위와 오리를 수천 마리나 기르면서 아침이면 반드시 미방(米坊)으로 내몰았는데, 먼지를 일으키고 남의 쌀을 쪼아먹어도 감히 소리질러 쫓지 못하였으며 조금이라도 거슬리는 바가 있으면 반드시 그 대가를 톡톡히 받아내었다. 내가 일찍이 백련사(白蓮寺)에 ― 양주(楊州)에 있다 ― 간 적이 있는데 중 지호(智浩)가 '임해군의 원당(願堂)이 모두 15곳이나 된다'고 하므로, 내가 '임해군이 반드시 시주하기를 좋아하는 탓이다' 하니, 그 중이 '임해군은 오히려 절에서 시주를 받아간다. 산채(山菜) 동물을 그의 궁에 끊이지 않고 대어야 한다' 하며, 그 중은 매우 괴로와하였다. 또 남의 지아비를 죽이고 몰래 궁노(宮奴)를 보내 그의 처를 억지로 데려다가 궁노에게 짝지워 줌으로써 그의 입을 막으니, 형조(刑曹)에서는 고발할 사람을 잃었으므로 대신(大臣)에게 의논할 것을 청하였다.

37세인 선조 41년(1608) 2월 1일 선조가 승하하고 광해군이 즉위하자 2월 12일 이사경(李士慶)과 완산군(完山君) 이축(李軸)이 먼저 영의정 유영경(柳永慶)을 탄핵하고, 2월 14일에는 장령 윤양(尹讓), 지평 민덕남(閔德男), 헌납 윤효선(尹孝先), 정언 이사경(李士慶)·임장(任章) 등이 임해군을 역당으로 탄핵하여 절도로 유배보낼 것을 주장하였다.

"임해군(臨海君) 이진(李珒)은 오랫동안 이심(異心)을 품고서 사사로이 군기(軍器)를 저장하고 몰래 사사(死士)를 양성하였습니다. 지난해 10월 대행 대왕께서 미령하실 때부터 역당(逆黨)들을 많이 모았을 뿐만이 아니라 또한 많은 명장(名將)들과도 교결하여 무사들을 불러 모아놓고 주야로 은밀히 불궤(不軌)스런 짓을 도모하고 있는데 이는 나라 사람들이 다같이 분명히 알고 있는 것입니다. 그러다가 승하하는 날에 이르러서는 발상(發喪)하기 전에 공공연히 그의 집에서 나갔다가 한참 시간이 지난 뒤에야 달려 들어왔으니, 그 정적(情迹)이 비밀스러워 가병(家兵)을 지휘한 정상이 환히 드러났습니다. 이제 가까이에서 영조(營造)하는 것을 가탁하여 철퇴(鐵椎)·환도(環刀)를 빈 가마니에 싸서 많은 숫자를 들여 갔으니, 헤아릴 수 없는 화가 금방 닥치게 되어 있습니다. 종사(宗社)를 보존시킬 대계를 위하여 속히 대신과 병조로 하여금 조속히 처치(處置)하게 하여 절도(絶島)로 유배시킴으로써 성상께서 우애(友愛)하는 지극한 정을 온전히 하고 중외 사람들의 의구해 하는 마음을 안정시키소서"

이에 이날로 진도(珍島)에 안치되었다. 그러나 2월 20일 광해군은 비망기를 내려 임해군을 강화도 교동(喬桐)으로 옮기라고 하였다.

비망기로 일렀다. "임해에 대한 일은 다시 생각하여 보니 남방(南方)으로 정배하는 것은 온당하지 못한 것 같다. 급히 선전관을 보내어 강화(江華)로 옮겨서 안치시키고 나루를 건너지 못하게 엄히 지키고 담장을 높게 쌓아 출입을 금하게 함으로써 외부 사람과 서로 접촉하지 못하게 하라. 무장(武將)을 가려 군인을 많이 데리고 가서 떠나지 말고 수직하게 하라"

광해군 즉위년(1608) 고부청시청승습사(告訃請諡請承襲使) 연릉부원군(延陵府院君) 이호민(李好閔)이 북경에 도착하여, 선조

의 승하를 알리고 시호를 청하고 광해군이 왕위를 잇게 해주
기를 청하였으나, 명나라에서 「주본(奏本)이 명백하지 않다는
이유로 다시 주본을 고쳐 오게 하는 한편 무진차관(撫鎭差官)
에게 공문을 보내 명확히 조사한 뒤 갖추어 주달하게 하였습
니다」라고 5월 20일 치계하였다. 이는 왕의 차서(次序)가 합당
하지 않다는 이유였다.

　이호민 등이 논변할 때에 "이진(李珒: 임해군)은 중풍에 걸려
저위(儲位)를 감당할 수 없었다"고 잘못 말하였기 때문에 명나라
에서 의심하였다. 예부낭중(禮部郎中)이 "만일 임해군이 병에 걸
렸다면 모름지기 임해군이 사양하는 주본을 갖추어 오라"고 하
였다. 이호민 등이 이 말을 따르지 않자, 낭중이 강력하게 요구
하였으므로 이 사실을 보고한 것이다.

　광해군 즉위년(1608) 5월 27일 추국청에서 임해군 일당의 역
모가 드러났다고 아뢰었다. 그리고 임해군 역모 옥사를 국문하
였던 인빈 김씨 소생 의창군 장인인 허성(許筬, 1548~1612) 등
48명을 익사공신에 녹훈하였다.

　이때 이호민 등이 오랫동안 주청을 허락받지 못하고, 6월 15
일 명나라에서는 엄일괴(嚴一魁)·만애민(萬愛民) 등 관원을 파
견하여, 임해군이 병으로 폐인이 되어 후사(後嗣)가 되기에 적
합하지 않은지 대질해서 조사하게 하였다.

　이때 대신들은 "의당 임해군을 차관과 만나게 해서 그가 직접
죄를 지어 폐위된 이유를 진술하도록 해야 한다" 하였고, 대간은
"어떻게 대질시켜 우리 임금을 욕되게 할 수 있는가. 만일 이진
(李珒: 임해군)이 그때 가서 딴 말로 대답하게 되면 일이 또한

헤아릴 수 없게 될 것이다" 하였는데, 정인홍이 더욱 안된다고
하였다. 이에 대신들이 이르기를 "이것은 바로 명나라의 명이니,
비록 치욕스러운 일이 되는 것은 알지만 어떻게 우리 임금에게
명나라의 명을 거역하라고 권할 수 있겠는가" 하니, 왕이 대신들
의 의견을 따랐다.

6월 16일 차관을 만나게 하려고 임해군을 데려왔고, 또 광해
군이 외척 김예직(金禮直)을 보내 임해군에게 차관을 만났을
때 답할 말을 잘 타일러주게 하였으나 임해군은 김예직에게
통곡하며 자신에게 아무 죄가 없다고 말하였다.

6월 20일 임해군이 차관(差官) 요동도사(遼東都司) 엄일괴(嚴
一魁) 등을 보고 역적에 대한 사실을 부인하였다. 처음에 대신
이 임해군에게 대답할 말을 미리 가르쳐 주었는데, 임해군이
다른 일은 모두 긍정하면서도 역적질한 사항만은 받아들이려
고 하지 않았다. 이에 대신이 임해군에게 노예가 자기 몰래 한
일이라고 핑계대라고 가르쳐주자 그 말을 따랐다.

엄일괴 등은 비록 이러한 말을 다 사실로 믿지는 않았지만
타고난 성품이 탐욕스러워 수만 냥의 은을 받고는 평이하게
조사하고 돌아갔다.

6월 20일 임해군은 다시 교동(喬桐)에 유배되었고, 7월 2일
감찰 김담령(金聃齡) 등이 상소하여 임해군을 죽일 것을 청하
였다. 이후 임해군을 죽이자는 상소는 계속되었다.

9월 1일 영창대군(永昌大君)을 옹립하려던 영의정 유영경(柳
永慶, 1550~1608)을 임해군 옥사에 연루시켜 자진(自盡)하게 하
였다.

그뒤 정인홍·이이첨 등은 임해군을 죽일 것을 주장하고 이항복(李恒福, 1556~1618)·이원익(李元翼, 1547~1634) 등은 죽이면 안된다고 하며 논란하는 가운데, 이이첨이 현감 이직(李稷)을 사주하여 광해군 1년(1609) 4월 29일 38세인 임해군을 교동도에서 죽였다.

임해군(臨海君)을 위소(圍所)에서 죽였다. 임해군이 위장(圍墻) 안에 있을 때 다만 관비(官婢) 한 사람만이 그 곁에 있으면서 구멍으로 음식을 넣어주었는데, 이때 이르러 수장(守將) 이정표(李廷彪)가 핍박하여 독을 마시게 했으나 따르지 않자 드디어 목을 졸라 죽였다. ― 임해가 죽은 것을 사람들이 능히 밝히지 못하고 또 죽은 날도 알지 못하였다. 계해년 반정(反正: 인조반정, 1623년) 후 임해군의 가족이 그 관비를 불러 묻고서야 비로소 그 실상을 알았다. 부인 허씨(許氏)가 관을 열고 보니 피부가 살아 있을 때와 같았는데, 그 목에 아직 새끼줄을 감았던 붉은 흔적이 있었다

인조 반정(1623)으로 광해군이 쫓겨나고 인조가 등극하자 복작되었다.

인조 1년 9월 21일에 임해군의 묘를 개장하고 해당 관청에 명하여 석회 3백 석을 주게 하였다.

▒ 임해군

【생몰년】선조 5년(1572) ~ 광해군 1년(1609). 향년 38세
【성　명】이진(李珒). 초명은 진국(鎭國)
【본　관】전주(全州)
【자　】　　　　　　　　　　　　　【호　】
【시　호】정민(貞愍)
【묘　】양주 건천면 적성동(楊州乾川面赤城洞: 선원록)
　　　　　남양주시 진건면 송릉리(松陵里: 선원강요). 기신은 4월 30일
　　　　　남양주시 진건면 송릉리 적성동 산56 (남양주군지)
【문　헌】『광해군일기 光海君日記』『인조실록 仁祖實錄』
　　　　　『선원계보 璿源系譜』『선원록 璿源錄』『선원속보 璿源續譜』
　　　　　『연려실기술 燃藜室記述』

임해군 묘 (경기도 남양주시 진건면 송릉리 산56)

임해군 처부

허 명(許銘)

출전: 『양천허씨세보 陽川許氏世譜』

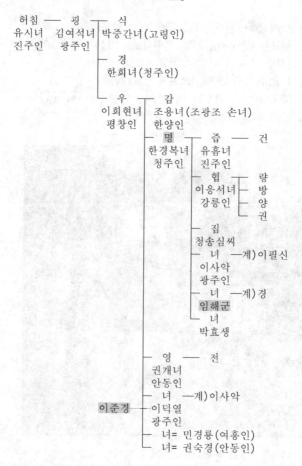

허침 —— 굉 ┬ 식
유시녀 김여석녀 │ 박중간녀(고령인)
진주인 광주인 │
          │
          ├ 경
          │ 한희녀(청주인)
          │
       ┌ 우 ┬ 감
       │ 이희현녀 │ 조용녀(조광조 손녀)
       │ 평창인 │ 한양인
       │   ├ 명 ┬ 즙 —— 건
       │   │ 한경복녀 │ 유흠녀
       │   │ 청주인 │ 진주인
       │   │   ├ 협 ┬ 량
       │   │   │ 이응서녀 ├ 방
       │   │   │ 강릉인 ├ 양
       │   │   │   └ 권
       │   │   │
       │   │   ├ 집
       │   │   │ 청송심씨
       │   │   ├ 녀 ——계)이필신
       │   │   │ 이사악
       │   │   │ 광주인
       │   │   ├ 녀 ——계)경
       │   │   ├ 임해군
       │   │   └ 녀
       │   │   박효생
       │   │
       │   ├ 영 —— 전
       │   │ 권개녀
       │   │ 안동인
       │   ├ 녀 ——계)이사악
       │   │ 이덕열
       │   │ 광주인
       │   ├ 녀= 민경룡(여흥인)
       │   └ 녀= 권숙경(안동인)

이준경

※ 본서 부록 423쪽 참조

아버지는 허우(許墒, 1514~1557)이며, 어머니는 이희현(李希賢, 1500~?)의 딸인 평창 이씨(平昌李氏, 1513?~?)이다.

이희현의 동생은 문정왕후의 동생인 윤원로(尹元老)에게 출가했다.

부인은 한경복(韓景福)의 딸인 청주 한씨(韓氏)이다.

슬하에 3남 3녀를 두었는데, 1남 허즙(許濈)은 유흠(柳欽)의 딸인 진주 유씨(晉州柳氏)와 혼인하였다. 유흠은 좌의정 유인숙(柳仁淑, 1485~1545)의 손자이다. 2남 허협(許浹, 1568~?)은 이응서(李應瑞)의 딸인 강릉 이씨(江陵李氏)와 혼인하였고, 3남 허집(許潗)은 청송 심씨(靑松沈氏)와 혼인하였다.

1녀는 광주 이씨(廣州李氏) 이사악(李士岳)에게 출가했고, 2녀는 선조대왕의 서1남인 임해군(臨海君)에게 출가했으며, 3녀는 함양 박씨(咸陽朴氏) 박효생(朴孝生)에게 출가하였다.

중종 34년(1539)에 태어났다.

23세인 명종 16년(1561)에 생원시에 2등으로 급제하였다.

30세인 선조 1년(1568) 둘째아들 허협을 낳았고 33세인 선조 4년(1571) 7월 5일 임해군에게 출가하는 둘째딸을 낳았다.

34세인 선조 5년 12월 4일 별시에 을과 3등으로 급제하였다.

35세인 선조 6년(1573) 9월 21일에 조강에서 『서경 書經』을 강하고 김우옹(金宇顒, 1540~1603)이 치도를 강론하는데 사관(史官)으로 입시하였다. 12월 1일에 조강에 『서경』을 강하고 김우옹 등이 산림의 선비를 쓰도록 아뢰는데 사관(史官)으로 입시하였다.

12월 2일에 주강에 『서경』을 강하고, 김우옹이 인재 등용,

학문의 정진, 조식(曹植, 1501~1572) 등에 대하여 선조와 논하는데 사관(史官)으로 입시하였다.

38세인 선조 9년(1576) 10월 11일 특별시인 중시(重試) 병과에 1등으로 급제하였다.

41세인 선조 12년(1579) 내섬시 첨정으로 유성룡(柳成龍)·임국로(任國老) 등과 함께 식년시 시험관이 되었다. 46세인 선조 17년(1584) 2월 22일 장령으로 사헌부에서 집의 정윤복(丁允福), 장령 윤희길(尹希吉), 지평 황혁(黃赫)과 함께 이순인(李純仁)이 조원(趙瑗)과 결탁했다가 이발(李潑)에 붙었다며 논박하여 체직시켰다.

47세인 선조 18년(1585) 4월 17일 둘째 딸이 임해군 이진에게 출가하였다.

왕자 임해군(臨海君) 이진(李珒)이 ― 김빈(金嬪)의 소생이다. 김빈은 김희철(金希哲)의 딸로 총애를 받았다. 숙의(淑儀)로 있다가 빈(嬪)에 봉해졌는데 임해군은 왕자들 가운데 가장 나이가 많다 ― 허명(許銘)의 ― 처음 입신(立身)할 때부터 칭찬할 만한 지조가 없더니, 혼인하던 날 이리저리 영구(營求)하는 것이 매우 번거로왔다 ― 딸을 맞아들였다.

선조 18년 4월 22일에 봉상시 정(奉常寺正)에 임명되었다.

54세인 선조 25년(1592) 9월 25일에 선조가 왜적의 만행과 전투 상황을 적어 요동에 자문을 보내며 구원병을 청하는데, 허명이 황혁 등과 임해군과 순화군을 모시고 회령진으로 피난 갔다가 포로로 잡힌 상황을 보고하고 있었다.

… 또 함경도의 주회인(走回人) 장복중(張福重)이 '나는 병조 좌
랑 서성(徐渻)을 따라다니며 강원도 지방에서 군사를 모으다가
왜적에게 쫓겨 함경도 함흥부(咸興府)로 들어갔는데, 왜적이 대거
핍박해 왔기 때문에 원임(原任) 의정부 좌의정 김귀영(金貴榮), 판
중추부사(判中樞府事) 황정욱(黃廷彧), 원임 승정원 우부승지 황혁
(黃赫), 첨지중추부사(僉知中樞府事) 허명(許銘) 등이 제1왕자와 제
5왕자를 받들고 북도의 회령진(會寧鎭)으로 피난하여 들어갔다.
북도 절도사 한극함(韓克諴)과 남도 절도사 이영(李瑛) 등은 만령
(蔓嶺) 싸움에서 패하여 종적을 모르게 되었고, 적세는 점점 치
성하여 7월 26일 회령진을 함락시킴에 따라 왕자와 김귀영 등이
한꺼번에 사로잡혔다' 하였습니다. …

선조 25년(1592) 10월 19일 해주에서 임해군을 빙자하여 백
성의 전답을 빼앗았다하여 윤두수의 논박을 받았다.

윤두수(尹斗壽)는 아뢰기를, "지난번에 재상 가운데 어떤 사람
이 탐오하여 사사로이 서로 남의 숨겨진 비밀을 들추어 고발하
였다고 하였습니다. 이 말을 믿을 수 없습니다만 공론이 있으니
규찰하지 않을 수 없습니다. 신이 해주(海州)에 갔을 때 어떤 사
람이 '임해군(臨海君)이 백성의 전답을 빼앗았다'고 하였습니다.
그래서 찬찬히 수소문하여 보았더니 실은 허명(許銘)이 점거한
것이었습니다. 세력을 믿고 작폐한 것인데 모르는 사람들이 임
해군에게 원망을 돌렸던 것입니다. 그러므로 혼가(婚家)는 가리
지 않아서는 안 되는 것입니다" 하고, 정창연(鄭昌衍)은 아뢰기
를, "왕자를 배행(陪行)하는 재신들이 잘 검찰하지 못하여 백성들
의 원망을 많이 샀습니다"

▓ 임해군 처부

【생몰년】중종 34년(1539) ~ ?
【성 명】허명(許銘)   【본 관】양천(陽川)
【 자 】자신(子新)   【 호 】
【시 호】
【 묘 】
【문 헌】『양천허씨세보 陽川許氏世譜』『선조실록 宣祖實錄』
       『국조문과방목 國朝文科榜目』

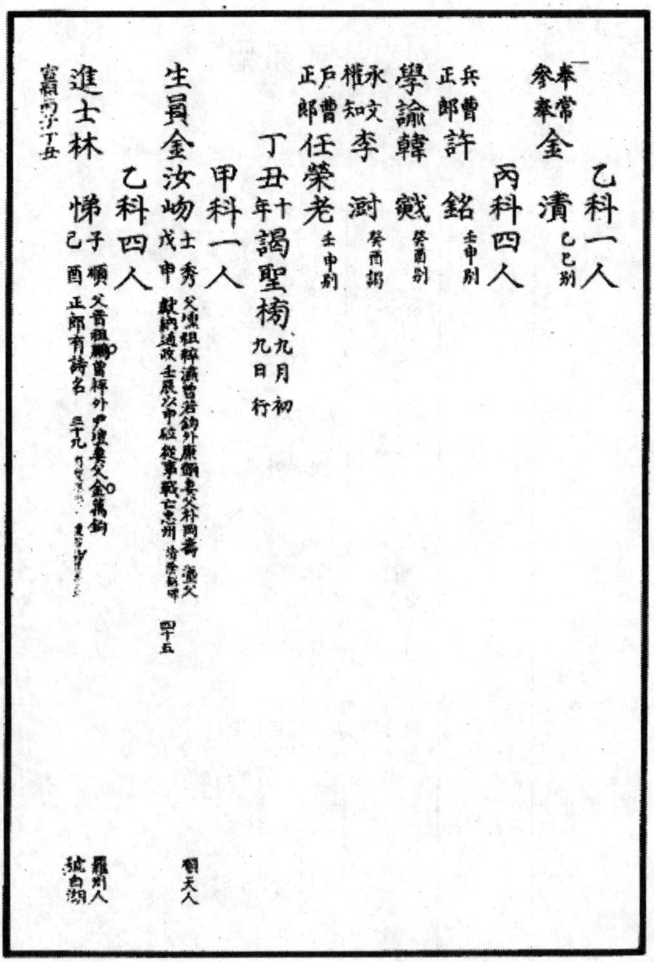

乙科一人
奉常參奉 金 漬 乙巳別
丙科四人
兵曹正郎 許 銘 壬申別
學諭 韓 戭 癸酉別
承文權知 李 澍 癸酉別
戶曹正郎 任榮老 壬申別
丁丑年十謁聖椅 九月初九日行
甲科一人
生員金汝岉 士秀 戊申 父燻 祖粹濂 曾君鈞 外廉顯 妻父朴興壽 獻納 通政 壬辰以中硡從事戰亡忠州 四十五 醴天人
乙科四人
進士林 悌 子順 乙酉 父晋 祖鵬 曾枰 外尹壎 妻父金萬鈞 正郎 有詩名 三十九 [illegible] 羅州人 號白湖
官禮郎 丁丑

국조문과방목

오른쪽에서 4번째 줄에 허명이 보인다

임해군 처외조부

한경복(韓景福)

출전: 『청주한씨양절공파족보 淸州韓氏襄節公派族譜』

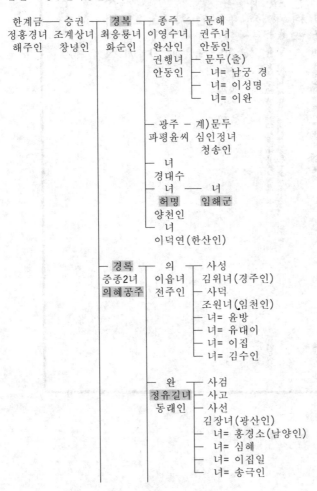

한계금—— 승권 —— **경복** —┬ 종주 —┬ 문해
정흥경녀 조계상녀 최응룡녀   이영수녀 권주녀
해주인   창녕인   화순인   완산인   안동인
                              권행녀 ├ 문두(출)
                              안동인 ├ 녀= 남궁 경
                                     ├ 녀= 이성명
                                     └ 녀= 이완

                          ├ 광주 — 계)문두
                          파평윤씨 심인정녀
                                        청송인
                          ├ 녀
                          경대수
                          ├ 녀 —— 녀
                          허명 **임해군**
                          양천인
                          └ 녀
                          이덕연(한산인)

                      ├ **경록** —┬ 의 —┬ 사성
                      중종2녀   이읍녀 김위녀(경주인)
                      의혜공주 전주인 ├ 사덕
                                        조원녀(임천인)
                                        ├ 녀= 윤방
                                        ├ 녀= 유대이
                                        ├ 녀= 이집
                                        └ 녀= 김수인

                      └ 완 —┬ 사검
                      정유길녀 ├ 사고
                      동래인 ├ 사선
                              김장녀(광산인)
                              ├ 녀= 홍경소(남양인)
                              ├ 녀= 심혜
                              ├ 녀= 이집일
                              └ 녀= 송극인

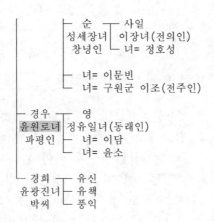

```
                  ┌ 순    ┌ 사일
              성세장녀  이장녀 (전의인)
              창녕인   └ 녀= 정호성

                      ┌ 녀= 이문빈
                      └ 녀= 구원군 이조 (전주인)

          ┌ 경우    ┌ 영
          윤원로녀  정유일녀 (동래인)
          파평인   ├ 녀= 이담
                  └ 녀= 윤소

          ┌ 경희    ┌ 유신
          윤광진녀  ├ 유책
          박씨     └ 풍익
```

※ 본서 부록 419쪽 참조

아버지는 한승권(韓承權)이며, 어머니는 조계상(曺繼商)의 딸
인 창녕 조씨(昌寧曺氏)이다.

부인은 최응룡(崔應龍)의 딸인 화순 최씨(和順崔氏)이다.

슬하에 2남 3녀를 두었다.

1남 한종주(韓宗冑)는 해평수(海平守) 이영수(李齡壽)의 딸 전
주 이씨(全州李氏)와, 권행(權荇)의 딸 안동 권씨(安東權氏)와 혼
인하였다. 이영수는 세종대왕의 5남으로 신빈 김씨(愼嬪金氏)
소생인 밀성군(密城君) 이침(李琛, 1430~1479)의 증손이다.

2남 한광주(韓光胄)는 파평 윤씨(坡平尹氏)와 혼인하였다.

1녀는 경대수(慶大遂)에게 출가했고, 2녀는 양천 허씨 허명
(許銘)에게 3녀는 한산 이씨(韓山李氏) 이덕연(李德演)에게 출가
하였다.

동생인 한경록(韓景祿, 1520~1589)은 중종(中宗) 2녀인 의혜
공주(懿惠公主, 1521~?)와 혼인하였으며, 동생 한경우(韓景祐)는
문정왕후(文定王后)의 동생인 윤원로(尹元老, ?~1547)의 딸과 혼

인하였다.

명종 21년 6월 18일 사간원이 공신의 구사(丘史) 점유가 지나치다는 일 등으로써 아뢰자 추고되었다.

간원이 아뢰기를, "공신(功臣)의 구사(丘史)는 계하(啓下)하여 한 번 정한 뒤에는 큰 연고가 있지 않으면 임의로 고쳐 받을 수 없습니다. 그런데 공신의 집에서 처음에 이미 골라서 점령하고는 혹은 여러 방법으로 약탈하여 재산을 긁어모으며 혹은 인편에 청탁하여 서로 바꿈질을 하고 혹은 재주와 용모 그리고 심부름하는 일이 조금만 뜻에 맞지 않으면 범칭 탈이 있다고 합니다. 어지럽게 계하하는 것이 이미 외람된 일인데 바꿀 즈음에 또 많이 함부로 점유합니다. 그런 때문에 신들이 문안을 가져다 보니, 처음 받은 뒤에 고쳐 점유하지 않은 자가 거의 없었고 심한 경우는 1년 내에 빈번히 개정하기를 한없이 하였습니다. 청원부원군(淸原府院君) 한경록(韓景祿) — 위사 공신(衛社功臣)이다 — 의 경우는 거의 50구(口)에 이르고 보성군(寶城君) 이만년(李萬年) — 종실(宗室)인데 정순붕(鄭順朋)의 사위인 때문에 위사 공신에 참여되었다 — 의 경우도 역시 20여 구에 이릅니다. 꺼림없이 방자하여 이 지경에까지 이르렀으니, 이와 같이 하여 마지않는다면 10년이 채 안 가서 공천(公賤)으로서 조금 항산(恒産)을 가진 자는 모두 탕진할 것입니다. 영구히 지급된 노비의 경우는 비록 연고가 있다 하더라도 개정하지 못하는 것이 법으로 정해져 있습니다. 그런데 한경록 등은 또한 모두 범연히 연고가 있다고 핑계하고 공공연히 고쳐 받았으니 국법을 두려워하지 않음이 너무도 심합니다. 추고하여 치죄하소서. 공신의 구사는 지금부터는 문안을 작성하여 큰 연고가 있지 않으면 고쳐 받는 것을 허용치 마시고, 그 영구히 지급된 노비를 고쳐 받을 경우는 아울러 해사(該司)로 하여금 상고하여 개정토록 하소서. 그 당시 당상(堂上) — 허백기(許伯琦)이다 — 과 색낭청(色郎廳) — 한경복(韓景

福)인데 곧 한경록의 형이다 — 은 사사로운 청탁을 부정하게 따라 법을 어기고 고쳐 지급하였으니 파직시키소서" 하니, 답하기를, "아뢴 대로 하라. 당상과 색낭청의 경우는 파직시키는 것이 과한 듯하니 추고하여 치죄하라" 하였다.

▓ 임해군 처외조부

【생몰년】 ? ~ ?
【성 명】 한경복(韓景福)　　　　　【본 관】 청주(淸州)
【 자 】 백수(伯綏)　　　　　　　【 호 】
【시 호】
【 묘 】 양주군 외송산(楊州郡外松山)
【문 헌】『청주한씨양절공파족보 淸州韓氏襄節公派族譜』
　　　　　『명종실록 明宗實錄』『국조문과방목 國朝文科榜目』

2. 광해군(光海君)

광해군(光海君, 조선 제15대왕)
선조(宣祖) 서2남, 공빈 김씨(恭嬪金氏) 소생
광해군 이혼(李琿. 1575~1641, 재위: 1608.2~1623.3. 15년 1개월, 유배: 18년)
부인: 10명 자녀: 1남 1녀

『광해군과 친인척』 참조.

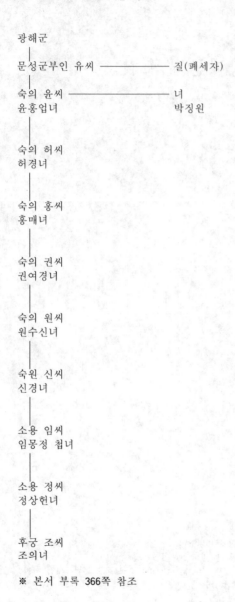

광해군
문성군부인 유씨 ──────── 질(폐세자)

숙의 윤씨 ──────── 녀
윤홍업녀   박징원

숙의 허씨
허경녀

숙의 홍씨
홍매녀

숙의 권씨
권여경녀

숙의 원씨
원수신녀

숙원 신씨
신경녀

소용 임씨
임몽정 첩녀

소용 정씨
정상헌녀

후궁 조씨
조의녀

※ 본서 부록 366쪽 참조

선조 8년(1575) 4월 26일 공빈 김씨가 23세때 태어났다.

3세인 선조 10년(1577) 5월 27일 어머니 공빈 김씨가 산후병으로 인해 25세로 졸하였다.

18세인 선조 25년(1592) 4월 29일 세자로 책봉되었다.

34세인 선조 41년(1608) 2월 1일 선조가 승하하고 2월 2일 정릉동 행궁의 서청(西廳)에서 즉위하였다.

49세인 광해군 15년(1623) 3월 14일 인조반정이 일어나 폐위되었다가 3월 23일 아들 이질과 함께 강화에 안치되었다.

5월 22일 아들 이질이 땅굴을 파고 도망치다 붙잡히고, 며느리인 폐빈 박씨는 3일 뒤에 자결하였다. 6월 25일 아들인 폐세자 이질이 죽었다.

10월 8일 부인인 문성군부인이 강화도 위리에서 졸하였다.

67세인 인조 19년(1641) 7월 1일 제주도에서 졸하였다.

▦ 광해군

【생몰년】 선조 8년(1575) ～ 인조 19년(1641). 향년 67세
【성　명】 이혼(李琿)　　　　　　【본　관】 전주(全州)
【　자　】　　　　　　　　　　　【　호　】
【시　호】
【　묘　】 양주 건천면 적성동(楊州乾川面赤城洞: 선원록)
　　　　　 남양주시 진건면 송릉리(松陵里: 선원강요). 기신은 2월 24일
　　　　　 남양주시 진건면 송릉리 적성동 산59 (남양주군지)
【문　헌】『선원록 璿源錄』
　　　　　『광해군일기 光海君日記』『인조실록 仁祖實錄』

제2장 인빈 김씨

▦ 인빈 김씨(仁嬪金氏)
   부: 김한우(金漢佑)
   외조부: 전각(田珏)
   외조부: 이효성(李孝誠)
1. 서3남 의안군(義安君)
2. 서4남 신성군(信城君)
   처부: 신립(申砬)
   처외조부: 이담명(李聃命)
           최필신(崔弼臣)
3. 서5남 정원군(定遠君, 元宗)
   처부: 구사맹(具思孟)
   처외조부: 한극공(韓克恭)
           신화국(申華國)
4. 서8남 의창군(義昌君)
   처부: 허성(許筬)
   처외조부: 이헌국(李憲國)
           남언순(南彦純)
5. 서1녀 정신옹주(貞愼翁主)
   부마: 서경주(徐景霌)
6. 서2녀 정혜옹주(貞惠翁主)
   부마: 윤신지(尹新之)
7. 서3녀 정숙옹주(貞淑翁主)
   부마: 신익성(申翊聖)
8. 서5녀 정안옹주(貞安翁主)
   부마: 박미(朴瀰)
9. 서6녀 정휘옹주(貞徽翁主)
   부마: 유정량(柳廷亮)

▨ 인빈 김씨(仁嬪金氏)

인빈 김씨(仁嬪金氏, 1555~1613)
부: 김한우(金漢佑, 1501~1574). 수원(水原)
외조부: 전각(田珏). 장기(長鬐)
　　　　이효성(李孝誠). 전주(全州)

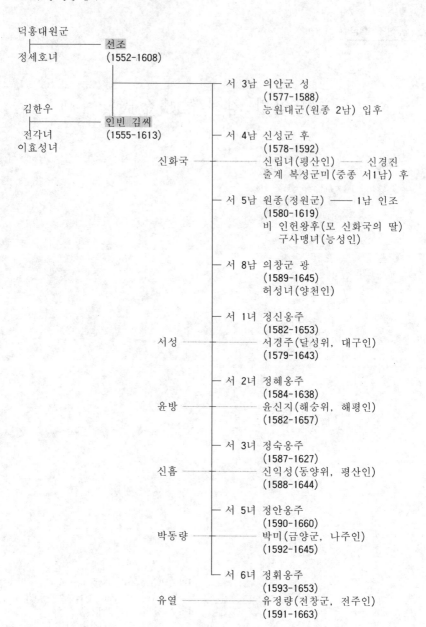

덕흥대원군
정세호녀 ── 선조
(1552-1608)

김한우
전각녀 ── 인빈 김씨
이효성녀 (1555-1613)

서 3남 의안군 성
(1577-1588)
능원대군(원종 2남) 입후

서 4남 신성군 후
(1578-1592)
신화국 ── 신립녀(평산인) ──── 신경진
출계 복성군미(중종 서1남) 후

서 5남 원종(정원군) ──── 1남 인조
(1580-1619)
비 인헌왕후(모 신화국의 딸)
구사맹녀(능성인)

서 8남 의창군 광
(1589-1645)
허성녀(양천인)

서 1녀 정신옹주
(1582-1653)
서성 ── 서경주(달성위, 대구인)
(1579-1643)

서 2녀 정혜옹주
(1584-1638)
윤방 ── 윤신지(해숭위, 해평인)
(1582-1657)

서 3녀 정숙옹주
(1587-1627)
신흠 ── 신익성(동양위, 평산인)
(1588-1644)

서 5녀 정안옹주
(1590-1660)
박동량 ── 박미(금양군, 나주인)
(1592-1645)

서 6녀 정휘옹주
(1593-1653)
유열 ── 유정량(전창군, 전주인)
(1591-1663)

아버지는 사헌부 감찰 김한우(金漢佑, 1501~1574)이며, 어머니는 전각(田珏)의 딸 장기 전씨(長馨田氏)와 충의위(忠義衛) 이효성(李孝誠)의 딸 전주 이씨(全州李氏)이다. 인빈 김씨는 전주 이씨 소생이다. 이효성은 태종 왕비 원경왕후 소생 2남 효령대군의 후손이다.

선조의 후궁으로 슬하에 4남 5녀를 두었다.

1남 의안군(義安君, 1577~1588)은 혼인하지 못하고 12세로 졸하였다.

2남 신성군(信城君, 1578~1592)은 신립(申砬, 1546~1592)의 딸 평산 신씨(平山申氏, 1578~1622)와 혼인하였다.

3남 정원군(定遠君: 元宗, 1580~1619)은 구사맹(具思孟, 1531~1604)의 딸 인헌왕후(仁獻王后, 1578~1626) 능성 구씨(綾城具氏)와 혼인하였다.

4남 의창군(義昌君, 1589~1645)은 허성(許筬, 1548~1612)의 딸 양천 허씨(陽川許氏)와 혼인하였다.

1녀 정신옹주(貞愼翁主, 1582~1653)는 달성위(達城尉) 서경주(徐景霌, 1579~1643)에게 출가하였다.

2녀 정혜옹주(貞惠翁主, 1584~1638)는 해숭위(海嵩尉) 윤신지(尹新之, 1582~1657)에게, 3녀 정숙옹주(貞淑翁主, 1587~1627)는 동양위(東陽尉) 신익성(申翊聖, 1588~1644)에게 출가하였다.

4녀 정안옹주(貞安翁主, 1590~1660)는 금양군(錦陽君) 박미(朴瀰, 1592~1645)에게, 5녀 정휘옹주(貞徽翁主, 1593~1653)는 전창군(全昌君) 유정량(柳廷亮, 1591~1663)에게 출가하였다.

인빈 김씨 소생 4남 5녀 중 2남 1녀가 평산 신씨(平山申氏)와 혼인하였다.

신성군(信城君)은 신화국(申華國)의 아들 신립(申砬)의 사위이고, 인조의 아버지인 정원군(定遠君)은 신화국의 딸의 사위이고, 정숙옹주(貞淑翁主)는 신흠(申欽)의 아들 신익성(申翊聖)의 처이다.

【평산 신씨 신화국을 중심으로】

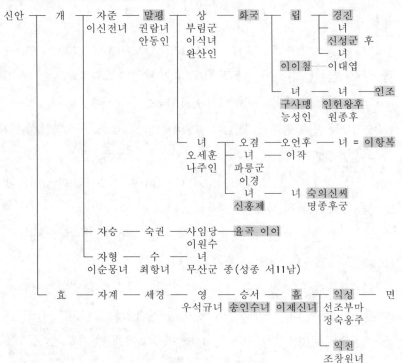

※ 본서 부록 403쪽 참조

명종 10년(1555) 2월 갑오일에 태어났다.

인빈은 현숙한 자질을 타고나 보통 사람과 달랐으므로 유순하고 침착하며 경건한 태도가 이미 어릴 적에 드러나서 비록 소꿉놀이를 하더라도 부녀의 규범을 어기지 않았다. 자매간인〔表姊〕명종의 후궁 숙의 이씨(淑儀李氏)가 데려다가 궁중에서 길렀는데, 명종비 인순왕후(仁順王后)가 보고 기특하게 여겨 선조에게 부탁하여 후궁으로 두게 하였다. 이때는 선조 1년(1568)으로 인빈의 나이 14세였다.

처음에 명종이 늦도록 후사(後嗣)를 얻지 못하자 문정대비(文定大妃)가 무척 걱정하였는데, 어느 날 밤 꿈속에서 이인(異人)이 고하기를 '상주(尙州) 이모(李某)의 딸을 받아들이면 길할 것이다' 하였다. 잠을 깨고 나서 사람을 시켜 물색해 보았으나 찾지 못하였는데 우연히 만난 어떤 승려가 가르쳐 준 집을 찾아가 마침내 얻어서 후궁(後宮)으로 데려왔으니, 그가 바로 숙의 이씨(淑儀李氏)이다. 그런데 숙의 역시 끝내 아들을 낳지 못하였으나, 인빈이 그야말로 숙의를 통해 궁중으로 들어오게 되었고, 그 뒤로 계속 후손이 번창해져 오묘(五廟)의 통서(統緒)가 마침내 자리잡히게 되었으니, 문정대비가 당시에 얻은 꿈이야말로 하늘이 계시해 준 것이 아니었던가 여겨진다.『계곡집』권13「인빈김씨신도비명 仁嬪金氏神道碑銘」

14세인 선조 1년(1568) 선조의 후궁이 되었다. 내직(內職)을 받은 뒤로 몸가짐을 한층 더 삼가 윗사람 받들기를 존경으로써 하고 아랫사람 대하기를 관용으로써 하며, 임금의 사랑을 받으면서도 두려워하고 일에 임해서는 신중히 함으로써 좋은 명예가 빛나니, 궁중의 모범이 되었다.

19세인 선조 6년(1573)에 종4품 숙원(淑媛)의 칭호가 내리고, 23세인 선조 10년(1577) 3월 30일 첫째 아들 의안군(義安君)을 낳았다. 이해에 정3품 소용(昭容)에 오르고, 24세인 선조 11년 (1578) 12월 10일에 둘째 아들 신성군(信城君)을 낳았다. 그리고 이해에 종1품 귀인(貴人)으로 올랐다.

26세인 선조 13년(1580) 6월 22일 셋째 아들 정원군(定遠君)을 낳았다.

28세인 선조 15년(1582) 첫째 딸 정신옹주를 낳았고 30세인 선조 17년(1584)에는 둘째 딸 정혜옹주를 낳았다.

33세인 선조 20년(1587) 셋째 딸 정숙옹주를 낳았으나 34세인 선조 21년 2월 24일 첫째 아들 의안군이 열두살로 장가도 가지 못하고 죽는 슬픔을 맛보아야 했다.

35세인 선조 22년(1589) 1월 넷째 아들 의창군을 낳았다. 이듬해 36세인 선조 23년 넷째 딸 정안옹주를 낳았다.

38세인 선조 25년(1592) 11월 5일 임진왜란 중에 둘째 아들인 신성군(信城君) 이후(李珝)가 15세로 졸하였다.

39세인 선조 26년(1593) 다섯째 딸 정휘옹주를 낳았다.

41세인 선조 28년(1595) 11월 7일에 인빈에게 첫손자가 되는 정원군의 첫째 아들 인조(仁祖)가 해주에서 태어났다.

46세인 선조 33년(1600)에 선조비 의인왕후(懿仁王后) 박씨(朴氏)가 병환이 들자 매일 삼가고 두려운 마음으로 곁에서 모시며 몸소 약물을 돌보았는데 날짜가 오래될수록 더 한층 진지하게 하였다. 세상을 떠난 뒤에는 반함(飯含: 죽은 이의 입에 구슬을 물리는 것) 염습(殮襲: 죽은 이에게 옷을 입히는 것)에서부터 초빈(草殯: 입관하여 안치하는 것)까지 모두 도맡아 예법대로 치루어 하자가 없었다.

50세인 선조 37년(1604) 11월 12일에 관작이 올라 정1품 인빈(仁嬪)이 되었다.

"귀인 김씨(貴人金氏)를 인빈(仁嬪)으로, 소용 김씨(昭容金氏)를 숙의(淑儀)로, 숙용 한씨(淑容韓氏)를 숙의로, 상복(尚服) 조씨(趙氏)를 상궁(尚宮)으로, 상침(尚寢) 김씨를 상궁으로, 김씨를 전약(典藥)으로, 주씨(朱氏)를 전약으로, 최씨(崔氏)를 전약으로, 이씨(李氏)를 전약으로, 최씨를 전약으로, 백씨(白氏)를 전약으로 정씨(丁氏)를 전약으로 삼으라"

이에 앞서 인빈이 귀인일 때 후궁(後宮) 중에서 선조로부터 가장 많은 총애를 받았는데, 하루 아침에 선조의 건강이 악화되자 뒷날 자신의 몸을 보전하지 못하게 될까 두려워하여 화를 면할 계책을 꾸미려 하였다. 이 때 언니 딸인 신씨(辛氏)가 미색(美色)이 있는 데다 총명하다는 말을 듣고 그녀를 궁중으로 끌어들인 다음 동궁[東宮: 광해군]에 소속되게 하였는데 상당히 문자를 이해하였다.

인빈의 예상대로 신씨는 광해군이 즉위하자 광해군 1년(1608) 6월에 종4품 숙원이 되어 광해군의 총애를 독점하여 광해군이 날마다 함께 돈내기 바둑을 두면서 정무를 폐하고 신씨(辛氏)의 오빠인 신종술(辛宗述)·신종준(辛宗遵)은 당상관인 첨사(僉使)가 될 정도였다.

53세인 선조 40년(1607) 6월 10일 비망기로 인빈(仁嬪)의 봉사(奉祀)는 인빈의 셋째 아들 정원군(定遠君) 이부(李琈)가 할 것을 좌승지 이선복에게 전교하였다.

"신성군(信城君) 이후(李珝)는 평소에 출계(出系)하여 복성군(福
城君)의 제사를 받들었으니, 인빈(仁嬪)의 봉사(奉祀)는 정원군(定
遠君) 이부(李琈)가 할 것으로 예조에 말하라. 신성군 이후에게
아들이 없으니 정원군의 셋째 아들 이전(李傳)을 계후(繼後)시킬
것으로 예조에 말하라"

54세인 선조 41년(1608) 2월 1일에 선조대왕이 승하하자 가
슴을 치며 통곡하고 슬퍼하기를 예법에 지나치게 하여 몸을
상할 정도까지 되었으며, 3년상이 지나 궁궐 밖 사제(私第: 塞
門洞 定遠君 집)로 나와 살 때도 호화로운 장식을 일체 멀리하
고 웃을 적에도 치아를 드러내지 않으면서 항상 곧바로 뒤따
라가지 못하는 것을 가슴 아프게 생각하였다.

광해군 5년(1613) 10월 29일에 병이 들어 세상을 떠났으니,
춘추는 59세였다. 12월에 양주(楊州) 풍양리(豊壤里) 자좌(子坐)
오향(午向)의 자리에 장사지냈는데 그곳에 죽은 아들의 묘역이
있기 때문이다. 어머니 인빈에 앞서 첫째 아들 의안군(義安君)
이 선조 21년(1588)에 졸했고, 둘째 아들 신성군(信城君)이 선조
25년(1592)에 졸했다.

인조 10년(1632) 3월 12일 인조가 사묘(私廟)에 친제하고 아
울러 인빈(仁嬪)을 제사하였다.

후궁 가운데에서 가장 왕의 총애를 받아 의안군(義安君)·신성
군(信城君)·정원군(定遠君: 元宗)·의창군(義昌君) 등 네 군과 다
섯 옹주(翁主)를 낳았는데, 술수가 있어 미봉(彌縫)을 잘하였다.

그 오빠인 김공량(金公諒)이 천한 관리로서 이산해(李山海) 부자와 서로 결탁하였는데, 이산해가 정철 등이 광해군으로 세자를 책봉하고 인빈 아들 신성군을 죽이려 한다는 유언비어를 만들어 김공량에게 말하고, 김공량이 그 내용을 인빈에게 얘기하여 선조를 자극함으로써, 대신(大臣) 정철(鄭澈)을 참소해 떠나게 하였다. 이때부터 인빈이 정사에 간여한다는 비난을 받았고 이산해도 역시 사론(士論)에 버림을 받았다.

광해군의 어머니인 공빈(恭嬪, 1553~1577)이 본래 인빈과 틈이 있었는데, 공빈이 산병(産病)으로 죽자 인빈이 그 대신이 되었다. 광해군 형제에 대한 선조의 총애는 드디어 줄어들었고 이산해가 대신을 참소한 것은 이 기회를 틈탄 것이었다. 광해군의 형제가 이 때문에 인빈을 매우 원망했으며, 인빈의 집안 사람들도 역시 인빈을 위해 그를 위태롭게 여겼다. 광해군이 동궁에 있을 때 자주 선조의 뜻을 잃자, 대비 이하 여러 후궁들이 동궁을 대할 때 불경스럽게한 경우가 많았다. 그러나 인빈만은 유독 동궁을 후하게 섬겨서 바라는 바를 모두 은밀히 선조에게 아뢰어 이루게 해주었다. 유영경(柳永慶, 1550~1608)이 정인홍(鄭仁弘, 1535~1623)을 공격할 때 선조가 한창 동궁에게 노여움을 가졌으나, 인빈이 변명을 하여 풀어졌다.

광해군이 즉위한 뒤 임해군(臨海君, 1572~1609)의 옥사가 일어나자 인빈이 궁중에서 힘을 썼기 때문에, 원종대왕과 의창군(義昌君, 1589~1645)이 모두 정사 공신(定社功臣)에 참여할 수 있었다. 왕이 일찍이 말하기를 "내가 서모(庶母)의 은혜를 받아

서 오늘이 있게 된 것이니, 그 의리를 감히 잊지 못한다" 하였
다. 이 때문에 인빈이 죽을 때까지 원종대왕 아들 능창군이 죽
은 것을 제외하고는 원종대왕 형제들이 모두 탈이 없었다.

인조는 친할머니가 되는 인빈을 추모하기 위하여, 인조 5년
(1627)에 인빈의 묘도에 비석을 세울 것을 명하고, 상촌(象村)
신흠(申欽, 1566~1628)에게 신도비명을 찬(撰)하게 하고, 인조
11년(1633)에 계곡(谿谷) 장유(張維, 1587~1638)에게 다시 신도
비명을 찬하게 하였다. 글씨는 석봉체(石峰體)로 알려진 아들
의창군이 썼다.

인빈의 제사를 받들고 있던 의창군이 인조 23년(1645) 10월
15일 아들이 없이 죽으니 인조는 그의 셋째아들 인평대군(麟坪
大君) 이요(李㴞, 1622~1658)의 둘째 아들 복창군(福昌君) 이정
(李楨, 1641~1680)으로 후사(後嗣)로 삼았는데, 숙종 6년(1680) 4
월 26일 경신대출척(庚申大黜陟)에 역모죄로 몰려 죽었다.

숙종 6년 6월 20일 기사에 이 무렵 인빈의 사당을 짓고 있
다고 했다.

주강(晝講)에 나갔다. 지사(知事) 민유중(閔維重)이 아뢰기를,
"인빈(仁嬪)의 사당을 지금 한창 짓고 있는데 공주의 제택(第宅)
을 또 건축하려고 하니, 호조(戶曹)의 재력이 탕갈되어 조달하기
가 어려울 것입니다. 공주의 제택은 가을까지 기다렸다가 건축
하는 것이 온당할 듯합니다" …

그리고 숙종 9년(1683) 6월 20일 인빈 사우(祠宇)의 공역(工
役)이 끝이 났다. 여기서 복창군이 죽은 후 숭선군(崇善君) 이

징(李澂)이 인빈의 제사를 받들고 있다고 했다.

전교(傳敎)하기를, "인빈(仁嬪)의 사우(祠宇)가 비록 공역(工役)은 끝이 났다 하나, 봉사인(奉祀人)의 집이 아직 지어지지 않아 봉안(奉安)할 수가 없으니, 해조(該曹)로 하여금 미포(米布)를 넉넉하게 제급(題給)하게 하여 속히 완성시키도록 하라" 하였다. 인빈은 선조(宣祖)의 후궁(後宮)으로 원종(元宗)을 낳았다. 역적 이정(李楨)이 일찍이 그 제사(祭祀)를 맡았었는데, 이정(李楨)이 주살(誅殺)됨에 이르러, 숭선군(崇善君) 이징(李澂)이 그 제사를 받들게 되었으므로 이러한 명이 있었던 것이었다.

숙종 14년(1688) 12월 24일 숭선군의 아들 동평군 이항(李杭)의 집에서 인빈의 제사를 받들었다.

임금은 인빈(仁嬪)의 제사를 돌려가면서 시행하였던 것을, 대비(大妃)가 세상을 떠난 뒤로는 마땅히 궐내(闕內)에서 차비해 보낼 수도 없고, 또 한결같이 소원(疏遠)한 자손들에게 돌려가면서 할 수도 없다 하여, 선조(宣祖)가 대원군(大院君) 집에 내려 주었던 옛 규례에 의하여 특별히 토지 1백 결(結)과 노비(奴婢) 1백 50구(口)를 봉사(奉祀)하는 사람에게 주고, 그 돌려가면서 하던 규례는 폐지하여 절수(折受)를 하지 말도록 하고 원하는 데 따라 여러 곳의 둔전(屯田) 가운데서 분할해 줄 것을 명하였다. 승지(承旨)가 여러번 아뢰어 정지할 것을 청하였으나, 임금이 따르지 않았다. 이항(李杭)의 집에서 그 때에 인빈(仁嬪)의 제사를 받들었기 때문에 이런 특별한 은전이 있었다.

숙종 19년(1693) 9월 2일 임금이 개성부에 있는 인빈의 부모 묘 등에 치제하게 하였다.

임금이 전교하기를, "인빈(仁嬪) 부모의 분묘(墳墓)가 개성부(開城府)에 있으며, 생모(生母)의 분묘도 양주(楊州)에 있고, 옥산 부원군(玉山府院君)의 분묘도 지나가는 지역에 있으니, 모두 관원을 보내어 치제(致祭)하도록 하라" 하였다.

숙종 15년(1689) 기사환국에 서인이 쫓겨나면서 복창군이 복적되었는지, 숙종 20년(1694) 3월 26일 한중혁(韓重爀) 등 여러 사람을 옥에 가두는 기사에 복창군의 양아들 의원군(議原君)이 인빈의 제사를 주관하고 있다고 했다.

이시도가 한중혁에게 이르기를, "너희 부자(父子)는 술사(術士) 임대(任垈)와 사이가 좋았는데, 임대가 항상 말하기를, '근일의 성상(星象)은 금기(金氣)가 왕성하고 화기(火氣)가 쇠진하다. 금기는 서방(西方)에 속하고, 화기는 남방에 속하니, 남인(南人)은 당연히 실패할 것이고, 서인(西人)은 바라던 일이 성취될 것이다. 갑술년 4월이 되면 일이 성취되지 않음이 없을 것이니 지금 그 시기에 미치게 되었다' 하니, 너희들은 좋아하여 뛰면서 스스로 기뻐하였다. 네가 또 말하기를, '의원군(議原君) 이혁(李爀)이 그 속적(屬籍)을 회복하여 인빈(仁嬪)의 제사를 주관하므로 동평군(東平君)이 매우 이를 미워하니, 지금 만약 의원군이 남인과 더불어 역적(逆賊)이 된다는 일을 고발한다면 동평군은 반드시 기뻐할 것이다' 하였다. …"

그리고 다시 숙종 20년(1694) 4월 11일 장희빈이 쫓겨나는 갑술옥사에 남인이 쫓겨나면서 복창군 양아들 의원군이 쫓겨나자, 다시 동평군이 인빈의 제사를 받들게 되었는지, 숙종 27년(1701) 11월 6일 인빈의 제사를 받들고 있는 동평군(東平君) 이항(李杭)을 사사하라고 명하고 있었다. 11월 8일 임양군(臨陽

君)으로 하여금 인빈방(仁嬪房) 및 의창군(義昌君)의 제사를 받
들도록 명하였다. 임양군은 청평군(淸平君, 1633~?)의 아들이고
청평군은 선조 후궁 정빈 홍씨(貞嬪洪氏, 1563~1638) 소생 서9
남 경창군(慶昌君, 1596~1644)의 손자이다. 임양군 이환(李桓,
1656~1715)은 처음에 서원군(西原君)에 봉해졌으나 낙선군의
양자로 들어가면서 임양군(臨陽君)으로 개봉되었다.

【전주 이씨 의창군을 중심으로】

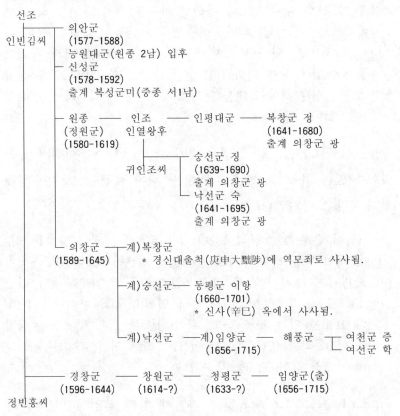

선조
인빈김씨
　　　　── 의안군
　　　　　　(1577-1588)
　　　　　　능원대군(원종 2남) 입후
　　　　── 신성군
　　　　　　(1578-1592)
　　　　　　출계 복성군미(중종 서1남)

　　　　── 원종 ──── 인조 ──── 인평대군 ──── 복창군 정
　　　　　　(정원군)　 인열왕후　　　　　　　　　 (1641-1680)
　　　　　　(1580-1619)　　　　　　　　　　　　　 출계 의창군 광

　　　　　　　　　　　 귀인조씨
　　　　　　　　　　　 ┌ 숭선군 징
　　　　　　　　　　　 │ (1639-1690)
　　　　　　　　　　　 │ 출계 의창군 광
　　　　　　　　　　　 └ 낙선군 숙
　　　　　　　　　　　　 (1641-1695)
　　　　　　　　　　　　 출계 의창군 광

　　　　── 의창군 ──── 계)복창군
　　　　　　(1589-1645)　 * 경신대출척(庚申大黜陟)에 역모죄로 사사됨.

　　　　　　　　　　── 계)숭선군── 동평군 이항
　　　　　　　　　　　　　　　　　 (1660-1701)
　　　　　　　　　　　　　　　　　 * 신사(辛巳) 옥에서 사사됨.

　　　　　　　　　　── 계)낙선군 ──── 계)임양군 ──── 해풍군 ┬ 여천군 증
　　　　　　　　　　　　　　　　　　　(1656-1715)　　　　　 └ 여선군 학

　　── 경창군 ──── 창원군 ──── 청평군 ──── 임양군(출)
정빈홍씨　(1596-1644)　 (1614-?)　 (1633-?)　 (1656-1715)

※ 본서 부록 370쪽 참조

숙종 27년(1701) 11월 10일 예조에서 의창군(義昌君)의 봉사(奉祀)를 낙선군 대신 임양군(臨陽君)의 이름으로 입안을 성급하기를 청하니 윤허하였다.

예조에서 아뢰기를, "어제 품계(稟啓)한 의창군(義昌君)의 봉사(奉祀)를 낙선군의 집으로 돌리라고 판하(判下)하셨습니다. 이제 마땅히 그 입안(立案)을 성급(成給)하여야 할 터인데, 낙선군이 이미 죽었으니, 그의 이름으로 성안(成案)함은 부당합니다. 본조(本曹)의 전후 계사(啓辭)와 판하한 사연을 두사(頭辭)로 하여 맨 앞에 붙이고, 임양군(臨陽君) 이름으로 입안을 성급하는 것이 마땅할 듯하므로, 입안의 조사(措辭)를 별단(別單)에 써서 들이고 성상의 재결(裁決)을 기다리며, 전일 숭선군(崇善君)의 집에 성급한 입안은 환수하여 불태울 뜻으로 감히 아룁니다" 하니, 전교하기를, "그대로 하라" 하였다.

영조 15년(1739) 8월 19일 인빈(仁嬪)의 어머니 이씨(李氏)의 묘소가 있는 곳을 묻고, 회가(回駕)한 뒤에 예관을 보내어 치제(致祭)하라고 명하였다.

임금이 온릉(溫陵)에 나아갔다. 4경(四更)에 임금이 홍화문(興化門)을 나가 말을 타고 주정소(晝停所)에 이르러 교리(校理) 유최기(兪最基)에게 명하여 각무 차원(各務差員)을 암행(暗行)하여 염찰(廉察)하게 하고, 예관(禮官)을 불러 인빈(仁嬪)의 어머니 이씨(李氏)의 묘소가 있는 곳을 묻고, 회가(回駕)한 뒤에 예관을 보내어 치제(致祭)하라고 명하였다. 일출(日出) 때에 거가(車駕)가 능소(陵所)에 이르러 삼헌(三獻)을 행하였다. …

영조 19년(1743) 6월 13일 왕자들과 함께 봉안된 인빈의 사우는 따로 세우고 봉사자는 관직을 세습케 하였다.

이보다 앞서 임금이 인빈(仁嬪)의 사우(祠宇)를 일찍이 송현(松
峴)의 본궁(本宮)에 옮겨 봉안(奉安)했다가, 또 여천군(驪川君) 이
증(李增)의 집에 옮겨 의창군(義昌君)·낙선군(樂善君)과 한 사당
에 함께 봉안하였었는데, 이는 사체를 소중히 여기는 것이 아니
니, 따로 봉안하고 있는지의 여부를 예조 판서 정석오(鄭錫五)로
하여금 이증(李增)의 집에 가서 묻도록 하였었다. 이때에 이르러
정석오가 아뢰기를, "다섯 감실(龕室)을 함께 봉안하였다고 합니
다" 하자, 임금이 말하기를, "인빈의 사우를 한 감실에 함께 봉
안하는 것은 사체가 미안하니, 별묘(別廟)에 봉안함이 마땅하다.
여천군이 또 곧 대수가 다하게 되었으니, 별묘를 세운 뒤에 그
후일의 대책은 어떻게 해야 마땅하겠는가?" 하니, 영의정 김재로
(金在魯)가 말하기를, "봉사(奉祀)하는 자는 한결같이 덕흥대원군
(德興大院君)의 규례에 의하여 도정(都正)을 세습하도록 하는 것
이 또한 한 방도가 될 것입니다" 하였다. 이에 하교하기를, "묘
우(廟宇)는 체통이 중한 것인데, 더구나 사체(事體)가 더욱 중대
한 것이겠는가? 비록 봉사하더라도 두 왕자(王子)와 한 감실(龕
室)에 함께 봉안하는 것은 크게 사면(事面)을 손상시키는 것이다.
인빈의 사우는 해조(該曹)로 하여금 가을을 기다려 별도로 세우
고, 비록 친진(親盡)한 뒤에라도 봉사하는 자는 마땅히 관직을
세습하게 하여 고 도정 이홍일(李弘逸)의 예에 따라 곧바로 돈녕
부 정(敦寧府正)에 제수할 것이며, 만약 승자(陞資)한 자가 있으면
도정(都正)이나 동지돈녕부사 이상의 자리에 승수(陞授)하도록 하
라" 하니, 좌의정 송인명(宋寅明)이 말하기를, "이것은 백세토록
바꾸지 못할 제도이니, 일후에 벗어나지 말도록 함이 좋겠습니
다" 하였다. 이에 임금이 또 하교하기를, "이제 이 하교는 깊이
참작하여 헤아린 바가 있어서 오늘날 정식(定式)하였으니, 후세
에서 본받도록 하라. 아! 나의 사왕(嗣王)은 이 하교를 준수하여
조금도 벗어나지 말도록 하라" 하였다.

영조 19년 6월 20일 인빈(仁嬪)의 별묘를 다시 세울 때 경비를 보조케 하였다.

임금이 대신과 비국 당상을 인견하였다. 동지돈녕부사 이형종(李亨宗)을 명소(命召)하고, 대원군(大院君) 사우(祠宇)에 방제(傍題)가 있는지 없는지에 대해 물으니, 이형종이 있다고 대답하였다. 임금이 말하기를, "대수를 썼는가?" 하니, 대답하기를, "그렇습니다" 하였다. 임금이 말하기를, "별묘(別廟)에 봉안하였는가?" 하자, 대답하기를, "대원군을 창빈(昌嬪)과 함께 별묘에 봉안하고, 인하여 기제사(忌祭祀)를 행합니다" 하였다. 임금이 말하기를, "그렇다면 대원군의 예에 의하여 인빈(仁嬪)의 별묘를 다시 세우고, 두 왕자의 사우도 또한 사체가 중하니 해조(該曹)로 하여금 영건(營建)하는 데 필요한 물품을 넉넉히 도와주도록 하라. 이제 원경하(元景夏)의 말을 듣건대, '오원(吳瑗)의 집에도 사우가 없어서 공주의 신주를 정침(正寢)에 봉안했다'고 하니, 공주의 사우를 세울 때에도 또한 해조로 하여금 그 경비를 도와주도록 하라" 하였다.

영조 19년 6월 21일 인빈의 사우에 전배하고 돌아온 후에 내시와 예관을 보내 사우에 치제하게 하였다.

하교하기를, "이번에 정식(定式)한 것은 체모가 더욱 존엄하니, 전배(展拜)함이 마땅하다. 내일 인빈(仁嬪)의 사우에 전배하고, 회가(回駕)한 후에 내시와 예관을 보내어 인빈과 왕자의 사우에 치제(致祭)하고, 임양군(臨陽君)에게도 치제하겠다" 하였다. …

영조 19년 6월 22일 인빈의 사우에 거둥하여 대원군 사우처럼 수리하게 하고 숙빈의 사우도 전배하였다.

임금이 인빈(仁嬪)의 사우에 거둥하였다. 해조에 명하여 대원군 사우의 예에 따라 수리하도록 하고, 임양군(臨陽君) 부인에게 식물(食物)을 내렸으며, 안흥군(安興君) 이숙(李埱)과 해은군(海恩君) 이당(李爗)에게 아울러 가자(加資)하도록 명하였다. 돌아오는 길에 숙빈(淑嬪)의 사우에도 두루 전배하였다.

영조 24년(1748) 5월 23일 임금이 인빈(仁嬪)의 사우(祠宇)를 중수(重修)하는 일이 끝났다 하여 종신(宗臣)을 보내어 치제(致祭)하였다.

영조 25년(1749) 10월 8일 인빈의 제사를 받들고 있는 이증(李增)을 제주에 안치할 것을 명하고 그가 경과하는 고을로 하여금 약물을 돕게 하였다.

… 이어 이증을 제주(濟州)에 안치할 것을 명하고 그가 경과하는 고을로 하여금 약물(藥物)을 도와주게 하였으며 섬에 도착한 뒤에도 의식과 약이(藥餌)를 주게 하였다. 이증의 집에서 옛부터 인빈(仁嬪)의 제사를 받들어 왔는데, 그의 아우 이학(李壆)에게 일을 도와 받들도록 명하였다. 이때 이학의 이름이 대달(臺達) 속에 있었으므로 파직(罷職)을 명하였다. …

이증(李增, ?~1752)은 임양군의 손자로, 영조와 8촌간이다. 여천군(驪川君)에 봉해졌다. 영조 13년(1737)에 주청사(奏請使)로 다시 청나라에 다녀왔다. 그리 많지 않은 영조의 근친으로서 깊은 사랑을 받았는데, 영조 19년(1743) 영의정 김재로(金在魯) 등과 더불어 세자의 관례(冠禮)를 주재하게 하였고, 선조의 후궁인 인빈 김씨(仁嬪金氏)의 사우(祠宇)를 그의 본가(本家)로 옮겨 봉사(奉祀)하게 하였다. 영조 24년(1748) 본가의 묘당(廟堂)에서 괴이한 투서가 발견되어 범인을 찾기 위한 국청(鞫廳)이 열렸는데, 국문(鞫問)과정에서 그 투서가 동생인 이학(李壆), 외손인 권혜(權憓) 등과 더불어 일부러 조작하였다는 사실이 밝혀짐으로써 역모혐의가 있다는 삼사의 집요한 탄핵으로 영조의 끈질긴 비호에도 불구하고 제주(濟州)에 위리안치되었다. 그뒤 그를 방면시키려는 영조의 노력이 있었으나 조정대신과 삼사의 반대로 이루어지지 못하였고, 유배지인 제주에서 죽었다.

영조 31년(1755) 6월 1일 이증의 동생인 이학(李壆)도 복주되었다. 그리하여 6월 2일 이증의 집에 봉안되었던 인빈 김씨의 사우를 송현궁으로 옮기고 궁은 저경(儲慶)이라 하고, 원(園)은 순강(順康)이라 하고, 영조 생모(生母) 숙빈 최씨 육상궁의 예에 따라 임금이 직접 제사를 지내기 시작하였다.

　　임금이 원묘(元廟: 원종)의 옛집인 송현(松峴) 본궁(本宮)에 나아가 인빈 김씨(仁嬪金氏)의 사우(祠宇)를 봉안(奉安)하였는데, 인빈 김씨는 바로 원종대왕을 낳은 친(親)으로 사우가 예전에는 이증(李增)의 집에 봉안되어 있었는데, 이미 이증에게 역률(逆律)을 시행해 그대로 봉안할 수가 없어서였다. 이날에 임금이 도승지 정홍순(鄭弘淳)에게 명하여 사우를 송현궁으로 받들고 가게 하였다. 임금이 드디어 본궁(本宮)으로 가서 시임 대신·원임 대신 및 예관(禮官)을 불러 전교하기를, "조상을 받드는 도리에 있어 어찌 추숭(追崇)과 승통(承統)이 다르겠는가? 육상궁(毓祥宮)의 예에 의해서 궁원(宮園)으로 인빈을 모시고자 하며, 이렇게 한 연후에야 내가 원묘를 만나 뵈어 절을 할 수 있겠다" 하니, 여러 신하들이 다른 말이 없었다. 임금이 입궁(入宮)하여 참포(黲袍)를 입었는데 바로 기신(忌辰) 치재복(致齋服)이다. 사우에 의장(儀仗)과 고취(鼓吹)를 갖추고 이르렀으며, 명하여 연석(筵席)과 상탁(床卓)을 갖추도록 재촉하였다. 또 명하여 궁원(宮園)의 호(號)를 의논해 올리게 했는데 궁은 저경(儲慶)이라 하고, 원(園)은 순강(順康)이라 하였다. 봉행이 늦어진 것으로써 예조의 세 당상을 파직하고, 승지 이경조(李景祚)를 체직하였으며, 각사(各司)의 낭리(郎吏)로서 죄를 입은 자가 매우 많았다. 이정보(李鼎輔)를 예조판서로, 송수형(宋秀衡)을 예조참판으로, 윤동섬(尹東暹)을 예조참의로, 임위(任瑋)·홍명한(洪名漢)을 승지로 삼았는데, 계속해서 시호(諡號)를 의논하여 정하도록 하고, 김상로(金尙魯)를 상시 봉원 도감 도제조(上諡封園都監都提調)로 삼았다.

영조 31년 6월 2일 저경궁에 시호를 올리고 고묘(告廟)·반교(頒敎)·진하(陳賀)를 예에 의해 거행하도록 하였다.

영조 31년 6월 2일 승지를 보내 인빈의 아들 의창군(義昌君)과 의창군 양자인 낙선군(樂善君) 묘(廟)에 치제(致祭)하였다.

영조 31년 6월 3일 임금이 저경궁(儲慶宮)의 고유제(告由祭)를 친히 행하고 환궁하였다.

영조 31년 6월 4일 예조의 건의로 순강원의 수호군으로 원호 30명을 입역시켰다.

예조에서 아뢰기를, "순강원(順康園)의 수호군(守護軍)을 궁원(宮園)의 식례(式例)에 의해 거행해야 하니, 수호군 원호(元戶) 30명을 예에 의해 병조로 하여금 충정하여 입역(立役)하게 하소서" 하니, 임금이 윤허하였다.

영조 31년 6월 5일 의창군의 묘를 수진궁에서 거행케 하였다.

"이숙의(李淑儀)와 의창군(義昌君)의 묘는 금후 한결같이 용성대군(龍城大君)의 예에 의해 수진궁(壽進宮)으로 하여금 거행하게 하고, 의창군방(義昌君房)의 전답과 노비는 수진궁으로 보내 제수(祭需)에 보태게 하라" 하였다.

영조 31년 6월 5일 판중추부사 유척기(兪拓基)가 인빈의 죽책문을 짓지 못한다고 했으나 불허하였다.

판중추부사 유척기(兪拓基)가 상소하여 인빈(仁嬪)의 죽책문(竹冊文) 제술(製述)을 사양하기를, "신은 변려문(騈儷文)을 익히지 못하였고, 또 관각(館閣)을 지내지 않아서 명을 받들 수 없습니다" 하니, 임금이 기뻐하지 않으면서 비답하기를, "내가 다시 뭐라고 유시(諭示)하겠는가? 경은 모름지기 멀리 장릉(章陵)을 바라보라" 하고, 시신(侍臣)을 돌아보며 이르기를, "비록 이 글을 짓더라도 어찌 이름이 손상되는 데 이르겠는가?" 하였다.

영조 31년 6월 5일 저경궁의 상시 고유제 및 봉안제의 의전에 대해 전교하였다.

전교하기를, "저경궁(儲慶宮)의 상시 고유제(上諡告由祭) 및 봉안제(奉安祭)를 마땅히 친히 행해야 하니, 독책 독인관(讀冊讀印官)을 종신(宗臣) 가운데서 차출해 채우라. 진하(陳賀)할 때에는 단지 정부(政府)·육조(六曹)에서는 표리(表裏) 물선(物膳)만을 거행하고, 외방에서는 단지 전문(箋文)만 봉진(封進)하라" 하고, 또 하교하기를, "이미 원소(園所)를 봉하고 시호를 정했으니, 어첩 보략(御牒譜略) 및 팔고조도(八高祖圖)를 예에 의해 수정하라. 선대의 증직(贈職) 역시 계유년의 예에 의해 거행하고, 증 영상의 봉사손(奉祀孫)은 즉시 녹용(錄用)하라" 하였다. 또 전교하기를, "지금은 사체가 전일과 다르니, 증 영상과 이부인(李夫人)의 묘에 예관을 보내 치제하라" 하였다.

영조 31년 6월 8일 임금이 저경궁(儲慶宮) 고유제(告由祭)에
쓸 향을 명정전에서 친히 전하였다. 다음날 6월 9일 임금이 순
강원(順康園) 고유제에 쓸 향을 명정전에서 친히 전하였다.

영조 31년 6월 14일 증 숙의 이씨(淑儀李氏)에게 경빈(慶嬪)을
추증하였다.

　증 숙의 이씨(淑儀李氏)를 경빈(慶嬪)으로 삼았다. 숙의는 바로
명종(明宗)의 후궁이며 인빈(仁嬪)의 표자(表姊)로 인빈이 어려서
부터 의지하였었는데, 인하여 선조(宣祖)의 후궁으로 뽑혀 들어
왔었다. 이때에 이르러 임금이 인빈에게 이미 시호를 올리고 봉
원(封園)한 것으로써 숙의도 마땅히 근본을 소급해서 증직해야
한다고 하여 마침내 이런 명이 있게 된 것이었다. 인하여 친히
묘갈(墓碣)을 써서 기백(畿伯)으로 하여금 세우게 하였다.

영조 31년 6월 19일 예조의 건의로 육상궁(毓祥宮)의 예에
의해 저경궁의 중삭제를 시행토록 하였다.

　예조에서 아뢰기를, "육상궁(毓祥宮)의 중삭제(仲朔祭)는 춘분
(春分)·하지(夏至)·추분(秋分)·동지(冬至) 날에 설행하니, 이번
저경궁(儲慶宮)의 중삭제 역시 이에 의해 정식(定式)해야 합니다"
하니, 임금이 윤허하였다.

영조 31년 6월 22일 새벽에 좌참찬 서종급에게 경혜 인빈의
시책보를 올리게 하고 친제하였다.

　새벽에 좌참찬 서종급(徐宗伋)에게 명하여 경혜 인빈(敬惠仁嬪)
에게 시책보(諡冊寶)를 올리라 명하고, 이어서 친제(親祭)를 행하
고 육상궁에 들러 전배하고, 또 효장묘(孝章廟)·의소묘(懿昭廟)를

둘러보고 환궁하였다. 이날에 빈궁(嬪宮)이 저경궁의 묘현례(廟見禮)에 대가(大駕)를 따라 갔다가 효장묘와 의소묘를 들러 내전으로 돌아왔다.

영조 31년 6월 22일에 인빈 죽책문을 이천보(李天輔)가 짓고 신만(申晩)이 쓰고 전문은 김한신(金漢藎)이 썼다.

영조 31년 6월 23일 인빈에게 시호를 올리고 원(園)을 봉한 것을 하례하였다.

임금이 명정전(明政殿)에 나아가니, 왕세자가 백관을 거느리고 전(箋)을 올려 인빈에게 시호를 올리고 원(園)을 봉한 것을 하례하였다. 반교(頒敎)와 반사(頒赦)를 의례대로 하기를, "왕은 말하노라. 궁원(宮園)의 제도가 이미 정해져 공역(工役)을 마쳤다. 책인(冊印)의 전례(典禮)를 먼저 행하여 정리(情理)와 예문(禮文)에 합당하게 하는 것을 이른바 보본(報本)이라 하는데 이제야 그 정성을 펴게 되었다. 우리 경혜 인빈(敬惠仁嬪)께서는 일찍부터 유순하고 온화한 의범(懿範)이 드러나시어 동관(彤管)으로 자신을 단속하여 육궁(六宮)의 칭찬이 자자하였고, 청규(靑規)를 가까이서 모시어 이남(二南)의 큰 덕화(德化)에 도움을 주셨다. 신중하고 검속(檢束)하는 법도를 처음부터 끝까지 관철하고, 겸허하고 순종하는 마음은 윗사람이나 아랫사람 모두에게 믿음을 받으셨는데, 곤전(壼殿)께서 병석에 계실 때에는 지극한 정성으로 시약(侍藥)하셨고, 석희(錫禧)의 아름다운 명을 맞이할 때에는 태릉(泰陵: 문정왕후)의 기이한 꿈과 일치하셨다. 이것은 대개 깊고 도탑게 쌓으신 인덕(仁德)을 황천(皇天)이 밝게 살피시어 이에 성자(聖子)와 신손(神孫)을 탄생하시어 밝은 윤세가 열리게 된 것이다. 이리하여 열조(列祖)를 지나 오늘에 이르러서도 그 여경(餘慶)이 후손을 크게 돕고 있어서 만대의 큰 왕업(王業)이 길이 편안한 것도 돌봐주시고 보호해 주신 덕택이 아닌 것이 없었는데, 백년 전의 아름다운 자취들이 점차 사라지게 되어 항상 이를 천명하고 선양하고자 하는 마음이 간절했었다. 이미 보휘(報暉)의 정성을 지극히 펴서 그 예를 능히 갖추었는데, 추원(追遠)의 전례를 아름답게 거행하려는 마음을 오래전부터 가지고 있었다. 궁원(宮苑)에서 사당을 바라보며 양월(陽月)을 당하여 사모하는 마음이 많았고, 연로(輦路)를 따라서 사당을 배알(拜謁)하면서 봄이슬을 밟으니 그리운 마음이 일어났다. 이에 숭봉(崇奉)의 법에 의거하여 길이 사모하는 정성을 폈으나 아직은 남아 있는 옛 궁(宮)을 사당으로 삼고 제향에 따른 의물(儀物)도 사당에 맞추어 경건히 바쳤다. 아름다운 시호를 공경히 올리니 은장(銀章)과 죽책(竹冊)의 글이 밝게 빛나고 풍양(豊壤)의 언덕을 삼가 수리하니, 염각(簾閣)과 석수(石獸)의 제도가 우뚝히 갖추어졌다. 춘관(春官)이 예(禮)를 품정하고, 지관(地官)이 감독하여 공역을 마쳤는데 궁호(宮號)를 저경(儲慶), 원호(園號)를 순강(順康)이라 하니 지극하고 극진하다 할 것이다. 이렇게 경사스러운 날을 당하여 어찌 윤음(綸音)을 반포하지 않을 수 있으랴? 청묘(淸廟)에 고유(告由)하는 일을 이미 유사(有司)가 거행하여 법전(法殿)에서 하례(賀禮)를 받자니, 옛날을 회상하여 감동하는 마음이 갑절이나 더하다. 여러 신하들의 의논이 똑 같으니 온 백성이 모두 기뻐하고 있음을 알겠으며, 뇌우(雷雨)가 풀리니 혜택이 골고루 베풀어지기를 바란다. 이 달 23일 새벽 이전까지의 사죄(死罪)를 제외한 잡범들은 모두 사유(赦宥)하노라. 아! 방례(邦禮)에 허물이 없어 아름다움을 선양하는 도리를 이미 다했으니, 뭇 백성들이 듣고 모두 기뻐하여 후하게 하는 풍교(風敎)를 볼 수 있게 되기를 바란다. 이에 교시(敎示)하노니, 이 뜻을 잘 알 것이라 생각한다" 하였다. ― 예문 제학 조명리(趙明履)가 지어 올린 것이다 ―

영조 31년 8월 4일 순강원에 나가 친제하였다.

임금이 순강원(順康園)에 거둥하여 친히 제사하였다. 임금이 말하기를, "경빈(慶嬪)의 묘(墓)가 가까이에 있으니, 마땅히 들러 다녀가야 한다" 하고, 드디어 보여(步輿)로 묘에 올라가 전례(展禮)하였다. 이날에 환궁하여 동교(東郊)에서 열무(閱武)하고, 관왕묘(關王廟)에 들렀다.

영조 31년 8월 6일 순강원기(順康園記)를 친히 지어 판에 새겨 걸도록 하였다.

임금이 순강원기(順康園記)를 친히 지어 판(板)에 새겨 걸도록 명하고, 이어서 연신(筵臣)에게 말하기를, "어제 경빈(慶嬪)의 묘를 들렀을 때 가랑비가 뿌렸으니 어찌 서로 감응되어 그런것이 아니겠는가?" 하였다.

영조 31년 9월 25일 춘당대에 나가 정시를 보고 심이지 등 15인을 뽑았다.

임금이 춘당대(春塘臺)에 나아가 정시(庭試)를 친림(親臨)하였는데, 이는 순강원(順康園)을 봉한 경과(慶科)였다. 심이지(沈履之) 등 15인을 뽑았는데, 탁봉(坼封)하다가 박상철(朴相喆)의 이름에 이르러 임금이 눈물을 흘리며 말하기를, "내 손자가 등과(登科)한 것이다" 하였다. 임금의 둘째 딸 화평 옹주(和平翁主)가 일찍 죽어 박상철을 후사(後嗣)로 삼았는데, 이때 19세였다. 임금이 유시하기를, "너는 우선 돌아가서 독서(讀書)를 하고 영원히 청현직(淸顯職)을 사양하고, 조경(躁競)을 억제하는 것을 내 외손(外孫)부터 시작해야 한다" 하였다. 이날의 명관(命官)은 바로 이천보(李天輔)였는데, 과방(科榜)에 대해 남의 말을 많이 들었다.

영조 31년 12월 4일 대신·관각 당상·정부·육조에서 의논하여 육상궁의 시호를 휘덕이라 올리고, 축문에 저경궁의 예처럼 선비(先妣)라고 쓰기로 하였다.

예조 당상(禮曹堂上)이 입시하니, 임금이 말하기를, "지난번 저경궁(儲慶宮)을 궁원(宮園)으로 봉한 뒤에, 자전(慈殿)께서 하교하시기를, '육상궁(毓祥宮)의 사체(事體)는 전과 다름이 있으니, 시호를 가상(加上)하는 거조가 있어야 한다'고 하셨다. 이는 왕년에 수봉(受封)한 것과 무엇이 다르겠는가? 속히 논의하여 들이도록 하라. 내가 어렸을 때에 궁중에서 나를 불러 봉작(封爵)하매, 선자친(先慈親)께서 반드시 근심스런 모양으로 불안해 하셨으니, 그 겸손한 덕은 능히 삼종(三宗)에 경사를 기르시어 향화(香火)를 만대(萬代)에 잇게 하셨다" 하였다. 대신(大臣)과 관각 당상(館閣堂上), 정부(政府)·육조(六曹)에서 육상궁의 시호를 '휘덕(徽德)'이라 의논하여 올렸다. 임금이 말하기를, "지난번에 비록 대신에게 묻긴 하였으나, '선자친' 3자는 고금의 전례(典禮)에 없는 것으로서 축문을 읽을 때에 늘 겸연쩍었다. 지금 시호를 가상(加上)할 때에는 죽책(竹冊)에 먼저 이정(釐正)해야 마땅하겠으므로 고(故) 상신(相臣) 이정구(李廷龜)의 『남궁록 南宮錄』을 가져다 본즉, 그때의 하교 가운데 창빈(昌嬪)과 저경궁(儲慶宮)에 모두 '선비(先妣)'라 일컬었으니, 이는 실로 준행할 만한 것이었다. 『주례 周禮』 춘관(春官)에 이미 일컬은 바 있으니, 금번 죽책문 및 모든 축문에 모두 '선비'로 쓸 것이며, 저경궁은 부조지위(不祧之位)이니 역시 『주례』에 의하여 앞으로 축문에 있어 일체 '선비'로 쓸 일을 의조(儀曹)로 하여금 거행하게 하라" 하였다.

영조 31년 12월 26일 이조 당상에게 저경궁(儲慶宮)과 육상궁(毓祥宮)의 외친에게 증직토록 하였다.

임금이 이조 당상을 불러서 입시하니, 하교하기를, "시호(諡號)

를 올리고 원(園)으로 봉(封)한 뒤에는 체통이 전날보다 무겁다. 저경궁(儲慶宮)과 육상궁(毓祥宮)의 외친(外親)에게 해조(該曹)로 하여금 우찬성(右贊成)을 증직(贈職)하게 하고, 관원을 보내어 치제(致祭)하라" 하였다.

영조 32년(1756) 2월 6일 육상궁·저경궁의 축문에 대해 명하였다.

임금이 육상궁(毓祥宮) 축문(祝文)에 '자 국왕 모 감소고(子國王某敢昭告)'라고 쓰고, 이후로 '손(孫)'이라 칭할 때에도 이 예에 따라서 행하며, 저경궁(儲慶宮) 축문에는 '증손(曾孫)'이라 쓰도록 하라고 명하였다.

순강원의 시설(施設)로는 봉분(封墳)·곡장(曲墻)·석호(石虎)·석양(石羊)·묘비석(墓碑石)·혼유석(魂遊石)·망주석(望柱石)·문인석(文人石)·장명등(長明燈)·사초지(莎草地) 등이 있으며 묘소(墓所) 앞에 정자각(丁字閣)과 비각(碑閣)이 있고 묘(墓) 진입로(進入路)에 신도비(神道碑)와 재실(齋室)이 있다.

인빈 김씨 묘
경기도 남양주시 진접읍(榛接邑) 내각리(內閣里)

묘갈(墓碣)의 전면(前面)에 「유명조선국인빈김씨지묘 有明朝鮮國仁嬪金氏之墓」라 새겨져 있고 후면(後面)에는 기록이 없다. 정자각(丁字閣)의 동측(東側) 비각(碑閣) 안에 있는 비(碑)의 전면(前面)에 「유명조선국경혜인빈순강원 有明朝鮮國敬惠仁嬪順康園」이라 새겨져 있으며 건립시기는 「황명숭정기원후삼을해초추입 皇明崇禎紀元後三乙亥初秋立」이라 새겨져 있어 영조 31년(1755)에 세워진 것임을 알 수 있다.

인빈 김씨 묘비

정조 14년(1790) 3월 16일 해주(海州) 유생(儒生) 정지근(鄭知
勤) 등이 인빈 탄생지이자 인조 탄생지인 해주에 비석과 전각
을 지을 것을 상소하였다.

"옛날 우왕(禑王) 3년에 섬 오랑캐가 침입하여 우리 해서(海西)
지방을 함락하려 할 때 우리 태조대왕께서 고을 성(城)의 동쪽에
서 적을 토벌하였는데, 추격하여 한창 접전을 할 무렵에 두어
길[丈]쯤 되는 수렁 지역에 다달았습니다. 이때 타고 있던 말이
단숨에 뛰어넘었으므로 대우전(大羽箭) 17개를 가지고 연거푸 쏘
아 적을 무찌르고 이에 군사를 풀어 크게 승리를 하였습니다.
오늘날 '약마지(躍馬池)'라고 일컫는 곳이 바로 그 곳입니다. 그
후 만력(萬曆) 임진년에 와서 우리 선조대왕(宣祖大王)께서 서쪽
으로 향해 용만(龍灣)에 피난했다가 이듬해에 환도(還都)하였는데,
8월 18일에 해주(海州)에 머무르면서 먼저 부용당(芙蓉堂) 서쪽에
행궁(行宮)을 짓고 또 백림정(栢林亭) 옛터에 종묘(宗廟)를 짓고 9
월 23일에 서울로 돌아갔습니다. 그리고 의인(懿仁)·인헌(仁獻)
두 성모(聖母) 및 여러 왕자들도 종묘 사직을 받들고 이 고을에
머물러 있던 기간이 5년이나 되었습니다. 그러므로 여러 대(代)
의 유적들이 아직까지 없어지지 않고 있습니다. 그 당시 우리
원종대왕(元宗大王)께서 잠저(潛邸)에 계시면서 고을 성(城)의 남
문(南門) 안에 임시 기거를 하고 있었는데 지금 '군왕동(君王洞)'
이라 불리는 곳이 바로 그 옛터입니다. 을미년(선조 28년, 1595)
11월 7일에 이르러 우리 인조대왕(仁祖大王)께서 때맞추어 이곳
에서 탄강(誕降)하셨는데, 이날 특이한 향내가 방안에 가득차고
붉은 빛이 비추었으며, 또 부부인(府夫人) 신씨(申氏)의 꿈에 붉은
용이 방안에서 솟구쳐 올라갔습니다. 그 지령(地靈)이 모이고 상
서(祥瑞)가 나타난 것이 이러하였던 것입니다. 또한 경사(慶事)가
모여들게 된 근원을 거슬러 올라가면, 인빈(仁嬪)이 원종대왕을
낳은 데로부터 시작되었는데, 이 고을은 또한 인빈이 나서 자란

곳이기도 합니다. 그러기 때문에 우리 열성조(列聖朝)에서 이 고을을 다른 고을과는 다르게 여겨왔습니다. 선조(宣祖) 을미년(선조 28년, 1595)에는 본 고을에서 과거 시험을 설행하였고, 인조(仁祖) 갑술년(인조 12년, 1634)에는 또 별과(別科)를 설행하였으며, 효종(孝宗) 경인년(효종 1년, 1650)에는 고을 수령을 신중히 골라 임명하여 백성들을 잘 보살피게 하도록 지시를 내렸습니다. 또 현종(顯宗) 을사년(현종 6년, 1665)에는 임금이 태어난 옛 터에 대해 전답을 바꾸어주고 담장을 쌓았으며, 숙종(肅宗) 무진년(숙종 14년, 1688)에는 비석을 세워 사적을 기록하였습니다. 선조(先朝, 영조) 임술년(영조 18년, 1742)에는 어필(御筆)로 '부용당' 이라는 세 글자를 특별히 써주어 걸게 함으로써 이 고을을 빛나게 하였고, 또 계사년(영조 49년, 1773)에는 본 고을의 유생들이 올린 글로 인하여 말이 뛰어넘었던 곳에 비석을 세우고 어필로 표시를 하였으니, 전후의 성전(盛典)이 지극하다고 하지 않을 수 없습니다.

삼가 생각하건대, 네 성조(聖朝)에 걸친 아름다운 옛 사적이 이와 같이 찬란하여 영흥(永興)이나 송경(松京)에 못지 않으니 만큼, 준원전(濬源殿)이나 목청전(穆淸殿)과 같은 제도가 마땅히 이곳에도 다같이 있어야 할 것입니다. 그런데 수 백년 동안 아직껏 높이 받드는 조치가 없었으니, 이곳을 지나는 백성들치고 어느 누군들 한숨을 짓고 감회를 자아내지 않겠습니까. 태조께서 싸움에 승리한 곳과 인조께서 태어나신 옛터에는 모두 돌을 다듬어서 길이 추모하는 뜻을 새겼지만, 유독 행궁의 옛터에만은 아직까지 선조께서 머무르셨다는 비석이 없고 옛 군왕동에도 원종의 세자 시절을 새긴 비석이 없습니다. 한 성(城)의 안팎이 모두 네 임금의 유적(遺蹟)으로 둘러쌓인만큼, 특별히 나타내주는 전례(典禮)를 어찌 차이나게 할 수 있겠습니까. 삼가 성명께서는 『읍지 邑誌』를 상고하여 스스로 결단을 내리심으로써, 이 고을에 특별히 명하시어 네 임금을 받드는 전각을 새로 짓도록 하고 임금의 행차가 머무른 옛터와 세자로 있던 옛터에도 똑같이 비석을 세워 특별히 나타내주는 전례를 베푸소서" 하니,

비답하기를, "본 고을에 네 왕조(王朝)의 훌륭한 유적이 있는 것을 어찌 모르겠는가. 두 왕조에서 특별히 두 곳에 비석을 세우도록 명한 거룩한 뜻도 알 수 있다. 그런데 지금 또 비석을 세운다면 혹시 너무 중첩되는 일이 아니겠는가. 전각을 짓는 일에 대해서는, 섣불리 논의할 수 없다. 그러나 너희들이 초야의 사람으로서 선대 임금들을 빛나게 하는 데에 뜻이 있어서 이러한 글을 올렸으니 성의만큼은 갸륵하다고 하겠다" 하였다.

계곡(谿谷) 장유(張維, 1587~1638)는 「인빈김씨신도비명 仁嬪 金氏神道碑銘」에서 아래와 같이 평가했다.

내가 삼가 살펴보건대, 하늘과 사람이 합응(合應)하는 이치가 은미(隱微)한 듯 하면서도 실제로 드러났다고 여겨진다. 인빈이 유순하고 갸륵한 자태를 지니고서 위로 선조(宣祖)의 크나큰 덕을 떠받들며 아름다운 천명(天命)을 맞게 하였는가 하면, 성스러운 아들과 신령스러운 손자를 탄생시켜 중흥(中興)의 빛나는 위업을 달성하게 하였으니, 이렇듯 성대한 일이 이르게 된 연유를 거슬러 찾아본다면, 어찌 그렇게 될 만한 까닭이 없이 된 것이겠는가. 『주역 周易』에서 '걸어온 발자취를 살펴 화복(禍福)을 고찰한다' 하였고, 또 이르기를 '하늘이 도와 주시니 길하기만 할 뿐 이롭지 않은 일이 없다' 하였는데, 지금의 일을 가지고 징험해 보면 이치란 정말 속일 수가 없는 것이다. 아, 얼마나 가슴 뿌듯한 일인가. 『계곡집』 권13 「인빈김씨신도비명 仁嬪金氏神道碑銘」

죽은 후에 칠궁(七宮: 서울특별시 종로구 궁정동 소재)에 위패(位牌)를 봉안하고 있다.

순강원의 원찰로 봉영사(奉永寺)가 옆에 있다. 봉영사는 경기도 남양주시 진접읍 내각리 천견산(天見山)에 있는 절이다. 대한 불교 조계종 25교구의 본사인 봉선사(奉先寺)의 말사이다. 진평왕 11년(589)에 창건하여 봉인암(奉仁庵)이라 하였다.

영조 13년(1737)에는 태전(太顚)·해청(海淸)·치학(致學)·거암(擧庵) 등이 황폐해진 이 절을 중창하였고, 영조 31년(1755)에 선조의 후궁인 인빈(仁嬪) 등의 묘가 순강원(順康園)으로 승격하면서 이 절을 인빈의 원찰(願刹)로 삼고 신실(神室)을 지었으며, 절 이름을 봉영사라 하였다.

이때 토지 10결(結)을 내려 설날과 추석에 제사를 모시게 하였다. 고종 14년(1877)에는 당시 고종의 숙부이면서 상국(相國)으로 있던 이공(李公)이 내탕전(內帑錢) 4,000관을 희사하여 크게 중수하였고, 1924년에는 주지 서경(西耕)이 중수하였다.

1942년에는 주지 성호(星浩)가 중수하였으며, 1968년 이후 혜경(慧鏡)이 중수하였다.

대웅보전(大雄寶殿)과 봉향각(奉香閣)·대방(大房) 등의 당우를 갖춘 규모가 크지 않는 절이지만, 주위에 순강원과 풍양궁터, 그리고 인빈의 아들인 의창군 이광(李珖)의 묘 등이 있으며 분위기 있는 아늑한 사찰이다.

▦ 인빈 김씨

【생몰년】 명종 10년(1555) ~ 광해군 5년(1613). 향년 59세
【본 관】 수원 김씨(水原金氏)
【 묘 】 순강원(順康園: 사적 356호)
        남양주시 진접읍 내각리(南楊州市榛接邑內閣里: 선원강요)
        기일은 10월 29일
【문 헌】『선조실록 宣祖實錄』『광해군일기 光海君日記』
        『연려실기술 燃藜室記述』
        신흠(申欽)『상촌집 象村集』권28「인빈김씨신도비명 仁嬪金氏
        神道碑銘」
        장유(張維)『계곡집 谿谷集』권13「인빈김씨신도비명 仁嬪金氏
        神道碑銘」

순강원(사적 제356호)
경기도 남양주시 진접읍(榛接邑) 내각리(內閣里) 소재

김한우(金漢佑)

출전: 『수원김씨세보 水原金氏世譜』

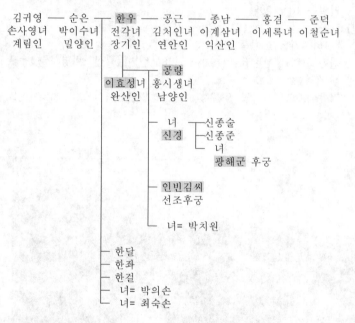

김귀영 —— 순은 —— 한우 —— 공근 —— 종남 —— 홍겸 —— 준덕
손사영녀 박이수녀 전각녀 김처인녀 이계삼녀 이세록녀 이철순녀
계림인   밀양인   장기인   연안인   익산인

```
                        공량
               이효성녀  홍시생녀
               완산인    남양인

                        녀 ┌ 신종술
                   신경 ├ 신종준
                        └ 녀
                             광해군 후궁

                   인빈김씨
                   선조후궁

                   녀= 박치원

          한달
          한좌
          한걸
          녀= 박의손
          녀= 최숙손
```

※ 본서 부록 393쪽 참조

　　김한우(金漢佑, 1501∼1574)의 아버지는 김순은(金順銀)이며,
어머니는 박이수(朴以壽)의 딸 밀양 박씨(密陽朴氏)이다.
　　부인은 전각(田珏)의 딸 장기 전씨(長鬐田氏)와 충의위(忠義衛)
이효성(李孝誠)의 딸 전주 이씨(全州李氏)이다. 이효성은 효령대
군의 3남 보성군(寶城君, 1416∼?)의 증손자이다.

슬하에 2남 3녀를 두었는데 전씨에게 1남, 이씨에게 1남 3녀를 두었다.

전씨 소생 1남 김공근(金公謹)은 김처인(金處仁)의 딸 연안 김씨(延安金氏)와 혼인하였다.

이씨 소생 1남 김공량(金公諒)은 홍시생(洪始生)의 딸 남양 홍씨(南陽洪氏)와 혼인하였다. 김공량은 인빈 김씨(仁嬪金氏)의 동모(同母) 오빠이므로 김한우(金漢佑)의 봉사손(奉祀孫)이 되었는데, 후사가 없어 김공근의 증손 김준덕(金峻德)이 김공량의 시양으로 봉사손이 되었다.

1녀는 신경(辛鏡)에게 출가하였고, 2녀는 선조 후궁 인빈 김씨이고, 3녀는 박치원(朴致遠)에게 출가하였다. 신경의 딸은 광해군의 후궁이 되었다.

선조 후궁 인빈 김씨의 외조부 이효성(李孝誠)의 동생 이효삼(李孝參)의 사위가 김희철(金希哲)의 사촌형인 김희일(金希逸)이다.

【공빈김씨와 인빈김씨와의 관계】

```
                        김한우
                          ‖
이견손 ┬ 이효성 ──── 녀 ──── 인빈김씨
       └ 이효삼 ──── 녀
                       ‖
김세균 ┬ 김첨수 ── 김희일
       └ 김종수 ── 김희철 ──── 공빈김씨
                    권장녀
```

연산군 7년(1501)에 태어났다.

24세인 중종 19년(1524)에 등과하여 벼슬은 감찰(監察)에 이르렀다.

55세인 명종 10년(1555) 2월 갑오일에 선조 후궁이 되는 인빈 김씨를 낳았다.

선조 7년(1574)에 74세로 졸했다.

영조 21년(1745) 8월 26일 영조가 예관(禮官)을 보내어 용성대군(龍城大君)의 묘와 고 상신(相臣) 이건명(李健命)의 묘와 증(贈) 영상(領相) 김한우(金漢佑) 부인의 묘와 영성군(靈城君)의 묘와 경은부원군(慶恩府院君)의 묘와 가림부부인(嘉林府夫人)의 묘에 치제(致祭)하도록 하였는데, 이는 행행(行幸)할 때에 길에서 그 묘들을 보았기 때문에 추모하는 느낌이 일어나서 이 명을 내린 것이었다.

김한우 사당
경기도 양주군 장흥면 일영2리

유적으로 김한우(金漢佑) 사당(祠堂)이 경기도 양주군 장흥면 일영리에 있다. 사당은 한식 목조 기와 형식으로 정면 3칸, 측면 1칸, 주위에 담을 쳤고 대문 1칸이 솟아 있다.

부인 완산 이씨(完山李氏)의 묘는 양주(楊州) 서산(西山) 장흥면(長興面) 술좌(戌坐)에 있고, 해숭위(海嵩尉) 윤신지(尹新之, 1582~1657)가 찬하고 세마(洗馬) 신승(申昇)이 쓴 부인의 묘비명이 있다.

▓ 인빈 김씨 아버지

【생몰년】 연산군 7년(1501) ~ 선조 7년(1574). 74세졸
【성 명】 김한우(金漢佑)　　　　【본 관】 수원(水原)
【 자 】 대로(大老)　　　　　　　【 호 】
【시 호】
【 묘 】 송도 용주산 건좌(松都龍宙山乾坐)
　　　　　부인 전각(田珏) 녀와 같이 묻힘
　　　　　양주 서산 장흥면 술좌 원(楊洲西山長興面戌坐原)은
　　　　　부인 이효성(李孝誠) 녀의 묘.
【문 헌】 『수원김씨세보 水原金氏世譜』 『양주군지 楊州郡誌』
　　　　　『영조실록 英祖實錄』

▓ 인빈 김씨 외조부

【생몰년】 ? ~ ?
【성 명】 전각(田珏)　　　　　　【본 관】 장기(長鬐, 潭陽)

※ 담양 전씨에서 장기 전씨가 나온 것 같음.

인빈 김씨 외조부

이효성(李孝誠)

출전: 『전주이씨효령대군정효공파세보 全州李氏孝寧大君靖孝公派世譜』

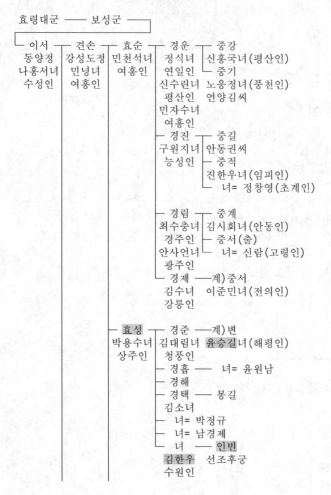

효령대군 ── 보성군 ──┐

└ 이서 ─┬─ 견손 ─┬─ 효순 ─┬─ 경운 ─┬─ 중강
동양정 　강성도정 민천석녀 　경식녀 신홍국녀(평산인)
나홍서녀 민녕녀 　여홍인 　연일인 └ 중기
수성인 　여홍인 　　　　　신수린녀 노응정녀(풍천인)
　　　　　　　　　　　　평산인 　언양김씨
　　　　　　　　　　　　민자수녀
　　　　　　　　　　　　여홍인
　　　　　　　　├─ 경진 ─┬─ 중길
　　　　　　　　　구원지녀 안동권씨
　　　　　　　　　능성인 ├─ 중적
　　　　　　　　　　　　　진한우녀(임피인)
　　　　　　　　　　　　└ 녀= 정창영(초계인)

　　　　　　　　├─ 경림 ─┬─ 중계
　　　　　　　　　최수충녀 김시회녀(안동인)
　　　　　　　　　경주인 ├─ 중서(출)
　　　　　　　　　안사언녀 └ 녀= 신람(고령인)
　　　　　　　　　광주인
　　　　　　　　└ 경제 ──계)중서
　　　　　　　　　김수녀 　이준민녀(전의인)
　　　　　　　　　강릉인

　　　　　　├─ 효성 ─┬─ 경준 ──계)변
　　　　　　　박용수녀 김대림녀 윤승길녀(해평인)
　　　　　　　상주인 　청풍인
　　　　　　　　　　├─ 경흡 ── 녀= 윤원남
　　　　　　　　　　├─ 경해
　　　　　　　　　　├─ 경택 ── 봉길
　　　　　　　　　　　김소녀
　　　　　　　　　　├ 녀= 박정규
　　　　　　　　　　├ 녀= 남경제
　　　　　　　　　　└ 녀 ── 인빈
　　　　　　　　　　　김한우 　선조후궁
　　　　　　　　　　　수원인

```
┌ 효삼 ─┬ 녀= 김희일(김해인)
│ 윤유녀  └ 녀= 남대하(의령인)
│ 무송인
│
├ 효언 ─┬ 경금 ─┬ 돈
│ 한승정녀  안동권씨  │ 임개(풍천인)
│ 청주인          ├ 성(출)
│                ├ 변(출)
│                └ 녀= 이엄(고성인)
│
│       ┌ 경률 ─┬ 심
│       │ 홍인우녀  유대수녀(기계인)
│       │ 남양인  ├ 회
│       │        │ 박승현녀(밀양인)
│       │        ├ 격
│       │        │ 정성지녀(온양인)
│       │        ├ 업
│       │        │ 손천우녀(원주인)
│       │        │
│       │        ├ 녀= 윤광
│       │        ├ 녀= 이호인
│       │        └ 녀= 홍득인
│       │
│       ├ 경두 ─ 계)성
│       │ 우승순녀  조인후녀(평양인)
│       │ 예안인
│       │
│       ├ 경용 ─┬ 담
│       │ 정언각녀  신길원녀(평산인)
│       │ 해주인  ├ 순
│       │        │ 박사현녀(밀양인)
│       │        └ 녀= 박기호
│       │
│       ├ 녀= 유사신(문화인)
│       ├ 녀= 최함(수원인)
│       └ 녀= 권징(안동인)
│
├ 녀= 권수(안동인)
├ 녀= 민자수(여흥인)
└ 녀= 권도

├ 녀= 김사강
├ 녀= 원세응(원주인)
└ 녀= 안찬(순흥인)
```

※ 본서 부록 385쪽 참조

고조부는 태종의 2남 효령대군이고, 증조부는 효령대군의 셋째아들 보성군(寶城君, 1416~?)이다.

아버지는 강성도정(江城都正) 이견손(李堅孫)이며, 어머니는 민영(閔寧)의 딸인 여흥 민씨(驪興閔氏)이다.

부인은 박용수(朴龍壽)의 딸인 상주 박씨(尙州朴氏)이다.

슬하에 4남 3녀를 두었다.

1남 이경준(李景濬)은 김대임(金大臨)의 딸 청풍 김씨(淸風金氏)와 혼인하였다. 2남은 이경흡(李景洽)이고 3남은 이경해(李景海)이다. 4남 이경택(李景澤)은 김소(金沼)의 딸과 혼인하였다.

1녀는 박정규(朴廷珪)에게, 2녀는 남경제(南景悌)에게 출가하였다.

3녀는 수원 김씨 김한우(金漢佑, 1501~1574)에게 출가하여 딸을 낳았는데 선조 후궁 인빈 김씨이다.

동생 이효언(李孝彦)의 4남 이경용(李景嵤, 1541~?)은 정언각(鄭彦慤)의 딸 해주 정씨(海州鄭氏)와 혼인했다.

▒ 인빈 김씨 외조부

【생몰년】 ? ~ ?
【성　명】이효성(李孝誠)　　　　　　【본　관】전주(全州)
【　자　】　　　　　　　　　　　　【　호　】
【시　호】
【　묘　】금산 가물리(金山加勿里)
【문　헌】『선원록 璿源錄』
　　　　　『효령대군정효공파세보 孝寧大君靖孝公派世譜』

1. 의안군(義安君)

서3남 의안군(義安君, 1577~1588)

출전: 『선원록 璿源錄』

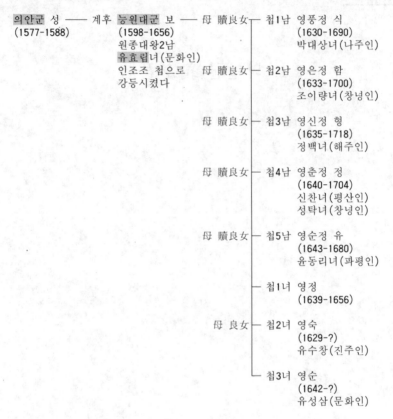

의안군 성 —— 계후 능원대군 보 —— 母 贖良女 ┬ 첩1남 영풍정 식
(1577-1588)　　　 (1598-1656)　　　　　　　 │ (1630-1690)
　　　　　　　　　　 원종대왕2남　　　　　　　　 │ 박대상녀(나주인)
　　　　　　　　　　 유효립녀(문화인)　　 母 贖良女 ┤ 첩2남 영은정 함
　　　　　　　　　　 인조조 첩으로　　　　　　　　 │ (1633-1700)
　　　　　　　　　　 강등시켰다　　　　　　　　　 │ 조이량녀(창녕인)
　　　　　　　　　　　　　　　　　　　 母 贖良女 ┤ 첩3남 영신정 형
　　　　　　　　　　　　　　　　　　　　　　　　 │ (1635-1718)
　　　　　　　　　　　　　　　　　　　　　　　　 │ 정백녀(해주인)
　　　　　　　　　　　　　　　　　　　 母 贖良女 ┤ 첩4남 영춘정 정
　　　　　　　　　　　　　　　　　　　　　　　　 │ (1640-1704)
　　　　　　　　　　　　　　　　　　　　　　　　 │ 신찬녀(평산인)
　　　　　　　　　　　　　　　　　　　　　　　　 │ 성탁녀(창녕인)
　　　　　　　　　　　　　　　　　　　 母 贖良女 ┤ 첩5남 영순정 유
　　　　　　　　　　　　　　　　　　　　　　　　 │ (1643-1680)
　　　　　　　　　　　　　　　　　　　　　　　　 │ 윤동리녀(파평인)
　　　　　　　　　　　　　　　　　　　　　　　　 ┤ 첩1녀 영정
　　　　　　　　　　　　　　　　　　　　　　　　 │ (1639-1656)
　　　　　　　　　　　　　　　　　　　 母 良女 ┤ 첩2녀 영숙
　　　　　　　　　　　　　　　　　　　　　　　　 │ (1629-?)
　　　　　　　　　　　　　　　　　　　　　　　　 │ 유수창(진주인)
　　　　　　　　　　　　　　　　　　　　　　　　 └ 첩3녀 영순
　　　　　　　　　　　　　　　　　　　　　　　　　 (1642-?)
　　　　　　　　　　　　　　　　　　　　　　　　　 유성삼(문화인)

※ 본서 부록 368쪽 참조

　선조의 서3남으로 어머니는 저경궁(儲慶宮) 인빈 김씨(仁嬪金氏)이다.

　특명으로 원종대왕 제2남 능원대군(綾原大君) 이보(李俌, 1598~1656)를 계후(繼後)로 삼았다.

　어려서 사리를 분별하는 총명이 남달랐으므로 부왕의 편애를 입었다.

선조 10년(1577) 3월 30일에 태어났다.

7세인 선조 16년(1583)에 남별궁을 하사받았다. 선조는 의안군을 사랑하는 나머지 크게 궁실을 짓고 호화롭고 사치스럽게 꾸며서 하사하였다.

상이 남별궁(南別宮)에 나아가 유격(遊擊) 진운홍(陳雲鴻)을 만나 보았다. ― 사신은 논한다. 이 별궁은 소공주(小公主)의 집이었는데 그 뒤에 국적(國籍)으로 환속되었다. 계미 연간[선조 16년, 癸未]에 궁실을 크게 지어 사치를 극도로 하여 법도 없이 참월하였다. 이 집은 왕자 의안군(義安君)에게 하사하였다. 그 당시이 집과 서로 백중을 겨룰 만한 것이 5~6구(區)나 되어 생민의 고혈이 여기에서 다한 것이니, 국조(國祚)가 전복된 것은 당연하다. 병화가 스쳐간 뒤에 오직 이 궁실만이 우람하게 남아 있어 손님을 맞이하고 조회하는 장소로 쓰고 있다. 아, 하늘은 필시 우리 성상으로 하여금 오늘날에 참회하고 경계하도록 한 것이리라.『선조실록』권60. 선조 28년 2월 11일

선조 20년(1587) 중종 후궁인 경빈 박씨(敬嬪朴氏) 소생 서1남 복성군(福城君) 이미(李嵋, 1509~1533)의 양자로 들어갔다.

선조 21년(1588) 2월 24일 역질에 걸려서 12세의 어린 나이로 세상을 떠났다. 장가를 들기 전에 죽었으므로 선조가 후사를 세워주려고 하였으나 전례가 없어 뜻을 이루지 못하였다.

선조 21년 3월 26일 의안군(義安君)이 죽은 데 대하여 이미 봉직(封職)은 되었으나 혼례를 치르지 못하였으므로 그 입후(立後)에 대해 전례의 유무(有無)를 예조로 하여금 상고해서 아뢰게 하였다.

"문종 때 담양군(潭陽君)이 혼례 이전에 작고하자 당시의 의논 이 한결같지 않았는데, 그 기록이 산실(散失)되어 상고할 만한 근거가 없습니다" 하니, 전교하기를, "입후하는 전례가 없다면 그 동생(同生)에게 의탁하여 제사를 받는 것이 옳다" 하였다.

인조 3년(1625) 3월 22일 동생 정원군[원종]의 2남 능원군 이보가 의안군의 뒤를 이은 아들이라고 하였다.

"능원군 이보는 의안군의 뒤를 이은 아들이고 정영신(丁永信) 이란 자는 의안군의 종이다. 선왕조때 정영신이 묘를 잘 지킨 공으로 그 자신에 한하여 신역을 면해주었다고 하니, 이는 능원 군의 집 종이 아닌가. 대저 상전과 종 사이는 명분이 지극히 엄 격한데 그대들은 배반한 종의 말만 곧이 듣고서 능원군에게 무 거운 법을 쓰려고 하니, 진실로 그대들의 뜻을 모르겠다. 해조가 조사하면 자연히 처치할 길이 있을 것이니, 유사로 하여금 되도 록 공정하게 조사하도록 하라" 하였다.

인조 4년(1626) 2월 10일 예조에서 의안군에게 출계(出繼)했 던 능원군 이보를 귀종(歸宗)시켜 어머니 계운궁의 상주(喪主) 로 정하였다.

예조가 아뢰기를, "능원군(綾原君) 이보(李俌)를 상주(喪主)로 정 하는 일에 대해서 승전을 받든 뒤에 출계(出繼)를 파하고 귀종 (歸宗)시키는 공사(公事)를 본조(本曹)에서 거행해야 합니다. 그러 나 본조의 문적(文籍)을 상고하여 보니 의안군(義安君)에게 입후 (立後)한 일에 대해 계하(啓下)한 공사가 없었습니다. 이는 필시 의안군이 가례(嘉禮)가 있기 전에 졸서(卒逝)하였으므로 모위(母 位)가 없어서 부모가 함께 입후를 명하는 법규에 따라 일가(一

家)가 전계(傳繼)로 정했기 때문인 것입니다. 따라서 애당초 출계한 것이 아니니 계하를 기다려 파기할 필요가 없게 되었습니다. 따라서 지금 이미 상주가 되었으니 절로 본종(本宗)으로 돌아가게 되는 것입니다. 감히 아룁니다" 하니, 알았다고 답하였다.

숙종 19년(1693) 1월 2일 의회(懿懷)라는 시호를 받았다.

영조 38년(1762) 7월 6일 의안군 집에 제사를 지내도록 하였다.

▒ 의안군

【생몰년】 선조 9년(1577) ~ 선조 21년(1588). 향년 12세

【성 명】 이성(李珹)　　　　　　　【본 관】 전주(全州)

【 자 】　　　　　　　　　　　　【 호 】

【시 호】 의회(懿懷)

【 묘 】 양주 동 건천면 궁동(楊州東乾川面宮洞: 선원록)
　　　　양주 풍양 건천면 궁동(楊州豊壤乾川面宮洞: 선원계보)
　　　　남양주시 진접면 궁동(南楊州市榛接面宮洞: 선원강요)
　　　　기신은 2월 24일

【문 헌】『선조실록 宣祖實錄』『인조실록 仁祖實錄』
　　　　『선원록 璿源錄』『선원속보 璿源續譜』

2. 신성군(信城君)

서4남 신성군(信城君, 1578~1592)
처부: 신립(申砬, 1546~1592). 평산(平山)
처외조부: 이담명(李聃命). 전주(全州)
          최필신(崔弼臣). 전주(全州)

출전: 『선원록 璿源錄』

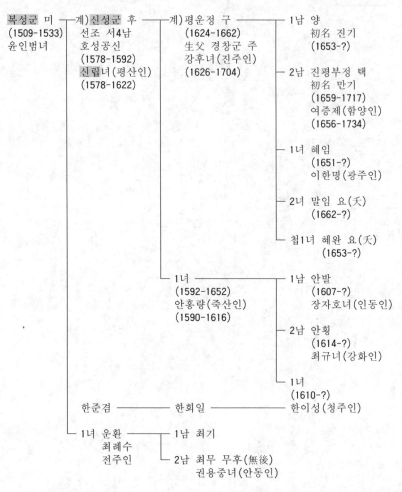

복성군 미
(1509-1533)
윤인범녀

계)신성군 후
선조 서4남
호성공신
(1578-1592)
신립녀(평산인)
(1578-1622)

계)평운정 구
(1624-1662)
生父 경창군 주
강후녀(진주인)
(1626-1704)

1남 양
初名 진기
(1653-?)

2남 진평부정 택
初名 만기
(1659-1717)
여증제(함양인)
(1656-1734)

1녀 혜임
(1651-?)
이한명(광주인)

2녀 말임 요(夭)
(1662-?)

첩1녀 혜완 요(夭)
(1653-?)

1녀
(1592-1652)
안홍량(죽산인)
(1590-1616)

1남 안발
(1607-?)
장자호녀(인동인)

2남 안횡
(1614-?)
최규녀(강화인)

1녀
(1610-?)

한준겸 ──── 한회일 ──── 한이성(청주인)

1녀 운환
최례수
전주인

1남 최기

2남 최무 무후(無後)
권용중녀(안동인)

※ 본서 부록 367쪽 참조

선조의 서4남으로 어머니는 인빈 김씨(仁嬪金氏)이다.

중종 서1남으로 중종 후궁인 경빈 박씨(敬嬪朴氏) 소생 복성
군(福城君) 이미(李嵋, 1509~1533)에게 출계하였다.

부인은 한성부 판윤 신립(申砬, 1546~1592)의 딸 평산 신씨
(平山申氏, 1578~1622)이다.

슬하에 1녀만 있고 아들이 없어 선조의 서9남으로 정빈 홍
씨 소생인 경창군(慶昌君, 1596~1651)의 아들 평운정(平雲正)
이구(李俅, 1624~1662)가 뒤를 이었다.

1녀는 죽산 안씨(竹山安氏) 안홍량(安弘量, 1590~1616)에게 출
가하였다. 안홍량의 딸은 한준겸(韓浚謙, 1557~1627)의 맏손자
인 한이성(韓以成)에게 출가하였다. 한준겸은 인조의 장인이다.

【청주 한씨 한준겸을 중심으로】

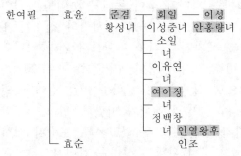

※ 본서 부록 422쪽 참조

선조 11년(1578) 12월 10일에 태어났다. 인빈 김씨가 선조의
총애를 받고 있으면서 신성군을 낳았으므로 선조의 사랑을 독
차지하였다

14세인 선조 24년(1591) 정철(鄭澈)과 유성룡(柳成龍)·이산해
(李山海)가 세자를 정할 것을 건의하기로 해놓고, 이산해가 인
빈 김씨의 오빠 김공량(金公諒)을 통하여, 정철이 광해군을 세
자로 정하여 신성군을 모해하려고 한다고 인빈 김씨에게 고하
게 하여, 정철 등 서인을 몰아낸 건저의(建儲議) 사건이 일어났

는데, 이 때에 신성군이 거론되었다.

15세인 선조 25년(1592) 4월 그믐에 임진왜란이 일어나서 도
성이 위급해지자 종묘와 사직의 위패를 모신 종묘 관원을 따
라 평양으로 피란했다.

이달 그믐에 상이 서행(西幸)하였다. 상이 일단 서행하기로 의
논을 결정하자 대궐 안의 이복(吏僕)들이 떠들다가 물러가더니
조금 뒤에는 위사(衛士)들도 모두 흩어졌으며, 시각을 알리는 북
소리도 끊어졌다. 밤이 깊어서야 이일(李鎰)의 장계가 비로소 도
착하였는데, 적이 금명간에 도성에 이를 것이 분명하다고 하였
다. 장계가 들어온 뒤 얼마쯤 있다가 상이 돈의문(敦義門)을 나가
서행하였는데, 사관(祠官)으로 하여금 종묘와 사직의 신주판[主
版]을 받들고 앞서게 하고 세자가 그뒤를 따랐으며 거가가 나간
뒤 왕자 신성군(信城君) 이후(李珝)와 정원군(定遠君) 이부(李琈)가
따랐다. 상은 융복(戎服)으로 말을 타고 왕비(王妃)는 걸어서 인
화문(仁和門)을 나왔는데, 수십 명의 시녀가 따랐다. 밤이 칠흑같
이 어둡고 비가 내려 지척을 분변할 수 없었는데, 도승지 이항
복이 촛불을 잡고 앞을 인도하니 왕비가 성명을 물어서 알고 위
로하며 권면하였다. 종묘 각실(各室)의 인보(印寶) 외의 의장(儀仗)
은 모두 버렸으며, 문소전(文昭殿)의 위판(位版)은 지키던 관원이
묻어두고 도망하였는데, 그뒤에 위판이 나왔으나 문소전의 제례
(祭禮)는 마침내 없애고 거행하지 않았으니 시대가 어지러웠기
때문이었다.

선조 25년 5월 3일 평양성 사수와 평안도 병사 모집을 위해
정원군(定遠君), 유홍(兪泓), 이항복(李恒福)과 함께 평양으로 떠
났다.

이날 황해도에서 6천여 명을 징병(徵兵)하였는데 종묘(宗廟)의

수복(守僕)들과 밥짓는 일 때문에 서로 다투다가 드디어 난동을
부려 칼을 뽑아 들고 고함을 지르면서 전문(殿門) 앞에까지 이르
렀다. 상이 명하여 수복들의 머리를 베어 효시(梟示)하니 제군(諸
軍)이 잠잠해졌다. 기성부원군(杞城府院君) 유홍, 이조참판 이항
복, 신성군(信城君) 이후(李珝), 정원군(定遠君) 이부(李琈)를 먼저
평양으로 보내어 성지(城池)를 수리하게 함으로써 평양을 사수
(死守)할 계획을 세우는 한편 평안도 병사를 불러모아 어가를 기
다리게 하였다.

선조 25년 5월 8일 정빈 홍씨(貞嬪洪氏), 숙의 김씨(淑儀金氏),
숙용 김씨(淑容金氏)와 정원군(定遠君) 및 그 부인과 함께 각각
하루에 세 끼니를 지급받았다.

정빈 홍씨(貞嬪洪氏), 정빈 민씨(靜嬪閔氏), 숙의 김씨(淑儀金氏),
숙용 김씨(淑容金氏)와 신성군(信城君)·정원군(定遠君) 및 그 부
인 두 사람에게는 각각 하루에 세 끼니를, 시녀(侍女)·수모(水母)
와 밑에 있는 나인(內人)들에게는 하루에 두 끼니를 이날부터 지
급하였다.

15세인 선조 25년(1592) 5월 29일 왜군이 임진강을 건넜다는
보고를 받고 구사맹(具思孟, 1531~1604)·신잡(申磼, 1541~16
09) 등의 호위를 받아 영변(寧邊)으로 향하였다.
선조 25년(1592) 11월 5일 15세로 의주에서 병사하였다.
선조 33년(1600) 1월 12일 비망기로 정원에 전교하여 신성군
의 묘를 의주에서 옮겨오도록 하였다.

"졸한 신성군(信城君)을 천장(遷葬)할 적에는 호상사(護喪使)가
의주(義州)로 내려가야 한다. 행 부사(行副使) 호군(護軍) 신경희

(申景禧)와 전 도사(都事) 신경진(申景禛)에게 쇄마(刷馬) 4필과 일로(一路)의 초료장(草料狀)을 제급(題給)하고, 중사(中使) 행 상선(行尙膳) 이봉정(李奉貞)에게는 쇄마 2필과 일로의 초료장을 제급하고, 대전 별감(大殿別監) 김수명(金水明)과 궁노(宮奴) 4명에게도 아울러 쇄마 4필과 일로의 초료장을 제급하라. 이들은 자처(自處)에서 공문을 발행하지 못하니, 이 3장의 문서에 의거하여 각각 성안(成案)하여 주라. 문자(文字)의 규식은 항규(恒規)에 의거하도록 하라. 그리고 노자(奴子)들은 이곳에서 가져가는 물건이 있기 때문에 이렇게 쇄마를 내주는 것이지 노자들에게 말[馬]을 지급하는 것이 아니다. 이런 내용을 정원은 알고 있으라"

선조 36년(1603) 4월 25일 딸이 안창(安昶, 1552~1620)의 아들 안홍량(安弘量, 1590~1616)에게 출가하였다.

【죽산 안씨 안창을 중심으로】

안순 ─── 안방길 ─── 안욱 ─── 안홍망
                              ├ 안홍발
                              └ 안홍달
                     안일 ─── 안홍립
                              ├ 안홍의
                              └ 안홍언

     ─── 안방경 ─── 안창 ─── 안홍중 ─── 안현
        (1513-1569) (1552-1620) (1586-1653) (1606-1635)
        박언형녀   유순녀   구곤원녀   ├ 안건
                   (1548-1634) 유몽웅녀   ├ 안전
                                         ├ 안석
                                         ├ 녀 = 정민
                                         └ 녀 = 강위

                            ─── 안홍량 ─── 안발
                               (1590-1616) 안횡
                               신성군녀   녀 = 한이성
                               (1592-1652)
                               ├ 녀 = 심천수
                               └ 녀 = 김광위

     ─── 안방선

※ 본서 부록 409쪽 참조

"안창(安䋅)은 서울에 있으면서 혼사(婚事)를 조처해야 할 것이
니, 체직하고 경직(京職)을 주라" — 안창은 결성 현감(結城縣監)
으로 있었는데 상이 돌아간 왕자 신성군(信城君)의 딸을 안창의
아들에게 시집보내게 되었으므로 이 분부를 한 것이다 — 사신
은 논한다. 신은 듣건대, 혼인의 예절은 반드시 중매자를 내세워
두 가문의 실정을 통하게 한 다음에 정하는 것이고, 존귀한 권
세로 누를 수는 없는 것이라고 했다. 지금 신성군이 비록 죽었
으나 그의 부인은 생존하여 중매를 통하여 혼사를 맺는 일을 주
장한 사람이 있는데도 안창의 아들을 신성군의 사위로 삼도록
명하고, 또 체직하고 경직(京職)을 주어 혼사를 조치하도록 명했
으니, 한 번의 거조에 두 가지의 일이 잘못된 것이다. 어떻게 후
세의 모범이 될 수 있겠는가.

선조 36년 5월 7일 신성군과 사돈이 될 안창(安䋅)을 통천
군수(通川郡守)로 삼았다.

안창의 아들을 신성군(信城君)의 사위로 삼으려 하였기 때문에
얼마 되지 않아 특지로 회양 부사(淮陽府使)를 삼았고, 겨우 두어
달 만에 다시 특지로 남양 부사(南陽府使)에 옮겨 제수하였다.

선조 36년 10월 11일 비망기를 내려 신성군과 사돈이 될 안
창을 남양 부사로 옮겨 주었다.

"회양 부사(淮陽府使) 안창(安䋅)은 성혼(成婚)할 날이 멀지 않
으니, 가까운 남양(南陽)으로 옮겨 제수하고, 그 후임자를 차출하
라" — 왕자군(王子君)인 신성군(信城君)의 딸이 장차 안창의 며
느리가 될 것이므로, 이 명이 있었다. 제배(除拜)는 국가의 큰 권
한이고 신성군은 한낱 대부(大夫)의 집인데, 어찌 대부의 집을
위하여 사사로이 국가의 벼슬을 어지럽힐 수 있겠는가. 안창이

태연히 명을 받은 것은 말할 가치도 없지만, 대성(臺省)이 임금의 비정(秕政)에 대해 한 마디도 간(諫)하지 않음으로써 임금으로 하여금 날로 더욱 자용(自用)하는 잘못이 있게 만들었으니, 세도(世道)는 말할 만한 것이 없다 하겠다.

선조 37년(1604) 6월 25일 호성공신(扈聖功臣) 2등에 책록되었다. 선조 40년(1607) 6월 10일 신성군에게 아들이 없어 정원군의 셋째아들 이전을 후사로 삼으라고 비망기로 좌승지 이선복에게 전교하였다.

"신성군(信城君) 이후(李珝)는 평소에 출계(出系)하여 복성군(福城君)의 제사를 받들었으니, 인빈(仁嬪)의 봉사(奉祀)는 정원군(定遠君) 이부(李琈)가 할 것으로 예조에 말하라. 신성군 이후에게 아들이 없으니 정원군의 셋째 아들 이전(李佺)을 계후(繼後)시킬 것으로 예조에 말하라"

광해군 7년(1615) 윤8월 14일 신립의 딸인 신성군의 부인이 정원군 셋째 아들 능창군 이전을 후사로 삼으니, 신립의 조카인 신경희(申景禧) 등이 능창군을 옹립하려 하였다고 신경희의 친구 소명국(蘇鳴國)이 고변하였다.

"신경희(申景禧) · 양시우(楊時遇) · 김정익(金廷益) · 소문진(蘇文震) · 김이강(金以剛) · 오충갑(吳忠甲)을 속히 잡아가두라. 윤길(尹趌)을 잡아가두고, 신경희의 종 춘경(春景)을 포도청으로 하여금 속히 체포하게 하라. 소명국(蘇鳴國)을 각별히 치료하고, 신경희는 다른 옥사에다 단단히 수금하고 잡인을 엄금하여 서로 말을 주고받지 못하게 하라. 이후로 만일 삼가지 못한 일이 발생하면 금부의 당해 낭청을 잡아다 국문할 것이다" 하였다. ─ 신경희는 신잡(申磼)의 아들로서 음직(蔭職)으로 벼슬하였는데, 당론(黨論) 만들기를 좋아하였다. 부형의 세력을 이용하여 정인홍·이이첨의 무리와 친하게 지냈고, 또 그의 숙부 신립(申砬)의 장녀가 왕자 신성군(信城君)의 부인이 되었고, 차녀가 이대엽(李大燁)의 처가 되었는데, 신경희가 이로 인하여 궁액(宮掖)과 왕래하면서 당시의 무리와 결탁하여 기염이 대단하였으므로 사람들이 모두 그의 어리석고 음험함을 겁내었다. 소명국(蘇鳴國)은 익산(益山) 사람으로 나덕윤(羅德潤)·김우성(金佑成) 등과 결당하여 사류를 배척하고 모함하였는데 위인이 흉패하고 불측하였다. 처음에는 유영경(柳永慶)·김대래(金大來) 등을 섬겨 극력 정인홍을 공격하다가, 유영경이 실패하자 다시 신경희와 함께 이이첨의 복심(腹心)이 되어 유영경의 무리를 다시 공격하였다. 황덕부(黃德符)와 함께 이이첨을 아첨하여 섬기니 사람들이 소황(蘇黃)이라고들 하였는데, 이때에 와서 신경희와 소명국이 무슨 일로 인하여 혐원(嫌怨)을 맺게 되었다. 윤길(尹趌)과 양시진(楊時晉)은 모두 호남 사람으로 본래부터 소명국의 사람됨을 미워해 왔는데 모두 이 당시 당인(黨人)으로서 함께 신경희의 문객(門客)이 되었다. 윤길은 또 신경희의 숙부 신할(申硈)의 사위였는데 이런 관계로 인하여 신경희와 함께 소명국을 죽일 것을 모의하고 그의 음행(淫行)을 들추어내 아뢰어 가두게 하였는데, 소명국이 마침내 옥중에서 역모를 상변(上變)하였다.

그 내용의 줄거리는, "신경희가 일찍이 신에게 말하기를 '신성군의 부인은 천성이 호걸스러워 여중남자(女中男子)이다. 그의 계사(繼嗣)는 정원군(定遠君) 셋째 아들 능창군(綾昌君) 이전(李佺)인데 활솜씨 말타는 솜씨가 뛰어나고, 배우지 않고서도 글을 잘한다. 윤길이 명운(命運)을 잘 점치는데 일찍이 이전(李佺)의 녹명(祿命)은 40년간 치평의 군주가 될 명운이라고 하였다. 지금 동궁이 아들이 없고 척리(戚里)의 운이 다하였으므로, 운수가 당연히 이곳으로 돌아올 것이다. 지금이 바로 영웅이 부귀를 도모할

때이다' 하였습니다. 신이 이 말을 들은 뒤부터는 신경희가 불궤
(不軌)의 마음을 가지고 있음을 알고서 발길을 끊고 만나지 않으
면서 상변을 하려고 했기 때문에, 신경희가 신을 죽여 입을 막
고자 하여 부첩(父妾)을 간음하였다는 말을 만들어내어 그의 문
객인 지평 양시진과 사촌인 장령 윤길을 시켜 군상을 속이고 무
함하여 논척한 것입니다" 하였다.

왕은 평소 능창군 이전의 모습이 범상치 않다는 말을 들어온
데다 또 정원군의 새문동(塞門洞) 사제(私第)와 인빈(仁嬪)의 선영
에 왕기(王氣)가 있다는 말을 듣고는 마음으로 항상 의심해 왔는
데, 상소가 들어가자 크게 놀라 밤중에 옥사를 일으켰다. 신경희
는 창황하여 이이첨에게로 가서 의논하니 이이첨이 서로 구원해
줄 것을 허락하였는데 금군(禁軍)이 이이첨의 집으로 가서 신경
희를 체포하였다.

신경희가 공초하였는데, 그 대개에 "신의 아비는 이산해(李山
海)와 계책을 정하여 주상을 옹립한 공이 있고, 신은 또 정인홍
의 고제(高弟)이자 이이첨과 마음을 통하는 벗입니다. 항상 역적
을 토죄하는 것으로 충성을 다하는 계책을 삼아왔는데, 어찌 스
스로 모역할 리가 있겠습니까?" 하였다. 왕이 소명국과 대질을
시키도록 하였는데, 소명국은 교활하고 구변이 있어서 그가 일
찍이 신경희와 친밀하게 지낸 정상을 다 말하고, 함께 논했던
시사와 들었던 말들을 방증으로 낱낱이 거론하고, 또 말하기를
"신경희가 신과 이토록 친하게 지냈는데 만일 신이 그의 역변을
발설하려 하지 않았다면 그가 무엇 때문에 갑자기 이토록 신을
죽이려 했겠습니까?" 하였다. 신경희는 대질하여 변명하면서 여
러 번 궁색함을 당하였다. 대체로 신경희는 이미 소명국과 친밀
하였고 또 권세를 크게 과시하기를 좋아하여 일찍이 이전(李佺)
의 위인에 대하여 말한 적이 있었기 때문에, 소명국이 주워 맞
추어 가지고서 겁박하고 또 평소 시사를 비방한 말을 들어서 증

제2편 선조의 후궁 153

거를 삼았다. 왕이 더욱 노하여 소명국의 말을 믿고서 마침내 엄히 신문할 것을 명하였다. 이이첨의 무리는 평소 역적 토죄로써 일을 삼아 유(柳)·박(朴)의 무리가 제대로 대항치 못하였는데, 신경희의 옥사가 일어나자 박승종(朴承宗)이 추관이 되어 큰소리로 말하기를 "역적이 과연 가까이에〔邇〕 있었다"고 하였다. 이로 인하여 이이첨과 알력이 생기고 그들 당이 크게 두려워하였다.

광해군 7년(1615) 11월 10일 신성군 후사가 된 능창군 이전이 신경희 옥사에 연루되어 교동에 안치되고 11월 17일 17세의 나이로 죽임을 당하였다.

인조 3년 6월 22일 호조가 신성군 부인 급료와 딸의 급료에 대하여 논하였다.

"신성군 부인(信城君夫人)의 한달 급료가 미(米)·두(豆) 아울러 12석(石)이니, 1년치를 통계하면 왕자군(王子君)의 녹봉보다 훨씬 많습니다. 그의 딸인 안홍량(安弘量) 아내의 급료는 비록 상의 하교에 따라 그대로 지급은 합니다만 어찌 신성군 부인이 받던 수량을 지급할 수 있겠습니까. 남편의 직위에 따라 제급(題給)할 뜻으로 감히 아룁니다" 하니, 답하기를, "알았다. 안홍량 아내의 급료는 전에 제급했던 수량을 상고하여 시행하라" 하였다.

▨ 신성군

【생몰년】선조 11년(1578) ~ 선조 25년(1592). 향년 15세
【성 명】이후(李珝)　　　　　　【본 관】전주(全州)
【 자 】　　　　　　　　　　　【 호 】
【시 호】충정(忠貞)
【 묘 】양주 풍양 건천리(楊州豊壤乾川里: 선원록)
　　　　양주 풍양현 접동면 내동리 계좌(楊州豊壤縣接洞面內洞里癸
　　　　坐: 선원속보)
　　　　남양주시 진접면 궁동(南楊州市榛接面宮洞: 선원강요)
　　　　기신은 2월 5일
　　　　현재 지명은 경기도 남양주시 진접읍 내각리 사곡 산8-17번지로
　　　　묘역에는 비, 장명등, 망주석 등이 있다
【문 헌】『선조실록 宣祖實錄』『광해군일기 光海君日記』
　　　　『선원록 璿源錄』『죽산안씨대동보 竹山安氏大同譜』
　　　　『양주군지 楊州郡誌』

신성군 묘
경기도 남양주시 진접읍 내각리 사곡 산8-17

신성군 처부

신 립(申砬)

출전 : 『평산신씨대동보 平山申氏大同譜』

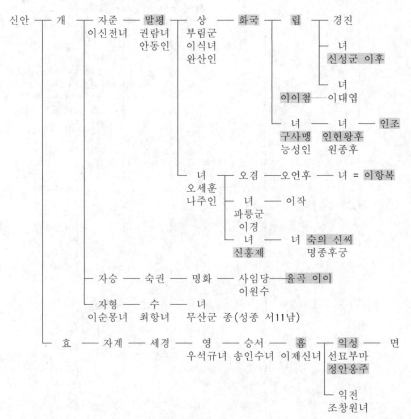

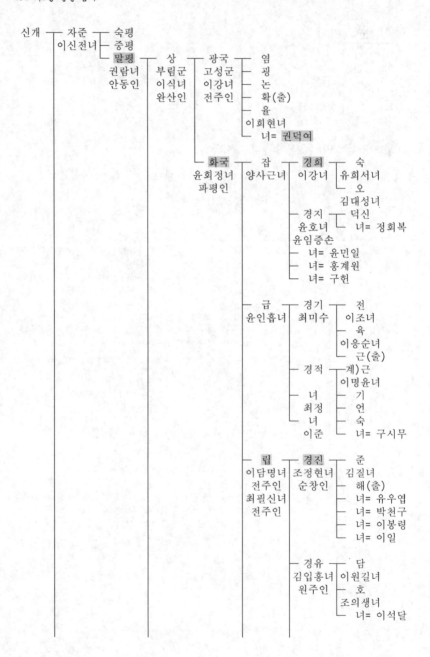

신개 ─┬─ 자준 ─┬─ 숙평
　　　 이신전녀 ├─ 중평
　　　　　　　 ├─ 말평 ─┬─ 상 ─┬─ 광국 ─┬─ 염
　　　 권람녀　　　　　　　 부림군　 고성군　├─ 평
　　　 안동인　　　　　　　 이식녀　 이강녀　├─ 논
　　　　　　　　　　　　　　 완산인　 전주인　├─ 확(출)
　　　　　　　　　　　　　　　　　　　　　　　├─ 율
　　　　　　　　　　　　　　　　　　　　　　　├─ 이희현녀
　　　　　　　　　　　　　　　　　　　　　　　└─ 녀= 권덕여

　　　　　　　　　　　　　├─ 화국 ─┬─ 잠 ─┬─ 경희 ─┬─ 숙
　　　　　　　　　　　　　　 윤회정녀　 양사근녀　 이강녀　 유희서녀
　　　　　　　　　　　　　　 파평인　　　　　　　　　　　　├─ 오
　　　　　　　　　　　　　　　　　　　　　　　　　　　　　 김대성녀
　　　　　　　　　　　　　　　　　　　├─ 경지 ─┬─ 덕신
　　　　　　　　　　　　　　　　　　　　 윤호녀　 └─ 녀= 정회복
　　　　　　　　　　　　　　　　　　　　 윤임증손
　　　　　　　　　　　　　　　　　　　├─ 녀= 윤민일
　　　　　　　　　　　　　　　　　　　├─ 녀= 홍계원
　　　　　　　　　　　　　　　　　　　└─ 녀= 구헌

　　　　　　　　　　　　　　　　　　 급 ─┬─ 경기 ─┬─ 전
　　　　　　　　　　　　　　　　　　 윤인흡녀　 최미수　 이조녀
　　　　　　　　　　　　　　　　　　　　　　　　　　　　├─ 육
　　　　　　　　　　　　　　　　　　　　　　　　　　　　 이응순녀
　　　　　　　　　　　　　　　　　　　　　　　　　　　　└─ 근(출)
　　　　　　　　　　　　　　　　　　　├─ 경적 ─┬─ 계)근
　　　　　　　　　　　　　　　　　　　　　　　　　 이명윤녀
　　　　　　　　　　　　　　　　　　　├─ 녀　　 ├─ 기
　　　　　　　　　　　　　　　　　　　│ 최정　　├─ 언
　　　　　　　　　　　　　　　　　　　└─ 녀　　├─ 숙
　　　　　　　　　　　　　　　　　　　　 이준　 └─ 녀= 구시무

　　　　　　　　　　　　　├─ 립 ─┬─ 경진 ─┬─ 준
　　　　　　　　　　　　　　 이담명녀　 조정현녀　 김질녀
　　　　　　　　　　　　　　 전주인　　 순창인　　├─ 해(출)
　　　　　　　　　　　　　　 최필신녀　　　　　　├─ 녀= 유우엽
　　　　　　　　　　　　　　 전주인　　　　　　　├─ 녀= 박천구
　　　　　　　　　　　　　　　　　　　　　　　　├─ 녀= 이봉령
　　　　　　　　　　　　　　　　　　　　　　　　└─ 녀= 이일

　　　　　　　　　　　　　　　　　　 경유 ─┬─ 담
　　　　　　　　　　　　　　　　　　 김입흥녀　 이원길녀
　　　　　　　　　　　　　　　　　　 원주인　 ├─ 호
　　　　　　　　　　　　　　　　　　　　　　　 조의생녀
　　　　　　　　　　　　　　　　　　　　　　　└─ 녀= 이석달

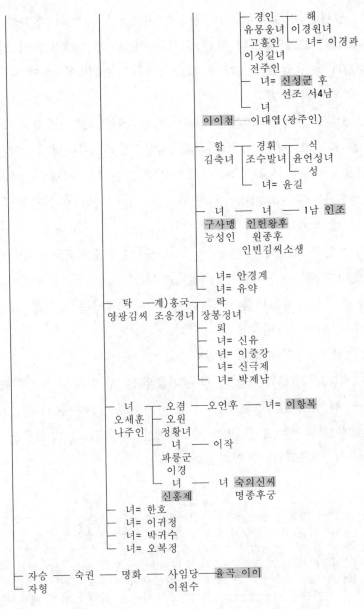

※ 본서 부록 403쪽 참조

신립은 장절공(壯節公) 신숭겸(申崇謙, ?~927)의 후손이다. 장절공의 고려 태조를 위한 순의는 한(漢) 고조(高朝)때의 기신(紀信)과 같았었고[1] 그래서 지금토록 마전(麻田)의 숭의전(崇義殿)에 배향되어 있다.

5대조인 신개(申槩, 1374~1446)는 세종 때 대제학과 좌의정을 지냈고, 세종 묘정(廟庭)에 배향되었다. 할아버지 신상(申鏛, 1480~1530)은 중종 때 이조판서 형조판서를 지냈다. 아버지는 생원 신화국(申華國, 1517~1578)이며, 어머니는 윤회정(尹懷貞)의 딸 파평 윤씨(坡平尹氏)이다.

부인은 이담명(李聃命)의 딸 전주 이씨(全州李氏)와 최필신(崔弼臣)의 딸 전주 최씨(全州崔氏)이다.

슬하에 3남 2녀를 두었다. 전주 이씨에서는 자식이 없고, 전주 최씨에서 3남 2녀를 두었다.

1남 신경진(申景禛, 1575~1643)은 조정현(趙廷顯)의 딸 순창 조씨(淳昌趙氏)와 2남 신경유(申景裕)는 김입흥(金立興)의 딸 원주 김씨(原州金氏)와 3남 신경인(申景禋, 1590~1643)은 유몽웅(柳夢熊)의 딸 고흥 유씨(高興柳氏), 이성길(李星吉)의 딸 전주 이씨(全州李氏)와 혼인하였다.

---

1) 기신은 한(漢) 고조(高祖)의 충신. 한 고조가 형양(滎陽)에서 항우(項羽)에게 포위되었을 때에 기신이 항우를 속이고 고조를 탈출시킨 일을 말한다. 항우가 형양을 포위하자 고조가 항우에게 강화를 요청했으나 항우가 이를 받아들이지 않고 급히 공격해 오니, 기신이 왕의 옷을 입고 왕의 수레를 타고 나가 거짓으로 항복하였다. 고조는 이 틈을 타서 성 밖으로 탈출하여 위기를 모면하였고 속은 것을 안 항우는 기신을 불에 태워 죽였다. 『사기 史記』 권8 · 『한서 漢書』 권1.

1녀는 선조대왕 서4남인 인빈 김씨 소생 신성군(信城君) 이
후(李珝, 1578~1592)에게 출가했고, 2녀는 광주 이씨(廣州李氏)
이이첨(李爾瞻, 1560~1623)의 아들인 이대엽(李大燁, 1587~?)에
게 출가했다.

신립은 인조의 아버지 정원군(定遠君, 1580~1619)에게는 처
외숙부가 된다. 선조 부마인 신익성(申翊聖, 1588~1644)과 그
아버지 신흠(申欽, 1566~1628)과는 먼 일가가 된다.

명종 1년(1546)에 태어났다.

어릴 때부터 글읽기보다 무예닦기를 좋아하였다.

22세인 선조 즉위년(1567) 무과에 급제, 선전관 도총부도사
(都摠府都事)·경력(經歷)을 지내고, 26세인 선조 4년(1571) 진주
판관(晉州判官)이 되었다. 이때 문장가로 이름난 진주목사 양응
정(梁應鼎, 1519~?)으로부터 거친 성격을 고칠 것을 종용받기
도 하였으며, 한편으로는 목사를 스승으로 삼아 배우기도 하였
다. 이때 부인 전주 이씨가 진주 임지에 따라와 애를 낳다가
죽었다.

38세인 선조 16년(1583) 2월 온성 부사(穩城府使)로 있을 때
경원부(慶源府)와 안원보(安原堡)에 침입한 야인들을 물리쳤다.

적호(賊胡)가 다시 경원부를 포위하였다. 온성 부사(穩城府使)
신립(申砬)이 경병을 거느리고 앞장서서 구원하여 성에 들어가
니, 적이 세 겹으로 포위하였다. 신립의 군사가 결사적으로 싸웠
는데 적장 중에 백마를 탄 자가 의기양양하게 보루로 오르는 것
을 신립이 한 개의 화살로 쏘아 죽이니 적이 마침내 물러갔다.
적이 또 건원보(乾原堡)를 포위하였는데 부령 부사(富寧府使)

장의현(張義賢)이 힘껏 싸워 물리쳤다. 적이 또 안원보(安原堡)에 침입하였는데 병력이 매우 강성하여 지키는 장수들이 모두 굳게 지킬 뜻이 없었다. 신립이 바야흐로 아산(阿山)을 구원하러 가다가 안원을 경유하게 되었는데, 성을 넘어 도망하는 자를 발견하고 즉시 목을 베어 깃대에 매달아 군사의 마음을 진정시키니, 적이 그 사실을 알고는 감히 침범하지 못한 채 물러갔다. 그 후에 병사(兵使)가 안원은 성이 작고 병력이 약하다고 하여 철수시켜 본부(本府)로 들어가게 하니, 적이 마침내 안원보에 들어가서 곡식을 약탈해 갔다. 『선조수정실록』권17. 선조 16년 2월

선조 16년(1583) 2월 북변(北邊)에 니탕개(尼湯介)가 거느린 야인(野人)들이 침입하여 훈융진(訓戎鎭)을 공격하자, 첨사 신상절(申尙節)·유원첨사(柔遠僉使) 이박(李璞) 등과 합세하여 적병 50여명을 목베고 이어 적군을 추격, 두만강을 건너가서 그들의 소굴을 소탕하였다.

적호(賊胡)가 훈융진(訓戎鎭)을 포위하고 충교(衝橋)를 만들어 사면으로 성을 공격하니, 첨사 신상절(申尙節)이 밤낮으로 항거하며 싸웠으나 화살이 떨어지고 힘이 다하여 성이 장차 함락될 지경이었다. 그때 온성 부사 신립이 유원 첨사(柔遠僉使) 이박(李璞)과 황자파(黃柘坡)에서 사잇길로 달려와 포위를 뚫고 들어가 한 개의 화살로 적의 추장을 쏘아 죽였다. 이에 신립의 얼굴을 알아보는 호인들이 서로 놀라며 말하기를 '온성(穩城)의 영공(令公)이다' 하면서 활을 휘두르며 물러갔다. 신상절도 문을 열고 나와 공격하면서 신립과 합세하여 기세를 타고 적을 추격해서 70급을 베고, 곧바로 그들의 부락까지 쳐들어가 소굴에 불을 지르고 돌아왔다.

이때 경원(慶源)·종성(鍾城)·회령(會寧) 등 진(鎭)의 번호가 모

두 배반하였으나 온성의 번호만은 배반하지 않았는데, 그것은
신립의 무용(武勇)에 승복했기 때문이었다. 신립은 평소에 철기
(鐵騎) 5백여 명을 훈련시켜 사냥을 하며 전술을 익히게 하고 연
안에서 치돌(馳突)하는 연습을 시켰는데 그 빠르기가 귀신같았
다. 이 광경을 오랑캐들이 모두 모여서 구경하였던 것이다.

당시 태평 세월을 오래도록 누린 나머지 군사들이 싸울줄을
알지 못한 채 그저 성벽이나 지키면서 마치 먼 거리의 과녁을
맞추는 것처럼 활을 쏠 뿐이었다. 그래서 적이 혹시라도 육박전
을 하며 성에 올라오기라도 하면 모두 겁에 질려 활을 제대로
쏘지 못하였다. 그러다가 신립이 칼날을 무릅쓰고 육박전을 벌
이며 싸울 때마다 공을 세우는 것을 보고 변방의 군사가 비로소
분발하여 이에 과감하게 야전(野戰)을 벌여 적을 공격했으니, 육
진을 보전하여 지킬 수가 있었던 것은 신립이 앞장서서 용맹을
떨쳤기 때문이었다.『선조수정실록』권17. 선조 16년 2월

선조 16년 2월 14일 북변에서 공을 세워 장의현(張義賢)·신
상절(申尙節) 등과 함께 가자(加資)되었다.

전교하였다. "신립을 가자(加資)하는 것이 옳으니 교서를 지어
하유하도록 하고, 그의 어미에게 쌀과 콩을 합하여 20석을 내리
라. 부령 부사(富寧府使) 장의현(張義賢)은 따로 건원(乾原)을 지키
면서 반적이 와 포위하자 고군으로 혈전 끝에 적을 물리쳤고,
훈융 첨사(訓戎僉使) 신상절(申尙節)은 반적이 와 포위했을 때 힘
을 다하여 막았을 뿐만 아니라 또 용기를 내어 출병하여 신립과
합세하여 적을 쳐부수고 돌아왔으니, 이 두 사람의 공도 작지
않다. 장의현은 가자할 것이며, 신상절은 4자급을 뛰어넘어 어모
(禦侮)로 삼고 준직(準職)을 제수하라"

2월 15일 금대(金帶) 1요(腰)와 남필단철릭〔藍匹段天益〕을 하

사받았다.

　같은해 5월 종성에 쳐들어온 니탕개(尼湯介)의 1만여 군대를 물리쳤다.

　　적호의 대추(大酋)인 율보리(栗甫里)와 니탕개(尼湯介)가 1만여 명의 기병을 거느리고 길을 나눠 종성(鍾城)의 요새지에 들어왔다. 우후 장의현(張義賢), 판관 원희(元喜), 군관 권덕례(權德禮) 등이 기병과 보병 1백여 명을 거느리고 강 여울을 지키며 한참동안 대항해 싸웠으나, 중과부적인데다가 권덕례가 피살되자 나머지는 모두 도망해 돌아와 성으로 들어가니, 적호가 성을 몇 겹으로 포위하였다. 병사(兵使) 김우서(金禹瑞)가 군사를 거두어 성을 지켰는데, 해가 저물어 적이 물러가자 부사(府使) 유영립(柳永立)이 나가 공격하기를 청하였으나 허락하지 아니하였다. 유영립이 몰래 원희에게 영을 내려 기병장(騎兵將) 김사성(金嗣成)을 인솔하고 동문(東門)을 열고 나가게 하여 적의 머리 5급을 베어 왔는데, 김우서는 오히려 명령을 어겼다고 하여 원희 등에게 장형(杖刑)을 가하였다.

　　이튿날 적이 또 와서 포위하였는데 해가 질 무렵 온성 부사(穩城府使) 신립(申砬)이 날랜 기병를 거느리고 와서 구원하자 적이 허둥지둥 도망갔는데, 강까지 추격하고 돌아왔다. 김우서가 사람을 시켜 성으로 맞아들여 서로 만나보자고 하였는데, 신립이 응하지 않고는 북치고 피리 불면서 성을 지나쳐 가버리니, 김우서가 크게 부끄럽게 여겼다.『선조수정실록』권17. 선조 16년 5월

7월 18일 선조는 신립의 노모가 병이 나면 정원에 아뢰도록 전교하였다.

　"신립(申砬)이 공로를 세운 이후 그에게 노모(老母)가 있다는

말을 듣고 매월 주육(酒肉)을 보내 주고는 있으나 다만 나이 많은 사람이어서 뜻하지 않게 병을 얻을 염려도 있으니 미리 그 자제(子弟)들에게 말하여 만약 병이 들면 그 즉시 정원(政院)에 와 알리도록 하라. 내가 의원을 보내 구제하도록 하겠다"

8월 11일 계미삼찬이 율곡을 모함하자, 형(兄) 신급이 삼사(三司)의 간특함을 극론하고 홍혼(洪渾)·박근원(朴謹元) 등을 지적하니 충성스럽다고 답하였다.

유학(幼學) 신급(申礏)이, 삼사(三司)의 간특한 정상을 극론하고 또 홍혼(洪渾)·우성전(禹性傳)·김응남(金應南)·박근원(朴謹元)·김첨(金瞻)·김수(金睟)·홍진(洪進)이 앞장서서 사의(邪議)를 하고 있다고 지적하여 상소하였는데, 입계하니, 답하였다. "너의 상소문을 보니 참으로 충성이 대단하다. 참으로 정직한 사람이다. 지금 사기(士氣)가 이러한 것은 사실 조종(祖宗)들이 배양해 놓으신 은택인 것이다. 조정과 변비(邊鄙)는 걱정하지 않아도 된다. 네 아우 신립(申砬)이 충성을 다해 나라에 보답하고 있어 그가 변성(邊城)을 지키면 오랑캐들이 감히 가까이 못하여 옛 양장(良將)의 풍모가 있다. 그런데 네가 또 이렇게 몸을 돌보지 않고 사(邪)를 물리치기 위해 항소(抗疏)를 하는 기절(奇節)이 있으니 어쩌면 너희 한 집안에 충(忠)과 의(義)가 함께 있어 나라 위해 정성을 바치기를 이렇게까지 하는가. 내 매우 가상히 여기는 바이다"

39세인 선조 17년(1584) 3월 8일 온성 부사(穩城府使)로 변방의 일에 대해 아뢸 것과 또 모친에게 문안드릴 일로 서울에 왔는데, 선조가 인견(引見)하고 술을 내렸다. 그리고 금(錦) 2필과 단(緞) 2필을 하사하였다. 3월 11일 함경도 북병사로 임명되었고, 3월 27일 배사하니 술과 물품을 내렸다.

북도 병사 신립이 배사하니 상이 인견하여 술을 내리고 또 남
단(藍緞)·철릭〔天益〕·낭자(囊子)와 호초(胡椒) 한 말과 환도(環
刀)·궁대(弓袋)·통개(筒介)·장편전(長片箭)·수은갑(水銀甲)·투구
등을 내렸다.

42세인 선조 20년(1587) 2월 왜선 18척이 전라도 흥양현(興陽
縣)에 침입하자 우방어사(右防禦使)로 임명되어 군관 30명을 거
느리고 토벌에 나섰다가 이미 왜구들이 철수한 뒤라 돌아오던
중 양가의 딸을 첩으로 삼았다는 삼사의 탄핵을 받아 9월 20
일 파직되었으나 곧 함경도 남병사로 다시 임명되었다.

43세인 선조 21년(1588) 윤6월 20일에 고미포(古未浦)의 야인
부락에 출정, 적병 20명을 목베고, 말 세필을 빼앗아 돌아왔다.

선조 21년(1588) 10월에는 갈파지보(㐀波知堡)의 수졸(戍卒)이
보장(堡將)을 맞대놓고 욕한 죄로 목베어 죽였기 때문에 대간
의 탄핵을 받아 동지중추부사(同知中樞府事)의 한직으로 전보되
었다.

44세인 선조 22년(1589) 8월 16일 우상(右相) 정언신(鄭彦信)
전라 병사(全羅兵使) 이일(李鎰)과 변비(邊備)에 관한 일을 의논
하였다.

45세인 선조 23년(1590) 2월 평안도병마절도사로 나갔다가
46세인 선조 24년 내직인 한성부판윤이 되었으며, 항상 군비
(軍備)의 부족함을 논하여 조정의 신임을 받았다.

47세인 선조 25년(1592) 임진왜란이 일어나자 4월 17일 조정
에서는 그를 삼도도순변사(三道都巡邊使)로 임명하고 보검을 하
사하였다. 그는 특청하여 당시 어떤 일로 옥에 갇혀있던 김여

물(金汝岉)을 부장으로 하고 80명의 군관과 시정백도(市井白徒)
수백명을 모병하여 충주로 떠났다. 이어 부장 몇 사람을 거느
리고 조령(鳥嶺)으로 내려가 지형을 살폈다. 이때 군관 60여명
과 군졸 4,000여명을 이끌고 남하하였던 순변사 이일(李鎰)이
경상도 상주에서 왜군에게 패하여 쫓겨와서 그의 앞에 무릎을
꿇고 죽여줄 것을 청하였다.

그러나 그는 이일의 재주를 아껴 용서하고 오히려 선봉장으
로 삼았다. 이일은 왜군의 정세가 대적할 수 없을 정도로 대군
이라고 보고하였다. 이에 김여물 등이 아군의 수가 열세임을
들어 지형이 험한 조령에서 잠복하여 전투를 벌일 것을 주장
하였다. 그러나 그는 아군의 열세에도 불구하고 넓은 벌판에서
기병의 활용을 극구주장하여 군대를 돌려 충주성의 서북 4㎞
지점에 있는 탄금대(彈琴臺)로 나아가 배수진(背水陣)을 치고 임
전태세에 들어갔다.

47세인 선조 25년(1592) 4월 28일에 배수의 진을 친 아군을
향하여 고니시〔小西行長〕를 선두로 한 왜군이 대대적으로 북
상하여 공격해옴에 따라 중과부적으로 포위되어 참패를 당하
고 말았다. 아군이 섬멸되자 그는 김여물·박안민(朴安民) 등과
함께 남한강물에 투신, 순절하였다. 뒤에 영의정에 추증되었다.

우암 송시열(宋時烈)이 지은 묘갈(墓碣)에는 다음과 같이 기
록되어 있다.

이보다 앞서 공이 북쪽 오랑캐 니탕개를 쳐서 그들의 소굴을
쓸어 없앴으므로 그 용명이 천하에 떨쳤었으나 이에 이르러 왜
적이 침구해 와서 장차 중국을 충돌하려고 하니 그 병력은 대략

60만이나 되었다.

이때 우리나라는 태평을 누린지가 오래 되어 크고 작은 벼슬아치들이 안일과 희락만을 일삼았는데 오직 문열공 중봉(重峯) 조헌(趙憲)이 왜적이 반드시 침입할 것을 알고 그들을 방어할 계책을 임금에게 올렸지만 모두들 미친 짓이라고 지목할 뿐이었다. 형세가 급박해지자 당시의 정승이 공을 파견하기를 청하니 임금이 이를 거절하여 말하기를 "이 사람은 나의 조아(爪牙: 날카로운 발톱과 예리한 어금니)와 같이 믿음직해서 나를 호위해 줄 사람인데 어찌 보낼 수가 있는가" 라고 하였다. 그러나 굳이 청하기를 마지 않으므로 공을 불러서 물으니 공은 출전하기를 사양하지 않았다. 이때 제도에서 징발한 군사가 아직 도착하지 않았으므로 드디어 휘하 장졸과 일 없이 노는 사람들을 모아 병정으로 삼았으며 삼의사(三醫司)의 관원까지도 여기에 참가하였었고 무고에서 병기를 내고 또 조신들은 각각 전마를 내도록 명했었다. 김여물은 마침 어떠한 일로 옥에 갇혀 있었는데 공이 자기 종사관으로 삼아 함께 떠나게 해줄 것을 청하였다. 공이 출발하려고 할때 임금이 인견하고 친히 상방검(尙方劍)을 내리면서 이르기를 "경상도순변사 이일(李鎰) 이하의 모든 장병들을 이 칼로써 지휘하여 임무를 다하라" 하였고 또 중도에서 병졸을 모으게 했었는데 충주에 이르니 군중은 수천인에 불과하고 이일은 상주에서부터 패주해 왔었다.

공이 처음에는 이일을 목베어 조리돌리려 하다가 그를 애석히 여겨 중지하고 이어 왜적들을 막아낼 계략을 물으니 이일이 대답하되 "병력의 차이가 너무도 크므로 여기서 대적할 것이 아니라 그대로 후퇴해서 서울을 지키는 것이 옳을 것입니다" 하였다. 이에 공이 꾸짖으며 말하기를 "네가 감히 다시 아군을 교란시키려고 하느냐, 다만 앞으로나마 공을 세워 충성을 맹세하라" 하고 드디어 그를 선봉으로 삼았다. 이 때 김여물이 먼저 조령(鳥嶺)

에 의거하기를 청하니 공은 왜적들이 이미 조령 밑까지 육박해 있을 것으로 추산하고 이어 말하기를 "지금 떠났다가 조령까지 당도하지 못하고 서로 부딪치게 되면 사태는 위급할 것이다. 뿐만 아니라 아군은 모두 훈련되지 못한 병정인 데다 또한 평소에 친근히 따르던 자들이 아니기 때문에 사지에 끌어들이지 않으면 그들의 도움을 바랄 수가 없을 것이다" 하고 마침내 달천을 배후에 두고 진을 쳤었다.

생각컨대 공은 평지에서 기병을 급히 몰아 그들을 짓밟음으로써 소수의 병력으로 많은 적군을 뚫으려고 했던 것이리라. 그러나 왜적들은 벌써 조령을 넘어 와서 산과 들에 가득 차니 검광은 햇빛을 가리고 포성은 땅을 뒤흔들었다. 공이 제군을 지휘하여 진격하면서 두번이나 친히 적군을 돌파하려고 했으나 들어갈 수가 없었다. 저들은 먼저 아군의 우측을 포위하고 동쪽, 서쪽에서 협공하니 그 형세는 마치 태산이 내리 누르는 듯하였다. 이에 공은 다시 탄금대로 되돌아 와서 김여물에게 말하기를 "이제는 남아답게 죽을 뿐이요 대의에 있어 구차하게 살 수는 없소" 하자 김공은 말하기를 "내 또한 공을 따르리라" 하였다. 드디어 김공에게 상계를 초하여 부하를 시켜 이를 서둘러 임금에게 올리게 한 다음 함께 적진에 육박하여 10여명을 쳐서 죽이고 끝내 김여물과 더불어 강물에 투신하여 죽었다.

신립 장군 묘소는 경기도 기념물 제95호로 광주군 실촌면 신대리에 있다. 장군의 묘역은 약 70여평의 면적에 비 1기, 문인석 2기, 망주석 2기, 동자석 2기, 사석 1기, 장명등 1기가 배열되어 있다. 비문은 송시열이 찬하고, 신익상(申翼相)이 글씨를 썼는데 숙종 14년(1688)에 건립되었다.

▓ 신성군 처부

【생몰년】 명종 1년(1546) ~ 선조 25년(1592). 향년 47세
【성 명】 신립(申砬)   【본 관】 평산(平山)
【 자 】 입지(立之)   【 호 】
【시 호】 충장(忠壯)
【 묘 】 경기도 광주군 실촌면 신대리 산1-1(시도기념물 95호)
       광주 실촌면 곤지암 대석리(廣州實村面昆池巖大石里: 대동보)
【문 헌】『평산신씨대동보 平山申氏大同譜』『선조실록 宣祖實錄』
       송시열(宋時烈)『송자대전 宋子大全』「도순변사증영의정평양부
       원군신공립묘갈명병서 都巡邊使贈領議政平陽府院君申公砬墓
       碣銘幷序」
       정철(鄭澈)『송강집 松江集』「신립묘갈 申砬墓碣」

신립.장군 묘
경기도 광주군 실촌면 신대리 산1-1(시도기념물 95호)

신성군 처외조부

이담명(李聃命)

출전:『선원록 璿源錄』

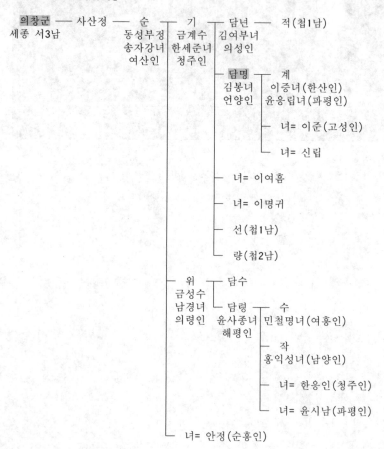

의창군 ── 사산정 ── 순 ┬ 기 ┬ 담년 ── 적(첩1남)
세종 서3남　　　　　　동성부정　금계수　김여부녀
　　　　　　　　　　　송자강녀　한세준녀　의성인
　　　　　　　　　　　여산인　　청주인

　　　　　　　　　　　　　　　├ 담명 ┬ 계
　　　　　　　　　　　　　　　　김봉녀　이증녀(한산인)
　　　　　　　　　　　　　　　　언양인　윤응립녀(파평인)

　　　　　　　　　　　　　　　　　　　├ 녀＝ 이준(고성인)

　　　　　　　　　　　　　　　　　　　└ 녀＝ 신립

　　　　　　　　　　　　　　　├ 녀＝ 이여흠

　　　　　　　　　　　　　　　├ 녀＝ 이명귀

　　　　　　　　　　　　　　　├ 선(첩1남)

　　　　　　　　　　　　　　　└ 량(첩2남)

　　　　　　├ 위 ┬ 담수
　　　　　　　금성수
　　　　　　　남경녀
　　　　　　　의령인　└ 담령 ┬ 수
　　　　　　　　　　　윤사종녀　민철명녀(여흥인)
　　　　　　　　　　　해평인
　　　　　　　　　　　　　　　├ 작
　　　　　　　　　　　　　　　　홍익성녀(남양인)

　　　　　　　　　　　　　　　├ 녀＝ 한응인(청주인)

　　　　　　　　　　　　　　　└ 녀＝ 윤시남(파평인)

　　　　　　└ 녀＝ 안정(순흥인)

※ 본서 부록 383쪽 참조

세종대왕 서3남 의창군(義昌君) 이공(李玒, 1428~1460)이 고
조부이다. 할아버지는 동성군(東城君) 이순(李詢, 1465~1530)이
다. 아버지는 금계수(錦溪守) 이기(李祺)이며, 어머니는 한세준
(韓世俊)의 딸 청주 한씨(淸州韓氏)이다. 부인은 김봉(金鋒)의 딸
언양 김씨(彦陽金氏)이다.

슬하에 1남 2녀를 두었다.

1남 이계(李繼, 1560~?)는 이증(李增)의 딸인 한산 이씨(韓山
李氏)와 윤응립(尹應立)의 딸 파평 윤씨(坡平尹氏)와 혼인했다.

1녀는 고성 이씨(固城李氏) 이준(李隼)에게 출가했다.

1녀는 평산 신씨 신립(申砬, 1546~1592)에게 출가했으나 자
식이 없다. 신립이 선조 4년(1571) 진주판관이 되었을 때 임지
에 따라갔다가 아이를 낳다가 죽었다.

▓ 신성군 처외조부

【생몰년】? ~ ?
【성 명】이담명(李聃命)　　　【본 관】전주(全州)
【 자 】　　　　　　　　　　　【 호 】
【시 호】
【 묘 】
【문 헌】『선원록 璿源錄』
　　　　　신경(申暻)『직암집 直菴集』「육대조비 증정경부인이씨〔신립처〕
　　　　　묘지 六代祖妣贈貞敬夫人李氏〔申砬妻〕墓誌」

신성군 처외조부

최필신(崔弼臣)

출전: 『전주최씨족보 全州崔氏族譜』

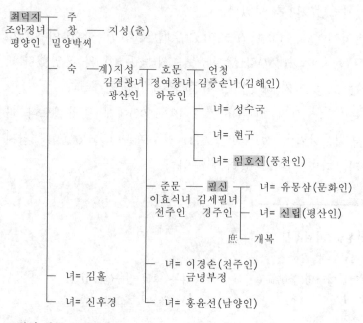

최덕지 ─┬─ 주
조안정녀   ├─ 창 ── 지성(출)
평양인 밀양박씨

　├─ 숙 ──계)지성 ─┬─ 호문 ─┬─ 언청
　　　　　김겸광녀 정여창녀│ 김중손녀(김해인)
　　　　　광산인 하동인 │
　　　　　　　　　　　　 ├─ 녀= 성수국
　　　　　　　　　　　　 ├─ 녀= 현구
　　　　　　　　　　　　 └─ 녀= 임호신(풍천인)

　　　　　　　　 ├─ 준문 ── 필신 ─┬─ 녀= 유몽삼(문화인)
　　　　　　　　 이효식녀 김세필녀│
　　　　　　　　 전주인 경주인 ├─ 녀= 신립(평산인)
　　　　　　　　　　　　　　庶└─ 개복

　├─ 녀= 김홀　　 ├─ 녀= 이경손(전주인)
　│　　　　　　　　　　　 금녕부정
　└─ 녀= 신후경　 └─ 녀= 홍윤선(남양인)

※ 본서 부록 418쪽 참조

　최덕지(崔德之, 1384~1455)의 후손이다. 최덕지는 삼사(三司)의 청요직(淸要職)을 거쳐 남원부사를 지내다 사퇴한 뒤 영암의 영보촌(永保村)에 내려가 학문연구에 몰두하였는데 문종(文宗)이 즉위하여 예문관(藝文館) 직제학(直提學)으로 불렀으나 사직하고 나오지 않았다.

아버지는 최준문(崔濬文)이다. 어머니는 태종대왕(太宗大王)의 서5남 혜령군(惠寧君)의 손자인 축산군(竺山君) 이효식(李孝植)의 딸 전주 이씨(全州李氏)이다.

부인은 십청헌(十淸軒) 김세필(金世弼, 1473~1533)의 딸인 경주 김씨(慶州金氏)이다. 김세필은 전라도관찰사와 대사헌을 지냈으며 기묘사화(己卯士禍)에 조광조(趙光祖, 1482~1519)를 사사(賜死)한 중종의 과오를 규탄하다 유춘역(留春驛)에 장배(杖配)되었다.

슬하에 2녀를 두었다. 서자(庶子)로 최개복(崔介福)이 있다.

1녀는 문화 유씨(文化柳氏) 유몽삼(柳夢參)에게 출가했고, 2녀는 평산 신씨(平山申氏) 신립(申砬)에게 출가했다.

【평산 신씨 신립을 중심으로】

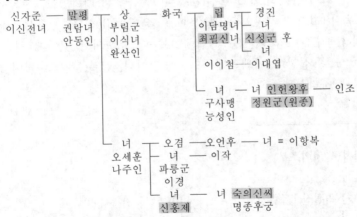

※ 본서 부록 403쪽 참조

만호(萬戶)를 지냈다.

중종 35년 11월 17일 동궁(東宮)에서 훔친 물건을 산 혐의로 금부(禁府)의 추국을 당했다.

"지난 10월 초 7~8일 동궁(東宮)을 수리한 다음 세자의 백옥반속대(白玉半束帶) 1부(部), 백옥토환다희(白玉吐環多繪) 1부를 잃어버리고 찾지 못하였었다. 어제 정양제(鄭良娣)의 종의 남편인 상의원 화장(和匠) 최은석(崔銀石)의 처 윤이(倫伊)가 백옥대전(白玉帶錢) 한 개를 가지고 와서 방매하였는데, 이것이 바로 세자가 잃어버린 옥대전이었다. 깜짝 놀라 자세히 물어보니, 최은석은 '상의원 옥장(玉匠) 양억만(梁億萬)이 방매하였다' 하므로 양억만에게 물어보니 '상의원 능라장(綾羅匠) 정논손(丁論孫)이 방매하였다'고 하였다. 그래서 정논손에게 물으니 '동궁을 수리할 때 내섬시(內贍寺)에 아교 가루〔膠末〕를 진배(進排)하러 들어가서 내섬시 서원(書員) 옥동(玉同)으로 하여금 동궁의 상고(廂庫) 문을 가리워 서게 하고 훔쳤다'고 하였다. 옥대와 대홍광다회(大紅廣多繪)는 찾아 들여왔다. 그러나 백옥토환(白玉吐環)은 서소문(西小門) 밖 겸사복(兼司僕) 최필신(崔弼臣)의 집에 방매하였고, 옥대전은 동서(同壻)인 사포서(司圃署)의 종 은이(銀伊)와 옥장(玉匠) 박천석(朴千石)과 양억만 등의 집에 나누어 보관되어 있다고 한다. 이는 모두 실정이 명백하게 드러난 것이니, 금부(禁府)로 하여금 추국케 하라"

▩ 신성군 처외조부

【생몰년】 ? ~ ?
【성　명】최필신(崔弼臣)　　　【본　관】전주(全州)
【자　】　　　　　　　　　　　　【호　】
【시　호】
【묘　】
【문　헌】『전주최씨족보 全州崔氏族譜』『중종실록 中宗實錄』

3. 정원군(定遠君)

서5남 정원군(定遠君, 1580~1619)
처부: 구사맹(具思孟, 1531~1604). 능성(綾城)·
처외조부: 한극공(韓克恭, ?~1546). 청주(淸州)
　　　　신화국(申華國, 1517~1578). 평산(平山)

출전: 『선원록 璿源錄』

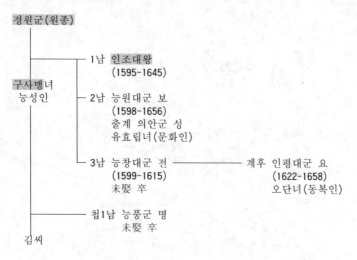

정원군(원종)

구사맹녀
능성인

1남 인조대왕
(1595-1645)

2남 능원대군 보
(1598-1656)
출계 의안군 성
유효립녀(문화인)

3남 능창대군 전 ──────── 계후 인평대군 요
(1599-1615)   (1622-1658)
未娶 卒   오단녀(동복인)

첩1남 능풍군 명
未娶 卒

김씨

** 본서 부록 371쪽 참조

　정원군(定遠君) 이부(李琈)는 선조대왕(宣祖大王)의 서5남으로
어머니는 인빈 김씨(仁嬪金氏)이다.

　부인은 좌찬성 구사맹(具思孟, 1531~1604)의 딸 인헌왕후(仁
獻王后) 능성 구씨(綾城具氏, 1578~1626)와 첩실 김씨(金氏)가
있다.

　장모는 신화국(申華國)의 딸인 평산 신씨(平山申氏)이다.

　신화국의 아들 신립(申砬, 1546~1592)은 정원군(定遠君, 1580
~1619)의 처외삼촌이며, 신립의 아들 신경진(申景禛, 1575~16
43)은 인조반정 1등 공신이다.

　인헌왕후(仁獻王后) 구씨(具氏)와 신립(申砬)의 아들 신경진(申
景禛)은 내외종(內外從) 사촌간이고, 인조의 백부(伯父)인 신성군
(信城君)은 신립의 사위이다.

【평산 신씨 신립을 중심으로】

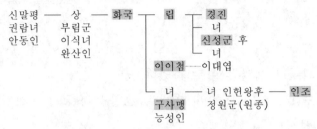

슬하에 4남을 두었는데, 인헌왕후에게서 인조(仁祖) 및 능원군(綾原君, 1598~1656), 능창군(綾昌君, 1599~1615) 등 3남을, 김씨에게서 능풍군(綾豊君) 1남을 두었다.

능원군은 유효립(柳孝立, 1579~1628)의 딸인 문화 유씨(文化柳氏)와 혼인하였다. 인조 4년(1626) 어머니가 돌아가시자 주상(主喪) 일을 맡아 했고, 인조 10년(1632) 대군으로 진호(進號)되었다. 능원군의 청아 근실한 생활은 종실의 모범이 되었고, 효종 7년(1656)에 그가 사망하자 국왕이 친히 조상하였다. 능원군은 인빈 김씨 소생 의안군에게 출계하였다.

능창군은 신성군의 양자가 되었다가 광해군 7년(1615) 신경희(申景禧, ?~1615) 등이 역모하여 자신을 왕으로 추대하려 했다는 이른바 '신경희 옥사'에 연루되어 죽임을 당했다.

능풍군은 결혼 전에 졸했다.

선조 13년(1580) 6월 22일 경복궁(景福宮) 별전(別殿)에서 태어났다. 8세인 선조 20년(1587) 정원군(定遠君)에 봉해졌다.

16세인 선조 28년(1595) 1남인 인조대왕을 낳았고, 19세인 선조 31년(1598) 2남인 능원군을 낳았다. 이듬해 3남인 능창군을 낳았다.

25세인 선조 37년(1604) 임진왜란중 왕을 호종(扈從)한 공으로 호성공신(扈聖功臣) 2등에 봉해졌다.

36세인 광해군 7년(1615) 11월 17일 3남인 능창군이 신경희 옥사에 연루되어 17세의 나이로 죽었다.

광해군 11년(1619) 12월 29일 40세로 호현방(好賢坊) 우사(寓舍)에서 승하하셨다.

정원군 이부는 어려서부터 기표(奇表)가 있었고 천성이 우애가 있어 특별히 선조(宣祖)의 사랑을 받아 전후로 선물을 내려준 것이 왕자에 비할 수 없이 많았다. 광해군이 왕위에 올라 골육을 해치고는 더욱 정원군을 꺼렸다.

광해군이 정원군의 셋째아들 능창군(綾昌君)을 죽이고는 그 집을 빼앗아 궁으로 만들고, 인빈(仁嬪: 원종 어머니)의 장지(葬地)가 매우 길하다는 말을 듣고는 늘 사람을 시켜 엿보게 해서 죄에 얽어 해하고자 하였다. 이에 원종은 걱정과 답답한 심정으로 지내느라 술을 많이 마셔서 병까지 들었다.

그는 늘 말하기를, "나는 해가 뜨면 간밤에 무사하게 지낸 것을 알겠고 날이 저물면 오늘이 다행히 지나간 것을 알겠다. 오직 바라는 것은 일찍 집의 창문 아래에서 죽어 지하의 선왕을 따라가는 것일 뿐이다" 하였다 한다.

광해군이 그 장기(葬期)를 재촉하고 사람을 시켜 조객을 기찰하게 하였다. 이 때문에 양주(楊州) 곡촌리(谷村里)에 임시로 장사를 지냈다.

인조 1년(1623) 인조반정을 계기로 대원군(大院君)에 추존되고, 인조 4년(1626) 4월 1일 묘호(墓號)를 홍경원(興慶園)이라 하고, 인조 5년(1627) 정묘년 8월 27일 김포(金浦)에 개장(改葬)하였다.

인조 10년(1632) 임신년 3월 11일 대원군(大院君)의 시호를 '경덕 인헌 정목 장효(敬德仁憲靖穆章孝)'라 하고, 대원부인(大院夫人)의 호를 '경의 정정 인헌(敬懿貞靖仁獻)'이라 하였다. 홍경원(興慶園)은 장릉(章陵)이라 고쳤다. 4월 1일 존호(尊號)를 경덕(敬德)으로 고치고, 5월 2일 대원군을 원종으로 추존(追尊)하고 책보(冊寶)를 올리는 예를 행하였는데, '원종 경덕인헌 정목장효대왕(元宗敬德仁憲靖穆章孝大王)'이라 하였다.

장릉(章陵) 사적 202호
경기도 김포시 김포읍 풍무리 산141-1

5월 4일 원종의 둘째 아들 능원군과 셋째 아들 능창군이 각 각 대군에 임명되었다.

능원군(綾原君) 이보(李俌)를 능원대군으로, 고(故) 능창군(綾昌 君) 이전(李佺)을 증직하여 능창대군으로 삼았다. 능창군 이전은 장릉(章陵)의 셋째아들로서 거동과 용모가 준수하였다. 신성군(信 城君)의 양자로 들어갔다가 신경희(申景禧)의 옥사에 무고를 당해 교동(喬桐)에 안치되어 갖은 곤욕을 받았다. 결국 스스로 목을 매어 자살하니, 온나라 사람들이 원통해 하였다.

그리고 주청사 홍보(洪靌, 1585~1643) 등을 보내 원종의 책 명(冊命)을 추청(追請)하니, 중국에서 '공량(恭良)' 이란 시호를 내렸다.

선조 36년(1603) 3월 9일 실록기사에 선조의 아들 정원군과 선조의 형인 하원군(河原君)의 둘째 부인 이의노(李義老, 1525~ 1592)의 딸 사이에 생긴 불화에 대해, 선조가 아들 정원군 편 을 들어 처리한 것을 비판하는 사신(史臣)의 논평이 있다.

【성주 이씨 이의노를 중심으로】

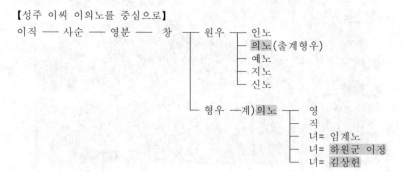

** 본서 부록 415쪽 참조

하원군은 첫째 부인 홍섬(洪暹)의 딸 남양 홍씨(南陽洪氏, 15

44~1569)를 맞이하여 3남 1녀를 두었는데, 선조 2년(1569)에
홍씨가 26세의 나이로 졸하자, 둘째 부인 이의노의 딸 성주 이
씨(星州李氏, ?~1616)를 맞이하였는데 슬하에 자식이 없었다.
하원군마저 선조 30년(1597)에 졸하니 하원군 부인은 대우를
못받은 것 같다. 그래서인지 선조도 형수보다는 아들 편을 들
어준 것 같다.

정원군(定遠君) 이부(李琈)의 궁노가 하원군(河原君) 과처(寡妻)
의 종과 싸웠는데, 하원의 종이 세력이 약하자 부인(夫人)이 숙
모(叔母)의 위력으로 진압시키고자 하여 궁문에 나갔다가 도리어
정원의 종에게 잡혀갔다. 사람들이 '하원 부인이 잡혀왔다'고 소
리치자, 정원은 부인이 온 것을 알면서도 거짓으로 '숙모께서 무
슨 이유로 우리 문에 오셨겠는가. 필시 잘못 전하는 말일 것이
다' 하였다. 구경하는 자들이 길을 막고 놀라 소리지르고 부인의
조카 임학령(任鶴齡)이 맨발로 따라왔었다. 이윽고 정원이 나와서
부인을 맞이하여 들어가 놀란 것을 가라 앉히는 술을 바치니,
부인이 대노하여 마시지 않고 가버렸다. 대간(臺諫)이 이 말을
듣고 크게 놀라서 정원의 궁노를 죄주기를 청하고 평소 백모(伯
母)에게 불경(不敬)한 죄를 추문할 것을 청하기로 하였다. 정언
(正言) 이선복(李善復)에게 통지하니, 이선복이 '자세히 알아보고
추문해야 한다. 또 왕자는 가벼이 논할 수 없다' 하였으나, 대간
이 드디어 논하기로 결정하자 이어 이선복도 함께 논하였다. 그
러자 상이 대노하여 하원의 전처(前妻) 아들 이익성(李益城)과 이
영제(李寧提) 두 군(君)을 불러 허실을 하문하니, 두 사람이 사실
이 아니라고 대답하면서 그의 어미가 경솔하게 나갔다가 욕을
본 것이 잘못이라고 말하였으므로 상이 호표피(虎豹皮)를 상으로
주었고 간(諫)하는 사람을 굳게 거절하였다. 또 임학령에게 허사
(虛事)를 날조하여 왕자를 동요시켰다고 하자, 대사간 송순(宋諄)

이 아뢰기를 '신은 임학령에게서 들은 것이 아니라 여염(閭閻)의 공론(公論)을 들은 것이다' 하였는데, 조금 있다가 간장(諫長)에서 해면되었다. 이조가 예조참의에 의망하니, 상이 전교하기를 '위인이 사독(邪毒)하여 칼집 속에 들어 있는 칼과 같으므로 조신(朝臣)에 합당치 않다. 이후로는 의망하지 말라' 하였으므로 그로부터 말하는 자가 자취를 감추었다.

상이 즉시 하원의 적손(嫡孫) 모(某)를 명하여 덕흥대군(德興大君)의 신주(神主)를 그의 집에 옮겨 봉안(奉安)하게 하였다. 단정하건대, 이 소송은 처결하기 어려운 것이 아니다. 주자(朱子)의 무신연화차(戊申延和箚)에 '모든 옥송(獄訟)은 반드시 부자(父子)의 친(親)을 두터이 하고 군신(君臣)의 의(義)를 정하여 우선 존비·상하·장유(長幼)·친소(親疏)를 논한 후에 그 곡직의 사연에 따라 무릇 아랫사람으로서 웃사람을 범하거나 비천한 사람이 존귀한 사람을 능멸하면 아무리 정직하더라도 편들지 않고 정직하지 못한 자는 죄를 주어 범인(凡人)이 죄를 지은 것보다 더 죄를 준다' 하였다. 그렇다면 정원이 하원의 과처(寡妻)에 대하여 존귀한가, 비천한가, 어린가, 어른인가, 친한가, 소원한가. 하원의 처는 죄가 경솔하게 궁문을 나간 데에 불과할 뿐이다. 글을 몰라서 의리에 어두운 부녀자의 처사가 전도되기는 하였으나 음란하여 실절(失節)하는 일 외에 모든 것을 다 의리에 맞게 하도록 할 수 있겠는가. 과약한 몸으로 굴욕을 당한 것이 분하여 나가 진압하고자 하였으니 그 뜻은 오히려 불쌍하다.

정원군의 경우는 분수로 말하면 낮고 어리며 친소(親疏)로 말하면 조카의 항렬이다. 송사를 처결하려면 '비록 정직하더라도 편들지 않는다'는 가르침으로 처리해야 하는데, 하물며 이렇게 정직하지 못한 자를 어찌 범인의 죄보다 더한 죄를 주지 않을 수 있겠는가. 또 예제(禮制)로 말하더라도 시아비가 죽고 시어미가 늙었으면 즉시 적손(嫡孫)에게 전중(傳重)해야 하는 것이다. 오직 제향(祭享)할 때 하원의 처가 조모(祖母)의 높음으로 참여하고자 하면 손자의 처 앞에 세울 뿐이다. 그렇다면 옛사람은 감히 늙은 시어미에게 제사지내는 일을 맡기지는 않는다 하더라도 오히려 죽은 시아비의 아내를 위하기는 했었는데, 지금은 하원의 상사가 끝나기도 전에 문득 전중하였고 왕자가 백모를 간범(干犯)한 죄가 물론(物論)에서 드러난 다음에는 분함을 타고 빼앗아 손자에게 전중하였으니, 이것이 옳은 것인가, 그른 것인가. 그리고 아들이 어미의 잘못이라고 증명하는 것도 고금의 변괴인데, 더구나 어미를 허물이 있는 데로 밀어넣고도 뻔뻔스레 상을 받은 것이 옳은가, 그른가. 또 위에서 후사(後嗣)에게 당연히 융숭하게 해야 하지만 또한 낳아준 쪽에 대해서도 박하게 해서도 안 된다. 덕흥(德興)이 상에게 있어 어떤 친속이기에 감히 군상(君上)의 세력을 믿고 하루아침에 아들을 펀드는 노여움을 타고서 형이 내치지 않은 형수를 내침으로써 과약(寡弱)한 부인을 의지할 곳이 없게 만든단 말인가.

▦ 정원군(원종: 인조 아버지)

【생몰년】 선조 13년(1580) ~ 광해군 11년(1619). 향년 40세
【성　명】 이부(李琈)
【재위년】 추존왕
【본　관】 전주(全州)
【　자　】　　　　　　　　　　　【　호　】
【시　호】 경덕인헌 정목장효대왕(敬德仁憲靖穆章孝大王)
【묘　호】 원종(元宗)
【능　호】 장릉(章陵) 사적 202호
　　　　　경기도 김포시 김포읍 풍무리 산141-1
【문　헌】『선원록 璿源錄』『선원계보 璿源系譜』
　　　　　『선조실록 宣祖實錄』『광해군일기 光海君日記』
　　　　　『인조실록 仁祖實錄』『효종실록 孝宗實錄』
　　　　　『현종실록 顯宗實錄』

정원군 처부

구사맹(具思孟)

출전: 『능성구씨세보 綾城具氏世譜』

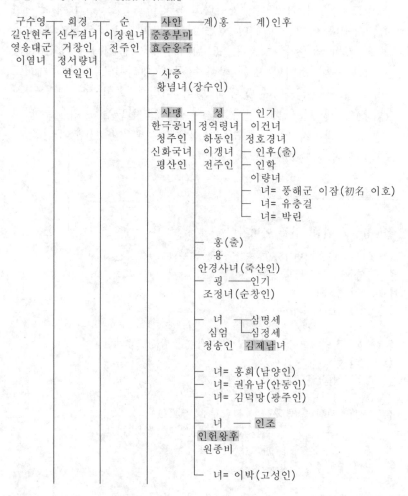

```
구수영 ─── 회경 ─── 순 ─── 사안 ──── 계)홍 ─── 계)인후
길안현주   신수겸녀  이정원녀  중종부마
영응대군   거창인    전주인    효순옹주
 이염녀    정서량녀
           연일인
                         ─── 사증
                             황념녀(장수인)

                         ─── 사맹 ─── 성 ─── 인기
                             한극공녀  정억령녀  이건녀
                             청주인    하동인    정호경녀
                             신화국녀  이갱녀  ─── 인후(출)
                             평산인    전주인  ─── 인학
                                               이량녀
                                             ─── 녀= 풍해군 이잠(初名 이호)
                                             ─── 녀= 유충걸
                                             ─── 녀= 박린

                         ─── 홍(출)
                         ─── 용
                             안경사녀(죽산인)
                         ─── 굉 ──── 인기
                             조정녀(순창인)

                         ─── 녀 ─── 심명세
                             심엄 ─── 심정세
                             청송인    김제남녀

                         ─── 녀= 홍희(남양인)
                         ─── 녀= 권유남(안동인)
                         ─── 녀= 김덕망(광주인)

                         ─── 녀 ─── 인조
                             인헌왕후
                             원종비

                         ─── 녀= 이박(고성인)
```

```
                        ┌ 사중(출)
                        ├ 사민
                         최권녀(경주인)
                        윤홍의녀(파평인)

                        ┌ 녀= 민사증(여홍인)
                        ├ 녀= 박치원(밀양인)
                        ├ 녀= 정첨(온양인)
                        ├ 녀= 박안인(반남인)
                        └ 녀= 안진(순홍인)

            ┌ 준(출)
            ├ 흡
            신영녀(평산인)
            ├ 돌
            ├ 택
            ├ 협
            ├ 녀= 이순수(전주인)
            ├ 징
            ├ 탁
            ├ 청
            ├ 팽
            ├ 정
            └ 충


  ┌ 승경
  권자균녀(안동인)


  ┌ 문경
  연산군녀


  ┌ 신경 ─── 한 ┌ 사근
  이균녀   중종부마 ├ 사인
  고성인   숙정옹주 └ 사함


  ┌ 녀= 임희재(풍천인)
  ├ 녀= 심광문(청송인)
  ├ 녀= 안양군  행
  ├ 녀= 최상(영천인)
  └ 녀= 이희현(평창인)


  ┌ 인손
  ├ 인종
  ├ 인동
  ├ 녀= 임유명
  └ 녀= 이원후(덕수인)
```

** 본서 부록 387쪽 참조

증조부 구수영(具壽永, 1456~1524)은 12세에 세종대왕의 아들 영응대군(永膺大君)의 사위가 되었고, 성종이 즉위하자 원종공신이 되고, 중종반정 직후 판돈녕부사로 정국공신(靖國功臣)이 되어 능천군(綾川君)에 봉해졌다. 아버지는 사헌부 감찰로 영의정에 추증된 구순(具淳, 1507~1551)이며, 어머니는 의신군(義信君) 이징원(李澄源, 1492~?)의 딸인 전주 이씨(全州李氏, 1506~1572)이다. 의신군은 효령대군의 증손이며 주계군(朱溪君) 이심원(李深源, 1454~1504)의 동생이다.

형 구사안(具思顔, 1523~1562)은 중종 왕비 문정왕후 소생 효순공주(孝順公主)와 혼인하였다.

부인은 한극공(韓克恭)의 딸인 청주 한씨(淸州韓氏, 1532~1554)와 신화국(申華國)의 딸인 평산 신씨(平山申氏, 1538~1622)이다.

슬하에 4남 6녀를 두었는데, 한씨에게서는 자녀가 없고, 신씨에게서 4남 6녀를 두었다. 다섯째 딸이 인헌왕후(仁獻王后, 1578~1626)가 되었다.

1남 구성(具宬, 1558~1618)은 정억령(鄭億齡)의 딸인 동래 정씨(東萊鄭氏, 1559~1591)와 혼인하여 3남 2녀를 두었고, 이갱(李鏗)의 딸인 전주 이씨(全州李氏, 1572~1629)와 혼인하여 1녀를 두었다. 호성공신(扈聖功臣)으로 능해군(綾海君)에 봉해졌다. 아들 구인후(具仁垕)도 인조반정 공신으로 능천군(綾川君)에 봉해졌다.

선조의 중년(中年)에 김공량(金公諒)이 인빈의 오빠로서 임금의

두터운 사랑을 받으니 사람들이 그 집으로 몰려들었다. 그 중에
도 조관(朝官) 한 사람이 더욱 지나치게 친하니 구성(具宬)이 마
음속으로 그 하는 짓을 미워하여 여러 사람이 모인 자리에서
"내가 대각(臺閣)에 들어가면 반드시 이 사람을 탄핵할 것이라"
하였으므로 조관(朝官)이 구성(具宬)을 뼈에 사무치게 원망하여
김공량(金公諒)을 시켜 중상(中傷)할 계책을 꾸몄다. 이에 선조(宣
祖)가 구성이 혹시 훗날에 인빈(仁嬪) 자손들에 해를 끼칠 것을
염려하여, 이때 정원군으로 있던 원종(元宗)을 구성의 누이동생
의 배필로 삼았는데 이가 인헌왕후(仁獻王后)이다. 후에 인조(仁
祖)가 왕위에 오르자 구성의 자제들은 훈척(勳戚)으로써 여러 대
세력이 혁혁했으니 그 까닭을 따져보면 모두 조관(朝官)이 구성
을 중상하려고 계책한 것이 도리어 영화가 되었으니 재화(災禍)
와 복이 오는 것은 사람의 힘으로는 이처럼 어쩔수 없는 것이
다.『국역연려실기술』「원종 고사본말」

2남 구홍(具宖, 1562~1636)은 백부인 중종부마 능원위(綾原
尉) 구사안(具思顔, 1523~1562)에게 출계하였다. 3남 구용(具容,
1569~1601)은 사헌부 감찰을 지냈고 안경사(安景泗)의 딸인 죽
산 안씨(竹山安氏, 1575~?)와 혼인하였다.

4남 구굉(具宏, 1577~1642)은 조정(趙玎)의 딸인 순창 조씨(淳
昌趙氏, 1576~1637)와 혼인하였다. 인조반정 공신으로 한성부
판윤을 지냈다. 아들 구인기(具仁墍)도 인조반정 공신이다.

1녀는 청송 심씨(青松沈氏) 심엄(沈㤿)에게 출가하였고, 2녀는
남양 홍씨(南陽洪氏) 홍희(洪憙)에게, 3녀는 안동 권씨(安東權氏)
권유남(權裕男)에게, 4녀는 광주 김씨(光州金氏) 김덕망(金德望)
에게 출가하였다.

5녀는 원종(元宗) 비인 인헌왕후(仁獻王后, 1578~1626)이다. 6녀는 고성 이씨(固城李氏) 이박(李璞)에게 출가하였다.

외손자인 심정세(沈挺世)는 인목대비의 아버지 김제남의 사위이므로, 심정세와 선조는 동서간이 된다.

【연안 김씨 김제남을 중심으로】

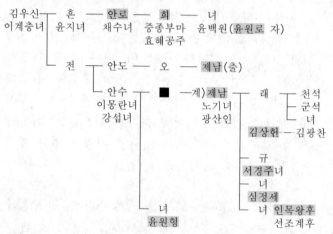

구사맹(具思孟)은 유희춘(柳希春, 1513~1577)과 이황(李滉, 1501~1570)의 문인이다. 특진관도 지냈다.

중종 26년(1531) 9월 16일 태어났다.

19세인 명종 4년(1549) 진사가 되었다.

21세인 명종 6년(1551) 3월 26일 아버지 구순이 45세로 돌아가셨다. 아버지 3년상을 마치고, 24세인 명종 9년(1554) 한성부 시험에 수석을 하여 명성이 자자해졌다. 이해 12월 9일 첫째 부인인 청주 한씨(1532~1554)가 자녀없이 23세로 졸하였다.

28세인 명종 13년(1558) 식년문과 병과(丙科)로 급제, 승문원

에 선발되어 들어가 정9품 승문원 정자(承文院正字)가 된 뒤,
정9품 예문관 검열 겸 춘추관 기사관(藝文館檢閱兼春秋館記事
官)을 거쳐, 정8품 예문관 대교(待敎)을 거쳐, 정7품 승정원 주
서(注書)를 역임하였다. 이해에 1남인 구성(具宬)을 낳았다.

30세인 명종 15년(1560) 명종이 친히 인물을 임명할 때 정6
품 성균관 전적(典籍)이 되었고, 갑자기 7월 17일 정6품 사간원
정언(司諫院正言)에 임명되었다.

31세인 명종 16년(1561) 11월 5일 정6품 병조좌랑(兵曹佐郎)에
임명되었고, 32세인 명종 17년(1562) 2월 4일 종6품 홍문관 부
수찬(弘文館副修撰)에 임명되었다가 2월 7일 다시 병조좌랑에 2
월 29일 홍문관 부수찬에 임명되었다. 4월 16일 다시 병조좌랑
에 12월 1일 다시 부수찬에 임명되었다.

이해에 2남인 구홍(具宖)을 낳았다.

33세인 명종 18년(1563) 2월 14일 정5품 사간원 헌납에 임명
되었고, 7월 16일 종5품 홍문관 부교리에 임명되었다. 11월 12
일 정5품 사헌부 지평에 임명되었고, 겨울 부교리 겸 지평으로
사은사 서장관(書狀官)에 임명되어 명나라에 다녀오는 동안, 12
월 10일 정5품 홍문관 교리(校理)에 임명되었다.

34세인 명종 19년(1564) 6월 13일 정6품 이조좌랑에 임명되
었다. 35세인 명종 20년(1565) 8월 10일 홍문관 교리에 8월 28
일 정5품 이조정랑에 임명되었다.

명종 20년 4월 7일 문정왕후가 승하하고, 8월 14일 양사에서
윤원형을 탄핵하여 11월 18일 윤원형이 강음에 안치되어 죽자,

12월 28일에는 사간원에서 개혁적인 인사를 단행해야 할 때에 이를 수행하지 않았다고 이조 당상들을 탄핵을 하는데 이조정 랑으로 있다가 탄핵을 받고 물러났다.

정5품 의정부 검상을 거쳐 36세인 명종 21년(1566) 8월 11일 정4품 의정부 사인(議政府舍人)에 9월 27일 다시 의정부 사인에 임명되었다. 10월 4일 종3품 사간원 사간에 임명되었다.

37세인 명종 22년(1567) 1월 4일 종3품 사헌부 집의에 3월 4일 다시 집의에 임명되었고 4월 20일 다시 의정부 사인, 5월 11일 사간원 사간에 임명되었다가 6월 15일 당하관 정3품 사재감(司宰監) 정(正)에 임명되었다.

명종 22년 6월 28일 명종이 승하하시니, 빈전도감(殯殿都監) 도청(都廳)이 되어 명종 상례를 다 치루자, 통정대부(通政大夫)에 올라 정3품 당상관이 되었다. 선조 즉위년(1567) 겨울에 정3품 당하관 승정원 동부승지(同副承旨)에 임명되었다가 탄핵을 받아 체직되었다.

38세인 선조 1년(1568) 봄 당상관 정3품 장례원(掌隷院) 관결사(判決事)에 임명되었고, 명나라 사신을 영접하느라 서로(西路)를 왕래하다가, 향관(享官)에 불참했다고 파직되었다가, 다시 승정원 동부승지에 임명되었다가 좌부승지에 이르렀다.

39세인 선조 2년(1569) 여름 어떤 일로 동료들과 더불어 모두 체직되어 정3품 호조참의가 되었다가 7월 11일 종2품 황해도 관찰사가 되었다. 이해에 3남인 구용(具容)을 낳았다.

40세인 선조 3년(1570) 2월 황해도 관찰사로 선조의 성태(聖胎)를 묻는 일을 소홀히 했다고 하여 파직되었다.

성태(聖胎)를 임천(林川)에 묻었다. 상이 즉위하였을 때, 성태를 구례에 의하여 좋은 자리를 골라 묻어야 한다는 조정 논의가 있어 잠저(潛邸)를 뒤져 정원 북쪽 소나무 숲 사이에서 찾아내었다. 그리고 강원도 춘천 지방에 자리를 정하여 공사를 했는데, 거의 끝나갈 무렵 그 혈(穴)이 바로 옛날에 태를 묻었던 곳임을 알게 되었다. 그리하여 다시 황해도(黃海道) 강음(江陰) 지방으로 옮겨 정했는데, 터를 닦는 동안 정혈(正穴)로부터 몇 십 보(步) 떨어진 자리에서 옛날 묻어놓은 작은 항아리가 발견되었다.

그런데도 관찰사 구사맹(具思孟)이, "여기가 정혈은 아니니 작은 항아리 하나가 묻혀 있다는 이유만으로 이 거대한 공사를 그만둘 수는 없는 일이다" 하고 알리지 않은 채 추진하여 공사가 마무리 단계에 들었갔는데, 조정에서 소문을 듣고 깜짝 놀라 헌부가 구사맹을 불경(不敬)으로 탄핵하여 파직시키고 대신이 다시 깨끗한 자리를 골라야 한다고 건청(建請)하여 임천에 묻게 된 것이다. 당시 굶주린 백성들이 돌을 운반하는 데 동원되어 성태 하나를 묻는 데 그 피해가 3개 도시에 미쳤으므로 식자들이 개탄하였다. 태경(胎經)의 설이 시작된 것은 신라(新羅)·고려(高麗) 사이이고 중국에 예로부터 있었던 일은 아니다. 우리나라 법규는 국장(國葬)에 있어서는 길지(吉地)를 고르기 위하여 심지어 사민(士民)들의 분영(墳塋)을 모두 파내고 혈을 정하기도 하고, 태봉(胎封)은 반드시 최고로 깨끗한 자리를 고르기 위하여 이렇게까지 하고 있는데, 이는 의리에 어긋나는 일일 뿐만 아니라 감여(堪輿, 풍수지리)의 방술(方術)로 따지더라도 근거가 없는 일이다.

40세인 선조 3년(1570) 5월 13일 직첩이 환급되었고, 7월 10일 남원 부사(南原府使)에 임명되었다.

42세인 선조 5년(1572) 겨울 어머니 전주 이씨가 63세로 돌아가셨다.

45세인 선조 8년(1575) 봄에 어머니 삼년상을 마치고, 3월 20일 충청 감사(忠淸監事)에 임명되었고, 임기가 끝나자 첨지중추부사(僉知中樞府事)에 임명되었다.

46세인 선조 9년(1576) 8월 25일 동지사(冬至使)로 명나라에 갔다. 명나라에서 돌아와 선조 10년 가을 예조참의에 임명되었다. 48세인 선조 11년(1578) 인헌왕후(仁獻王后)를 낳았다.

49세인 선조 12년(1579) 여름 전라도 관찰사에 임명되었다.

50세인 선조 13년(1580) 형조참의가 되었고, 병조참의로 옮겼다가, 선조 14년(1581) 성균관 대사성이 되었고, 겨울에 우승지가 되었다. 다시 유언비어에 연좌되어 대간의 탄핵을 받고 파직되었다가 선조 15년(1582) 남양부사로 나갔다.

54세인 선조 17년(1584) 겨울에 다시 대사성에 임명되었다가, 선조 18년 가을에 호조참의로 임명되었다. 선조 19년(1586) 봄 경주부윤(慶州府尹)에 임명되었다.

59세인 선조 22년(1589) 1월 판결사(判決事)로써 강원도 관찰사에 임명되었다. 선조 22년 10월 2일 정여립 모반 사건이 일어나 다스려지고, 선조 23년 4월 24일 종계변무가 된 것을 축하하여 사면령을 내렸는데, 선조 23년 8월에 정여립 모반에 대해서는 평난공신을, 종계변무에 대해서는 광국 공신을 책봉하였는데, 이 때에 광국·평난 원종공신(光國平難原從功臣)에 책록되었다.

60세인 선조 23년(1590) 여름 정3품 좌승지가 되고, 가을에 특별히 종2품 병조참판이 되었다. 선조 24년(1591) 가을 경기도 관찰사에 임명되었다.

62세인 선조 25년(1592) 봄에 종2품 동지중추부사(同知中樞府事)가 되었고, 종2품 한성부(漢城府) 우윤(右尹) 겸 동지의금부사(同知義禁府事)에 임명되었다. 선조 25년 4월 임진왜란이 일어나자 임금을 호종하여 평양에 이르러 종2품 도총부(都摠府) 부총관(副摠管)을 겸하였고, 6월에 명을 받들어 왕자를 모시고 산군(山郡)에 피난하였다가, 7월에 의주(義州)에 도달하여, 7월 14일 종2품 이조참판에 임명되었고, 평양으로부터 왕자를 호종한 공으로 정2품 자헌대부(資憲大夫)에 승진되었고, 지경연사(知經筵事)를 겸하였다.

63세인 선조 26년(1593) 1월 5일 이조참판으로 있으면서 좌의정 윤두수 등과 평양 수복책 등을 논의하는데 참여하였다.

64세인 선조 27년(1594) 봄 지중추부사(知中樞府事)에 임명되었고, 왕비를 해주(海州)에서 시종(侍從)하였으며, 이해 8월 10일 동지춘추관사에 임명되었다.

65세인 선조 28년(1595) 왕비가 환도하니, 공조판서가 되었으며, 66세인 선조 29년 7월 6일 이몽학(李夢鶴, ?~1596)의 역옥(逆獄)이 일어나자, 7월 27일 유성룡(柳成龍)·윤두수(尹斗壽)·김응남(金應南)·정탁(鄭琢)·최황(崔滉)·신점(申點)·윤자신(尹自新)과 함께 지의금부사(知義禁府事)로 참국(參鞫)하여, 정2품 정헌대부(正憲大夫)가 되었다.

67세인 선조 30년(1597) 1월 정유재란(丁酉再亂)이 일어나자 왕자와 후궁을 시종하여 성천(成川)에 피난하였으며, 6월 6일

지중추부사(知中樞府事)에 임명되었다. 7월 21일 지의금부사에 임명되었다. 8월 14일 가솔들을 피난시켜 백성들이 본받게 했다고 사헌부의 탄핵을 받았다.

68세인 선조 31년 10월 15일 정2품 좌참찬이 되었다. 선조 32년(1599) 여름 서울에 돌아와 종1품 숭정대부(崇政大夫)가 되었다. 선조 33년(1600) 6월 6일 의정부 우찬성이 되고 판의금부사를 겸하고 지경연춘추관사를 겸했다. 선조 34년 1월 16일 행 이조판서에 임명되었다.

71세인 선조 34년 7월 4일 왜적이 강화를 청한 문제에 대해 대신으로써 의견을 개진하였다.

> "왜노는 우리나라가 만세토록 반드시 복수해야 할 원수이니, 대의를 밝혀 끊는 것이 진정 정론(正論)이나, 시세상 그렇게 할 수 없다면 억지로라도 권도(權道)를 행하는 것 역시 한 가지 방법이 될 수 있습니다. 우리의 국위와 군세가 저들의 마음을 두렵게 할 수 없어 끝내 무력으로 맹약을 강요당하는 지경에 이르게 되기보다는 우선 그들의 청을 따라주어 나라의 위란을 늦추는 것이 오히려 나을 것입니다. 그러나 필수적으로 왜노가 강화하는 일 때문에 변경에 도착한 사정을 서계(書契)와 아울러 함께 중국에 주문하여 준가(准可)를 얻은 뒤에 강화를 허락한다면 강화를 하면서도 떳떳하게 할 말이 있게 될 것입니다. 그리고 왜사(倭使)에게 답할 때에도 '우리나라가 마음대로 허락할 수 없으니 중국의 처분을 기다려야 한다'는 말로 답하여 우선 돌아가 기다리게 하면 무방할 듯합니다. 상께서 재단하소서"

선조 34년 8월 1일 길운절(吉云節) 역옥을 다스리고 8월 13일 종1품 숭록대부(崇祿大夫)에 올랐다. 9월 11일 약방 제조로

약방도제조 김명원 등과 의논하여 선조의 아픈 증상에 대해
아뢰었다.

선조 34년 10월 22일 종1품 좌찬성이 되었다. 10월 28일 경
연이 끝나고 상으로 말을 주는 것을 잠시 금하고 다른 것으로
줄 것을 요청하였다.

"신이 사복시 제조로 있을 적에 마적(馬籍)을 살펴보니, 각 목
장 말의 수효가 평시에는 2만 4천여 필이었는데 난후에는 1만 2
백여 필만 남았으니, 이미 1만 4천필이나 줄었고 남아 있는 것
도 모두 부실합니다. 나라의 부(富)를 물으면 말의 수효로 대답
하는 것인데, 마정(馬政)이 이와 같으니 매우 한심합니다. 포수
(砲手)·살수(殺手)·사수(射手)와 금군(禁軍)·선전관(宣傳官)들의
시재(試才)에서 입격한 사람은 으레 마첩(馬帖)으로 상을 주는데
한 달의 소용(所用)이 적어도 6~7장(張)이나 됩니다. 지금 첩자
(帖字)만 받고 말을 받지 못한 것이 거의 4백여 필에 이르고 있
으니 어떻게 해야만 모두 지급할 수 있겠습니까? 국마(國馬)는
점점 줄어드는데 상을 줄 일은 끝이 없으니, 석 달을 통계하기
도 하고 여섯 달을 통계하기도 하고 1년을 통계하기도 하여 우
등한 사람에게 상으로 주는 것이 어떠하겠습니까?" 하니, 상이
이르기를, "우리나라의 상급(賞給)은 말이 아니면 다른 것을 줄
만한 물건이 없기 때문에 이러하다. 그렇지만 다른 물건으로 헤
아려 주도록 하는 것이 좋겠다" 하였다.

72세인 선조 35년(1602) 맏아들인 구성(具宬, 1558~1618)이
유배되자 윤2월 3일 체직되었다가 4월 25일 정2품 지중추부사
에 임명되었다. 지경연사에 임명되었으나 사직하고, 아울러 지
중추부사도 사직하였다. 가을에 가례도감 당상이 되어 7월 13
일 인목왕후 가례를 주관하였다.

73세인 선조 36년(1603) 3월 18일 상의원 제조로 5월에 정원군의 동생 의창군이 아내를 맞이하는데 쓰이는 물품 조달 방법을 아뢰었다.

선조 36년 5월 7일 종1품 판중추부사에 임명되었다. 5월 10일 기로소(耆老所)를 다시 복설하기를 청하여 최황(崔滉) 이제민(李齊閔) 등과 함께 들어갔다. 선조가 잔치와 풍악을 내려주어 영광되게 하였다.

　판중추부사 구사맹(具思孟) 등이 ― 최황(崔滉)과 이제민(李齊閔)이다 ― 아뢰기를, "우리나라가 건국 초기부터 기로소(耆老所)를 설립하여 특별히 장획(臧獲)과 어전(魚箭) 등의 물품을 하사한 것은, 대체로 연로한 재상들로 하여금 해마다 연회를 하며 여년(餘年)을 즐길 수 있게 하려 한 것이니, 진실로 2백 년 이래 전해오는 훌륭한 일입니다. 그런데 병란 이후로는 오래도록 폐지하여 시행하지 못했습니다. 이번에 다행히도 11일에 그전의 준례대로 삼공을 초청하여 고사(故事)를 간략하게 시행함으로써 조종조에서 설립한 본뜻을 잊지 않게 하려 합니다. 감히 아룁니다" 하니, 전교하기를, "매우 좋은 일이다" 하고 이어 전교하기를, "기로소의 연회장에 일등(一等)의 술을 내리라" 하였다.
　― 사신은 논한다. 변란을 겪은 지 10년에 종묘 사직은 아직 빈터로 있고 군부(君父)도 여염(閭閻)에 거처하고 있으니, 지금은 바로 군신 상하가 와신상담하며 왜적을 토벌해 복수할 계획을 하고 생존한 사람들을 불러 모아 가르치고 훈련시키는 일을 시급히 할 때이다. 그런데 이 점은 생각하지 않고 한낱 말단의 형식적인 것만 일삼아 안일하게 연회나 베풀며 술 마시는 것을 태연하게 여기고 있으니, 나라의 형세가 약화된 것은 진실로 당연한 일이다. 또한 어떻게 쇠퇴한 풍습을 진작시켜 한 맺힌 원수를 갚을 수 있겠는가.

선조 37년(1604) 2월에 판의금부사를 겸하였다. 3월 아버지
의정공(議政公) 구순(具淳)의 기일(忌日)에 친히 제사지내느라 재
숙(齋宿)하는 등 무리를 하다가 병이 재발하여, 4월 2일 74세로
졸했다. 6월 12일 양주(楊州) 군장리(群場里) 팔곡산(八谷山)에
장사지냈다. 졸한 뒤 호성(扈聖)·선무(宣武)·정난(靖難) 등의
원종공신에 책록되었다.

선조 39년 8월 9일 불효로 체포된 이종사촌이 되는 역관 신
응주의 공초에 신응주의 아버지가 구사맹의 부인과 자제들과
교류한 이야기가 나온다.

【의신군 이징원을 중심으로】

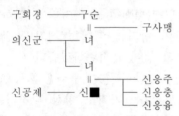

전 사맹(司猛) 신응주가 공초하였다. "전지(傳旨)에 '난리 후에
인륜과 기강이 무너져 여항간에는 불효하는 자식과 불공하는 아
우가 비일비재하여 식자들이 한심해 한 지 오래다. 품계 높은
역관이 가세가 매우 풍부한데도 그 아비를 봉양하지 않아 굶주
림과 추위를 면치 못하게 하고, 아비가 혹 그의 집에 오면 아내
와 함께 욕하고 내쫓아 얼씬도 못하게 하니, 그 불효됨이 이보
다 클 수가 없다. 듣고 보는 자들이 통분해 하지 않는 자가 없
다. 숨기지 말고 이실직고(以實直告)하도록 추고하라' 하셨습니
다. 저는 미열(迷劣)한 역관으로 품계가 정헌(正憲)에까지 올라
국은(國恩)이 망극합니다. 조부는 고 이조판서 공제(公濟)요, 외조
는 효령 대군의 3대손 충신 주계군(朱溪君)의 아우인 의신군(義信

君)으로 집안이 충효대의(忠孝大義)를 전해 왔습니다.

제가 비록 패악무상(悖惡無狀)하지만 부자간 천리의 당연한 도리는 다하지 않을 수 없었습니다. 아버지를 봉양하지 않아 굶주림과 추위를 면치 못하게 하였다고 말을 하지만 아비의 나이는 82세요 어미는 81세인데 형제 두 사람 중에 아우 응융(應瀜)은 집이 가난하기 때문에 제가 난리 때는 부모를 모시고 평안·황해 등 도에 거처하면서 어렵게 봉양하였고, 서울에 돌아온 뒤에는 옛 예조동(禮曹洞)에 부모를 위하여 집을 마련하고 사계절의 의복과 식량·소금·간장·땔감 등의 물건을 계속 갖추어 보내고 노비를 보내어 부리도록 한 일은 내외 문중(門中)이 모두 알고 있습니다. 둘째 아우 응충(應沖)이 장가들 때 부모는 한 마지기 전답이나 한 사람의 노비도 없어 혼수(婚需)를 마련할 길이 없기 때문에 처부(妻父)의 흑단령(黑團領)을 가져다가 입혀 보냈습니다. 셋째 아우 응융(應瀜)이 장가들 때에는 제가 조금 여유가 있어 모든 혼구(婚具)를 저의 집에서 마련하였습니다.

저의 아버지가 적(嫡) 4촌인 고 찬성(贊成) 구사맹(具思孟)의 부인과 자제에게 가서 저의 이런 일을 가지고 항상 말하기를 '아들 응주가 효양(孝養)을 극진히 할 뿐 아니라 동생 성혼(成婚)하는 일에도 모두 주관하였으니 내 아들 같은 사람이 없다'고 하였기 때문에 구사맹의 부인과 자제가 지금까지 칭찬해 마지 않습니다. 아우까지도 구제하는데 더구나 부모로 하여금 기한(飢寒)을 면치 못하게 하였다는 것은 더욱 그럴 리가 없습니다. 아내와 함께 욕하고 내쫓았다는 말이 있기는 하나 6~7년전부터 해마다 부모를 뵈러 서울에 갔습니다. 지난 갑진년에는 부모를 위하여 수연(壽宴)을 베풀어 음식을 성대하게 마련하고 풍악을 울리기까지 하였는데, 적(嫡) 동성(同姓) 친척인 전 참판 신식(申湜)과 전 참의 신설(申渫)도 와서 참여하여 밤이 새도록 즐겼습니다. 불효한 일이 있다면 적실의 문장(門長)이 관가에 고하여

치죄할 것인데 더구나 저의 집 잔치에 참여하였겠습니까. 효양
한 일은 구사맹의 부인·자제와 신 참판 형제에게 하문하면 다
알 수 있을 것입니다.

저의 아비는 제가 나포되어 갇혔다는 기별을 듣고 죽기로 결
심하고 징을 치려고 차비문(差備門) 밖에 들어왔다가 병조에 붙
잡혔으니, 조금이라도 불효한 자취가 있다면 80여세 된 사람이
죽음을 무릅쓰고 징을 쳐서 구하려고 했을 리가 있겠습니까.

대개 당상·당하의 역관들이 재리(財利)를 다투어 양쪽으로 나
뉘어서 투기(妬忌)하는 일이 풍조를 이루었습니다. 저는 남보다
뛰어난 공로는 없으나 두세 번 청을 받았기 때문에 다른 사람의
순번을 빼앗아 북경에 간 적이 한두 번이 아니었습니다. 저쪽의
당상 역관 10여인과 당하 역관 백여인이 없는 일을 만들어 저를
모함한 지 여러 해인데, 몇해 전에 우리편 당상 역관 10여인이
도제조(都提調)에게 정장(呈狀)하기를 '저쪽 역관 누구누구는 전
에 북경으로 가는 통사(通事)로서 인정물(人情物) 등을 모두 착복
하였고, 누구누구는 본원(本院)을 지을 때 같은 관원들이 받아가
지 않은 비단과 은냥(銀兩)까지도 착복하였으며, 누구누구는 아
버지에게 불효하고 자기는 인삼을 먹었다'고 하였습니다.

막대한 주청의 일을 허락받아 오자 이 공로로 장차 북경에 가
게 되었는데, 저쪽 사람들이 가로막고 허락하지 않으며 또 상사
당상(常仕堂上)으로 하여금 감원하게 하기 위하여 도제조의 집
문전에서 따지고 싸울 때 도제조가 종을 시켜 금지시키고 부경
(赴京)을 허락하였으며, 상사 당상도 감원하지 않고 그대로 두었
습니다. 그리고 앞으로 또 계속 부경하라는 승전(承傳)이 있기
때문에 저쪽에서 차례를 뺏고 부경하는 것을 분하게 여겨 도처
에서 말을 지어낸 것입니다. 저는 시정(市井)의 천한 역관에 비
할 바가 아닌 내외의 문벌 높은 서얼로서 정성껏 부모를 봉양한
것은 대중이 모두 알고 있는데 사람의 자식으로는 차마 하지 못

할 일을 어찌 하였겠습니까. 금수도 반포(反哺)하는 정성이 있는
데 어찌 문벌이 있는 자손으로 감히 이런 윤리에 어긋나는 일을
하겠습니까"

— 사신은 논한다. 옹주가 아비를 쫓아낸 죄를 지고도 목숨을
부지하고 있으니 신인(神人)의 분노가 극에 이르렀다. 그런데 말
을 꾸며대어 용서받기 어려운 악을 숨기려 하니, 너무도 심하다.
사람은 속일 수 있지만 하늘을 속일 수 있겠는가.

인조 8년(1630) 2월 20일 문의공(文懿公)이라는 시호가 내려
졌다.

인조 10년(1632) 정원군(定遠君)이 원종(元宗)으로, 그의 다섯
째 딸이 인헌왕후(仁獻王后)로 추숭됨에 따라 능안부원군(綾安府
院君)에 추봉되었다.

정조 15년(1791) 1월 2일 정조가 사릉에 가는 길에 구사맹의
묘에 치제하였다.

고 부원군 구사맹(具思孟), 판중추 정세호(鄭世虎), 부원군 박응
순(朴應順)의 묘에 치제하였는데, 그 묘가 사릉(思陵)에 행차하는
길에 가까웠기 때문이다.

치재(耻齋) 홍인우(洪仁祐, 1515~1554), 고봉(高峰) 기대승(奇大
升, 1527~1572), 백록(白麓) 신응시(辛應時, 1532~1585) 백담(栢
潭) 구봉령(具鳳岭, 1526~1586) 등과 막역하게 친했다.

실록졸기에 구사맹은 선조 때 신진사류들의 원로사류에 대
한 탄핵이 심하여 대부분의 사류들이 뜻을 굽혔으나 끝내 신
진을 따르지 않아 자주 탄핵을 받았다. 왕실과 인척이면서도

청렴결백하고 더욱 근신하여 자제나 노복들이 함부로 행동하지 못하게 하였다. 천성이 담박 조용하고 검소한 것을 편안히 여겨 전지나 가옥을 장만하지 않고 오직 문한(文翰)을 즐겼다.

문집에 『팔곡집 八谷集』이 있다.

▨ 정원군 처부

【생몰년】 중종 26년(1531) ~ 선조 37년(1604). 향년 74세
【성　명】 구사맹(具思孟)　　　　【본　관】 능성(綾城)
【　자　】 경시(景時)　　　　　　【　호　】 팔곡(八谷)
【시　호】 문의(文懿)
【　묘　】 양주군 접동면 봉우현 임좌(楊州郡接洞面蜂遇峴壬坐)
【문　헌】 『명종실록 明宗實錄』 『선조실록 宣祖實錄』
　　　　 『능성구씨세보 綾城具氏世譜』
　　　　 이식(李植) 『택당집 澤堂集』 권10 「구사맹신도비명 具思孟神道
　　　　 碑銘」

정원군 처외조부

한극공(韓克恭)

출전:『청주한씨대동족보 淸州韓氏大同族譜』

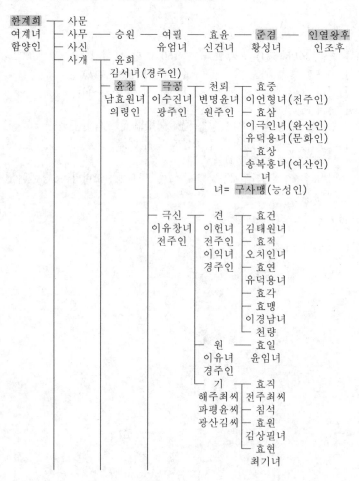

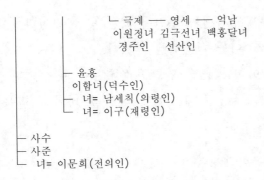

```
        ㄴ 극제 ── 영세 ── 억남
          이원정녀 김극선녀 백홍달녀
          경주인    선산인

     ┌ 윤홍
       이함녀(덕수인)
     ├ 녀= 남세칙(의령인)
     └ 녀= 이구(재령인)

  ┌ 사수
  ├ 사준
  └ 녀= 이문희(전의인)
```

** 본서 부록 421쪽 참조

아버지는 한윤창(韓胤昌, 1480~1541)이며, 어머니는 남효원 (南孝元)의 딸인 의령 남씨(宜寧南氏)이다.

부인은 이수진(李守震)의 딸인 광주 이씨(廣州李氏, ?~1544)이 다. 이씨의 할아버지인 이세걸(李世傑)은 선조의 외할아버지인 정세호(鄭世虎, 1486~1563)의 장인이다.

【광주 이씨 이세걸을 중심으로】

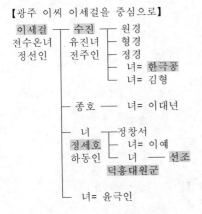

```
이세걸 ┬ 수진 ┬ 원경
전수온녀 │ 유진녀 ├ 형경
정선인  │ 전주인 ├ 정경
        │       ├ 녀= 한극공
        │       └ 녀= 김형
        │
        ├ 종호 ── 녀= 이대년
        │
        │  녀  ┬ 정창서
        ├ 정세호 ├ 녀= 이예
        │  하동인 └ 녀 ── 선조
        │       덕흥대원군
        │
        └ 녀= 윤극인
```

슬하에 1남 1녀를 두었다. 아들 한천뢰(韓天賚, 1535~1568)는 변명윤(邊明胤)의 딸인 원주 원씨(原州元氏)와 혼인하였고, 딸은 구사맹(具思孟, 1531~1604)에게 출가하였으나 자녀없이 졸했다.

중종 27년(1532) 구사맹의 부인이 되는 딸을 낳았다.

중종 30년(1535) 아들 한천뢰를 낳았다.

중종 34년(1539) 9월 13일 염희준(廉希俊)이 형조참판 한윤창(韓胤昌)의 아들 한극공(韓克恭)에게 뇌물을 바치자 벌을 주게 하였다.

형조판서 정옥형(丁玉亨)이 아뢰기를, "염희준(廉希俊)이 형조참판 한윤창(韓胤昌)의 아들인 한극공(韓克恭)의 집에 단자(緞子)를 바쳤으니 매우 해괴하고 놀랍습니다. 그러나 당시 한극공이 소지(所志)를 올린 뒤에 공사를 만들었어야 옳았습니다. 그런데 깨달아 살피지 못하고 이제 한윤창의 말로 직계(直啓)하였으니, 매우 체통을 잃었기에 대죄(待罪)합니다" 하니, 전교하였다. "염희준을 추국하여 엄하게 다스리는 것이 지극히 마땅하다. 다만 참판의 말을 가지고 직계하여 공사를 만들었으니, 이는 법사가 풍문으로 공사를 만드는 것과 같게 되었다. 이러한 단서를 만들어서는 안 된다. 그러나 대죄하지는 말라"

중종 39년(1544) 10월 10일 부인 광주 이씨가 졸했다.

명종 1년(1546) 10월 1일 졸했다.

▦ 정원군 처외조부

【생몰년】 ? ~ 명종 1년(1546)
【성　명】 한극공(韓克恭)　　　　　【본　관】 청주(淸州)
【자】 자경(子敬)　　　　　　　　【호】
【시　호】
【묘】 여주군 홍천면 계신리 소무곡(驪州郡興川面桂信里小舞谷)
【문　헌】 『청주한씨대동족보문정공편 淸州韓氏大同族譜文靖公篇』
　　　　『중종실록 中宗實錄』『국조문과방목 國朝文科榜目』

정원군 처외조부

신화국(申華國)

출전: 『평산신씨대동보 平山申氏大同譜』

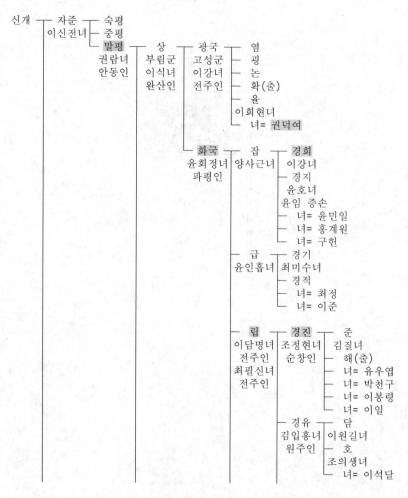

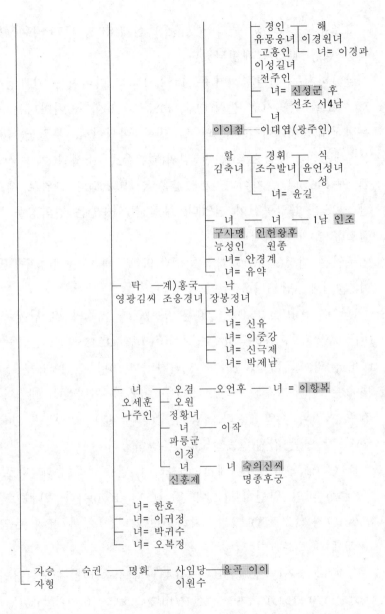

┌ 경인 ─┬─ 해
유몽웅녀 │ 이경원녀
　고흥인 └─ 녀= 이경과
이성길녀
　전주인
├ 녀= **신성군 후**
　　　　선조 서4남
└ 녀
이이첨──── 이대엽(광주인)

┌ 할 ─┬─ 경휘 ─┬─ 식
김축녀 │ 조수발녀 │ 윤언성녀
　　　│　　　　 └ 성
　　　└ 녀= 윤길

├ 녀 ── 녀 ─┬─ 1남 **인조**
구사맹 **인현왕후** │
능성인 　원종 │
├ 녀= 안경계
└ 녀= 유약

─ 탁 ─ 계)홍국 ─┬─ 낙
영광김씨 조응경녀 장봉정녀 ├ 뇌
├ 녀= 신유
├ 녀= 이중강
├ 녀= 신극제
└ 녀= 박제남

─ 녀 ─┬ 오겸 ── 오언후 ── 녀 = **이항복**
오세훈 ├ 오원
나주인 │ 정황녀
├ 녀 ── 이작
│ 파릉군
│ 이경
└ 녀 ── 녀 **숙의신씨**
　　신홍제 　명종후궁

├ 녀= 한호
├ 녀= 이귀정
├ 녀= 박귀수
└ 녀= 오복정

┌ 자승 ── 숙권 ── 명화 ── 사임당 ── **율곡 이이**
└ 자형 　　　　　　　 이원수

** 본서 부록 **403**쪽 참조

고조부는 좌의정 문희공(文僖公) 신개(申槩, 1374~1446)이다. 세종 묘정(廟庭)에 배향되었다.

할아버지는 신말평(申末平, 1452~1509), 아버지는 기묘명현으로 이조판서를 지낸 신상(申鏛, 1480~1530)이다. 어머니는 종실 부림군(富林君) 이식(李湜)의 딸 전주 이씨이다. 부림군(富林君)은, 세종의 서2남으로 신빈 김씨(愼嬪金氏) 소생인 계양군(桂陽君, ?~1464)의 손자이다. 계양군은 한확(韓確)의 사위로 세조찬탈을 도와 좌익공신이 되었다. 부림군(富林君)은 영의정을 지낸 김질(金礩)의 사위이다.

부인은 첨정(僉正) 윤회정(尹懷貞)의 딸 파평 윤씨(坡平尹氏)이며, 슬하에 4남 3녀를 두었다.

1남 신잡(申礁, 1541~1609)은 양사근(梁思謹)의 딸 남원 양씨(南原梁氏)와 혼인하였고, 2남 신급(申礏, 1543~1592)은 윤인흡(尹仁洽)의 딸 파평 윤씨와 혼인하였고, 3남 신립(申砬, 1546~1592)은 이담명(李聃命)의 딸 전주 이씨와 최필신(崔弼臣)의 딸 전주 최씨와 혼인하였다. 4남 신할(申硈, 1548~1592)은 김축(金軸)의 딸 연안 김씨(延安金氏)와 혼인하였다.

1녀는 구사맹(具思孟)에게 출가하여 딸은 두었는데 바로 원종(元宗) 비인 인헌왕후(仁獻王后, 1578~1626)이다. 2녀는 죽산 안씨 안경렴(安景濂)에게 출가하였고, 3녀는 문화 유씨 유약(柳瀹)에게 출가하였다.

손자 신경진(申景禛, 1575~1643)·신경유(申景裕)·신경인(申景禋, 1590~1643), 증손자 신준(申埈, 1592~1658)과 사위인 구

사맹(具思孟)의 아들 구굉(具宏, 1577~1642) 손자 구인후(具仁垕, 1578~1658)·구인기(具仁墍, 1597~1676), 외손 심명세(沈命世, 1587~1632)·홍진도(洪振道, 1584~1649)·홍진문(洪振文, 1599~ 1653) 등이 인조반정을 도왔다.

중종 12년(1517) 2월 22일 태어났다.

25세인 중종 36년(1541) 1남 신잡(申磼)을 낳았다. 27세인 중종 38년(1543) 2남 신급(申礏)을 낳았다.

30세인 명종 1년(1546) 3남 신립(申砬)을 낳았고 생원이 되었다. 전설사(典設司) 별검(別檢)에 제수되었으나 나가지 않았다. 기묘·을사사화가 일어나는 것을 보고 벼슬에 나갈 뜻이 없었다. 고조부 신개의 동생인 서호산인(西湖散人) 신효(申曉)가 은거한 뜻을 본받았다. 황강(黃岡) 김계휘(金繼輝)가 항상 자식들을 경계할 때 공을 본보기로 들었기 때문에 후에 사계(沙溪) 김장생(金長生)이 사론(士論)을 절충할 때 공의 말을 인용하였기 때문에 사림들이 존경하였다.

32세인 명종 3년(1548) 4남인 신할(申硈)을 낳았다.

선조 11년(1578) 5월 10일 62세로 졸했다.

묘는 금천(衿川) 삼성산(三聖山)에 부부 합장하였다. 1974년 12월 17일에 충북 진천군 이월면 노원리로 이장하였다.

현종 13년(1673)에 우암 송시열이 찬한 묘표(墓表)가 있다.

신화국(申華國) 묘지(墓誌)는 충청북도 진천군(鎭川郡) 이월면(梨月面) 노원리(老院里)에 있다. 충청북도 지방민속자료 제7호이다. 신화국의 집안은 조선 중기 이후 무공(武功)이 특출했던

가문으로 명장(名將) 신잡(申礤)·신립(申砬)이 모두 그의 아들
이다. 진천군 노원리에는 선조 1년(1568) 신잡(1541~1609)이 처
조부(妻祖父)의 장례에 들렀다가 후진양성을 위해 낙향한 이후
부터 세거(世居)하였다.

지금 그 구기(舊基)에는 광해군 7년(1615)에 처음 세운 노은
영당(老隱影堂)이 있다. 묘지석은 청자판(靑磁板) 3매로 이루어
져 있으며, 합(盒)에 보관하도록 되어있다. 지석의 내용은 신화
국의 선조 및 그의 행적을 적은 것이다.

신화국 묘지 (墓誌)
충북 진천군 이월면 노원리

▦ 정원군 처외조부

【생몰년】 중종 12년(1517) ~ 선조 11년(1578). 향년 62세
【성 명】 신화국(申華國)   【본 관】 평산(平山)
【 자 】 덕부(德夫)   【 호 】
【시 호】
【 묘 】 금천(衿川) 삼성산(三聖山)에 부부 합장
      1974년 12월 17일 충청북도 진천군(鎭川郡) 이월면(梨月面) 노
      원리(老院里)로 이장함
【문 헌】『평산신씨대동보 平山申氏大同譜』
      『인물지 人物誌』 1987 (충청북도)
      송시열(宋時烈)『송자대전 宋子大全』권193「증영의정평주부원
      군신공화국묘표 贈領議政平洲府院君申公華國墓表」
      신경(申暻)『직암집 直菴集』「칠대조전설사별검 증적덕병의보조
      공신 영의정평주부원군부군〔신화국〕묘지 七代祖典設司別檢 贈
      積德秉義補祚功臣 領議政平洲府院君府君〔申華國〕墓誌」

4. 의창군(義昌君)

서8남 의창군(義昌君, 1589~1645)
처부: 허성(許筬, 1548~1612). 양천(陽川)
처외조부: 이헌국(李憲國, 1525~1602). 전주(全州)
         남언순(南彦純, 1523~1578). 의령(宜寧)

출전: 『선원록 璿源錄』

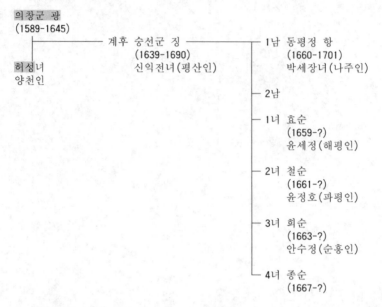

의창군 광
(1589-1645)

─── 계후 숭선군 징 ───
(1639-1690)
신익전녀(평산인)

허성녀
양천인

1남 동평정 항
(1660-1701)
박세장녀(나주인)

2남

1녀 효순
(1659-?)
윤세정(해평인)

2녀 철순
(1661-?)
윤정호(파평인)

3녀 희순
(1663-?)
안수정(순흥인)

4녀 종순
(1667-?)

※ 본서 부록 369쪽 참조

선조의 서8남으로 어머니는 김한우(金漢祐)의 딸인 인빈 김
씨(仁嬪金氏)이다.

부인은 판서 허성(許筬, 1548~1612)의 딸 양천 허씨(陽川許氏)
이다.

슬하에 자녀가 없어 인조의 아들로 귀인 조씨(貴人趙氏) 소
생 숭선군(崇善君) 이징(李澂, 1639~1690)이 계후자가 되었다.

선조 22년(1589) 1월에 태어났다.

4세인 선조 25년(1592)에 임진왜란이 일어나 창졸간에 선조
가 서행하는 바람에 따라가지 못하고 유모를 따라 산곡(山谷)
민가에 숨게 되었는데 주인이 골상(骨相)을 보고 다르게 여기

고 음식을 따로 차려주었다. 유모가 세상이 어지러우면 귀한
사람이 위태로우므로 걱정이 되어, 유모의 남편을 아버지라고
부르면서 천한 사람 행세를 하라고 하니, 의창군이 눈을 부릅
뜨고 응하지 않았다. 하루는 공이 선조를 만나 눈물을 흘리는
꿈을 꾸었는데 갑자기 중사(中使)가 이르러 데리고 가서 선조
가 계신 곳에 합류하게 되었다. 다음 해에 서울로 돌아오자 선
조가 항상 무릎에 앉혀놓고 『소학 小學』『논어 論語』등을 가
르쳤다.

9세인 선조 30년(1597)에 의창군에 봉해졌다. 정유재란(丁酉
再亂)이 일어나자 중전과 후궁들은 관서(關西)지방 성천(成川)으
로 피난가는데 왕자들을 따라가게 하였다. 의창군은 아버지 선
조를 너무 그리워하며 울어 선조가 계신 곳에 할 수 없이 돌
아오게 하였다.

15세인 선조 36년(1603) 3월 18일 상의원(尙衣院)의 제조 윤
근수(尹根壽)·구사맹(具思孟)이 의창군이 혼인하는 날짜를 5월
로 정하였다.

"의창군(義昌君)이 아내를 맞는 것을 5월로 정하였습니다. 신부
의 노의(露衣)와 장삼(長衫) 감 화문홍단(花紋紅段) 2필, 말군(袜裙)
감 화문백단(花紋白緞) 1필, 동궁의 하절기 의대(衣襨)인 곤룡포
감 운문아청사(雲紋鴉靑紗) 1필, 답호(褡穫) 감 운문초록사(雲紋草
祿紗) 1필을 상관(象官)으로 하여금 요동(遼東)에서 사오게 하소
서. 만약 제때에 사올 수 없다면 시장에서 사오게 하소서" 하니,
윤허한다고 전교하였다. ─ 사신은 논한다. 전에 말한 바 있는
급하지 않은 비용은 절약해야 한다고 한 것은 바로 이런 일을

가리킨 것이다. 난(亂) 후 10년 동안 변방의 방비가 허술하고 백성의 힘은 지쳐 있어 아직도 군사 하나 배치하거나 일 한 가지도 거행하지 못하고 있는 실정이다. 그런데 이런 일을 민력을 손상시켜 가면서까지 하려고 하다니, 위 문공(衛文公)이라면 아들의 아내를 맞으면서 아들의 옷을 준비하는 데 있어 대포(大布)로 해주었겠는가, 아니면 겉치레를 극진히 마련하여 해주었겠는가. 이로 보건대 상하가 나라를 걱정하고 백성을 구휼한다고 하지만 구휼한다는 그 말이 모두가 말뿐이었다. 이런 말만 가지고 국맥(國脉)을 유지했다는 말을 나는 듣지 못했다.

선조 36년 4월 15일 예조에 전교하여 의창군 부인의 어머니가 위독하여 혼례(婚禮)를 앞당기도록 하였다.

"의창군(義昌君) 부인의 어미의 병이 위중하니, 길례(吉禮)를 수일 안으로 당기어 정하라"

선조 36년 4월 16일 의창군의 납채(納采)와 납폐(納幣)는 내일로 하고, 친영(親迎)은 조금 물리어 다시 날을 가리도록 하였다. 다음날인 4월 17일 길례를 당일로 서둘러 행하도록 하였다.

그리하여 4월 17일 이조참판 허성(許筬)의 딸을 맞아 아내로 삼았다. 허성 아내의 병이 위중하므로 선조가 날짜를 앞당겨 혼례를 행하도록 한 것이다.

사신은 논한다. 예는 중하지 않은 것이 없지만 혼례는 곧 인륜이 시작이 되는 것이기 때문에 더욱 삼가지 않아서는 안 된다. 그래서 『시경 詩經』에는 '좋은 때를 가려 성혼하라〔迨吉〕'는 경계가 있고, 『서경 書經』에는 '혼수감을 마련하여 시집보낸다.〔釐降〕'는 교훈이 있으니, 어찌 창졸간에 소홀히 해서야 되겠는

가. 지금 부인될 사람의 어머니의 병이 위중하여 운명하게 되었는데도 급작스럽게 혼례를 거행했으니, 서민의 경우도 그럴 수 없는 일인데 하물며 국군(國君)의 아들이겠는가. 예법에 어긋나고 범절을 잃음이 이보다 심할 수 없으니, 어떻게 신민의 모범이 될 수 있겠는가.

17세인 선조 38년(1605) 4월 8일 이조판서 허욱(許頊)과 이조참의 황섬(黃暹)이 이조좌랑 민경기(閔慶基)가 자기의 아내와 동성 사촌이 되는 홍영(洪榮)을 피혐하지 않고 영유현령으로 차출한 것을 잘못했다고 대죄하였지만 그대로 두기로 하였다. 홍영은 허성의 사위로 의창군과 동서가 되기도 한다.

【남양 홍씨 홍영을 중심으로】

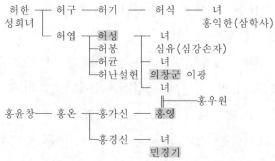

"전일 정사(政事)에 영유 현령(永柔縣令)을 차출할 때, 선정을 베푼 수령 및 기타 명망이 있는 사람으로 선택하여 차출하도록 전교하셨는데, 신창 현감(新昌縣監) 홍영(洪榮)이 선정을 베풀었으므로 승진되어야 한다는 전후의 장계가 모두 승전책(承傳冊)에 기록되었기 때문에 전례에 따라 비의(備擬)하여 수점(受點)하기에 이르렀습니다. 그런데 지금 들으니 홍영은 이조좌랑 민경기(閔慶基)의 아내와 동성 사촌(同姓四寸)이라고 합니다. 법에 있어서 의

당 피험하여야 되는데 혼매하여 살피지 못하였으니, 그 직책을 수행하지 못한 죄가 큽니다. 황공스러워 대죄합니다" 하니, ― 홍영은 허성(許筬)의 사위이며 의창군(義昌君)의 동서(同壻)이다 ― 전교하기를, "그러지 말라. 이미 제수하였으니 그대로 두어라" 하였다. ― 사신은 논한다. 법이라는 것은 임금이 세상을 다스리는 도구로서 한 시대의 다스려짐과 어지러워짐이 관계된다. 법이 한 번 굽혀지면 굽혀진 것은 작지만 손상되는 것은 크기 마련이니 경계하지 않을 수 있겠는가. 지난번에는 양즙이 재임(再任)된 처지로 길주(吉州)에 부임하였고, 이번에는 홍영이 상피할 처지로 영유(永柔)를 그대로 맡았으니, 조종(祖宗)이 법을 설정한 의의가 어디에 있단 말인가. 이목지관(耳目之官)도 전혀 한 마디 말도 없으니, 아, 또한 괴이하다.

20세인 선조 41년(1608)에 선조가 승하하시자 별도의 장소에 여막을 만들어 놓고 3년상을 지냈다.

선조 말년에 선조가 공에게 집을 지어주려 하자 국가가 궁핍하다고 사양하였다. 장인 허성이 종남산록(終南山麓) 어머니 인빈 집 근처에 집을 지어주니 선조가 보조를 해주었다.

광해군 때에 공을 꺼리는 자가 의창군 집에 왕기(王氣)가 서린다고 떠들고 다니니, 공이 지켜서서 허물고 경덕궁(慶德宮) 남맥(南陌)으로 이사하였다.

25세인 광해군 5년(1613) 어머니 인빈이 위독해지자 직접 약을 달이고 하였다. 그러나 회복되지 못하고 어머니가 돌아가셨다.

30세인 광해군 10년(1618) 이이첨(李爾瞻, 1560~1623) 등이 폐모론을 주창하여 참여하기를 위협했지만 끝내 참여하지 않았다.

광해군 10년(1618) 9월 24일 광해군의 패륜을 못내 한탄하다
가, 모반죄로 주살(誅殺)된 허균(許筠, 1569~1618)이 의창군을
왕으로 추대하려 했다고 모함하는데 연좌되어 훈작(勳爵)을 삭
탈당하고 기읍(畿邑)에 정배하여 위리 안치되었다. 이때 부인
허씨가 남편 의창군 모르게 가산을 모두 기울이고 선조가 내
려주신 금덩어리를 광해군이 총애하는 후궁에게 주면서 구명
운동을 하는 바람에 겨우 살아났다고 한다. 허균은 장인 허성
의 배다른 동생이다.

　"역적 의창군 이광은 일곱 신하 가운데 한 신하의 사위이며
역적 허균의 조카로서 항상 모역의 마음을 꾀하였다. 서궁(西宮)
에 관하여 정청(庭請)할 때에는 한 번도 와서 참여하지 않았고
헌의(獻議)하지도 않았다. 그리고는 역적 허균과 몰래 불궤(不軌)
를 도모하고 재물과 돈을 많이 풀어서 무뢰배들과 결탁했는데,
크고 작은 모의에 대해 서로 의논하여 알지 못한 것이 없었다.
그래서 허균이 갇혔을 때 그의 집 노복들은 기밀을 알고 모두
흩어졌다. 추대를 받은 정상이 여러 역적들의 공초에서 모두 드
러났는데, 황정필이 공초를 바치면서 말하기를, '김개와 원종 등
이 허균은 경박하니 이광을 추대해야 한다고 말하였다' 했다. 그
렇다면 이광은 바로 종묘와 사직의 죄인이니, 왕법에 있어서 일
각도 용서할 수 없다. 의금부로 하여금 정배하게 하라" 하였다.
— 이 뒤로 아랫사람들의 법대로 시행하라는 계청 때문에 전지
를 오랫동안 내리지 못했다. — 이광이 가산을 모조리 흩어서 왕
에게 바쳤고 또 자기의 집도 바쳤다. 이로 인하여 벗어날 수 있
었는데, 이이첨 등도 감히 청하지 못하였다.

35세인 인조 1년(1623) 인조반정으로 다시 풀려나와 종친으

로서 인조의 총애를 받았다. 당시에는 인빈의 친아들로는 의창 군 혼자 생존해 있었고 인조의 아버지 원종과는 우애가 깊어 더욱 우대를 받았다.

48세인 인조 14년(1636) 병자호란이 일어나자 인조를 따라 남한산성에 들어갔는데, 인조가 며칠 동안 밥을 안 먹자, 신하 들이 의창군에게 인조에게 밥을 먹기를 권해달라고 부탁하여, 의창군이 인조에게 청하니 인조가 비로소 수저를 들었을 정도 로 의창군을 중히 여겼다 한다.

종부시(宗簿寺) 사옹원(司饔院) 도제조를 겸임하였다.

인조 23년(1645) 10월 15일 57세로 졸하였다. 12월에 어머니 인빈 김씨 묘소가 있는 양주(楊州) 풍양리(豊壤里)에 장사지냈다.

의창군 묘비

숙종 27년 11월 8일 임양군(臨陽君) 이환(李桓)으로 하여금 인
빈방(仁嬪房) 및 의창군(義昌君)의 제사를 받들도록 명하였다.

영조 31년 6월 2일 승지를 보내 의창군(義昌君)과 낙선군(樂
善君) 묘(廟)에 치제(致祭)하였다.

　영조 31년 6월 5일 전교하기를, "이숙의(李淑儀)와 의창군(義昌
君)의 묘는 금후 한결같이 용성대군(龍城大君)의 예에 의해 수진
궁(壽進宮)으로 하여금 거행하게 하고, 의창군방(義昌君房)의 전답
과 노비는 수진궁으로 보내 제수(祭需)에 보태게 하라" 하였다.

공이 평소에 의(義)가 아니면 하지 않았고, 성색(聲色)이나 구
마(狗馬)는 좋아하지 않았으나, 술을 좋아하여 선조가 친히 금
잔을 내리고 경계하는 말을 써서 주어 공이 항상 띠에 차고
다니면서 조심하여 실수가 없었다 한다.

어려서부터 대나무를 좋아했고, 부마 해숭위(海嵩尉) 윤신지
(尹新之, 1582~1657)와 동양위(東陽尉) 신익성(申翊聖, 1588~16
44)과 친하여 지기(知己)로써 허락하였다.

서예에 능하여 웅혼(雄渾)한 석봉체를 잘썼는데, 당시에 의창
군 글씨를 구하여 편액(扁額)을 하거나 비문(碑文)을 세우면 보
배를 얻은 것처럼 여겼다 한다. 인빈 김씨 신도비(仁嬪金氏神道
碑), 화엄사(華嚴寺)의 '지리산 화엄사(智異山華嚴寺)', 대웅전(大
雄殿) 현판이 대표작이다.

의창군이 이미 인빈 제사를 받들었는데 의창군이 아들이 없
이 죽으니 인조가 인조의 셋째아들 인평대군(麟坪大君) 이요(李
㴭, 1622~1658)의 둘째 아들 복창군(福昌君) 이정(李楨, 1641~

1680)을 후사(後嗣)로 삼았는데, 숙종 6년(1680) 경신대출척(庚申
大黜陟)에 역모죄로 몰려 죽자, 숙종이 다시 인조의 아들로 귀
인 조씨 소생인 숭선군(崇善君) 이징(李澂, 1639~1690)을 후사
로 삼았다.

의창군이 처음 졸했을 때 해숭위(海嵩尉) 윤신지(尹新之)가 행
장을 짓고, 백헌(白軒) 이경석(李景奭, 1595~1671)이 신도비를
찬(撰)하고 오준(吳竣, 1587~1666)이 서(書)를 하고 김광욱(金光
煜, 1580~1656)이 전(篆)을 써서 세웠는데, 복창군이 경신대출
척에 역모죄로 몰려 죽자 후사를 숭선군으로 바꾸게 되어, 문
곡(文谷) 김수항(金壽恒)에게 신도비를 다시 쓰게 하였다.

━━━━━━━━

▓ 의창군

【생몰년】 선조 22년(1589) ~ 인조 23년(1645). 향년 57세
【성 명】 이광(李珖)　　　　　【본 관】 전주(全州)
【 자 】 장중(藏中)　　　　　　【 호 】 기천(杞泉)
【시 호】 경헌(敬憲)
　　　　　숙야경계왈경(夙夜警戒曰敬) 박문다능왈헌(博聞多能曰憲)
【 묘 】 양주(楊州) 풍양리(豊壤里) 자좌오향지원(子坐午向之原)
　　　　　남양주시 접안면 탑곡리(塔谷里). 기신은 10월 15일
【문 헌】 『선조실록 宣祖實錄』 『광해군일기 光海君日記』
　　　　　『인조실록 仁祖實錄』 『국조인물고 國朝人物考』
　　　　　『선원록 璿源錄』 『선원속보 璿源續譜』
　　　　　이경석(李景奭) 『백헌집 白軒集』 권42 「의창군신도비명 義昌君
　　　　　神道碑銘」
　　　　　김수항(金壽恒) 『문곡집 文谷集』 권18 「의창군신도비명 義昌君
　　　　　神道碑銘」

'지리산 화엄사(智異山華嚴寺)' 현판 (皇明崇禎九年歲舍丙子仲秋義昌君珖書)
인조 14년(1636) 병자 8월에 의창군 이광이 썼다. 당시 왕실을 풍미하던 한석봉
체의 장중한 필법이다.

의창군 처부

허 성(許筬)

출전: 『양천허씨세보 陽川許氏世譜』

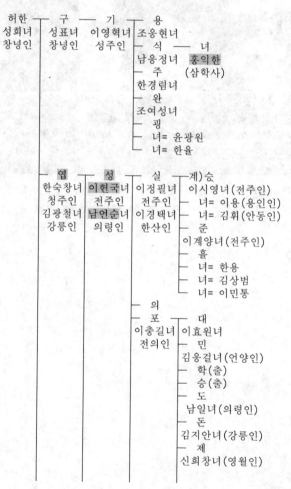

허한　　　구　　　기　　　용
성희녀　　성표녀　　이영혁녀　조응현녀
창녕인　　창녕인　　성주인
　　　　　　　　　　　　　식 ── 녀
　　　　　　　　　　　　　남응정녀　홍익한
　　　　　　　　　　　　　　　　　　（삼학사）
　　　　　　　　　　　　　주
　　　　　　　　　　　　　한경렴녀
　　　　　　　　　　　　　완
　　　　　　　　　　　　　조여성녀
　　　　　　　　　　　　　광
　　　　　　　　　　　　　녀= 윤광원
　　　　　　　　　　　　　녀= 한율

　　　　　　엽　　　성　　　실　　　계)승
　　　　　　한숙창녀　이현국녀　이정필녀　이시영녀(전주인)
　　　　　　청주인　　전주인　　전주인　　녀= 이용(용인인)
　　　　　　김광철녀　남언순녀　이경택녀　녀= 김휘(안동인)
　　　　　　강릉인　　의령인　　한산인　　준
　　　　　　　　　　　　　　　　　　　　이계양녀(전주인)
　　　　　　　　　　　　　　　　　　　　흘
　　　　　　　　　　　　　　　　　　　　녀= 한용
　　　　　　　　　　　　　　　　　　　　녀= 김상범
　　　　　　　　　　　　　　　　　　　　녀= 이민통

　　　　　　　　　　　　　　의
　　　　　　　　　　　　　　포　　　대
　　　　　　　　　　　　　　이충길녀　이효원녀
　　　　　　　　　　　　　　전의인　　민
　　　　　　　　　　　　　　　　　　김응걸녀(언양인)
　　　　　　　　　　　　　　　　　　학(출)
　　　　　　　　　　　　　　　　　　승(출)
　　　　　　　　　　　　　　　　　　도
　　　　　　　　　　　　　　　　　　남일녀(의령인)
　　　　　　　　　　　　　　　　　　돈
　　　　　　　　　　　　　　　　　　김지안녀(강릉인)
　　　　　　　　　　　　　　　　　　제
　　　　　　　　　　　　　　　　　　신희창녀(영월인)

```
                              ┌ 형
                              │ 신영서녀(거창인)
                              ├ 녀= 황여구(창원인)
                              ├ 녀= 이윤배
                              ├ 녀= 황도광(창원인)
                              ├ 홍선
                              ├ 만
                              │ 홍우기녀(남양인)
                              ├ 암
                              │ 김기성녀(청풍인)
                              ├ 녀= 이지한
                              └ 녀= 조광보

                      ┌ 뢰 ──계)학
                      │ 심액녀
                      │ 청송인
                      ├ 녀= 심유(심강 손자)
                      ├ 녀 ──홍우원
                      │ 홍영
                      │ 남양인
                      ├ 녀= 박홍도(죽산인)
                      ├ 녀= 의창군 이광
                      │      선조서8남
                      └ 밀
                        윤영현녀(파평인)

              ┌ 봉      ┌ 채
              │ 이우빈녀 │ 남궁도녀(함열인)
              │ 전주인   ├ 친
              │          │ 이충사녀(전주인)
              │          └ 녀= 김극건(선산인)

              ├ 균      ┌ 굉
              │ 김효원녀 │ 전주이씨
              │ 선산인   ├ 녀= 이사성(광주인)
              │          └ 녀= 박씨

              ├ 녀= 박순원(밀양인)
              ├ 녀= 우성전(단양인)
              └ 녀(난설헌)
                김성립
                안동인
    ┌ 명
    │ 윤탁녀(파평인)
    └ 녀= 이념(전의인)
```

※ 본서 부록 424쪽 참조

아버지는 부제학(副提學) 허엽(許曄, 1517~1580)이며, 어머니는 한숙창(韓叔昌)의 딸 청주 한씨(淸州韓氏)와 김광철(金光轍)의 딸 강릉 김씨(江陵金氏)이다. 허엽은 첫 부인 청주 한씨(淸州韓氏)에게서 허성(許筬)과 두 딸을 낳고 사별한 뒤, 강릉 김씨(江陵金氏)를 재취하여 허봉(許篈, 1551~1588)·초희(楚姬: 許蘭雪軒, 1563~1589)·허균(許筠, 1569~1618) 3남매를 두었다.

부인은 이헌국(李憲國, 1525~1602)의 딸 전주 이씨(全州李氏)와 남언순(南彦純, 1523~1578)의 딸 의령 남씨(宜寧南氏)이다. 슬하에 5남 4녀를 두었다. 전주 이씨는 후사가 없이 일찍 죽었고 의령 남씨에게서 4남 4녀를 측실에서 1남을 두었다.

1남 허실(許實, 1574~1629)은 이정필(李廷弼)의 딸 전주 이씨(全州李氏)와 이경택(李慶澤)의 딸 한산 이씨(韓山李氏)와 혼인하였다.

2남 허의(許宜)는 일찍 죽었다. 3남 허포(許宲, 1585~1659)는 이충길(李忠吉)의 딸 전의 이씨(全義李氏)와 혼인하였다.

4남 허뢰(許賚, 1592~1613)는 심액(沈詻)의 딸 청송 심씨(青松沈氏)와 혼인하였다.

1녀는 청송 심씨 심유(沈愉)에게 출가했는데 심유는 명종(明宗)의 장인이 되는 심강(沈鋼)의 손자(孫子)가 된다.

2녀는 남양 홍씨(南陽洪氏) 홍영(洪榮)에게 출가하였다. 그 아들 중 이조판서와 좌참찬을 지낸 남파(南坡) 홍우원(洪宇遠, 1605~1687)이 있다.

3녀는 죽산 박씨(竹山朴氏) 박홍도(朴弘道)에게 출가했다.

4녀는 선조(宣祖) 서8남인 의창군(義昌君) 이광(李珖)에게 출가
했다.

측실 소생 허밀(許密)는 윤영현(尹英賢)의 딸 파평 윤씨와 혼
인하였다.

아버지 허엽은 화담 서경덕의 문인으로 동인의 영수였다. 송
응개(宋應漑)·박근원(朴謹元)과 함께 계미삼찬(癸未三竄)으로 불
리는 허봉(許篈)과 인목대비의 폐모론을 주장하고 「홍길동전
洪吉童傳」을 지은 허균(許筠)의 이복형이고, 시를 잘 지어 유명
한 허난설헌(許蘭雪軒)의 오빠이다.

미암(眉巖) 유희춘(柳希春, 1513~1577)의 문인이다.

명종 3년(1548) 6월 13일에 태어났다. 21세인 선조 1년(1568)
생원이 되었다. 27세인 선조 7년(1574) 6월 28일 1남 허실(許實)
을 낳았다. 36세인 선조 16년(1583) 별시문과에 병과로 급제하
였다. 검열(檢閱)이 되었다. 38세인 선조 18년(1585) 1월 16일 3
남 허포(許寀)를 낳았다.

43세인 선조 23년(1590) 3월 6일 전적(典籍)으로 서장관(書狀
官)이 되어 통신사 황윤길(黃允吉), 부사 김성일(金誠一)과 일본
으로 출발하여 4월에 바다를 건너고 다음해 선조 24년(1591) 1
월 28일 돌아왔다가 2월 6일 동래부에 수감되었다. 선조 24년
2월 11일 의금부가 허성(許筬)을 잡아다 가두었다고 아뢰었다.
이때 황윤길은 침략의도를 지적하였으나 김성일은 침략우려가
없다고 하자, 김성일과 같은 동인(東人)인데도 그 의견에 반대
하여 침략 가능성이 있음을 직고하였다. 이어 정언·헌납·이

조좌랑·응교·사인·집의를 거쳤다.

45세인 선조 25년(1592) 2월 4일 4남인 허뢰를 낳았다.

선조 25년(1592) 4월 임진왜란이 일어나자 이조좌랑으로 그와 가까운 사람에게 촉탁하여 소모관(召募官)이 되었는데, 가족이 있는 곳에 머물면서 전혀 하는 일이 없다는 비난을 받았다.

대가가 평양에 도착함에 이르러서는, 대사성 임국로(任國老)는 어미가 병환이 낫다는 핑계로 상소하여 명을 기다리지도 않고 떠나갔으며, 이조좌랑 허성(許筬)은 그와 가까운 사람에게 촉탁하여 소모관(召募官)이 되어 가족이 있는 곳에 머물면서 전혀 하는 일이 없었으며, 한림 조존세(趙存世)·김선여(金善餘), 주서 임취정(任就正)·박정현(朴鼎賢) 등은 선전관 성우길(成佑吉)을 달래기도 하고 으르기도 하여 안주(安州)에 도착하기 전에 달아났으며, 헌납 이정신(李廷臣)은 평양에 있을 적에 상소하여 근친(覲親)하기를 청원했으나 승낙을 받지 못하자 달아났으며, 판서 한준(韓準)은 낙상하였다는 핑계로 양덕(陽德)으로 도망가서는 대가가 이미 요동으로 건너갔으니 일은 가망이 없다고 공공연하게 말하였다. 순찰사 홍여순(洪汝諄), 병조좌랑 김의원(金義元) 등은 북도로부터 행재소로 가려다가 준의 말을 듣고는 일시에 통곡하고서 흩어졌으며, 승지 민준(閔濬), 참판 윤우신(尹又新) 등은 정주(定州)에서부터 흩어져버렸다. 이때에 호종한 사람이 문·무관(文武官)을 통틀어 수십 명에 이르지 않았으며, 세자를 따른 사람도 역시 10여 명에 불과하였다고 한다.『선조실록』권27. 선조 25년 6월 21일

선조 25년 8월 6일 비변사가 강원도 소모관인 그의 파직을 청하였다.

비변사가 아뢰었다. "북도의 왜적은 그 수효가 많지 않은데도 한 사람도 기운을 내어 막지 않고 향도(向導)가 되어 영입하는 자가 많으니 지극히 통분합니다. 제도(諸道)에는 모두 소모장(召募將)이 있으나 북도는 현재 조처되지 않고 있습니다. 황찬(黃璨)이 현재 영흥(永興)에 있는데 이 사람이 바로 소모하는 소임에 합당하니, 당상(堂上) 가자를 제수하여 그로 하여금 제읍(諸邑)에 출입하면서 힘을 다하여 소모하게 하소서. 전일 좌랑(佐郞) 허성(許筬)이 강원도의 소모관(召募官)으로 나간 지 이미 여러 달이 지났는데도 조금도 한 일이 없고 우전(郵傳)의 비용만 허비하였으며 장계 또한 없으니, 극히 놀랍습니다. 먼저 파직시키소서"

선조 25년 8월 28일 홍문관 교리(弘文館校理)가 되고, 10월 20일 이조정랑(吏曹正郞)에 제수되었다.

46세인 선조 26년(1593) 3월 26일 사헌부 집의(司憲府執義), 3월 27일 홍문관 응교(應敎)가 되었다. 7월 4일 사헌부 집의 겸 세자 시강원 보덕(司憲府執義兼世子侍講院輔德)이 되었다. 8월 30일 홍문관 응교가 되었다. 9월 7일 의정부 사인(舍人)이 되었다. 12월 26일에 다시 홍문관 응교가 되었다.

47세인 선조 27년(1594) 4월 10일 이조참의(吏曹參議)로 승진되었다.

50세인 선조 30년(1597) 1월 5일 동부승지(同副承旨)에 1월 22일 우부승지(右副承旨)에 4월 17일 이조참의에 12월 17일 병조참지(兵曹參知)에 임명되었다.

51세인 선조 31년(1598) 1월 27일 도승지(都承旨)에 2월 29일 대사성(大司成)에 4월 14일에 우승지에 임명되었다.

52세인 선조 32년(1599) 2월 11일 영흥 부사(永興府使)에 임명되었다.

54세인 선조 34년(1601) 8월 23일 전라도 관찰사가 되었다.

허성(許筬)을 ― 허성은 성품이 느슨하고 탐욕스러운데, 말만 잘해서 재상에까지 올랐다 ― 전라도 관찰사로 삼았다.

55세인 선조 35년(1602) 1월 14일 동지중추부사(同知中樞府事)에 56세인 선조 36년(1603) 1월 7일 홍문관 부제학(弘文館副提學)에 임명되고 1월 13일 이조참판에 임명되었다. 4월 17일 딸이 의창군에게 출가하였다.

57세인 선조 37년(1604) 7월 27일 예조판서에 임명되었다.

58세인 선조 38년(1605) 1월 4일 병조판서에 임명되었으며, 그 뒤 59세인 선조 39년(1606) 5월 25일 이조판서에까지 이르렀다.

정효성·이순경 등에게 관직을 제수하고 심희수의 인간됨을 평하다 … 그의 젊을 적의 벗 허성(許筬)이 심희수와 만년에 이웃하여 살았는데, 심희수가 사람을 방문하는 일로 외지에 나갔다는 말을 듣고 이웃 사람 윤의(尹顗)에게 말하기를 '백구(伯懼)는 길가 고을의 늙은 창기(娼妓)와 같은데 오늘은 어디로 갔는가?' 하였다. 백구는 심희수의 자(字)인데, 그가 누구에게나 아첨하는 것을 비평한 말이다. 세력이 있는 사람이면 경망하게 아첨하고 세력을 잃게 될 판이면 반드시 먼저 배척하는 말을 하여 시망(時望)을 취하고, 이미 배척한 뒤에는 또 곧 도로 칭찬하여 마치 전에 배척하지 않은 듯이 하였는데, 이것이 장기(長技)였다. …『선조실록』 권203. 선조 39년 9월 10일(병자)

61세인 선조 41년(1608) 선조의 유교(遺敎)를 받게 되어 세인들이 고명칠신(顧命七臣)이라 칭하게 되었다.

광해군 4년(1612) 8월 6일 65세로 졸하였다.

전교하기를, "허성은 훈명(勳名)도 받지 못하고 갑자기 죽었다. 관에서 갖추어 줄 장사 물품을 법전에 의거해서 시행하라" 하였다. 허성은 허엽(許曄)의 아들이다. 그의 배다른 동생인 허봉(許篈)·허균(許筠)과 더불어 모두 이름이 났었는데, 허성은 이학(理學)으로 자칭하였다. 그러나 성질이 고집스럽고 꽉 막혔으며, 당론을 좋아하여 자기와 의견이 다른 자를 공격하였는데, 늙어서는 더욱 심하였다. 이때에 이르러 임해군을 고발하여 원훈이 되어 다시 임금의 은총을 받다가 얼마 뒤에 죽었다. 반정 후 관작을 삭탈당하였다.

인조 17년 5월 19일 비국이, 병조참의 이명한(李明漢), 이조참의 김세렴(金世濂)을 유사 당상(有司堂上)으로 삼기를 청하니, 따랐다. 살펴보건대, 통정 대부로 부제조를 삼은 것은 선조조(宣祖朝)의 허성(許筬)으로부터 비롯되었다 한다.

허엽의 신도비는 소재(蘇齋) 노수신(盧守愼)이 찬(撰)하고 석봉(石峯) 한호(韓濩)가 쓰고 남응운(南應雲)이 전(篆)하였다.

허성의 묘갈은 동명(東溟) 김세렴(金世濂)이 찬(撰)하고 사위 의창군이 썼다.

저서로 『악록집 岳麓集』이 있고, 글씨에 「허엽신도비 許曄神道碑」가 있다.

▓ 의창군 처부

【생몰년】명종 3년(1548) ~ 광해군 4년(1612). 향년 65세
【성 명】허성(許筬)　　　　　　　　【본 관】양천(陽川)
【 자 】공언(功彦)　　　　　　　　　【 호 】악록(岳麓)·산전(山前)
【시 호】
【 묘 】광주(廣州) 토당리(土堂里) 진좌술향지원(辰坐戌向之原)
【문 헌】『양천허씨세보 陽川許氏世譜』
　　　　　『선조실록 宣祖實錄』『광해군일기 光海君日記』
　　　　　김세렴(金世濂)『동명집 東溟集』권8「이조판서 허공묘갈명 吏
　　　　　曹判書許公墓碣銘」

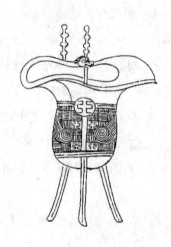

의창군 처외조부

이헌국(李憲國)

출전: 『전주이씨선원속보 全州李氏璿源續譜』

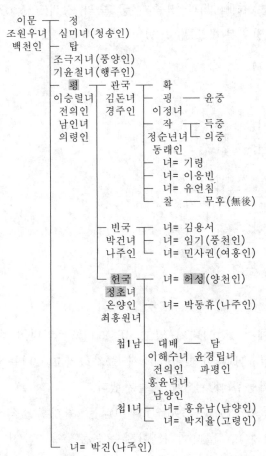

```
이문 ─┬─ 정
조원우녀 │  심미녀(청송인)
백천인 ─┤─ 탑
        │  조극지녀(풍양인)
        │  기윤철녀(행주인)
        ├─ 평 ──┬─ 관국 ──┬─ 확
        │  이승렬녀 │ 김돈녀 │  굉 ── 윤중
        │  전의인 │ 경주인 │  이정녀
        │  남인녀 │        ├─ 작 ─┬─ 득중
        │  의령인 │        │  정순년녀 └ 의중
        │        │        │  동래인
        │        │        ├─ 녀= 기령
        │        │        ├─ 녀= 이응빈
        │        │        ├─ 녀= 유언첨
        │        │        └─ 찰 ── 무후(無後)
        │        │
        │        ├─ 빈국 ──┬─ 녀= 김용서
        │        │  박건녀 │  녀= 임기(풍천인)
        │        │  나주인 └─ 녀= 민사권(여흥인)
        │        │
        │        ├─ 헌국 ──┬─ 녀= 허성(양천인)
        │        │  정초녀 │
        │        │  온양인 └─ 녀= 박동휴(나주인)
        │        │  최홍원녀
        │        │
        │        ├─ 첩1남 ── 대배 ── 담
        │        │  이해수녀 윤경립녀
        │        │  전의인   파평인
        │        │  홍윤덕녀
        │        │  남양인
        │        ├─ 첩1녀 ──┬─ 녀= 홍유남(남양인)
        │        │          └─ 녀= 박지율(고령인)
        │
        └─ 녀= 박진(나주인)
```

※ 본서 부록 **384**쪽 참조

아버지는 정종(定宗)의 서6남으로 숙의 이씨(淑儀李氏) 소생 진남군(鎭南君) 이종생(李終生, 1406~1470)의 현손인 수창부정 (壽昌副守) 이평(李枰)이며, 어머니는 남인(南麟)의 딸인 의령 남씨(宜寧南氏)이다.

부인은 정초(鄭礎, 1495~1539)의 딸인 온양 정씨(溫陽鄭氏)이다.

정초의 숙부에 정순붕(鄭順朋)과 명종 후궁 숙의 정씨(淑儀鄭氏)의 아버지가 되는 정귀붕(鄭龜朋)이 있다.

【온양 정씨 정초를 중심으로】

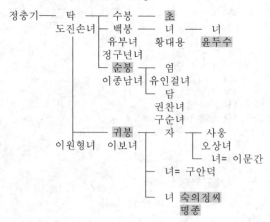

※ 본서 부록 416쪽 참조

슬하에 2녀와 첩실에서 1남 1녀가 있고, 또 1녀를 두었다.

1녀는 양천 허씨(陽川許氏) 허성(許筬)에게 출가하였고, 2녀는 나주 박씨(羅州朴氏) 박동휴(朴東烋)에게 출가했다.

첩1남인 이대배(李大培, 1576~1596)의 어머니는 최계훈(崔繼勳)의 첩녀인 삭녕 최씨(朔寧崔氏)이다. 이해수(李海壽)의 딸 전의 이씨(全義李氏)와 혼인했고 또 홍윤덕(洪潤德)의 딸 남양 홍씨(南陽洪氏)와 혼인했다.

첩1녀는 남양 홍씨 홍유남(洪有男)에게 출가했다.

또 1녀는 고령 박씨(高靈朴氏) 박지율(朴之㟷)에게 출가했다.

중종 20년(1525)에 태어났다.

27세인 명종 6년(1551) 사마시에 합격하고 그해 별시문과에
서 병과로 급제하였다.

29세인 명종 8년(1553) 5월 2일 예문관 검열(藝文館檢閱)에 임
명되었다.

　　이헌국(李憲國)을 예문관 검열(藝文館檢閱)로 삼았다. ― 이헌국
(李憲國)은 윤원형(尹元衡)에게 이성(異姓)의 근족(近族)이 되는데
그 아비 수창수(壽昌守)가 재상들과 교분을 널리 맺었으므로 그
당시 언론을 담당한 사람들이 칭찬하지 않는 자가 없었다. 그런
데 진식(陳寔) 등이 마침 사국(史局)에 있으면서 그 사람됨을 비
루하게 여겨 추천하려고 하지 않았으므로 진식 등이 사국을 떠
난 뒤에야 비로소 사관(史官)이 되었다.

31세인 명종 10년(1555) 10월 2일 사간원 정언에 32세인 명
종 11년 10월 28일 경기도사에 임명되었다.

　　이헌국(李憲國) ― 직무에 부지런하였으나 외척으로 권세에 아
부하였으므로 사람들이 비루하게 여겼다 ― 을 경기도사로, 민응
서(閔應瑞)를 경상좌도 병마 절도사로 삼았다.

33세인 명종 12년(1557) 9월 27일 사간원에서 잘못한 바가
많다고 탄핵하였다. 35세인 명종 14년(1559) 6월 1일 병조정랑
에 임명되었다. 11월 28일 기사에 전에 정언으로 있을 때 이량

(李樑)을 논박하려다가 못했는데, 윤원형의 종질(從姪)이었기 때문에 이량이 중상하지 못한 것이라고 했다.

　… 이량은 중궁의 외삼촌이다. 젊어서는 조행이 없어 음탕하고 비루하였다. 간혹 잠자리에서 부리는 음욕이 매우 추악하여 듣는 사람들이 겸연쩍어할 정도였다. 과거에 올라 사국(史局)에 들어가려고 하자 사람들이 대부분 그를 추천하였는데 봉교(奉教) 김첨경(金添慶)이 다른 말로 그를 거절하며 '사관(四館)의 좌차(坐次)는 한자리 한자리가 엄격하다. 그런데 이량은 이미 은띠를 띠었으니 만일 입시하게 되면 봉교보다 높은 자리에 앉게 된다. 절대로 그럴 수는 없다' 하여 이 때문에 한림(翰林)이 되지 못하고 주서(注書)가 되었다. 뒤에 독서당(讀書堂)의 선발에 뽑혔었는데 김규(金虯) 등이 논박하여 삭제시켜 버렸으며, 이헌국(李憲國)이 정언으로 있으면서 이량을 논박하려다가 못했다. 이량은 이 모두를 가슴에 쌓아두었다. 한번은 취해서 사람들에게 말하기를 '박계현(朴啓賢)이 장단 부사(長湍府使)가 되자 사람들은 내가 밀쳐낸 것이라고 의심하였다. 나를 죽이려던 사람도 내가 용서하여 주었는데 하물며 다른 사람이겠는가?' 하였는데, 이헌국을 가리켜 한 말이었다. 이헌국은 윤원형의 종질(從姪)이었기 때문에 중상하지 못한 것이다. …

40세인 명종 19년(1564) 2월 17일 사헌부 장령에 임명되고 44세인 선조 1년(1568) 7월 15일 다시 사헌부 장령에 임명되었으며 48세인 선조 5년 10월 13일 사간원 사간에 임명되었다.

51세인 선조 8년(1575) 동부승지에 임명되었다. 10월 동서 분당이 일어나 김효원을 부령 부사로 심의겸을 개성 유수로 삼을 때, 동부승지로 있으면서 심의겸과 김효원 두 사람 모두 버릴 수 없는 인재라고 하였다.

··· 동부승지 이헌국(李憲國)은 아뢰기를, "지금 성군이 위에 계시고 현신(賢臣)이 아래에 있는 까닭에 사람에게 걱정이 없습니다. 만일 권간(權奸)이 조정에 있으면 이 일도 사림의 화를 빚어낼 수 있습니다. 지난 정사년 사이에 김여부(金汝孚)와 김홍도(金弘度)가 서로 헐뜯었는데, 김홍도가 윤원형(尹元衡)이 첩을 아내로 삼은 일을 분하게 여겨 여러 차례 말에 드러냈었는데, 김여부가 이를 윤원형에게 고하자 윤원형은 원한을 품고 해치려 하여 다른 일로 무함하여서 죄를 주고 많은 사류들이 쫓겨났으니, 이는 윤원형이 조정에 있었기 때문이었습니다. 지금 시끄러운 이야기가 있기는 하지만 어찌 사변이 생기기까지야 하겠습니까. 두 사람은 모두 버릴 수 없는 인재이니, 상께서 두 사람을 불러 가슴에 품고 있는 감정을 모두 풀어버리게 한다면 서로 조정에 나와 참여하게 될 것입니다" 하니, 상이 대답하지 않았다. 얼마 후 직접 정사(政事)를 하여 특지(特旨)로 김효원을 경흥 부사(慶興府使)에 제수하고 이르기를, "이 사람이 조정에 있으면서 조정을 편안하지 못하게 하였으니, 당연히 변방의 관리로 보임시켜야 한다" 하였다. ··· 또 특별히 심의겸을 개성 유수로 제수하였다.

52세인 선조 9년(1576) 9월 27일 승지에 임명되었다. 이해에 아들 이대배(李大培)가 태어났다.

54세인 선조 11년(1578) 성절사(聖節使)로 명나라에 다녀왔다.

57세인 선조 14년(1581) 3월 15일 정3품 도승지에 임명되었다. 3월 26일 사헌부에서 이헌국이 도승지에 합당하지 않다고 탄핵하니, 4월 1일 선조가 한등급 승진시켜 종2품 한성부 우윤에 임명되었다.

이헌국(李憲國)을 특별히 제수하여 한성부 우윤으로 삼았다. 이헌국이 도승지가 되자 헌부가 적합하지 않다고 논핵하였으나 상이 윤허하지 않았는데, 이헌국은 드디어 병을 핑계로 물러갔다. 상은 사류들이 인품을 따지고 우열을 논하는 것이 과격하다고 여겼기 때문에 이헌국을 승직시킴으로써 사론을 억제하려 하였다. 간원이 쟁론하였으나 끝내 따르지 않았다. ― 이헌국이 선배(先輩) 중에서도 가장 용속(庸俗)하다고 호칭되었으므로 사론이 그를 폄하(貶下)하였다. 그러나 당시 선비들도 대부분 겉치례만 꾸며 명성을 얻었으므로 그들의 시종 내력을 살펴본다면 도리어 이헌국보다도 못한 자들이 많았다. 이리하여 후인들이 상이 인물을 제대로 알았던 점에 대해서 감복하였다.

64세인 선조 21년(1588) 4월 23일 충청도 감사로 있으면서 직산 현감 신응구(申應榘)가 신병으로 사직하였는데, 체임을 청하는 것으로 고쳤다고 논핵당하였다.

　직산 현감(稷山縣監) 신응구(申應榘)가 신병으로 사직하였는데, 관찰사가 체임을 청하는 내용으로 치계(馳啓)하였다. 사헌부가 아뢰기를, "수령이 정사(呈辭)하면 으레 파출(罷黜)이 되기 마련인데 감사 이헌국(李憲國)이 체임을 청하는 것으로 사연을 고쳤으니 이헌국을 추고하고 신응구를 파직(罷職)하소서" 하니, 답하기를, "이는 현자(賢者)를 우대하는 뜻에서 나온 것이니 추고와 파직할 것 없다" 하였는데, 뒤에 그대로 윤허하였다.

66세인 선조 23년(1590) 정여립(鄭汝立)의 모반사건을 수습하여 평난공신(平難功臣) 3등에 책록되었다.

67세인 선조 24년(1591) 1월 5일에 대사간에 임명되었다. 2월 12일 동지의금부사로 있으면서 사직을 청하였는데 허락되지 않았다.

동지의금부사 이헌국(李憲國)이 사직하니, 답하였다. "금부에서 옥사를 다스리려면 반드시 자초지종을 알아야만 가능하다. 경은 감당할 수가 있고 근력 또한 건강하니 사직하지 말라"

선조 24년(1591) 12월 25일 대사헌에 임명되었다.

68세인 선조 25년 임진왜란이 일어나자 선조를 호종하였다. 7월 26일 검찰사(檢察使) 이양원(李陽元)이 이천에서 졸(卒)하였으므로 이양원을 대신해서 동궁을 시위(侍衛)하게 되었다. 9월 27일 형조판서로 있으면서 왕세자가 보내어 행재소로 갔다.

왕세자가, 왕자들이 사로잡히고 정릉(靖陵)이 파헤쳐지는 변괴가 있었다는 말을 듣고서 형조판서 이헌국(李憲國)을 보내 행재소에 달려와 묻게 하였다.

9월 28일에 임금을 뵙고 세자의 행선지 등에 대해 아뢰었다.

상이 편전에 나아가 형조판서 이헌국(李憲國)을 인견하였다. 상이 이르기를, "동궁을 수행하면서 노고는 없었는가? 그곳의 일은 어떠한가?" 하니, 이헌국이 아뢰기를, "그곳은 군사가 매우 적은데다 각처로 분정(分定)시켰으므로 그 수가 얼마 안 됩니다. 활을 당길 줄도 모르는 사람이 태반이니, 만약 서북 지방의 왜적이 세력을 규합하여 쳐들어 온다면 어떻게 보존할 수 있겠습니까? 적군들이 늘 강동(江東)의 옅은 여울을 건너려 하였으니 힘을 다해 방어한 까닭에 건너오지 못하고 있습니다. 서북 지방의 왜적들은 모두가 내년 봄이면 요동을 침범할 것이라고 하고 있습니다. 만일 그렇게 된다면 대가(大駕)가 피난할 만한 곳이 없게 될 것입니다. 세자는 영변(寧邊)으로 피난하여 머무르려 하고 있으나 영변은 외진 지역이어서 세자가 머물기에는 마땅치 않습니다" 하였다.

상이 이르기를, "그렇다면 세자는 어느 곳으로 가려 하는가?" 하니, 이헌국이 아뢰기를 "정주(定州)로 갈까 하고 있는데 일이 위급하게 되면 배를 탈 것입니다. 그렇지 않으면 해주(海州)에는 왜적이 없으니 안악(安岳)을 거쳐 해주로 갈까 하고 있으나 노정이 평양과 가까와 지나가기가 어렵습니다. 그래서 의논이 일치하지 않아 어떻게 해야 할지를 결정을 내리지 못하고 있습니다" 하였다. 상이 이르기를, "사족(士族)도 성중(城中)에 들어와 있는가?" 하니, 이헌국이 아뢰기를, "사족은 산으로 올라가 난을 피하다가 모두 도륙당하였습니다. 평민 이하는 모두 들어가 있다고 합니다" 하였다. 상이 이르기를, "동궁이 정주에서 배를 타게 되면 어느 곳으로 갈 것인가?" 하니, 이헌국이 아뢰기를, "해주에는 왜적이 없습니다" 하였다. 상이 이르기를, "동궁은 필부와는 같지 않은데 끝까지 추격하여 성을 포위하게 되면 어떻게 할 것인가?" 하니, 이헌국이 아뢰기를, "강도(江都)는 외로운 섬이라서 우성전(禹性傳)의 삼강(三江)의 군대가 있다 하더라도 믿기 어렵고 충청도는 만리 풍파를 헤치고 어떻게 도달할 수 있겠습니까. 만일 정주(定州)로 나아가 머무르게 된다면 호령과 취품하기가 편할 것입니다" 하였다.

69세 선조 26년(1593) 1월 29일 조릉사(朝陵使)로 봉심 조알하는 예를 해조에게 강정케 하라고 청하였다.

조릉사(朝陵使) 형조판서 이헌국(李憲國), 원천군(原川君) 이휘(李徽), 순령군(順寧君) 이경검(李景儉)이 아뢰었다. "각 능의 참봉이 난리때문에 틀림없이 관아에 있지 않고 수호하는 군사도 틀림없이 뿔뿔이 흩어졌을 터인데 불러 모을 길이 없으니, 각각 그 고을의 수령이 회동하여 봉심(奉審)하게 하소서. 그리고 조알(朝謁)하는 즈음에 분향하는 예(禮)와 수소(修掃)하는 절차가 있어야 할 듯하니 해조로 하여금 사목을 마련하여 시행하게 하소서"

6월 27일 한성부 판윤으로 경도(京都)에 들어가서 한 일이 없다고 하여, 사간원이 추고를 청하여 허락되었다.

　사간원이 계청하기를, "판윤 이헌국(李憲國)은 이미 왕명을 받고 경도(京都)의 일을 전담하였으니 굶주린 백성을 구제하고 오물을 소제하며, 궁궐(宮闕)을 수리하고서 대가를 기다리는 것이 그의 직분입니다. 그런데도 불구하고 경도에 들어온 지 이미 오래 되었으되 해놓은 일은 조금도 없고, 도리어 장황히 사설을 늘어놓으며 뻔뻔스럽게도 장계하여 가까운 곳으로 진주하여 서늘한 가을을 기다리시라고 말하여 마치 제가 승여(乘輿)를 지휘하는 것처럼 외람되이 행동하였으니 매우 무례합니다. 추고를 명하소서" 하니, 상이 따랐다.

선조 26년 10월 선조가 서울로 돌아온후 11월 2일 사헌부 대사헌에 임명되었다.

윤11월 19일 대사헌으로 있으면서 이수광(李睟光)·박승종(朴承宗) 등과 함께 정철(鄭澈)을 논핵(論劾)하지 못했다고 자신들을 파면하여 줄 것을 청하였다.

　대사헌 이헌국(李憲國), 집의 이수광(李睟光), 장령 이덕렬(李德悅), 지평 박승종(朴承宗)이 아뢰기를, "사은사 정철 등은 전대(專對)의 임무를 받고 남은 왜적이 없다는 설(說)을 힘껏 변명하지 못하였는데도, 신들은 모두 변변치 못한 사람으로 언지(言地)에 있으면서 곧 논핵(論劾)하지 않았으니, 그 죄가 이미 큽니다. 이제 뻔뻔스레 직에 있으면서 남을 조처할 수 없으니, 신들의 벼슬을 파면하여 주소서" 하니, 답하기를, "사퇴하지 말라" 하였으나, 물러가 물론을 기다렸다.

71세인 선조 28년(1595) 3월 12일 형조판서에 임명되었다가

6월 16일 다시 형조판서에 임명되었다. 11월 30일 완성군(完城君)에 임명되었다.

72세인 선조 29년(1596) 1월 5일 하나 밖에 없는 아들 이대배가 21세로 죽었다. 4월 11일 좌참찬(左參贊)에 임명되었다.

73세인 선조 30년(1597) 2월 13일 분의 복수군(奮義復讐軍)의 회맹(會盟)에 참여하였다.

> 분의 복수군(奮義復讐軍)이 남교(南郊)에서 회맹(會盟)하였다. 부모의 원수가 있는 사람은 김시헌(金時獻)·유영순(柳永詢)·송순(宋諄) 등 7백여 인이고, 종실(宗室)과 동성(同姓)으로는 하원군(河原君) 이정(李鋥)과 좌참찬(左參贊) 이헌국(李憲國)이고, 이성 자손(異姓子孫)으로는 달성위(達城尉) 서경주(徐景霌) 등 91인이다.

6월 18일 예조판서에, 7월 14일 완성군(完城君)에, 7월 25일 공조판서에, 8월 6일 다시 완성군에 임명되었다. 8월 10일 사헌부 대사헌에, 8월 23일 완성군(完城君)에 임명되었다. 8월 29일 대사헌에, 10월 2일 다시 대사헌에 임명되었으며, 11월 18일 다시 완성군에 임명되었다. 12월 15일에는 대사헌에 임명되었다.

> 이헌국(李憲國)을 대사헌에 제수하였다. ─ 이헌국은 위인이 추솔하고 처사가 전도되었지만 시론(時論)에 부회(附會)하여 좋은 관직을 두루 거쳤으므로 당시 사람들이 비웃었다.

12월 23일 완성군에 임명되었다.

74세인 선조 31년(1598) 2월 29일 대사헌에, 3월 7일 의정부 좌참찬에, 3월 26일 겸지의금부사에 임명되었다. 4월 14일 다시 대사헌에 임명되어, 4월 16일 사직하였으나 허락되지 않았다. 4월 29일 명나라 장수와 군대를 접대하는 문제에 의견을 개진하였다.

"군량의 일은 과연 민박한 문제입니다. 남쪽에서 온 자를 만나면 반드시 농사에 대하여 물어보는데 전라도 일대는 아직 파종을 못했다고 하고, 연산(連山) 이상은 조금 심은 곳이 있으나 임천(林川) 등지는 전혀 경작을 못하여 대가(大家)·세족(世族)들이 모두 다 떠났다고 하니, 중국군 접대만 어려울 뿐이 아니라 불쌍한 우리 창생들이 모두 길거리에서 굶어 죽을 수 밖에 없게 되었습니다. 신이 또 듣건대, 황해도의 백성들은 싸움터에 가기가 싫어서 자기 발을 스스로 끊어 싸움터에 가는 것을 피하려고 한다니, 기강은 없어지고 민원(民怨)도 극도에 달한 모양입니다. 인심이 이 지경이 되어 수습할 길이 없으니 지금으로서는 나라 일을 어떻게 할 수가 없게 되었습니다"

선조 31년 10월 15일 이조판서에 임명되었다. 이해부터 이듬해까지 잇달아 이조판서를 제수받았으나 끝내 사양하여 취임하지 않았고, 75세인 선조 32년(1599) 8월 10일 선조가 우의정에 임명할 때 "이조판서를 사양하는 자를 내가 보지 못하였는데, 이 사람이 두 차례나 사양하니 가히 정승할 사람이다" 라고 하였다.

우의정 이헌국(李憲國)이 — 오랫동안 재신의 반열에 있었으나 일컬을 만한 덕망과 기절이 없었는데도 상부(相府)에 등용되었으므로 중망이 흡족하게 여기지 않았다 — 사은한 후 사직하는 일로 입계(入啓)하니, 적합하니 사직하지 말라고 답하였다. 재차 사직하니, 답하였다. "사람은 오직 옛사람을 구하는 것인데, 경은 실로 적합한 사람이다. 오직 널리 어려움을 구제하여 이 나라를 안정시켜 줄 것을 원할 뿐이다"『선조실록』권116. 선조 32년 8월 18일

75세인 선조 32년(1599) 12월 5일 양사가 대신들이 남이공·김신국에게 아부하느라 정신이 없다고 하였다고 하여, 자신을 우의정직에서 파면해 줄 것을 청하였다.

"삼가 아룁니다. 신이 양사가 남이공·김신국에 대하여 의논한 것을 보니, 첫째는 묘당과 대각이 그들을 받드는 데 바빠서 남보다 뒤질까 두려워한다는 것이고, 두 번째는 대신들까지도 그들의 위세를 두려워하여 행동과 언어를 자유롭게 하지 못한다는 것이었습니다. 이는 사실 언관의 숨김이 없는 통쾌한 의논입니다마는 그렇지 않은 것도 있으니, 이원익(李元翼)은 충성스럽고 정직하여 자기가 좋아하는 사람이라고 편애하지 않는다는 것을 온 나라 사람들이 다 알고 있습니다. 김·남 등의 경망스럽고 조급한 작태를 사람들이 모두 천시하고 미워하며 비웃고 매도하는 것을 귀달린 솥도 귀가 있어 듣고 있을 것인데 이원익이 못들었을 리가 있겠습니까. 소신이 대신의 지위에 함께 있습니다마는 그때 마침 병을 요양 중이라 이원익과 함께 탑전에서 모시지 못한 관계로 그 계사(啓辭) 내용은 자세히 모르겠으나 민몽룡(閔夢龍)의 피혐(避嫌)하겠다는 아룀에 대하여 지엄하신 성상의 비답을 삼가 읽고 너무나 송구스러워 몸둘 바를 몰랐습니다. 대신된 자가 비록 무상(無狀)하지만, 어찌 젖내나는 어린애처럼 분주히 받드는 작태를 할 것이며, 또한 행동과 언어를 자유롭게 하지 못했을 리가 있겠습니까. 신들이 명기(名器)를 욕되게 함이 큽니다. 이원익만 원통한 것이 아니라 신도 원통합니다.

대체로 사람들로부터 비방을 받게 되면 스스로 반성해 보아

잘못이 있으면 고치고, 없으면 일소에 붙여버리면 되겠지만 이
번 경우는 관계된 바가 작지 않아서 끝내 입을 다물고 있을 수
가 없습니다. 신은 본래 매우 어리석고 고루한 데다가 나이도
이미 늙어서 기력이 쇠퇴하고 정신도 어지러운데, 그 정도가 하
루가 다르게 심해져 갑니다. 이와 같이 위급한 시기를 당하여
사무는 많이 밀렸는데 한 가지도 처리를 못하였고 춘신(春汛: 날
씨가 풀리는 2월~3월)도 가까이 왔는데 대응할 계획도 서지 않
습니다. 신 같이 늙어 병들고 쓸모 없는 사람은 하루 속히 파면
시키시고 어질고 덕있는 이를 골라 복상(卜相)해 주시면 종묘 사
직이 다행스럽고 신민들에게도 매우 다행이겠습니다"

이후 체직되어 완성부원군으로 있다가, 선조 33년(1600) 4월
22일 다시 우의정이 되었다. 선조 33년 우의정으로 선조 앞에
서 이산해·홍여순이 당파를 나누어 싸운다고 극언하여 이산
해는 파직되고 이이첨·홍여순은 삭탈관직되었다. 5월 21일 홍
문관 부제학 황우한 등이 홍여순 이산해를 논죄하면서 이헌국
을 유성룡 세력으로 평가하였다.

홍문관 부제학 황우한, 부교리 이성경(李晟慶), 수찬 김치·유숙
등이 상차하기를, "시(是)와 비(非)는 양립(兩立)할 수 없고 사(邪)
와 정(正)은 길을 같이할 수 없습니다. 그러므로 시(是)가 있으면
비(非)는 저절로 드러나고 정(正)이 있으면 사(邪)는 절로 구별되
기 마련인데, 고금 천하에 어찌 양쪽이 다 시(是)이거나 양쪽이
다 비(非)일 이치가 있으며 사(邪)와 정(正)이 한 길일 이치가 있
겠습니까. … 아, 홍여순(洪汝諄)은 일국(一國)의 죄인입니다. 그를
논의하는 것은 공공(共公)을 위한 마음에서 나왔고 그를 그르다고
하는 것은 편당(偏黨)에서 나온 말이 아닌데도, 우의정 이헌국(李
憲國)은 공론(公論)이 아직 펴지 못한 이때, 저쪽도 이쪽도 다 잘

못이라는 설을 주장하여 천청(天聽)을 현혹하고 국시(國是)를 교란
하였으며, 마침내 악인을 토죄할 법을 가지고 죄없는 사람에게까
지 미치도록 하였으니, 신들은 통분해 하고 있습니다. 이헌국은
마음속으로 유성룡(柳成龍)을 보호하는 자입니다. 무술년(선조 31
년, 1598) 이후로 유성룡의 패배를 분하게 여기며 재기를 계획하
여 못하는 짓이 없다가 요행히 이번 틈을 타서 어부지리를 거두
려고 하였으니, 그 계획이 교묘하다고 할 만합니다. …"

76세인 선조 33년(1600) 6월 17일 좌의정이 되어 기로소(耆老
所)에 들어갔다. 6월 27일 의인왕후가 돌아가시자 총호사(摠護
使)에 임명되었다.

77세인 선조 34년(1601) 4월 8일 네 번째 정사(呈辭)를 입계
(入啓)하니, 불윤 비답(不允批答)으로 전교하였고 4월 22일 여섯
번째 정사(呈辭)를 입계하니, "이토록 정사하니 체차하고 사관
을 보내어 위유(慰諭)하도록 하라"고 전교하였다. 그날 완성 부
원군(完城府院君)에 임명되었다.

선조 35년(1602) 78세로 졸했다.

선조 37년(1604) 6월 25일 호성공신(扈聖功臣) 3등에 책봉되었다.

성질이 곧고 완고하여 임금 앞에서도 말하고자 하는 바를
피하거나 숨기지 않았다.

▓ 의창군 처외조부

【생몰년】중종 20년(1525) ~ 선조 35년(1602). 향년 78세
【성 명】이헌국(李憲國)　　　　【본 관】전주(全州)
【 자 】흠재(欽哉)　　　　　　【 호 】유곡(柳谷)
【시 호】충익(忠翼)
【 묘 】장단군(長湍郡) 군내면(郡內面) 방본리(芳本里) 유현(柳峴)
　　　　송즙산(宋茸山)
【문 헌】『전주이씨선원속보 全州李氏璿源續報』『선원록 璿源錄』
　　　　『선조실록 宣祖實錄』『연려실기술 燃藜室記述』

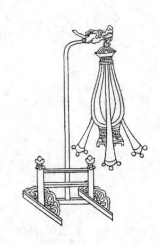

의창군 처외조부

남언순(南彦純)

출전:『의령남씨족보 宜寧南氏族譜』

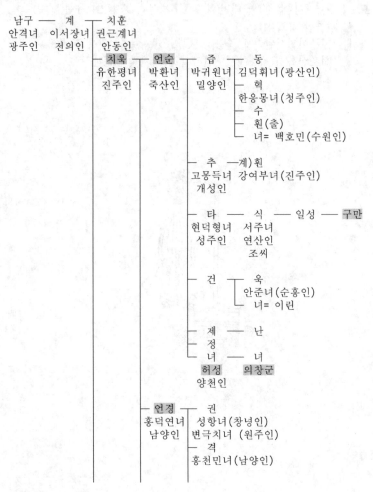

```
남구 ── 계 ─┬─ 치훈
안격녀  이서장녀 │ 권근계녀
광주인  전의인 │ 안동인
              ├─ 치욱 ──── 언순 ──┬─ 즙 ──┬─ 동
              │ 유한평녀   박환녀  │ 박귀원녀 │ 김덕휘녀(광산인)
              │ 진주인     죽산인  │ 밀양인  ├─ 혁
              │                   │        │ 한응몽녀(청주인)
              │                   │        ├─ 수
              │                   │        ├─ 훤(출)
              │                   │        └─ 녀= 백호민(수원인)
              │                   │
              │                   ├─ 추 ──계)훤
              │                   │ 고몽득녀 강여부녀(진주인)
              │                   │ 개성인
              │                   │
              │                   ├─ 타 ── 식 ── 일성 ── 구만
              │                   │ 현덕형녀 서주녀
              │                   │ 성주인  연산인
              │                   │        조씨
              │                   │
              │                   ├─ 건 ──┬─ 욱
              │                   │       │ 안준녀(순흥인)
              │                   │       └─ 녀= 이린
              │                   │
              │                   ├─ 제 ── 난
              │                   ├─ 정
              │                   └─ 녀 ── 녀
              │                     허성   의창군
              │                     양천인
              │
              └─ 언경 ─┬─ 권
                홍덕연녀 │ 성항녀(창녕인)
                남양인  │ 변극치녀(원주인)
                        ├─ 격
                        └─ 홍천민녀(남양인)
```

```
                    ┌ 녀= 최남수(전주인)
                    ├ 녀= 권진기(안동인)
                    ├ 녀
        황혁 ─── 황곤후(장수인)
                    └ 녀
        심충겸 ─── 심열(청송인)

      ┌ 언진      ┌ 벌
        이숭조녀   │ 이영서녀(전주인)
        전주인     │ 이윤녀(예안인)
                    ├ 녀= 이원제
                    ├ 녀= 조사원
                    ├ 녀= 이산립
                    ├ 녀= 오협
                    └ 녀= 이익

      ┌ 언기      ┌ 박
        설홍윤녀   │ 허령녀(양천인)
        순창인     ├ 녀= 이영림(전의인)
                    └ 녀= 안유경(순흥인)

      ┌ 언강 ─── 기
        김달우녀 손이무녀(밀양인)
        김해인
      ├ 녀= 한윤명(청주인)
      └ 녀= 고대축(제주인)

 ┌ 치근
   김윤장녀(서흥인)
   허연녀(양천인)

 ├ 치면
 ├ 치려
   화순최씨

 ├ 치경

 ├ 녀= 이효손(전주인)
 ├ 녀= 권진(안동인)
 ├ 녀= 김내(광산인)
 ├ 녀= 이식
 ├ 녀= 한승의(청주인)
 ├ 녀= 권몽필
 ├ 녀= 이현신
 └ 녀= 오숙진(해주인)
```

※ 본서 부록 394쪽 참조

　개국공신인 남재(南在, 1351~1419)의 6대손이다. 남재의 손자 남휘(南暉, ?~1454)는 태종 4녀 정선공주(貞善公主, 1404~1424)와 혼인하였다. 그는 태조의 묘정(廟庭)에 추가 배향되었다.

　아버지는 부사 남치욱(南致勖, 1494~1569)이며, 어머니는 유한평(柳漢平)의 딸 진주 유씨(晉州柳氏, 1499~1578)이다.

　부인은 박환(朴煥)의 딸 죽산 박씨(竹山朴氏, 1524~1565)이다.

　슬하에 6남 1녀를 두었다.

　1남 남즙(南楫)은 박귀원(朴貴元)의 딸 밀양 박씨(密陽朴氏)와 2남 남추(南樞)는 고몽득(高夢得)의 딸 개성 고씨(開城高氏)와 3남 남타(南柁, 1557~1639)는 현덕형(玄德亨)의 딸 성주 현씨(星州玄氏)와 혼인하였다. 4남은 남건(南楗), 5남은 남제(南梯), 6남은 남정(南楨)이다.

　1녀는 양천 허씨(陽川許氏) 허성(許筬)에게 출가했다.

　선조 사부였던 한윤명(韓胤明)과는 처남 매부지간이다.

　명종 · 선조 연간의 심학자(心學者)였던 동강(東岡) 남언경(南彦經, 1528~1594)은 동생이며, 남언경의 사위에 심충겸(沈忠謙, 1545~1594)의 아들로 영상(領相)을 지낸 심열(沈悅, 1569~1646)과 선조 서6남 순화군(順和君, 1580~1607)의 장인 황혁(黃赫, 1551~1612)의 아들 황곤후(黃坤厚, 1569~1592)가 있다.

　동생 고반(考槃) 남언기(南彦紀, 1534~?)는 하서(河西) 김인후(金麟厚, 1510~1560)에게 배우고 옥봉(玉峰) 백광훈(白光勳, 1537~1582)과 교류하였다.

　영의정을 지낸 남구만(南九萬, 1629~1711)이 현손(玄孫)이다.

중종 18년(1523)에 태어났다.

35세인 명종 12년(1557) 3남 남타(南柁)를 낳았다.

36세인 명종 13년 11월 2일 서총대(瑞蔥臺)에서 실시한 정시(庭試) 무과에 일등으로 합격하여 선전관이 되었다.

　문과·무과를 방방(放榜)했다. 문과는 고경명(高敬命) 등 35인을 뽑고 무과는 남언순(南彦純) 등 28인을 뽑았다.

이어 도총부도사를 거쳐 외직으로 나가 토산현감·상주판관·해주판관·양산군수·단천군수·경원부사·가리포첨사 등을 지냈다.

42세인 명종 19년(1564) 9월 18일 장남 남즙(南楫)이 혼인할 때 아버지 남치욱이 장손인 남즙에게 특별히 노비들을 물려주는 문서가 있어 4대손 남구만이 발(跋)을 쓰고 있었다.

43세인 명종 20년(1565) 부인 죽산 박씨가 42세로 졸했다.

47세인 선조 2년(1569) 아버지 남치욱(南致勗, 1494~1569)이 76세로 졸했다.

51세인 선조 6년(1573) 6월 17일 대신(大臣)·비변사·병조(兵曹)가 쓸 만한 무신(武臣)으로 남언순을 발탁하였다.

　대신(大臣)·비변사·병조(兵曹)가 쓸 만한 무신(武臣)으로 조수홍(趙守興) 등 79인을 같이 의논 아뢰고, 또 쓸 만한 무신 중에서 차서에 의하지 않고 발탁하여 쓸 만한 자로 정세필(鄭世弼)·남언순(南彦純)·변국알(卞國斡)·유태수(柳台壽)·오운(吳沄)·변양좌(邊良佐)·장의현(張義賢) 등 7인을 초계(抄啓)하였다.

중앙으로 발탁되어 승지·병조참의에 이르고 함경남도 병마
절도사가 되었다.

승정원(承政院)은 임금의 대변(大辯)을 맡은 곳이므로 그 직책
이 극히 중요하고 임금에게 가까운 것이기 때문에, 국조(國祖)에
서 중히 여겨서 이조(吏曹)나 대사간[大諫]으로서도 겨우 이 자
리를 얻어 했으니, 박원종(朴元宗) 같은 사람은 승지에 임명되었
다가 나이 젊다고 해서 그 자리를 바꿔서 병조참의를 삼은 것이
이것이다. 근세(近世)에는 망(望)이 삼사(三司)의 아래에 떨어지고
또 조종(祖宗) 이래로 무신(武臣) 한 사람을 여기에 참예하게 하
였으니, 이것은 대개 그 인망(人望)을 길렀다가 후일에 큰 자리
에 쓰고자 함이었다. 그러기 때문에 서북(西北)의 장수는 모두
여기에서 나왔는데 근세(近世)에는 선조조 때 남언순(南彦純), 양
사영(梁思瑩)의 뒤에는 전연 한 사람도 없다 한다. 『연려실기술』
별집. 권6 「식소록」

선조 11년(1578)에 56세로 졸했다.

어려서부터 학문과 무예에 뛰어난 재능을 보였고, 특히 활쏘
기에 매우 능하였다. 또한, 글씨에도 능하여 필법이 청신치건
(淸新致健)하다는 평을 들었다. 성품이 매우 준엄하고 강직하여
선조 초 승지로 있을 때에는 을사위훈(乙巳僞勳)의 삭탈을 청
함이 매우 준엄하여 훈신(勳臣)들이 모두 두려워하였다. 또한,
가정에서도 자제들의 교육에 예의를 강조하였다.

▨ 의창군 처외조부

【생몰년】 중종 18년(1523) ~ 선조 11년(1578). 향년 56세
【성　명】 남언순(南彦純)　　　　　　【본　관】 의령(宜寧)
【　자　】 성보(誠甫)　　　　　　　　【　호　】
【시　호】
【　묘　】 남양주군(南楊州郡) 별내면(別內面) 주을곡(注乙谷) 산 30번지
【문　헌】 『의령남씨족보 宜寧南氏族譜』
　　　　　『선조실록 宣祖實錄』『연려실기술 燃藜室記述』
　　　　　남구만(南九萬) 『약천집 藥泉集』 권24 「5대조고증가선대부병조
　　　　　참판겸동지의금부사행절충장군첨지중추부사부군묘표 五代祖考
　　　　　贈嘉善大夫兵曹參判兼同知義禁府事行折衝將軍僉知中樞府事
　　　　　府君墓表」
　　　　　남구만(南九萬) 『약천집 藥泉集』 권24 「5대조고묵적발 五代祖
　　　　　考墨蹟跋」

5. 정신옹주(貞愼翁主)

서1녀 정신옹주(貞愼翁主, 1582~1653)
부마: 서경주(徐景霌, 1579~1643). 달성(達城)

출전:『선원록』10책 7223쪽

정신옹주
(1582-1653)

서경주
대구인
(1579-1643)

1남 서정리 ──── 母이씨 ─ 1남 서문상(1630-1677)
(1599-1664)　　　　　　　　　이명한녀(연안인)
심열녀(삼척인)　　　母이씨 ─ 2남 서문중(1634-?)
이시발녀(경주인)　　　　　　　이후산녀(용인인)
　　　　　　　　　　　母이씨 ─ 3남 서문하(1640-1666)
　　　　　　　　　　　　　　　　정이화녀(동래인)
　　　　　　　　　　　母이씨 ─ 4남 서문징(1648-1707)
　　　　　　　　　　　　　　　　이시해녀(전주인)
　　　　　　　　　　　母이씨 ─ 5남 서문유(1651-1707)
　　　　　　　　　　　　　　　　이홍적녀(한산인)
　　　　　　　　　　　　　　　　이상연녀(전주인)
　　　　　　　　　　　母이씨 ─ 1녀 수강(1632-?)
　　　　　　　　　　　　　　　　김하석(경주인)
　　　　　　　　　　　母이씨 ─ 2녀 무강(1635-?)
　　　　　　　　　　　　　　　　홍구령(남양인)
　　　　　　　　　　　母이씨 ─ 3녀 계희(1637-?)
　　　　　　　　　　　　　　　　한계상(청주인)
　　　　　　　　　　　母이씨 ─ 4녀 계련(1643-?)
　　　　　　　　　　　　　　　　박성익(밀양인)
　　　　　　　　　　　母이씨 ─ 5녀 계만(1646-?)
　　　　　　　　　　　　　　　　조정우(임천인)
　　　　　　　　　　　母이씨 ─ 6녀 필애(1653-?)
　　　　　　　　　　　　　　　　이규수(전주인)
　　　　　　　　　　　母 良女 ─ 첩1남 서문일(1659-1714)
　　　　　　　　　　　　　　　　김이길녀(장단인)
　　　　　　　　　　母 良女 ─ 첩2남 서문행(1664-1722)
　　　　　　　　　　母 婢 인옥 ─ 첩1남 서문복(1632-1717)
　　　　　　　　　　　　　　　　娶 良人 김대남녀
　　　　　　　　　　母 婢 옥대 ─ 첩2남 서문수(1658-1692)

2남 서정리 ──── 母김씨 ─ 1남 서문재(1639-1698)
(1617-1678)　　　　　　　　　윤유근녀(파평인)
김남중녀(경주인)　　　　　　　이회녀(함평인)
남호학녀(의령인)　　　母남씨 ─ 2남 서문좌(1652-1708)
　　　　　　　　　　　　　　　　장선충녀(덕수인)
　　　　　　　　　　　　　─ 3남 서문우(1659-1722)
　　　　　　　　　　　　　　　　한석좌녀(청주인)
　　　　　　　　　　　母남씨 ─ 4남 서문약(1664-1727)
　　　　　　　　　　　母김씨 ─ 1녀 문완(1636-?)
　　　　　　　　　　　　　　　　민세익(여흥인)
　　　　　　　　　　　母김씨 ─ 2녀 문만(1640-?)
　　　　　　　　　　　　　　　　심량(청송인)

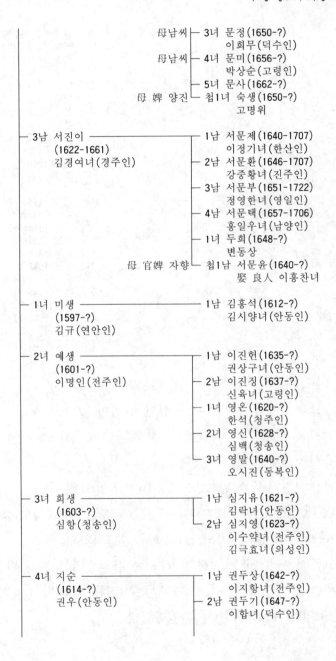

母남씨 ── 3녀 문정(1650-?)
　　　　　　이희무(덕수인)

母남씨 ── 4녀 문미(1656-?)
　　　　　　박상순(고령인)

　　　── 5녀 문사(1662-?)

母 婢 양진 ── 첩1녀 숙생(1650-?)
　　　　　　고명위

─ 3남 서진이 ─────────── 1남 서문제(1640-1707)
　　(1622-1661)　　　　　　 이정기녀(한산인)
　　김경여녀(경주인)　　── 2남 서문환(1646-1707)
　　　　　　　　　　　　　 강중황녀(진주인)
　　　　　　　　　　　　── 3남 서문부(1651-1722)
　　　　　　　　　　　　　 정영한녀(영일인)
　　　　　　　　　　　　── 4남 서문택(1657-1706)
　　　　　　　　　　　　　 홍일우녀(남양인)
　　　　　　　　　　　　── 1녀 두희(1648-?)
　　　　　　　　　　　　　 변동상
　　　　　　　母 官婢 자향 ── 첩1남 서문윤(1640-?)
　　　　　　　　　　　　　 娶 良人 이홍찬녀

─ 1녀 미생 ─────────── 1남 김홍석(1612-?)
　　(1597-?)　　　　　　 김시양녀(안동인)
　　김규(연안인)

─ 2녀 예생 ─────────── 1남 이진헌(1635-?)
　　(1601-?)　　　　　　 권상구녀(안동인)
　　이명인(전주인)　　── 2남 이진징(1637-?)
　　　　　　　　　　　　　 신육녀(고령인)
　　　　　　　　　　　　── 1녀 영온(1620-?)
　　　　　　　　　　　　　 한석(청주인)
　　　　　　　　　　　　── 2녀 영신(1628-?)
　　　　　　　　　　　　　 심백(청송인)
　　　　　　　　　　　　── 3녀 영말(1640-?)
　　　　　　　　　　　　　 오시진(동복인)

─ 3녀 희생 ─────────── 1남 심지유(1621-?)
　　(1603-?)　　　　　　 김락녀(안동인)
　　심항(청송인)　　── 2남 심지영(1623-?)
　　　　　　　　　　　　　 이수약녀(전주인)
　　　　　　　　　　　　　 김극효녀(의성인)

─ 4녀 지순 ─────────── 1남 권두상(1642-?)
　　(1614-?)　　　　　　 이지항녀(전주인)
　　권우(안동인)　　── 2남 권두기(1647-?)
　　　　　　　　　　　　　 이합녀(덕수인)

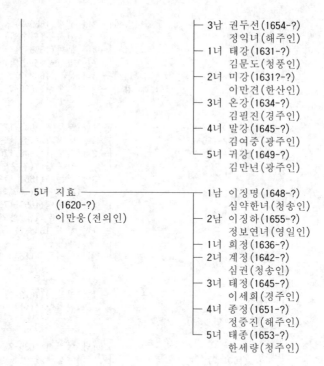

┌ 3남 권두선(1654-?)
│   정익녀(해주인)
├ 1녀 태강(1631-?)
│   김문도(청풍인)
├ 2녀 미강(1631?-?)
│   이만견(한산인)
├ 3녀 온강(1634-?)
│   김필진(경주인)
├ 4녀 말강(1645-?)
│   김여중(광주인)
└ 5녀 귀강(1649-?)
    김만년(광주인)

5녀 지효 ──────
(1620-?)
이만웅(전의인)

┌ 1남 이징명(1648-?)
│   심약한녀(청송인)
├ 2남 이징하(1655-?)
│   정보연녀(영일인)
├ 1녀 희정(1636-?)
├ 2녀 계정(1642-?)
│   심권(청송인)
├ 3녀 태정(1645-?)
│   이세희(경주인)
├ 4녀 종정(1651-?)
│   정중진(해주인)
└ 5녀 태종(1653-?)
    한세량(청주인)

※ 본서 부록 374쪽 참조

선조의 서1녀로 어머니는 인빈 김씨이다.

남편은 달성 서씨(達成徐氏) 서경주(徐景霌, 1579~1643)이다.

슬하에 3남 5녀를 두었다.

1남 서정리(徐貞履, 1599~1664)는 심열(沈說)의 딸인 삼척 심씨(三陟沈氏, 1597~1627)와 이시발(李時發, 1569~1626)의 딸인 경주 이씨(慶州李氏, 1613~1659)와 혼인하였다.

2남 서정리(徐正履, 1617~1678)는 김남중(金南重)의 딸인 경주 김씨(慶州金氏, 1617~1641)와 남호학(南好學)의 딸인 의령 남씨(宜寧南氏, 1624~1705)와 혼인하였다.

3남 서진이(徐晉履, 1622~1661)는 김경여(金慶餘)의 딸인 경주 김씨(慶州金氏, 1620~1662)와 혼인하였다.

1녀 미생(楣生, 1597~?)은 연안 김씨(延安金氏) 김제남의 아들 김규(金珪, 1596~1613)에게, 2녀 예생(禮生, 1601~?)은 전주 이씨(全州李氏) 이명인(李命寅)에게, 3녀 희생(喜生, 1603~?)은 청송 심씨(靑松沈氏) 심항(沈伉)에게, 4녀 지순(止順, 1614~?)은 안동 권씨(安東權氏) 권우(權堣)에게, 5녀 지효(止孝, 1620~?)는 전의 이씨(全義李氏) 이만웅(李萬雄)에게 출가하였다.

선조 15년(1582) 7월 11일에 태어났다.

16세인 선조 30년(1597) 첫 딸 미생(楣生)을 낳았다.

18세인 선조 32년(1599) 첫째 아들 서정리(徐貞履)를 낳았다.

20세인 선조 34년 2녀 예생(禮生)을 낳았고, 22세인 선조 36년 3녀 희생(喜生)을 낳았다.

33세인 광해군 6년(1614) 4녀 지순(止順)을 낳았고, 36세인 광해군 9년 2남 서정리(徐正履)를 낳았다. 39세인 광해군 12년 5녀 지효(止孝)를 낳았고, 41세인 광해군 14년(1622) 3남 서진이(徐晉履)를 낳았다.

인조 2년(1624) 6월 1일 임금이 정신옹주에게 집 2채를 하사하였다.

적몰(籍沒)한 노비 10구(口)를 능원군(綾原君) 이보(李俌)에게 내리고, 적몰한 집 2구(區)를 정신옹주(貞愼翁主)에게 내리라고 명하였다. 이에 앞서 역적 이괄의 변란 때 관향사 남이웅(南以雄)이 군향(軍餉)이 모자라서 옹주의 봉산(鳳山) 농장의 곡식 2백여 석을 가져다 썼는데 이때에 이르러 옹주가 정문(呈文)하자, 호조가 역적의 집으로 그 곡식 값을 갚기를 청하니, 상이 윤허한 것이다. 정신옹주의 부마(駙馬)는 달성위(達城尉) 서경주(徐景霌)인데, 나라의 일이 급한 것은 생각하지 않고 군수(軍需)로 징발되어 쓰인 것을 갚기를 요구하며 마치 장사꾼이 값을 따지는 것같이 하였으므로, 시의(時議)가 비루하게 여겼다.

62세인 인조 21년(1643) 9월 29일 남편인 달성위(達城尉) 서경주(徐景霌)가 65세로 졸했다.

66세인 인조 25년(1647) 4월 24일 아들 서정리(徐貞履)가 수령으로 있는 충원(忠原)에 가려하였으나 사간원에서 못하게 하여 고만두었다.

"신들이 들으니, 정신옹주(貞愼翁主)가 아들의 임지(任地)에 가려고 하는데 말을 지급하라는 하교를 내리셨다고 합니다. 이것은 실로 성상께서 가까운 이를 친히 대접하려는 지극한 의도이기는 합니다만, 옹주가 외방에 나가는 것은 일의 체모를 보아 온당하지 않습니다. 하물며 수령은 춘분 후에는 가족을 데리고 가지 못하는 법이 있으니, 일시적인 사사로운 은혜 때문에 법을 허물어뜨릴 수는 없습니다. 청컨대 내리신 명령을 속히 도로 거두소서" 하였다. 여러 차례 아뢰니, 상이 따랐다. 정신옹주는 상의 고모이다. 그 아들 서정리(徐貞履)가 그때 충원(忠原)을 맡고 있었다.

효종 4년(1653) 2월 72세로 졸하였다.

효종 4년 2월 27일 장령 서원리(徐元履)가 인피하는 기사에 정신옹주가 이때쯤 졸하였음을 알려주는 내용이 들어있다.

"신이 처음 본직에 제수되었을 적에 빈청에서 회의하는 것 때문에 명을 받들고 출사했는데, 다음날 정신옹주의 상(喪)을 당하여 아직 복중(服中)에 있습니다. 그런데 직무를 수행한 뒤에 책임을 메꾸기 위해 헌의했으니, 그 죄는 말하지 않는 것보다 심합니다. 그리고 인구(引咎)도 남보다 뒤져서 했으니, 신을 파직시켜 주소서" 하니, 사퇴하지 말라고 답하였다. 오준 등이 모두 물러가 물론을 기다렸다.

효종 4년 4월 15일 정신옹주(貞愼翁主)의 자손에게 3년 상을 지내는 동안 녹봉을 그대로 지급하도록 하였다.

현종 9년(1668) 2월 14일 정신옹주와 달성위의 천장(遷葬)에 예장(禮葬)을 내려주었다.

"왕자·대군·공주·옹주·부마를 천장할 때에는 본래 다시 예장을 내려주는 규정이 없습니다. 그런데 지금 정신옹주(貞愼翁主)와 달성위(達城尉)의 천장에는 예장하라는 명이 있어서 거듭 민폐를 끼치고 있습니다. 성명을 도로 거두소서" 하였으나, 상이 따르지 않았다.

숙종 8년(1682) 12월 11일 손자인 승지 서문중(徐文重)이 당시의 사치스러운 폐단을 말하면서, 할머니 정신옹주의 검소한 기풍을 말하였다.

"신의 조모(祖母)인 정신옹주(貞愼翁主)께서는 바로 선조대왕(宣祖大王)의 맏옹주입니다. 그 분의 임종(臨終)에 선조(宣祖)께서 물려 주신 의대(衣襨)를 마지막 보내는 것으로 썼습니다. 그것은 곧 푸른 물을 들인 석새 배[三升]의 짧은 적삼과 짧은 바지였으니, 평소의 복장도 반드시 모두 이와 같았으리라 생각됩니다. 이는 마땅히 본받아야 할 것입니다" 하니, 임금이 말하기를, "이

말은 절실한 말이다. 짐이 마땅히 마음에 간직하겠다. 공자가 말
씀하기를, '씀씀이를 절약하여 백성을 사랑하라'고 하였다. 반드
시 씀씀이를 절약한 다음에야 백성이 그 혜택을 입을 것이니,
씀씀이를 절약하는 것이 큰 것이다" 하였다.

▒ 정신옹주

【생몰년】 선조 15년(1582) ~ 효종 4년(1653). 향년 72세
【본 관】 전주(全州)
【 묘 】 장단 도라산(長湍道羅山: 선원록)
【문 헌】 『선원록 璿源錄』 『인조실록 仁祖實錄』 『효종실록 孝宗實錄』
         『현종실록 顯宗實錄』 『숙종실록 肅宗實錄』

정신옹주 남편

서경주(徐景霌)

출전: 『대구서씨세보 大邱徐氏世譜』

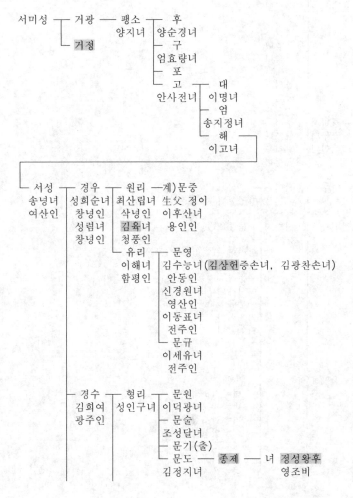

서미성 ─┬─ 거광 ── 팽소 ─┬─ 후
　　　　　　　　 양지녀　　양순경녀
　　　　└─ 거정　　　　├─ 구
　　　　　　　　　　　　 엄효량녀
　　　　　　　　　　　　├─ 포
　　　　　　　　　　　　└─ 고 ─┬─ 대
　　　　　　　　　　　　 안사전녀　 이명녀
　　　　　　　　　　　　　　　　├─ 엄
　　　　　　　　　　　　　　　　 송지정녀
　　　　　　　　　　　　　　　　└─ 해
　　　　　　　　　　　　　　　　　 이고녀

┌─ 서성 ─┬─ 경우 ─┬─ 원리 ─┬─계)문중
│ 송녕녀　 성희순녀　 최산립녀　 生父 정이
│ 여산인　 창녕인　　 삭녕인　　 이후산녀
│　　　　 성렴녀　　 김육녀　　 용인인
│　　　　 창녕인　　 청풍인
│　　　　　　　　　└─ 유리 ─┬─ 문영
│　　　　　　　　　 이해녀　　 김수능녀(**김상헌**증손녀, 김광찬손녀)
│　　　　　　　　　 함평인　　 안동인
│　　　　　　　　　　　　　　├─ 신경원녀
│　　　　　　　　　　　　　　 영산인
│　　　　　　　　　　　　　　├─ 이동표녀
│　　　　　　　　　　　　　　 전주인
│　　　　　　　　　　　　　　└─ 문규
│　　　　　　　　　　　　　　　 이세유녀
│　　　　　　　　　　　　　　　 전주인
│
└─ 경수 ─┬─ 형리 ─┬─ 문원
　 김희여　 성인구녀　 이덕광녀
　 광주인　　　　　　├─ 문술
　　　　　　　　　　 조성달녀
　　　　　　　　　　├─ 문기(출)
　　　　　　　　　　└─ 문도 ── **종제** ── 녀 **정성왕후**
　　　　　　　　　　　 김정지녀　　　　　　 영조비

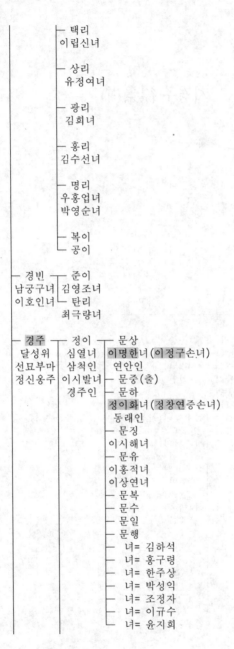

┌ 택리
│ 이립신녀
│
├ 상리
│ 유정여녀
│
├ 광리
│ 김회녀
│
├ 홍리
│ 김수선녀
│
├ 명리
│ 우홍업녀
│ 박영순녀
│
├ 복이
└ 공이

┬ 경빈 ┬ 준이
│ 남궁구녀 │ 김영조녀
│ 이호인녀 └ 탄리
│ 최극량녀
│
┬ **경주** ┬ 정이 ┬ 문상
　 달성위 │ 심열녀 │ **이명한**녀(**이정구**손녀)
　 선묘부마 │ 삼척인 │ 연안인
　 정신옹주 │ 이시발녀 ├ 문중(출)
　 　 경주인 ├ 문하
　 　 정이화녀(**정창연**증손녀)
　 　 동래인
　 　 ├ 문징
　 　 이시해녀
　 　 ├ 문유
　 　 이홍적녀
　 　 이상연녀
　 　 ├ 문복
　 　 ├ 문수
　 　 ├ 문일
　 　 ├ 문행
　 　 ├ 녀= 김하석
　 　 ├ 녀= 홍구령
　 　 ├ 녀= 한주상
　 　 ├ 녀= 박성익
　 　 ├ 녀= 조정자
　 　 ├ 녀= 이규수
　 　 └ 녀= 윤지희

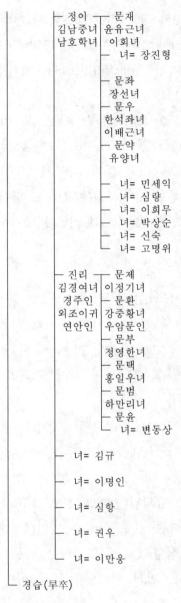

┌ 정이 ─┬ 문재
김남중녀│ 윤유근녀
남호학녀│ 이회녀
　　　　├ 녀= 장진형
　　　　│
　　　　├ 문좌
　　　　│ 장선녀
　　　　├ 문우
　　　　│ 한석좌녀
　　　　│ 이배근녀
　　　　├ 문약
　　　　│ 유양녀
　　　　│
　　　　├ 녀= 민세익
　　　　├ 녀= 심량
　　　　├ 녀= 이희무
　　　　├ 녀= 박상순
　　　　├ 녀= 신숙
　　　　└ 녀= 고명위

┌ 진리 ─┬ 문제
김경여녀│ 이정기녀
경주인 ├ 문환
외조이귀│ 강중황녀
연안인 │ 우암문인
　　　　├ 문부
　　　　│ 정영한녀
　　　　├ 문택
　　　　│ 홍일우녀
　　　　├ 문범
　　　　│ 하만리녀
　　　　├ 문윤
　　　　└ 녀= 변동상

├ 녀= 김규

├ 녀= 이명인

├ 녀= 심항

├ 녀= 권우

└ 녀= 이만웅

└ 경습(루卒)

※ 본서 부록 399쪽 참조

서거정(徐居正, 1420~1488)의 형 서거광(徐居廣)의 5대손이다.

아버지는 판중추부사(判中樞府事) 서성(徐渻, 1558~1631)이며, 어머니는 송영(宋寧)의 딸 여산 송씨(礪山宋氏)다. 영의정 송일 (宋軼, 1454~1520)의 증손이다.

서성은 율곡 이이(李珥, 1536~1584) 구봉 송익필(宋翼弼, 1534 ~1599)의 문인으로 이인기(李麟奇, 1549~1631)·이호민(李好閔, 1553~1634)·이귀(李貴, 1557~1633) 등과 남지기로회(南池耆老 會)를 조직, 역학(易學)을 토론했으며 서화(書畵)에도 뛰어났다.

부인은 선조의 서1녀로 인빈 김씨(仁嬪金氏)의 소생인 정신 옹주(貞愼翁主)이다.

슬하에 3남 5녀를 두었다.

1남 서정리(徐貞履, 1599~1664)는 심열(沈說)의 딸 삼척 심씨 (三陟沈氏), 이시발(李時發)의 딸 경주 이씨와 혼인하였다.

2남 서정리(徐正履, 1617~1678)는 김남중(金南重)의 딸 경주 김씨(慶州金氏), 남호학(南好學)의 딸 의령 남씨(宜寧南氏)와 혼 인하였다.

3남 서진이(徐晉履, 1622~1661)는 김경여(金慶餘)의 딸 경주 김씨와 혼인하였다. 김경여의 부인은 이귀(李貴, 1557~1633)의 딸이다.

1녀는 연안 김씨(延安金氏) 김제남(金悌男, 1562~1613)의 아들 김규(金珪)에게 출가했고, 2녀는 전주 이씨 이명인(李命寅)에게, 3녀는 청송 심씨(靑松沈氏) 심항(沈伉)에게, 4녀는 안동 권씨(安 東權氏) 권우(權堣)에게, 5녀는 전의 이씨(全義李氏) 이만웅(李萬 雄)에게 각각 출가했다.

서경주의 형 서경수(徐景需, 1575~1646)의 증손자 서종제(徐宗悌, 1656~1719)의 딸은 영조비 정성왕후(貞聖王后, 1692~1757)이다.

선조 12년(1579) 7월 14일에 태어났다.

14세인 선조 25년(1592) 정신옹주(貞愼翁主)와 혼약하였으나 임진왜란이 일어나 혼례를 올리지 못하고 선조를 호종하였다.

15세인 선조 26년(1593) 환도한 뒤 혼례를 올려 달성위(達城尉)에 봉해졌다.

19세인 선조 30년(1597) 정유재란 때는 선조의 총애를 받아 총관 겸 상방제조(摠管兼尙方提調)로서 항상 측근에서 시종하였다. 이때 『선원록 璿源錄』을 감수한 공로로 통헌대부·봉헌대부로 계속 품계가 올랐다.

선조 30년 2월 13일 분의 복수군(奮義復讐軍)이 남교(南郊)에서 회맹(會盟)하였는데, 선조의 이성자손(異姓子孫)으로 참여하였다.

> 부모의 원수가 있는 사람은 김시헌(金時獻)·유영순(柳永詢)·송순(宋諄) 등 7백여 인이고, 종실(宗室)과 동성(同姓)으로는 하원군(河原君) 이정(李鋥)과 좌참찬(左參贊) 이헌국(李憲國)이고, 이성자손(異姓子孫)으로는 달성위(達城尉) 서경주(徐景霌) 등 91인이다.

35세인 광해군 5년(1613) 5월 17일 김제남 옥사에 연루되어 아버지 서성(徐渻, 1558~1631)이 신흠(申欽, 1566~1628)·이정구(李廷龜, 1564~1635)·김상용(金尙容, 1561~1637)·황신(黃愼, 1562~1617) 등과 같이 공초를 받았다.

… 서성이 공초하기를, "무신년(광해군 즉위년, 1608) 국상 초
에 신은 벼슬을 그만두고 한산한 상태에 있었는데 송순(宋諄) 등
10여 인과 함께 궐문 밖에 모여 곡을 하고 있었습니다. 그런데
하루는 정원의 사령이 조그만 종이 하나를 가지고 와 보여 주었
는데, 그것이 바로 이른바 유교(遺敎)를 등서한 것이었습니다. 신
이 한번 열람한 뒤에 같이 있던 사람들도 돌려가며 보고 나자
곧바로 가지고 갔는데, 비록 의심할 만한 단서가 있긴 하였지만
형세상 미처 변명하지를 못했습니다. 그런데 지금에 이르도록
멍청하게 그 일을 염두에도 두지 않고 있었으니 만 번 죽더라도
애석할 것이 없습니다.

신이 과연 김제남과 서로 알고 지내기는 하였습니다. 그러나
그가 국구(國舅)가 되고부터는 마음에 불편한 점이 있어 경조(慶
弔)하는 일 이외에는 한번도 찾아가 본 적이 없었고, 서찰을 보
내어 연회에 초청을 해도 모두 사양하고 가지 않았기 때문에 김
제남 역시 요청해 오지 않았습니다. 신의 이름이 7신(臣) 가운데
에 들어 있긴 합니다만, 나라와 혼인 관계를 맺은 것은 신의 본
심이 아니었습니다. 바야흐로 옹주(翁主)가 시집오려 하던 초기
에 신이 극력 간절하게 혼인하는 것을 사양했습니다마는 선왕께
서 굳이 정하시고 허락하지 않으셨습니다. 또 신의 아들 서경주
(徐景霌)의 딸은 소시적에 이미 우인(友人) 박동열(朴東說)의 아들
모(某)와 결혼시키기로 약속했었는데, 모는 장차 반성부원군(潘城
府院君)의 ― 의인왕후(懿仁王后)의 부친이다 ― 제사를 받들기로
되어 있었으므로 더욱 약속을 위배할 수 없는 처지였습니다. 그
런데 인빈(仁嬪)이 김제남의 집에 결혼시키려고 하면서 선왕에게
계청하여 김제남의 집과 혼인하게 만드셨는데 신이 그 때에도
강력히 거부했으나 되지 않았습니다. 당시 선왕께서 어필(御筆)
로 억지로 정하셨는데 그 때 명을 전했던 내관(內官)이 아직도
있고 어필 역시 서경주의 집에 있으니 상께서 가져다 보시면 환
히 아실 수 있을 것입니다. 신이 분수에 만족하고 스스로의 위

치를 지키며 감히 분외(分外)의 일을 바라지 않았던 것을 들자면
이 정도로 그치지 않지만 단지 말로 증거할 만한 것만을 가지고
진달드리는 것입니다" 하였다. ─ 서성의 아들 달성위 서경주는
정신옹주에게 장가들었고 그의 딸은 김제남의 아들 김규(金珪)에
게 시집갔다. 그래서 서성이 연루된 것이 상대적으로 중하게 된
것이었다.

광해군 5년(1613) 아버지 서성이 김제남 옥사에 연루되어 5
월 30일 단양(丹陽)으로 유배갔다가 영해(寧海)로 옮겨졌다가
후에 원주(原州)로 이배되었다.
　광해군 5년 6월 21일 김제남의 옥사에 연좌되어 김상헌과
함께 파직되었다.

　의금부가 아뢰기를, "장단 부사(長湍府使) 김상관(金尙寬)의 아
들은 즉 연안 부사(延安府使) 김상헌(金尙憲)의 양자인데 김래와
혼인하였습니다. 역적을 토벌하는 이때를 당하여 아직까지 관작
을 그대로 지니고 있으므로 사람들이 너나없이 이상하게 여기고
있습니다. 모두 파직하라 명하소서. 달성위(達城尉) 서경주(徐景
霌)는 김제남의 둘째 아들 김규(金珪)의 처 아비입니다. 역적의
괴수와 혼인한 집인데 아직도 관작을 그대로 지니고 있으므로
사람들이 모두 이상하게 여기고 있습니다. 그를 파직하고 서용
하지 말라 명하소서" 하니, 따랐다.

38세인 광해군 8년(1616) 9월 11일 김규(金珪, 1596~1613)에
게 출가한 첫째 딸이 김제남 옥사에 연좌되어 조사받았다.

　전교하기를, "죄인들이 오래 적체되어 있으니 침(針)을 맞지
않는 날에는 추국을 시행하도록 하라. 그리고 김규(金珪)의 아내

도 연좌시킬 것인가? 금부로 하여금 살펴 아뢰게 하라" 하였다.
― 김규의 아내는 바로 달성위(達城尉) 서경주(徐景霌)의 딸이다.

40세인 광해군 10년(1618) 1월 4일 우의정 한효순 등이 백관을 인솔하고 정청하여 폐모론을 주장하는데 종친들과 함께 참여했다.

45세인 인조 1년(1623) 인조반정으로 아버지 서성이 11년 유배 세월 만에 복직되었다.

46세인 인조 2년(1624) 이괄(李适)의 난이 일어났을 때, 인조를 호종한 공이 인정되어 숭덕대부(崇德大夫)로 품계가 오르면서 복제 겸 금화내자제조(服除兼禁火內資提調)를 제수받았다.

김상헌(金尙憲) · 이시백(李時白) · 이시방(李時昉) · 구굉(具宏) 등을 기복(起復)시키기를 명하니, 김상헌이 상소하여 상제(喪制)를 마치겠다고 굳이 사양하였다. 또 동양위(東陽尉) 신익성(申翊聖), 달성위(達城尉) 서경주(徐景霌)를 기복시키도록 명하니, 서경주가 상소하여 상제를 마치겠다고 청하고 신익성도 상소하여 기복하라는 명을 거두기를 청하면서 담복(禫服)으로 종군(從軍)하겠다고 청하니, 상이 모두 윤허하였다. 『인조실록』 권4. 인조 2년 1월 25일

53세인 인조 9년(1631) 4월 18일 아버지 서성이 돌아가시자 잠시 관직에서 물러났다가, 만년에 다시 상방원(尙方院) 및 관상감(觀象監) 제조와 총관(摠管)을 겸하였다.

인조 21년(1643) 9월 29일 65세로 졸했다.

달성위 서경주가 죽었다. 서경주는 판서 서성의 아들로 선묘(宣廟)의 딸 정신옹주(貞愼翁主)에게 장가들었는데, 사람됨이 꾸밈

이 없어 소박하여 부귀한 사람으로 자처하지 않았으며 술을 잘
마시고 손님을 좋아하였다.

현종 9년 2월 10일 종친부의 계사로 인해서 정신옹주(貞愼翁
主)를 천장(遷葬)할 때 초상(初喪)에 쓰는 여러 도구 외에 모두
를 예장(禮葬)의 예에 의거해서 거행하도록 명하였다. 또 달성
위(達城尉) 서경주(徐景霌)도 똑같이 예장하도록 명하였다.

▒ 정신옹주 남편

【생몰년】 선조 12년(1579) ~ 인조 21년(1643). 향년 65세
【성 명】 서경주(徐景霌)　　　　　【본 관】 달성(達城)
【 자 】 자순(子順)　　　　　　　　【 호 】 송강(松岡)
【시 호】
【 묘 】 장단 도라산(長湍都羅山)
【문 헌】 『대구서씨세보 大邱徐氏世譜』『국조문과방목 國朝文科榜目』
　　　　　『선조실록 宣祖實錄』『광해군일기 光海君日記』
　　　　　『인조실록 仁祖實錄』『현종실록 顯宗實錄』
　　　　　김상헌(金尚憲)『청음집 淸陰集』「판중추부사서공〔성〕신도비명
　　　　　병서 判中樞府事徐公〔渻〕神道碑銘幷序」
　　　　　김상헌(金尚憲)『청음집 淸陰集』「판중추부사서공〔성〕행장 判
　　　　　中樞府事徐公〔渻〕行狀」

6. 정혜옹주(貞惠翁主)

서2녀 정혜옹주(貞惠翁主, 1584~1638)
부마: 윤신지(尹新之, 1582~1657). 해평(海平)

출전:『선원록』10책 7243쪽

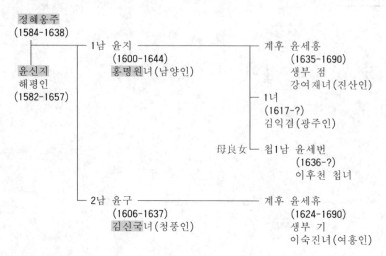

정혜옹주
(1584-1638)

윤신지
해평인
(1582-1657)

1남 윤지
(1600-1644)
홍명원녀(남양인)

계후 윤세홍
(1635-1690)
생부 점
강여재녀(진산인)

1녀
(1617-?)
김익겸(광주인)

母良女 — 첩1남 윤세번
(1636-?)
이후천 첩녀

2남 윤구
(1606-1637)
김신국녀(청풍인)

계후 윤세휴
(1624-1690)
생부 기
이숙진녀(여흥인)

※ 본서 부록 379쪽 참조

선조의 서2녀로 어머니는 인빈 김씨이다.

남편은 해평 윤씨(海平尹氏) 해숭위(海嵩尉) 윤신지(尹新之, 15
82~1657)이다.

슬하에 4남 1녀를 두었으나 아들 윤지(尹墀, 1600~1644)와
윤구(尹坵, 1606~1637)만 남고 모두 요절하였다. 윤지는 홍명원
(洪命元, 1573~16231)의 딸 남양 홍씨(南陽洪氏)와 혼인하였고,
윤구는 김신국(金藎國, 1572~1657)의 딸 청풍 김씨(淸風金氏,
1605~1656)와 혼인하였다.

원종(元宗, 1580~1619)의 아우이고, 영의정 윤두수(尹斗壽, 15
33~1601)의 손부(孫婦)이며, 윤방(尹昉, 1563~1640)의 둘째 며느
리이다.

선조 17년(1584)에 태어났다. 선조(宣祖)가 친히 『소학 小

學』·『여훈 女訓』·서사(書史)를 가르쳐 주었다.

9세인 선조 25년(1592) 봉호를 받았다.

상이 개성에 머문 지 이틀 만에 서로(西路)로 출발하여 금교역(金郊驛)에 머물렀다. 이 날 적이 이미 경성에 침입하여 서쪽으로 향한다는 말을 듣고 상이 다급하여 재촉해서 떠났다. 당시 종묘 사직의 위패를 개성의 목청전(穆淸殿)에 봉안(奉安)했다가 그대로 묻게 하였는데, 상이 보산참(寶山站)에 이르렀을 때 윤두수가 그 사실을 듣고 속히 예조참의를 보내어 받들고 오도록 청하였다. — 당시 정혜옹주(貞惠翁主)가 아직 어렸는데 피난길이 어수선하고 말을 준비할 수 없었으므로, 상이 따르는 관리들에게 명하여 자원하여 다른 길로 데리고 가서 난리를 피하게 하면 후한 상(賞)을 내릴 것이라고 하였다. 내수사(內需司) 관원 윤백상(尹百祥)이 전지에 응하여 길을 바꿔 황해도 산길로 들어가 갖은 고생을 겪으면서 적을 피한 뒤 겨울에야 사잇길로 의주(義州)에 이르렀다. 옹주는 뒤에 해숭위(海嵩尉)에게 하가(下嫁)하였다. 『선조수정실록』 권25. 선조 25년 5월 1일

13세인 선조 29년(1596) 영의정 윤두수의 손자인 윤신지(尹新之)와 혼인하였다.

17세인 선조 33년(1600) 아들 윤지를 낳으니 선조대왕이 어제(御製) 7언 근체시(近體詩)를 내려주며 기뻐하였다.

33세인 광해군 8년(1616)에 아들 윤지가 17세로 진사가 되고, 광해군 11년(1619)에 20세로 문과에 급제하였다.

53세인 인조 14년(1636) 병자호란으로 강화로 피신했다가 돌아와, 아들 윤구가 남한산성에서 비와 눈을 무릅쓰고 방어에 진력하다가 병들어 인조 15년(1637) 9월 17일 32세로 죽으니 이를

애도하다 병이나, 55세인 인조 16년(1638) 11월 17일에 졸했다.

　당시 정혜옹주(貞惠翁主)의 상사(喪事)가 있었는데, 상이 예장 (禮葬)하라고 명하였다. 호조가 아뢰기를, "난리를 겪은 뒤로 예 장 등의 일을 아직까지 옛날처럼 거행하지 못하여 광산 부부인 (光山府夫人)과 정빈(貞嬪)의 상사도 또한 예장으로 치르지 못하 고 다만 관곽(棺槨)·역군(役軍)·제수(祭需)를 지급하였을 뿐이니, 옹주의 상사도 이에 의하여 시행하소서" 하니, 상이 하교한 대로 시행하라고 하였다.『인조실록』권16. 인조 16년 11월 18일

　인조 17년(1639) 2월 정미일에 광주(廣州) 저도(楮島)에 장례 지냈다.

　인조 19년(1641) 2월 신미일에 삭녕군(朔寧郡) 가재동(佳哉洞) 으로 이장(移葬)하였다.

▓ 정혜옹주

【생몰년】선조 17년(1584) ～ 인조 16년(1638). 향년 55세
【본　관】전주(全州)
【　묘　】고양 남면 원당리(高陽南面元堂里: 선원록)
　　　　　고양 원당리(高陽元堂里: 선원계보)
　　　　　묘지에는 묘가 광주(廣州) 저도(楮島)에 있다가 삭녕군(朔寧郡)
　　　　　가재동(佳哉洞)으로 이장하였다고 되어 있고, 선원강요에는 고양
　　　　　시 원당동에 있다고 하였다. 해숭위 윤신지 묘와 같이 있다
【문　헌】『선조실록 宣祖實錄』『인조실록 仁祖實錄』
　　　　　김류(金瑬)『북저집 北渚集』「유명조선국정혜옹주묘지명 有明
　　　　　朝鮮國貞惠翁主墓誌銘」

정혜옹주 · 윤신지 묘비
정혜옹주수록대부해숭위겸오위도총부도총관윤공신지지묘
貞惠翁主綏祿大夫海嵩尉兼五衛都摠府都摠管尹公新之之墓

정혜옹주 남편

윤신지(尹新之)

출전: 『해평윤씨대동보 海平尹氏大同譜』

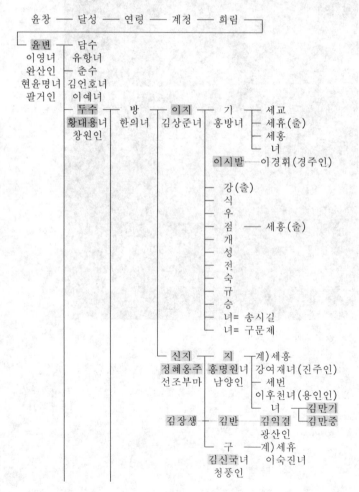

윤창 ── 달성 ── 연령 ── 계정 ── 희림 ┐

윤변 ── 담수
이영녀 유항녀
완산인 ── 춘수
현윤명녀 김언호녀
팔거인 이예녀

두수 ── 방 ── 이지 ── 기 ── 세교
황대용녀 한의녀 김상준녀 홍방녀 ── 세휴(출)
창원인 ── 세홍
── 녀

이시발 ──── 이경휘(경주인)

── 강(출)
── 식
── 우
── 점 ── 세홍(출)
── 개
── 성
── 전
── 숙
── 규
── 승
── 녀= 송시길
── 녀= 구문제

신지 ── 지 ── 계)세홍
정혜옹주 홍명원녀 강여재녀(진주인)
선조부마 남양인 ── 세번
이후천녀(용인인)
── 녀 ── 김만기
김장생 ── 김반 ── 김익겸 ── 김만중
광산인
── 구 ── 계)세휴
김신국녀 이숙진녀
청풍인

```
┌ 혼 ─┬ 취지
│ 이혜녀 │ 이원춘녀
│ 신응시녀 ├ 태지
│         ├ 녀= 유시경
│         └ 녀= 유지만
│
├ 휘 ─┬ 면지
│ 이기명녀 │ 경섬녀
│         ├ 건지
│         │ 박안현녀
│         │ 이경인녀
│         ├ 경지 ── 녀
│         │ 정립녀    유심(유경량 자)
│         │ 송길룡녀  전주인
│         ├ 녀
│  이수광 ├ 이민구(전주인)
│         │
│         ├ 녀= 박수소
│         └ 녀= 박동도
│
├ 훤 ─┬ 순지
│ 심의겸녀 │ 박동열녀
│ 청송인  │ 반남인
│         ├ 원지 ─┬ 돈
│         │ 오익녀 │ 한수원녀
│         │       ├ 평
│         │       │ 박천구녀
│         │       │ 김남갑녀
│         │       │ 홍전녀
│         │       ├ 녀= 박장원
│         │       ├ 녀= 신고
│         │       ├ 녀 ─┬ 이인소
│         │ 이시발 ─ 이경억 │ 이인병
│         │        경주인 ├ 이인엽
│         │              ├ 녀= 최석정
│         │              └ 녀= 홍만적
│         │
│         │       ├ 녀= 한정기
│         │       └ 녀= 송광준
│         ├ 징지(출)
│         ├ 의지
│         │ 이박녀
│         ├ 천지
│         │ 유도녀
│         │ 이안농녀
│         └ 녀
│  신익성 ── 신면(평산인)
```

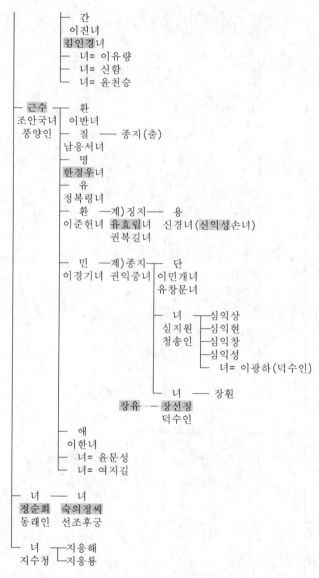

```
                ┌─ 간
                │  이진녀
                │  김인경녀
                ├─ 녀= 이유량
                ├─ 녀= 신함
                └─ 녀= 윤천승

 ┌─ 근수      ┌─ 환
 │  조안국녀  │  이반녀
 │  풍양인    ├─ 질 ── 종지(출)
 │            │  남응서녀
 │            ├─ 명
 │            │  한경우녀
 │            ├─ 유
 │            │  정복령녀
 │            ├─ 환 ──계)징지── 용
 │            │  이준헌녀  유효립녀  신경녀(신익성손녀)
 │            │           권복길녀
 │            │
 │            ├─ 민 ──계)종지┬─ 단
 │            │  이경기녀 권익중녀│  이민개녀
 │            │               │  유창문녀
 │            │               │
 │            │               ├─ 녀    ┬─심익상
 │            │               │  심지원 ├─심익현
 │            │               │  청송인 ├─심익창
 │            │               │        ├─심익성
 │            │               │        └─ 녀= 이광하(덕수인)
 │            │               │
 │            │               └─ 녀 ── 장휜
 │            │                  장유──장선징
 │            │                       덕수인
 │            ├─ 애
 │            │  이한녀
 │            ├─ 녀= 윤문성
 │            └─ 녀= 여지길
 │
 ├─ 녀 ── 녀
 │  정순희  숙의정씨
 │  동래인  선조후궁
 │
 └─ 녀 ┬─지응해
    지수청└─지응룡
```

윤두수(尹斗壽)의 부인 황대용(黃大用) 딸의 외조부는 정백붕(鄭百朋)이다.

※ 본서 부록 412쪽 참조

증조부는 군자감정(軍資監正)을 지낸 윤변(尹忭, 1495~1549)이다. 조광조(趙光祖)의 문인으로 기묘사화(己卯士禍)가 일어나자 성균관 유생들과 함께 조광조의 무죄를 호소하였다.

할아버지는 영의정을 지낸 윤두수(尹斗壽, 1533~1601)이다.

해원부원군(海原府院君) 윤두수(尹斗壽)가 졸하였다. 윤두수는 젊어서부터 공보(公輔)의 기대를 받았는데, 전랑(銓郎)이 되어 이량(李樑)의 아들이 낭관직에 천거되는 것을 허락하지 않았다. 이때 이량의 기세가 커서, 윤두수가 드디어 이 때문에 죄를 얻었는데, 사론(士論)이 훌륭하게 여겼다. 광국훈(光國勳)에 녹공되고 정경(正卿)에 올랐다. 신묘년에 왜추(倭酋)가 우리나라에게 길을 빌려 달라고 하였는데 윤두수가 가장 먼저 중국에 그것을 고할 것을 청하였다. 이 때문에 임진년의 난리가 일어났을 때 중국이 끝내 우리나라를 의심하지 않았다. 상이 이 일로 그를 인재로 여겨 드디어 재상의 지위에 이르렀다. 그러나 당시에 꺼리는 바가 되어 이를 사양하고 한가하게 살다가, 이때에 이르러 졸하였다. 『선조수정실록』권 35. 선조 34년 4월 1일

아버지는 영의정을 지낸 윤방(尹昉, 1563~1640)이다. 윤방은 율곡 이이(李珥, 1536~1584)의 문인이다.

윤방(尹昉)을 우참찬으로 삼았다. 윤방은 위인이 중후하고 덕량이 있어 소시부터 공보(公輔)의 명망이 있었다. 그 아들 윤신지(尹新之)가 옹주를 아내로 삼았으되 스스로 경계하여 청렴과 검소로 처신하여 왕실의 인척으로 자처하지 않아 칠신(七臣)의 화에서 홀로 벗어났으므로 논자들이 그를 훌륭하게 여기었다. 급기야 폐모를 정청하던 날에는 마침 말미를 얻어 밖에 있다가 입궐하여 숙배를 드린 후 뒤돌아보지 않고 돌아 갔으므로 조정에 가득한 신료들이 모두 부끄러운 기색을 지었다. 흉도들이 드

디어 중한 율로 다스리려 하자 5~6년 동안 교외에서 두문 불출
하였다. 이에 이르러 처음으로 이 직을 제수받고 얼마 안 되어
정승에 이르렀다. 『인조실록』 권1. 인조 1년 3월 15일

어머니는 한의(韓漪)의 딸 청주 한씨(淸州韓氏, 1562~1603)이
다. 한의는 중종의 2녀 의혜공주(懿惠公主)의 남편 한경록(韓景
祿, 1520~1589)의 아들이다.

부인은 선조의 서2녀로 인빈 김씨 소생인 정혜옹주이다.

슬하에 4남 1녀를 두었으나 아들 윤지(尹墀, 1600~1644)와
윤구(尹坵, 1606~1637)만 남고 모두 요절하였다.

아들 윤지(尹墀)는 홍명원(洪命元)의 딸 남양 홍씨와 혼인하
였다. 부제학 경기도 관찰사를 지냈다. 윤구는 김신국(金藎國)
의 딸 청풍 김씨와 혼인하였다.

김류가 윤지를 헌납으로 임용하려 하자 집의 유백증이 광해
군 때 설서(說書) 직을 하였다 하여 탄핵을 하였다.

　… 윤지는 좌상 윤방(尹昉)의 손자이고 해숭위(海嵩尉) 윤신지
(尹新之)의 아들이다. 젊은 나이로 과거에 급제하여 광해군 때에
설서의 자리를 차지하였기 때문에 유백증이 늘 모자라게 여겼다.
이에 이르러 정온(鄭蘊)이 대사간이 되어 인성군(仁城君) 이공(李
珙)을 외방에 안치시키는 것은 불가하다고 극론하였다. 그 뒤에
유백증이 정온을 탄핵하자 윤지가 자못 교묘하게 회피하는 태도
를 취했는데 물의가 몹시 그르게 여겼기 때문에 윤지가 바로 정
언을 사직하여 체직되었다. 그런데 오윤겸(吳允謙)이 이조판서일
때 윤지를 청반에 의망하려 했으나 최명길(崔鳴吉)이 참판으로 있
으면서 극력 저지하였다. 그 뒤에 김류가 전장(銓長)이 되어 바로
윤지를 헌납으로 임용했는데, 유백증이 논하자, 김류가 즉시 정사

(呈辭)하기를, "신은 천성이 소박하고 우직하여 사세와 능력을 헤아리지 못한 채 그저 공도(公道)를 넓혀 위로 성상의 뜻을 체득하려고 했을 뿐, 융통성있게 일을 처리하여 세속의 비위를 맞출 줄 모르면서 겨우 정조(政曹)의 자리를 차지하고 있으므로 크게 시의(時議)를 거스르게 되었으니, 외롭고 위태한 몸이 용납될 곳이 없다 …" 하였다. 『인조실록』권8. 인조 3년 1월 19일

작은 할아버지 윤근수(尹根壽, 1537~1616)는 명종 17년(1562) 9월 21일 기묘사화 당시 화를 당한 조광조(趙光祖, 1482~1519)의 신원(伸寃)을 청하였다가 9월 23일 과천현감으로 체직되기도 하고, 선조 23년(1590) 8월 종계변무(宗系辨誣)의 공으로 광국 공신(光國功臣) 1등에 해평부원군(海平府院君)으로 봉해졌으며, 선조 24년 6월 26일 우찬성으로 정철(鄭澈)이 건저문제(建儲問題)로 화를 입자, 대간의 탄핵으로 삭탈관직되기도 했다.

해평부원군 윤근수가 세상을 떠났다. 영의정 윤두수(尹斗壽)의 동생이다. 사람됨이 청백(淸白) 간솔(簡率)하고 문장이 고아(古雅)하였으며 필법이 굳세고 힘찼다. 추대되어 예원(藝苑)의 종장(宗匠)이 되었으며 평생을 선비들과 지내며 선행을 좋아하였고 후진들을 도와주기를 좋아하였다. 중국 사신을 맞아 일을 잘 처리하여 명예로운 명성이 매우 드러났다. 젊을 적부터 청고한 의논을 견지하여 청현직을 두루 거쳤으며 만년에는 문사(文史)로 혼자서 즐기면서 교유(交遊)에 뜻을 끊고 지냈다. 재능이 있는 사람이 있다는 말을 들으면 비록 촌 구석이라도 반드시 찾아보았다. 광국(光國)과 호성(扈聖) 두 공신에 책록되었다. 나라의 중요한 지위에 있은 지가 30년이었는데도 집안이 청빈하고 깨끗하여 마치 한미한 선비처럼 생활하였다. 나이 80에 세상을 떠났는데, 왕이 의원을 보내어 병환을 묻고, 장례를 예에 의거하여 치르게 하였다. 인

조 반정 후에 문정(文貞)이라는 시호를 하사하였다.『광해군일기』
권106 광해군 8년 8월 17일(을묘)「해평부원군 윤근수 졸기」

　윤근수의 아들 윤명(尹昭)은 한경우(韓景祐)의 사위이고, 한경
우의 부인은 중종비(中宗妃) 문정왕후(文定王后, 1501~1565)의
남동생인 윤원로(尹元老, ?~1547)의 딸이므로 윤명은 윤원로의
외손녀 사위이다. 한경우의 형 한경록(韓景祿)은 중종 2녀 의혜
공주(懿惠公主)와 혼인하였다. 그리고 한경록의 아들 한의(韓漪)
는 윤두수의 아들 윤방(尹昉)의 장인이다.

【청주 한씨 한경록을 중심으로】

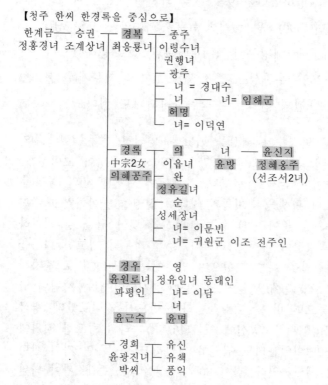

※ 본서 부록 419쪽 참조

손녀인 윤지(尹墀)의 딸 해평 윤씨(海平尹氏, 1617~1689)는 김
익겸(金益兼, 1614~1636)에게 출가해 김만기(金萬基, 1633~16
87)와 김만중(金萬重, 1637~1692)을 낳았다. 김익겸은 김장생의
손자로 병자호란 때 김상용과 함께 강화도에서 순절하였다. 해
평 윤씨는 다행히 배를 얻어 타고 빠져 나올 수가 있었는데
배 위에서 김만중을 낳았다.

김만기는 숙종비 인경왕후(仁敬王后, 1661~1680)의 아버지이다.

김만기는 어려서 부모를 잃어 외증조부인 윤신지에게 의뢰
하여 양육되었다.

【광산 김씨 김만기를 중심으로】

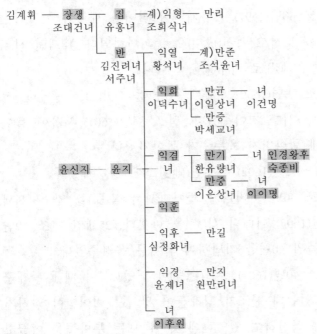

※ 본서 부록 390쪽 참조

선조 15년(1582) 12월 15일에 태어났다. 어려서 할아버지 문정공(文靖公) 윤두수(尹斗壽) 슬하에서 자랐다.

12세인 선조 26년(1593)에 아버지 문익공(文翼公) 윤방을 임단(林湍) 여소(廬所)에서 모시고, 경사(經史)를 읽었다. 14세인 선조 28년(1595) 서울에 와서 과거 시험 공부를 하였다. 15세인 선조 29년(1596) 선조 서2녀 인빈 김씨 소생 정혜옹주와 혼인하여, 해숭위(海嵩尉)에 봉해졌다. 처음 경운궁(慶運宮)에서 선조를 알현했을 때 선조가 종이와 붓을 주고 외운 시귀(詩句)를 써보라고 하여 써서 올리니 선조가 "너의 서법(書法)이 나보다 낫구나" 하시고 내구(內廐) 총마(驄馬)를 하사하셨다.

16세인 선조 30년(1597) 정유재란이 일어나 왜구가 쳐들어오니 의인왕후를 모시고 성천(成川)으로 피난하였다. 18세인 선조 32년(1599) 해주(海州)로 이주(移駐)하였다.

19세인 선조 33년(1600) 겨울에 아들 윤지(尹墀)를 낳았다. 선조가 기뻐하여 시를 지어주셨다. 선조 34년(1601) 서울에 돌아왔다. 이 해에 할아버지 윤두수가 돌아가셨다.

21세인 선조 35년(1602) 부총관(副摠管)에 임명되었다.

22세인 선조 36년 어머니가 돌아가셔서 복(服)을 입고, 24세인 선조 38년(1605) 어머니 상(喪)을 마쳤다. 25세인 선조 39년(1606) 선조 즉위 40년을 기념하여 품계를 올려주었다.

26세인 선조 40년(1607) 총관(摠管)이 되었다. 이 때에 광해군이 세자로 있었는데 선조가 광해군이 왕위를 이어받아 잘하지 못할 것 같아 걱정하고 있었는데, 공이 모든 부마들을 이끌고 선조를 뵈니 선조가 이러한 뜻을 말하였다. 이 중에 한 사람이 이것을 광해군 장인 유자신(柳自新)에게 말하여 광해군에게 선조가 말한 것을 알게 하였다. 광해군이 즉위한 후에 공을 불러 그 때 선조가 무어라고 말씀하셨는지 사실대로 말하라하니 공이 말하기를 "선조가 광해군에게 말하지 말라고 하였으니 말할 수 없습니다" 고 하니, 광해군이 심히 한스럽게 여겼다.

30세인 광해군 3년(1611) 11월 8일 양재 찰방 이형원(李馨遠)이 공이 역마를 남기(濫騎: 역마를 타서는 안될 사람이 법을 어기고 타는 것)했다고 고발한 것에 대해 해명하였다.

37세인 광해군 10년(1618) 광해군이 폐모론을 발하니, 아버지 윤방이 정청(庭請)에 불참하고 은퇴하여 위태로운 지경에 계시어, 매일 아버지만 문안하고 두문불출하고 지냈다.

42세인 인조 1년(1623) 인조 반정에 별운검(別雲劍)으로 인조를 호위하여, 정2품 통헌대부(通憲大夫)가 되었다.

43세인 인조 2년(1624) 이괄의 난이 일어나자 인조를 호종하였다. 돌아와 정2품 봉헌대부(奉憲大夫)로 승진하였다.

44세인 인조 3년(1625) 인조가 재이(災異)가 있어 구언(求言)하니, 9월 16일 소장을 올리고 아울러 선조대왕(宣祖大王)께서 직접 쓴 '존덕성 도문학 신기독 사무사(尊德性道問學愼其獨思無邪)' 12자(字)를 올렸다.

"직언을 구하는 교서를 내린 지가 여러 날이 되도록 충직한 논의를 듣지 못했는데, 경이 나를 하찮게 여기지 않고 제일 먼저 격언(格言)을 진달하고 또 선왕의 보배스런 필적을 바쳤으므로 벽에다 걸어놓고 우러러보니 직접 가르침을 받는 것 같고 옛날을 생각하니 눈물이 하염없이 흐른다. 내가 불민하기는 하나 감히 아침 저녁으로 선왕을 대하듯이 하여 경의 임금을 사랑하는 정성에 부응하지 않을 수 있겠는가”

공이 올린 상소에 인조가 감격하여 품계를 한 단계 승진시켜 종1품 숭덕대부(崇德大夫)가 되었다.

45세인 인조 4년(1626)에 명나라에서 사신이 오니 이들을 영접하러 안주(安州)에 갔다. 부마가 영위사가 된 것은 중종 서3녀 정순옹주(貞順翁主)의 남편인 여성위(礪城尉) 송인(宋寅, 1517~1584)과 공(公) 뿐이다. 이 때에 공의 중부(仲父) 도재공(陶齋公) 윤흔(尹昕, 1564~1638)이 영위사로 평양에 있었고, 계부(季父) 백사공(白沙公) 윤훤(尹暄, 1573~1627)은 평안도 관찰사로 있었다. 아버지 문익공(文翼公) 윤방(尹昉)은 영위사로 벽제(碧蹄)에 있었다. 일문(一門)이 평양에서 벽제까지 도로에서 연이어 사신 행차를 맞이하는 형상이 되었다.

46세인 인조 5년(1627) 정묘호란이 일어나니 인조를 호종하여 강화도로 들어가 도총관(都摠管)이 되었다. 이 해에 장릉(章陵: 원종)을 천봉하면서 만시(挽詩)를 지어 올리니, 시(詩)가 애절하여 인조가 보고 한참을 눈물을 흘렸다.

49세인 인조 8년(1630) 장차 목릉(穆陵: 선조)을 옮기게 되었는데 공이 특별히 선공감(繕工監) 제조(提調)에 임명되었다. 3월 21일 산릉도감 당상이 되었다.

총호사(摠護使) 김류(金瑬)와 더불어 건원릉 내 제2강(岡)에 목

릉터를 잡고, 건원릉을 본받고『오례의 五禮儀』에 있는대로 문
인석 무인석을 사람 크기 만큼 작게 할 것을 주청하였고, 광릉
(光陵: 세조)·영릉(英陵: 세종)을 본받아 사대(莎臺)와 병석(屛
石)을 하지말고 석란(石欄)만 할 것을 주청하였다. 태릉(泰陵:
문정왕후)부터 크게 하는 것만을 능사로 삼았던 것을 바로 잡
으려 하였다. 그러나 어쩐 일인지 주청한대로 되지 않았다. 이
공으로 종1품 광덕대부(光德大夫)로 승진하였다.

　51세인 인조 10년(1632) 5월 29일 장릉(章陵: 원종)을 개봉(改
封)하는데 도감(都監) 제조(提調)로 동역(董役)한 공으로 정1품
성록대부(成祿大夫)로 승진하였다. 이 해 6월 인목대비가 승하
하시니 또 도감 제조를 맡았다. 이 공으로 정1품 수록대부(綏
祿大夫)에 승진하였다. 이 때에 아버지 문익공 윤방은 정1품
영의정으로 동반(東班)의 수반(首班)이었고 공은 서반(西班)의
수반이었다.

　이처럼 인조 때에는 군덕(君德)을 극론(極論)하는 데 서슴지
않았으나 인조는 이것을 잘 받아들였으며, 능묘(陵廟)의 대사가
있을 때마다 그에게 감독하게 하여 마침내 정1품에 올라 위
(位)가 재상과 같았다.

　54세인 인조 13년(1635) 능침을 개수하라는 명을 받고 상소
하여 너무 자주 능침을 개수하지 말고 보수만 할 것을 주청하
여 허락받았다.

　이 해에 인조 비 인열왕후(仁烈王后)가 승하하시니 다시 돈
장(敦匠)을 맡아 하였다.

55세인 인조 14년(1636) 병자호란 때에는 왕명을 받아 노병 재신(老病宰臣)들과 함께 강화에 갔다. 그때 묘사(廟社)를 지키고 있던 아버지 윤방(尹昉)이 그를 소모대장(召募大將)으로 죽진(竹津)에 있게 하였다. 그래서 민인길(閔仁佶)·이장영(李長英)·권의(權嶷) 등과 종실 10여인과 함께 800여명을 모아 죽진을 방어하였다. 갑진(甲津)이 적군에게 점령되고 부성(府城)에 적이 육박해 오자 군사를 지휘하여 성을 나와 죽기를 결심하고 홀로 말을 달려 질주하다가 적병을 만나자 몸을 절벽에 던져 자살하려 하였으나 구조되었다.

59세인 인조 18년(1640) 8월 아버지 윤방이 돌아가셔서 인조 20년(1642) 3년상을 마치니, 인조가 특별히 선공감 제조(繕工監提調)로 임명하였다.

63세인 인조 22년(1644) 4월 8일 아들인 전 참판 윤지(尹墀)가 죽었다.

윤지(尹墀)는 해숭위(海嵩尉) 윤신지(尹新之)의 아들로서 어릴 적에 재명(才名)이 있어 20세에 급제하여 광해군 때에 이미 청현직에 올랐으므로 사론이 이 때문에 그를 좋지 않게 보았다. 반정한 뒤에 유백증(兪伯曾)의 탄핵을 받았으나 특별히 융성한 문호로 인하여 청현직을 두루 거치고 겨우 30세에 벼슬이 아경(亞卿)에까지 올랐으며, 큰 고을을 여러 차례 맡으면서 모두 선정을 하였다는 명성이 있었다. 죽을 때의 나이는 45세였다.

64세인 인조 23년(1645) 소현세자 상에는 도감 당상(都監堂上)으로 묘소에 나갔고, 66세인 인조 25년(1647) 수리도감 제조(修理都監提調)로 창덕궁을 영조하였다. 68세인 인조 27년(1649)

5월 8일 인조가 승하하시니, 도감 당상이 되었다.

70세인 효종 2년(1651) 3월 14일 조익(趙翼)이 지은 아버지 윤방의 시장(諡狀) 중 소현세자(昭顯世子) 부인인 민회빈(愍懷嬪) 강씨(姜氏)에 대해 빈궁이라 하여 문제가 발발하였다.

상이 정원에 하교하기를, "조익(趙翼)이 지은 해창군(海昌君) 윤방의 시장(諡狀) 중에 역적 강씨(姜氏)를 버젓이 빈궁이라 일컫고 또 글자를 잇대어 쓰지 않고 칸을 띄웠으니, 이는 무슨 의도인가? 승지는 살펴서 아뢰어라" 하였는데, 승지 이일상(李一相) 등이 아뢰기를, "삼가 하문을 받들고 본 시장을 자세히 살펴보니 역적 강씨를 빈궁이라 일컫고 또 글자를 잇대어 쓰지 않았습니다. 이는 비록 말을 구사하고 글자를 쓸 때 세심히 하지 못한 데에서 나온 것이긴 하나 매우 놀라운 일이니, 시장을 도로 내주어 그로 하여금 고쳐 짓게 하소서" 하니, 답하기를, "아뢴 대로 하라. 군부(君父)의 원수를 염두에 두지 않고 사사로이 악역(惡逆)을 존숭한 일은 과거 어느 서책에서 찾아보더라도 듣지 못한 일이다. 어찌 인심과 나라의 기강이 갑자기 이 지경에 이를 줄이야 생각이나 했겠는가. 소름이 끼쳐 그 글을 차마 똑바로 보지 못하겠다. 그것을 받아들인 담당 당상과 낭청 또한 그 처사가 매우 놀라우니, 모두 나추하여 국법을 바루도록 하라" 하였다. ― 태상(太常)이 옥당과 시호를 의논하여 이조와 예조에 보내면 거기서 도당(都堂)으로 보내 입계하는 것이 규례이다. 이른바 해조는 곧 예조이다. 그 당시의 참의 이시해(李時楷)는 이때 외방으로 나가 전주 부윤(全州府尹)으로 있었는데 상이 잡아올 것을 명하였고, 좌랑 채지연(蔡之沇)은 이때 연서 찰방(延曙察訪)으로 있었는데 즉시 수금되고, 마침내 도배(徒配)되기에 이르렀다.

효종 2년 3월 18일 아버지 윤방의 시장(諡狀)은 이식(李植)이

지은 것을 조익(趙翼)이 고치지 않고 올린 것이라고 해명하였다.

　해숭위(海嵩尉) 윤신지(尹新之)가 상소하기를, "신은 삼가 듣건 대, 선신(先臣) 시장 가운데 잘못 쓴 문자로 인하여 성지(聖旨)가 준엄하여 그것을 받아들인 담당 관리를 잡다가 추고하라는 명을 내리기까지 하였다 하니, 신은 이 소식을 듣고 황송하고 떨리어 어찌할 바를 모른 나머지 감히 죽을 죄를 무릅쓰고 그 일의 줄거리를 대강 진달할까 합니다. 신이 경진년에 선신의 상을 만나 상중에서 선신의 평소 행적을 대강 기록하여 대제학 이식(李植)에게 시장을 지어달라고 청하여 지어낸 문자로 이미 정본(正本)을 써 두었으나 계속 국가에 일이 많아 미처 시호를 청하지 못하고 있던 중 이식이 죽어버렸습니다. 시호를 청하는 규정에 시장을 지은 사람의 성명은 이미 죽은 사람으로 쓸 수 없으므로 다시 시장을 판중추부사 신 조익(趙翼)에게 청했더니, 그는 '이식의 문장이 뛰어나니 이 글을 고쳐 지을 것이 없다. 그 글을 그대로 쓰고 성명만 고쳐 쓰는 것이 무방하다' 하고 한두 군데만 수정하여 보내왔기에 그에 따라 다시 써서 태상(太常)으로 보냈던 것입니다. 어찌 그 안에 있는 문자가 이와 같은 오류가 있어 성상의 엄한 분부가 내리는 이런 일까지 있을 줄이야 알았겠습니까. 대체로 이 글이 지어진 때는 강역(姜逆)의 옥사가 일어나기 이전이었으니, 지난해에 다시 쓸 때 만약 잘 살펴보았더라면 반드시 그대로 놓아두어 착오를 범할 일은 없었을 것인데, 당초의 원본대로 그대로 썼기 때문에 범범하게 넘어가고 만 것이며, 강빈이란 글자를 잇대어 쓰지 않은 것은 이 또한 글씨를 쓴 사람이 그전 원본대로만 따라 잘못 베낀 것입니다. 이는 참으로 전혀 의식이 없는 가운데 그 사정을 깨닫지 못한 소치이니, 그 병으로 혼매하여 잘못을 저지른 죄는 실로 만번 죽어 마땅합니다. 강적(姜賊)의 흉역(凶逆)한 정상은 신과 사람이 함께 분개하고 천지가 용납하지 못하는 바인데, 신하된 자로서 아무

리 극히 어리석어 형편없다 하더라도 어찌 사사로이 악역을 존
숭하여 스스로 불칙한 형벌에 빠져들 자가 있겠습니까. 삼가 원
하건대 신을 사패(司敗)에 내려 먼저 신의 죄를 바루소서" 하니,
상이 그 소장을 금부에 내리며 이르기를, "늙고 병든 사람을 하
옥하여 다스릴 수는 없으나 이 상소를 유사로 하여금 의논하여
아뢰게 하라" 하였다.

이 문제로 형 윤이지(尹履之, 1579~1668)는 조익(趙翼, 1579~
1655)과 더불어 삭직되었다.

혜민서(惠民署) 제조(提調)로 임명되었다. 공이 병이 있어 약
을 먹기에 편하라고 효종이 내린 조치였다.

효종 8년(1657) 5월 3일 76세로 졸하였다.

해숭위 윤신지가 졸하였다. 고상(故相) 윤방(尹昉)의 아들이자
선조의 부마이다. 글을 잘 지었고 서화에도 능한데다 아들 윤지
(尹墀)와 윤구(尹坵)도 모두 현달하였으므로 풍류와 복록이 일세
의 선망의 대상이 되었다. 그러나 오래지 않아 두 아들이 먼저
죽자 이 때부터 문을 닫고 일을 사절하기를 근 20년이나 하다가
죽었다.

이 해 8월 26일 고양군(高陽郡) 원당리(元堂里)에 장사지냈다.

숙종 12년(1686) 12월 21일 문목(文穆)이라는 시호를 받았다.

친한 친구로는 포저(浦渚) 조익(趙翼, 1579~1655), 기암(畸庵)
정홍명(鄭弘溟, 1582~1650), 택당(澤堂) 이식(李植, 1584~1647),
동명(東溟) 정두경(鄭斗卿, 1597~1673)이 있다.

사람됨이 총명하였으므로 선조는 때때로 시를 지어 바치게
하여 사랑을 받았다.

널리 사람을 사귀었으나 이름을 나타내기를 꺼렸으며 오로지 내수(內修)에 힘썼고, 현호(玄湖)에 복거(卜居)하면서 스스로 현주산인(玄洲散人)이라고 불렀다. 시·서(書)·화(畵)에 능하였다.

노씨(老氏) 연거(燕居) 초연(超然) 설에 연결해서 연초재(燕超齋)라고 호를 지었다.

영의정 이의현(李宜顯, 1669~1745)이 찬(撰)하고 현손 윤득화(尹得和, 1688~1759)가 쓰고 영의정 김재로(金在魯, 1682~1759)가 전(篆)한 신도비가 있다.

저서로는 『현주집 玄洲集』·『파수잡기 破睡雜記』가 있다.

윤신지 묘 (경기도 고양시 원당동)

▦ 정혜옹주 남편

【생몰년】 선조 15년(1582) ~ 효종 8년(1657). 향년 76세
【성 명】 윤신지(尹新之)   【본 관】 해평(海平)
【 자 】 중우(仲又)
【 호 】 연초재(燕超齋). 현주산인(玄洲散人)
【시 호】 문목(文穆)
　　　　민이호학왈문(敏而好學曰文) 중심견모왈목(中心見貌曰穆)
【 묘 】 고양 원당읍 원당3리 유좌(高陽元堂邑元堂3里酉坐: 대동보)
　　　　경기도 고양시 원당동
　　　　묘는 대리석 둘레받침석이고 묘표는 65cm, 두께 22cm, 높이
　　　　150cm의 대리석으로 정유(丁酉, 1657)년에 입석함. 봉분 앞에
　　　　동자석 2, 상석 1, 망주석, 문인석 각 2기, 장명등이 1기 있다
【문 헌】 『해평윤씨대동보 海平尹氏大同譜』『선원계보 璿源系譜』
　　　　『인조실록 仁祖實錄』『효종실록 孝宗實錄』
　　　　『국조인물고 國朝人物考』『고양군지 高陽郡誌』
　　　　『연려실기술 燃藜室記述』
　　　　김만기(金萬基) 『서석집 瑞石集』 권13 「외증조고수록대부해숭위
　　　　겸오위도총부도총관부군행장 外曾祖考綏祿大夫海嵩尉兼五衛
　　　　都摠府都摠管府君行狀」
　　　　이의현(李宜顯) 『도곡집 陶谷集』 권11 「해숭위문목윤공신도비명
　　　　海嵩尉文穆尹公神道碑銘」

7. 정숙옹주(貞淑翁主)

서3녀 정숙옹주(貞淑翁主, 1587~1627)
부마: 신익성(申翊聖, 1588~1644). 평산(平山)

출전: 『선원록 璿源錄』

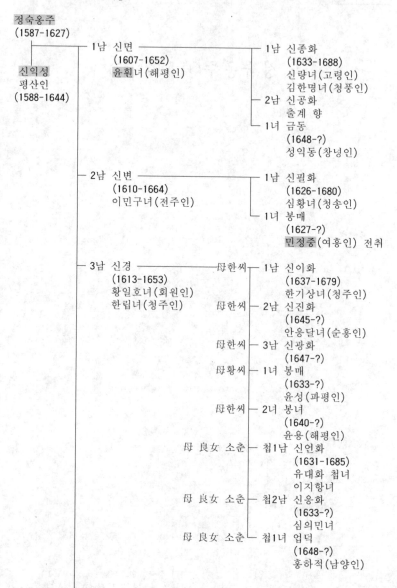

정숙옹주
(1587-1627)

1남 신면
(1607-1652)
윤휘녀(해평인)

신익성
평산인
(1588-1644)

1남 신종화
(1633-1688)
신량녀(고령인)
김한명녀(청풍인)

2남 신공화
출계 향

1녀 금동
(1648-?)
성익동(창녕인)

2남 신변
(1610-1664)
이민구녀(전주인)

1남 신필화
(1626-1680)
심황녀(청송인)

1녀 봉매
(1627-?)
민정중(여흥인) 전취

3남 신경
(1613-1653)
황일호녀(회원인)
한립녀(청주인)

母한씨 — 1남 신이화
(1637-1679)
한기상녀(청주인)

母한씨 — 2남 신진화
(1645-?)
안응달녀(순흥인)

母한씨 — 3남 신광화
(1647-?)

母황씨 — 1녀 봉매
(1633-?)
윤성(파평인)

母한씨 — 2녀 봉녀
(1640-?)
윤용(해평인)

母 良女 소춘 — 첩1남 신언화
(1631-1685)
유대화 첩녀
이지항녀

母 良女 소춘 — 첩2남 신응화
(1633-?)
심의민녀

母 良女 소춘 — 첩1녀 업덕
(1648-?)
홍하적(남양인)

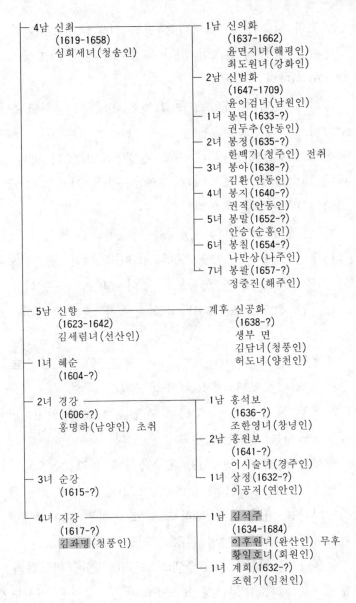

┌ 4남 신최────────── ┌ 1남 신의화
│   (1619-1658)   │   (1637-1662)
│   심희세녀(청송인)   │   윤면지녀(해평인)
│   │   최도원녀(강화인)
│   ├ 2남 신범화
│   │   (1647-1709)
│   │   윤이겸녀(남원인)
│   ├ 1녀 봉덕(1633-?)
│   │   권두추(안동인)
│   ├ 2녀 봉정(1635-?)
│   │   한백기(청주인) 전취
│   ├ 3녀 봉아(1638-?)
│   │   김환(안동인)
│   ├ 4녀 봉지(1640-?)
│   │   권적(안동인)
│   ├ 5녀 봉말(1652-?)
│   │   안승(순흥인)
│   ├ 6녀 봉칠(1654-?)
│   │   나만상(나주인)
│   └ 7녀 봉팔(1657-?)
│   정중진(해주인)
│
├ 5남 신향 ─────────── ┌ 계후 신공화
│   (1623-1642)   │   (1638-?)
│   김세렴녀(선산인)   │   생부 면
│   │   김담녀(청풍인)
├ 1녀 혜순   │   허도녀(양천인)
│   (1604-?)
│
├ 2녀 경강 ─────────── ┌ 1남 홍석보
│   (1606-?)   │   (1636-?)
│   홍명하(남양인) 초취   │   조한영녀(창녕인)
│   ├ 2남 홍원보
│   │   (1641-?)
│   │   이시술녀(경주인)
├ 3녀 순강   └ 1녀 상정(1632-?)
│   (1615-?)   이공저(연안인)
│
└ 4녀 지강 ─────────── ┌ 1남 김석주
    (1617-?)   │   (1634-1684)
    김좌명(청풍인)   │   이후원녀(완산인) 무후
                           │   황일호녀(회원인)
                           └ 1녀 계희(1632-?)
                               조현기(임천인)

※ 본서 부록 372쪽 참조

선조의 서3녀로서 어머니는 인빈 김씨(仁嬪金氏)이다.

남편은 평산 신씨(平山申氏) 동양위(東陽尉) 신익성(申翊聖, 15 88~1644)이다.

슬하에 13명의 자녀를 두었으나 4명은 요절하고 5남 4녀만 남았다.

선조 20년(1587) 3월 갑진에 창경궁(昌慶宮)의 양화당(養和堂) 에서 태어났다. 선조가 친히 소학(小學)을 가르치고, 궁인을 따 라 19사략(史略)을 배웠다.

9세인 선조 28년(1595) 정숙옹주로 봉해졌다.

13세인 선조 32년(1599) 신익성(申翊聖)에게 출가했으나 나이 가 어려 선조(宣祖)가 궁중으로 돌아오라고 명하였다.

15세인 선조 34년(1601) 선조(宣祖)가 출합(出閤)하라고 명하 였다.

18세인 선조 37년(1604)에 1녀 혜순(惠順)을 낳았고, 20세인 선조 39년에는 2녀 경강(敬康)을 낳았다.

21세인 선조 40년(1607) 1남 신면(申冕)을 낳았고, 24세인 광 해군 2년에는 2남 신변(申昪)을 낳았다.

27세인 광해군 5년(1613) 계축옥사에 유교 7신으로 시아버지 현헌공(玄軒公) 신흠(申欽, 1566~1628)이 연루되어 옥에 갇히자 시어머니를 따라 땅에 자리를 깔고 곡하면서 며칠동안 음식을 물리쳤다. 이해에 3남인 신경(申炅)을 낳았다.

신흠이 풀려나와 김포(金浦)의 전리(田里)에 거처하자, 옹주가 홀로 배를 타고 가서 성근(省覲)하여 몇 십일을 머물면서 차마 떠나지 못하였다. 신흠이 춘천(春川)으로 유배되어 산속 황벽한 곳이라 불때고 밥하는 것도 힘들었다. 옹주가 정성을 당하여 쌀과 소금을 대고 한가지 맛있는 음식만 있어도 싸서 보내서 봉양하였다. 가묘(家廟)가 서울에 있었는데 옹주가 제사를 잘 모셨다. 남편의 큰누나가 춘천에 부모를 뵈러 갔다가 가평에서 병이 나서 졸하자 모든 장례를 도맡아서 처리했다.

광해군 때 궁중에서 연회를 하면 인목대비를 유폐시켰다 하여 참여하지 않았다. 29세인 광해군 7년(1615) 오빠인 정원군의 아들 능창군이 신경희 옥사에 역모로 몰려 죽으니 아무도 문안하지 못하는데, 옹주는 문안하였다. 이해에 3녀 순강(順康)을 낳았다.

31세인 광해군 9년(1617)에 4녀 지강(止康)을 낳았고, 33세인 광해군 11년에 4남 신최(申㝡)를 낳았고, 37세인 인조 1년(1623)에 5남 신향(申㗻)을 낳았다.

인조 5년(1627) 11월 5일 41세로 졸했다.

그해 12월 4일 정숙옹주 예장일 때문에 세자 가례를 연기해야 하는지 논의되었다.

상이 하교하기를, "정숙옹주(貞淑翁主)의 예장(禮葬)을 이달 27일로 정했다고 하는데 그날 가례를 행하는 것은 미안하니, 해조로 하여금 택일을 다시 하도록 하라" 하였다. 예조가 아뢰기를, "세자의 가례는 나라의 큰 일입니다. 정숙옹주가 비록 정으로는 지친이지만, 사가(私家)의 상례 때문에 대례(大禮)를 옮길 수는 없습니다. 『예기』 증자문(曾子問)에 '신랑이 친영(親迎)하고 신부가 아직 이르지 않았을 때, 만약 자최(齊衰)·대공(大功)의 상을 당하면 어떻게 합니까?' 하니 공자가 답하기를 '남자는 들어가지 않고 밖에서 옷을 바꾸어 입고 여자는 들어가서 안에서 옷을 바꾸어 입은 다음, 자리에 나아가 곡한다' 하였으며, 그 주에 '여기서 특별히 자최와 대공의 상만을 물은 것은 소공(小功)과 시마(總麻)는 가벼우므로 혼례를 폐하지 않고 예를 마친 다음 곡하는 것이기 때문이다' 하였습니다. 이것으로 보건대, 정숙옹주는 세자의 소공친(小功親)이므로 비록 초상(初喪) 중이라도 혼례를 폐할 수 없는 것은 분명합니다. 또 『예기』 잡기(雜記)에 '아버지가 소공의 말기(末期)이면 아들의 관례를 할 수 있고, 딸을 시집보낼 수 있고, 며느리를 얻을 수 있다. 자기가 비록 소공복을 입었더라도 졸곡(卒哭)이 지났으면 관례하고, 며느리 얻고, 시집보낼 수 있다'고 하였습니다. 하물며 국조제례(國祖制禮)에는 소공 이상은 정조시(停朝市)만 하고 복이 없다고 하였으니, 결단코 이 때문에 대례를 미룰 수 없습니다. 또 삼가 듣건대, 상가(喪家)에서 장례를 28일로 연기했다 하니 더욱 구애될 것이 없습니다. 이미 정한 날에 거행하소서" 하니, 상이 따랐다.

인조 5년 12월 28일에 광주(廣州) 동면(東面) 고랑리(古浪里)에 예장(禮葬)하였다.

인조 6년(1628) 3월 26일 정숙옹주 묘 옆에 있는 봉안역(奉安驛)의 위전(位田) 1결을 절급(折給)하라고 인조가 하교하였다.

   "정숙옹주(貞淑翁主)의 묘 아래 아주 가까운 곳에 봉안역(奉安驛)의 위전(位田) 1결이 있다고 한다. 그 집에 사급(賜給)하고 둔전으로 본역에 절급(折給)하라"

인조 6년 9월 28일 정숙옹주(貞淑翁主)의 자손에게 3년 상을 지내는 동안 왕자의 예에 따라 녹봉을 지급하도록 하였다.

인조 7년(1629) 5월 3일 제전(祭田)으로 사급(賜給) 받았던 위전(位田) 1결을 사헌부의 건의에 따라 봉안역에 되돌려 주었다.

"삼가 듣건대 봉안역(奉安驛)에 딸린 전답 1결을 정숙옹주(貞淑翁主) 집에다 끊어 주어 제전(祭田)으로 하도록 하였다고 하는데 그 일이 물론 친한 이에게 친히 대해 주는 뜻에서 나온 것이겠으나 국가에서 역을 설치하고 거기에 전답을 둔 법이 지극히 엄중하여 사사로운 일로 공(公)을 엄폐할 수는 결코 없는 일입니다. 빨리 본 역으로 되돌려주도록 명하시어 금석(金石)과 같은 법을 중하게 하소서" 하였는데, 누차 아뢰자 따랐다. 당초에 이귀(李貴)가 병조판서로 있으면서 그 불가함을 말하였기 때문에 대간이 논한 것이다.

▒ 정숙옹주

【생몰년】 선조 20년(1587) ~ 인조 5년(1627). 향년 41세
【본 관】 전주(全州)
【 묘 】 장단 원통리(長湍元通里: 선원계보)
　　　　　장단군 원통면(長湍郡元通面: 선원강요)
　　　　　광주 동면 사부촌 고랑리(廣州東面莎阜村古浪里: 선원록)
　　　　　부부 합장
【문 헌】 『선원록 璿源錄』 『인조실록 仁祖實錄』
　　　　　장유(張維) 『계곡집 谿谷集』 권10 「정숙옹주묘지명 貞淑翁主墓誌銘」
　　　　　신익성(申翊聖) 『낙전당집 樂全堂集』 권11 「망실정숙옹주묘표 亡室貞淑翁主墓表」
　　　　　신익성(申翊聖) 『낙전당집 樂全堂集』 권13 「망실정숙옹주행장 亡室貞淑翁主行狀」

정숙옹주 남편

신익성(申翊聖)

출전: 『평산신씨대동보 平山申氏大同譜』

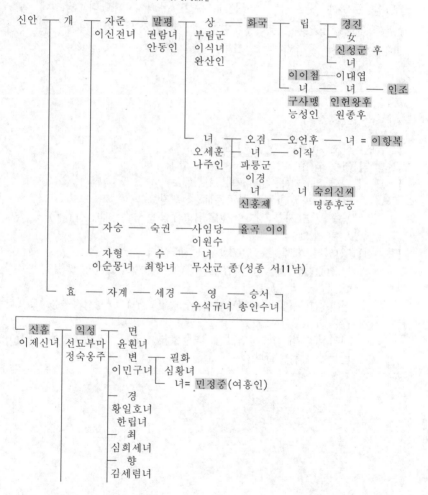

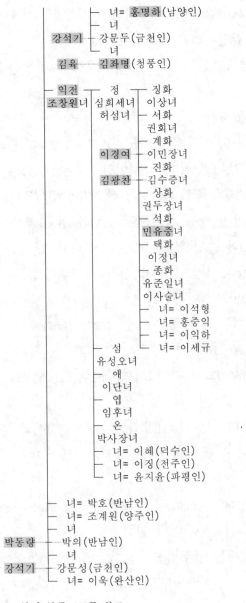

```
                 ┌ 녀= 홍명하(남양인)
                 ├ 녀
      강석기 ─┬ 강문두(금천인)
                 └ 녀
      김육 ┄┄ 김좌명(청풍인)


 ┌ 익전 ─┬ 정 ─┬ 징화
   조창원녀  심희세녀 │ 이상녀
             허섬녀 ├ 서화
                      │ 권회녀
                      ├ 계화
        이경여 ┤ 이민장녀
                      ├ 진화
        김광찬 ┤ 김수증녀
                      ├ 상화
                      │ 권두장녀
                      ├ 석화
        민유중녀 ┤
                      ├ 태화
                      │ 이정녀
                      ├ 종화
                      │ 유준일녀
                      │ 이사술녀
                      ├ 녀= 이석형
                      ├ 녀= 홍중익
                      ├ 녀= 이익하
                      └ 녀= 이세규
         ┌ 섬
         │ 유성오녀
         ├ 애
         │ 이단녀
         ├ 엽
         │ 임후녀
         ├ 온
         │ 박사장녀
         ├ 녀= 이혜(덕수인)
         ├ 녀= 이징(전주인)
         └ 녀= 윤지윤(파평인)

 ┌ 녀= 박호(반남인)
 ├ 녀= 조계원(양주인)
 ├ 녀
 박동량 ┬ 박의(반남인)
 │ ├ 녀
 강석기 ┬ 강문성(금천인)
        └ 녀= 이욱(완산인)
```

※ 본서 부록 406쪽 참조

아버지는 영의정 신흠(申欽)이며, 어머니는 청강(淸江) 이제신 (李濟臣, 1536~1584)의 딸인 전의 이씨(全義李氏)이다.

부인은 선조의 서3녀로 인빈 김씨(仁嬪金氏) 소생 정숙옹주 (貞淑翁主)이다.

슬하에 5남 4녀를 두었다.

1남 신면(申冕, 1607~1652)은 윤훤(尹暄, 1573~1627)의 딸인 해평 윤씨(海平尹氏)와, 2남 신변(申昪)은 이민구(李敏求, 1589~ 1670)의 딸인 전주 이씨(全州李氏)와, 3남 신경(申炅)은 황일호 (黃一皓, 1588~1641)의 딸인 창원 황씨(昌原黃氏)와 한립(韓岦)의 딸 청주 한씨(淸州韓氏)와, 4남 신최(申最)는 심희세(沈熙世)의 딸 청송 심씨(靑松沈氏)와, 5남 신향(申晑)은 김세렴(金世濂)의 딸인 선산 김씨(善山金氏)와 혼인하였다.

1녀는 요절하였고, 2녀는 홍명하(洪命夏, 1607~1667)에게, 3 녀는 강석기(姜碩期, 1580~1643)의 아들 강문두(姜文斗)에게, 4 녀는 김육(金堉, 1580~1658)의 아들 김좌명(金佐明, 1616~1671) 에게 출가하였다.

심희세(沈熙世)는 명종비 아버지 심강(沈鋼, 1514~1567)의 증 손자이고, 심엄의 아들이며 택당(澤堂) 이식(李植, 1584~1647)의 매부이다.

동생 신익전(申翊全, 1605~1660)은 조창원(趙昌遠, 1583~16 46)의 사위가 되어 인조와는 동서간이 된다.

신익성은 임진왜란 때에는 선무원종공신(宣武原從功臣) 1등에 올랐으며, 병자호란 때 척화 5신(斥和五臣)의 한 사람이다.

【양주 조씨 조창원을 중심으로】

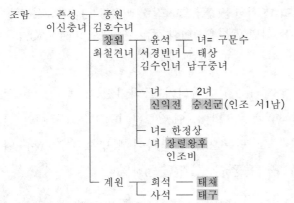

선조 21년(1588)에 태어났다.

12세인 선조 32년(1599) 11월 26일 정숙옹주(貞淑翁主)와 혼인하여 동양위(東陽尉)에 봉해졌다.

19세인 선조 39년(1606) 오위도총부 부총관(副摠管)이 되었다.

20세인 선조 40년(1607) 12월 3일 오위도총부 도총관(都摠管)이 되었다.

31세인 광해군 10년(1618) 폐모론이 일어나자 정청에 시종일관 불참한 38인으로 방축(放逐)되었다.

정청(庭請)에 나아가 참여한 당상은 2백 45인이었다. 시종일관 참여하지 않은 38인을 초계(抄啓)하였는데, 그 명단은 정창연·유근·김상용·이정구·김권(金權)·신식(申湜)·오윤겸·구성(具宬)·윤방·조응록(趙應祿)·김위(金渭)·이시발(李時發)·박동선(朴東善)·성진선(成晋善)·신익성(申翊聖)·정효성(鄭孝成)·박미(朴瀰)·홍우경(洪友敬)·박안세(朴安世)·이시언·권희(權憘)·유적(柳頔)·오백령(吳百齡)·김류(金鎏)·윤홍(尹鴻)·윤응삼(尹應三)·정사서(

鄭思緒)·이계남(李桂男)·정호신(鄭好信)·이상준(李尙俊)·권극정(權克正)·강인(姜絪)·이사공(李士恭)·김경생(金慶生)·정승서(鄭承緒)·이상(李祥)과 입번(入番)한 이희(李憘)와 김현성(金玄成)이다. 『광해군일기』권124. 광해군 10년 2월 9일

36세인 광해군 15년(1623) 어머니가 돌아가셨다.

인조반정(1623) 후 재등용되어, 인조 2년 1월 이괄(李适)의 난이 일어나자, 1월 25일 담복으로 종군하여 왕명으로 3궁(宮: 인목대비·인열왕후·계운궁)을 호위(扈衛)하였다.

상이 김상헌(金尙憲)·이시백(李時白)·이시방(李時昉)·구굉(具宏) 등을 기복(起復)시키기를 명하니, 김상헌이 상소하여 상제(喪制)를 마치겠다고 굳이 사양하였다. 또 동양위(東陽尉) 신익성(申翊聖), 달성위(達城尉) 서경주(徐景霌)를 기복시키도록 명하니, 서경주가 상소하여 상제를 마치겠다고 청하고 신익성도 상소하여 기복하라는 명을 거두기를 청하면서 담복(禫服)으로 종군(從軍)하겠다고 청하니, 상이 모두 윤허하였다.

인조 2년(1624) 2월 9일 중전(中殿: 仁烈王后)을 모시고 가다가 자전(慈殿: 仁穆大妃)이 길을 잘못 드신 것을 알고 찾아가 모시고 왔다.

평명(平明)에 상이 아직 배 안에 있었는데, 동양위(東陽尉) 신익성(申翊聖)이 자전(慈殿)을 모시고 뒤쫓아 와서 뵈니, 상이 호상(胡床)을 치우라고 명하고 평좌(平坐)하여 인견하였다. 애초에 신익성이 중전(中殿)을 모시고 관왕묘(關王廟) 앞에 이르러서야 비로소 자전이 양화의 길을 잘못 잡은 것을 알고서 중전의 하교를 받아 잠두(蠶頭) 강가에 뒤쫓아 가서 뵈고 드디어 대비전을 모시고 돌아와 강을 건너 모래 위에 가마를 내렸다. 상이 먼저 중사(中

使)를 보내어 문안하기를, "수행하는 관원들이 길을 잘못 인도하여 전도하게 되었습니다. 성후(聖侯)가 어떠하신지 몰라 몹시 걱정스러웠습니다" 하니, 답하기를, "나는 편안합니다마는 옥후(玉侯)에 손상이 있을 듯싶으니, 이 때문에 염려될 뿐입니다" 하였다. 상이 배에서 내려 대비전과 계운궁(啓運宮)에게 문안하였다.

38세인 인조 3년(1625) 3월 19일 인목대비의 분부에 따라 영창대군(永昌大君)의 비문을 쓰게 되었다.

영창대군 이의(李㼁)는 나이 8세 때에 간흉들의 모함을 받았는데, 광해가 강화부에 가두면서 궁녀 두 사람을 따라가게 하였다. 자전이 옷 한 벌을 만들어 보내었는데, 영창대군이 펴 볼 적에 옷에 얼룩진 데가 있었다. 이에 궁녀들에게 묻기를, "새 옷에 어찌하여 얼룩이 있는가?" 하니, 궁녀들이 말하기를, "이는 자전께서 눈물을 흘리신 흔적입니다" 하자, 영창대군이 눈물을 흘리며 오열하였다. 그 뒤에 광해가 두 궁녀를 잡아오라고 하였다. 의금부 도사가 위리 안치한 곳의 문에 당도하여 나오라고 재촉하자, 궁녀들이 통곡하면서 영창대군에게 하직하니, 영창대군이 단정하게 앉아 미동도 하지 않으면서 말하기를, "너희들은 빨리 나가거라" 하였다. 광해가 이정표(李廷彪)를 별장(別將)으로 삼아 지키게 하면서 몰래 빨리 죽이도록 하자, 이정표가 광해의 뜻을 받들어 영창대군이 거처하는 데로 가서 방에 불을 넣지 않았다. 이에 영창대군이 늘 의롱(衣籠) 위에 앉았고, 때때로 섬돌 가에 나아가 하늘을 향하여 빌기를 "한 번 어머니를 보고 싶을 뿐입니다" 하였다. 이정표가 음식에다 잿물을 넣어 올리자 영창대군이 마시고서 3일 만에 죽었다. 강화 사람들이 지금도 이 일을 말하려면 슬픔으로 목이 메어 말을 하지 못한다. 자전이 복위한 다음에 대군의 예로 다시 장사하고, 또 비를 세워 그 때의 사적을 기록했다. 묘는 광주(廣州)에 있다.

39세인 인조 4년(1626) 1월 3일 선조에서 사여(賜與)한 어장
(漁場)을 사양하였다.

동양위(東陽尉) 신익성(申翊聖)이 차자를 올려 선조(先朝)에서
사여(賜與)한 어장(漁場)을 사양하니, 답하였다. "선조께서 은전으
로 하사한 것인데 경에게 무슨 혐의가 있겠는가. 안심하고 사양
하지 말라"

인조 4년 6월 10일 사신 접대에 표석(表石) 서사관(書寫官)으
로 힘썼다고 숙마(熟馬) 1필을 하사받았다.

40세인 인조 5년(1627) 정묘호란 때에는 소현세자(昭顯世子)
를 모시고 전주로 피하였다.

인조 5년 9월 16일 홍경원(興慶園, 원종릉) 천장(遷葬) 때 표
석(標石) 서사관(書寫官)으로 힘썼다고 숙마 1필을 하사받았다.

인조 5년 11월에 부인 정숙옹주가 41세로 졸했다.

41세인 인조 6년(1628) 1월 15일 해창군(海昌君) 윤방(尹昉)·
영의정 신흠 등과 함께 인성군(仁城君) 이공(李珙, 1588~1628)
을 처벌하라는 정청(庭請)에 참여하였다.

이해 6월 29일 아버지 신흠이 돌아가셨다. 43세인 인조 8년
(1630) 아버지 3년상을 끝내고, 8월 26일 차자를 올리면서 아버
지 신흠의 유문(遺文) 22권을 바쳤다.

동양위(東陽尉) 신익성(申翊聖)이 차자를 올리기를, "선신(先臣)
의 유문(遺文) 가운데 책궤에 보관되어 있는 것을 차마 함부로
버릴 수가 없어 찬수(纂修)하여 인출(印出)한 것은 본디 집에 보
관하여 두려는 것뿐이었습니다. 그런데 삼가 듣건대 국내의 서적
(書籍) 가운데 인간된 것은 반드시 진어(進御)를 거쳐야 된다고

하였고 어제 전석(前席)에서 직접 부드러운 유시를 받들었으므로
삼가 인본(印本) 22권을 진헌합니다. 인하여 삼가 생각건대, 선신
은 성명의 알아줌을 입어 받은 은혜가 매우 중하였고, 나라를 걱
정하고 임금에게 충성하는 그 마음은 신명(神明)에게 질정할 수
있습니다. 성상의 아름다운 말이나 아름다운 정사를 볼 적마다
기쁜 빛을 보이지 않은 적이 없었고 혹 잘못된 거조가 있으면 온
종일 근심 걱정으로 보냈었습니다. 이제 신이 감히 선신의 뜻을
미루어 대강 우자(愚者)의 일득(一得)을 바치려고 합니다.

상대를 다스릴 적에는 반드시 성심으로 할 것이요 술수를 부
려 군림하지 마시고, 일을 생각할 때는 반드시 삼가서 여럿의
뜻을 어기고 마음대로 자신의 의견만을 주장하지 마십시오. 사
기(辭氣)를 너무 드러내어 사람으로 하여금 마음의 천심(淺深)을
엿보게 하지 마시고, 언로는 반드시 넓혀서 사람으로 하여금 진
정을 다 말하게 하십시오. 건건(乾健)을 체득하여 손권(巽權)을
행하는 것이 오늘날 마땅히 힘써야 될 군덕(君德)입니다. 옛사람
의 말에 '마음이 신중하면 가벼운 외물을 이길 수 있고 체득한
것이 깊으면 조그마한 유혹도 알 수 있다'고 했는데, 말은 간략
하지만 뜻은 구비되어 있어 마음 공부를 하는 데는 제일 절실한
말입니다. 삼가 유념하시기 바랍니다" 하니, 답하기를, "경이 올
린 차자를 보니 매우 가상스럽다. 그리고 선경(先卿)의 유고(遺
稿)를 올려 그것을 대하니 슬픈 감회가 솟구쳐 마음을 가눌 수
가 없었다. 차자의 끝부분에 진달한 것은 실로 약석(藥石)과 같
은 말이니 내가 불민하기는 하지만 이것으로 스스로를 경계하겠
다" 하였다.

44세인 인조 9년(1631) 3월 13일 인조가 구언(求言)하는 전교
를 내리니, 이에 응해서 남송(南宋)의 성재(誠齋) 양만리(楊萬里,
1127~1206)가 지은 『역전 易傳』을 바치며 차자를 올렸다.

"삼가 살피건대 성상께서 진전(眞殿)의 재변에 대해 깊이 애통해 하시며 구언하는 전교를 내리셨는데, 신은 재변의 원인과 그에 따른 대응 방법을 논하는 학설에 대해서는 배우지 못했으니, 오직 듣고 본 것을 가지고 응답드릴까 합니다. 임진왜란은 옛날에 볼 수 없었던 전란으로서 적이 7년 동안이나 물러가지 않았으니, 백성들이 도탄에 빠지고 국가가 위태로운 운명에 처한 것이 오늘날에 비해 볼 때 어찌 한두 배뿐이었겠습니까. 그러나 선왕께서는 마음을 더욱 굳건히 하여 중흥의 업적을 이루었으니, 이것은 다른 것이 아니었습니다. 오직 지성으로 중국을 섬기고 지성으로 백성을 사랑하여 민심을 굳게 결속시켰기 때문인 것입니다. 그리고 선왕께서 절검(節儉)하신 덕행이야말로 어느 임금보다도 높이 뛰어난 것에 대해서는 전하께서 친히 보셨던 바입니다. 낡은 자리와 꾸밈새 없는 탁상에 화려하지 않은 병풍, 그리고 빈시(嬪侍)와 귀근(貴近)들도 비단옷을 입지 않아 당시 검소하게 지내는 풍조가 중외의 거의 전 지역에 확산되었습니다. 선왕께서 치기(治己) 치인(治人)하신 것을 보면 모두가 실질적인 것으로서 형식적인 것은 없었으니, 이것이야말로 전하께서 귀감으로 삼아야 될 일이 아니겠습니까.

신이 병오년(선조 39년, 1606)간에 총부(摠府)에서 숙직을 하고 있을 때, 선왕께서 신이 『주역』을 좀 읽었다고 잘못 들으시고서 성재(誠齋)가 지은 『역전』 1부를 주셨습니다. 신이 이 『역전』을 받은 지 26년이 되었으나 아직도 그 오묘한 의미를 완전히 알지는 못하겠습니다. 그러나 삼가 그 전을 살펴 보건대 고인이 행한 일들을 괘효(卦爻)에 배열하면서 격언과 확론(確論)을 많이 기술하였으므로 치도(治道)에 깊이 유익함이 있겠기에 감히 전하에게 올리는 것입니다. 공자는 '역(易)을 지은 것은 우환이 있었기 때문이다'고 하였습니다. 전하께서 재변을 만나 참회하는 마음으로 남이 보고 듣지 않는 곳에서도 두려워하고 삼가하시어 득실과 치란, 굴신(屈伸)과 소장(消長)을 탐구하여 통달하고 음양이

발동하는 기틀과 강유(強柔)를 현실에 적용하는 오묘한 도리를
환히 밝혀 깨달으심으로써 천도(天道)를 체득하여 꿋꿋이 나아가
고 시운을 살펴 올바르게 처리하면서 간이(簡易)한 방법으로 왕
업을 원대하게 하신다면, 그야말로 제왕의 효라고 할 수 있는
것으로서 하늘에 계신 조종의 영령들을 위로할 수 있게 될 것입
니다. 아, 건괘(乾卦)와 곤괘(坤卦)는 음양을 구별하였고, 함괘(咸
卦)와 항괘(恒卦)는 음양이 서로 감응됨을 말하고 있습니다. 구별
하지 않으면 서로의 경계(境界)가 엄하게 되지 못하고 감응되지
못하면 서로의 마음이 통하지 않게 될 것입니다. 그러나 군신
관계에 있어서는 엄하게 되지 않을 것을 걱정할 게 아니라 서로
통하지 못할까 염려해야 합니다. 함괘의 구오(九五) 효사(爻辭)에
이르기를 '온몸이 감응되니 후회가 없다[咸其脢無悔]' 하였는데,
이는 대체로 지극히 허심탄회하게 사심없이 대하는 것이 가장
훌륭하게 감응하는 것이라는 의미로서 성인의 뜻이 은미(隱微)하
다 하겠습니다. 삼가 원하건대 성명께서는 유념하소서" 하니, 답
하기를, "경이 정성스럽게 진언하여 나를 깨우치니, 마음속으로
매우 가상하게 여긴다. 그대가 바친 『역전』의 의미를 상세히 탐
구하여 지극한 뜻을 저버리지 않겠다" 하고, 인하여 구마(廐馬) 1
필을 하사하였다.

45세인 인조 10년(1632) 인조가 원종(元宗)을 추숭하려는 것
을 반대하여 질책을 받고, 휴가를 얻어 고성(高城) 탕천(湯泉)에
목욕하고 관동(關東) 여러 명산을 유람하고 돌아왔다. 이해 6월
28일 인목왕후(仁穆王后)가 승하하시자 빈전도감(殯殿都監) 제조
(提調)가 되었다. 다시 총관(摠管)에 임명되었다.

46세인 인조 11년(1633) 9월 20일 역사를 편찬하는 곳에서
술을 마셨다고 하여 사간원의 탄핵을 받았다.

사간원이 아뢰기를, "역사를 편찬하는 곳은 매우 엄하고도 은밀해야 하므로 외부 사람이 함부로 드나들 데가 아니며 또 외부 사람을 절대 초빙할 곳이 아닌데도 지난번에 수찬관 이명한(李明漢)·이식(李植)·정백창(鄭百昌) 등이 동양위(東陽尉) 신익성(申翊聖)과 함께 여기에서 모여 술을 실컷 마셨습니다. 모두 추고하소서" 하니, 상이 따랐다.

인조 11년(1633) 여진족이 위협하자 상소를 올려 계책을 말하니 인조가 불러보고 대책을 물어보았다.

49세인 인조 14년(1636) 12월 17일 병자호란 때에는 인조를 호종하여 끝까지 성을 지켜 청군과 싸울 것을 주장하였다.

상이 대신을 인견하였다. 김류가 나아가 아뢰기를, "상께서 이토록 걱정하고 수고하시니 옥체가 손상될까 매우 걱정됩니다" 하니, 상이 이르기를, "자결은 못할망정 어찌 먹고 마시면서 살기를 구할 마음이 있겠는가. 설혹 살아 있다 한들 훗날 무슨 면목으로 중국 조정의 사람을 볼 것이며, 무슨 면목으로 선왕의 묘정(廟庭)에 절을 하겠는가" 하자, 신하들이 모두 울먹이며 대답하지 못하였다. 상이 이르기를, "저 적이 대부분 판교(板橋)로 향하고 있다 하는데, 이것은 무엇을 의미하는가?" 하니, 김류가 아뢰기를, "필시 삼남(三南)의 길을 끊으려 하는 것입니다" 하였다. 상이 동양위(東陽尉) 신익성(申翊聖)을 돌아보며 이르기를, "세상에 어찌 이런 일이 있단 말인가. 다른 부마(駙馬)는 모두 오지 않았는데 경이 홀로 이곳에 와서 어려움을 함께 하고 있으니, 내가 늘 잊지 않고 있다" 하였다.

12월 17일 주화파(主和派) 대신들이 세자를 청나라에 볼모로 보내자고 하자 칼을 뽑아 그들을 위협하기까지 하였다.

김류(金瑬)·홍서봉(洪瑞鳳)·김신국·장유(張維)·최명길(崔鳴吉)
·이성구(李聖求)·이경직(李景稷)·홍방(洪霶)·윤휘(尹暉)가 청대
하였다. 김류가 아뢰기를, "적이 또 군대를 증강시켰는데, 그 수
가 매우 많습니다. 한 조각 고립된 성의 형세가 이미 위급하게
되었으니 어떤 계책을 써야 할지 모르겠습니다" 하니, 상이 이르
기를, "경들에게도 반드시 의견이 있을 것이니 전부 말하도록 하
라" 하였다. 장유가 아뢰기를, "신들이 계달하고 싶어도 차마 입
을 열지 못하겠습니다" 하고, 눈물을 흘리니, 상이 이르기를, "세
자를 인질로 삼고자 하는데 감히 말을 못하는 것인가?" 하니, 김
류가 아뢰기를, "인질을 교환하는 일은 예로부터 있어 왔습니다.
세자를 노영(虜營)에 가게 하더라도 핍박하여 심양(瀋陽)으로 데
려가기까지는 않을 것입니다" 하니, 상이 이르기를, "옛날에도
인질을 교환한 일이 있었으나 이번의 경우는 인질이 아니다. 그
러나 여러 사람의 뜻이 이와 같으니 내가 보내겠다. 세 대신이
수행하도록 하라" 하였다. 양사와 강원(講院)의 신하들이 나아가
아뢰기를, "비국의 신하들이 세자를 기화(奇貨)로 삼아 노영(虜營)
에 들여 보내려 하니, 이는 실로 나라를 망치는 말입니다. 그 죄
를 다스리지 않을 수 없습니다" 하니, 상이 이르기를, "종묘 사
직과 백성을 위한 계책이다" 하였다.

동양위 신익성도 청대하여 아뢰기를, "전하를 위해 이 계책을
세운 자가 누구입니까? 전하께서는 유독 송조(宋朝)의 일을 보지
못하셨습니까. 흠종(欽宗)이 잡혀가자 휘종(徽宗)이 뒤이어 포로
가 되었습니다. 전하께서는 어찌하여 이런 사리를 살피지 않으
십니까. 지금 군부(君父)를 잡아 적로(賊虜)에게 보내려는 대신과
함께 국사를 도모하고 있으니, 망하는 것 외에 무엇을 기다리겠
습니까. 신은 15세에 선조(先朝)의 부마가 된 뒤로 큰 은혜를 받
았는데, 세자를 잡아 적로에게 보내는 일을 차마 가만히 보고
있겠습니까. 신은 마땅히 차고 있는 칼을 뽑아 이러한 의논을
꺼낸 자의 머리를 베고 세자의 말 머리를 붙잡고 그 앞에서 머

리를 부수고 죽겠으니, 삼가 원하건대 괴이하게 여기지 마소서"
하니, 상이 이르기를, "묘당의 말이 그런 정도까지 이르지는 않
았다. 경이 필시 잘못 들은 것이다" 하였다.

50세인 인조 15년(1637) 1월 3일 조유(詔諭)라는 말을 쓴 오
랑캐의 글을 태워버리라고 상소하였다.

　동양위(東陽尉) 신익성(申翊聖)이 상소하기를, "삼가 듣건대 홍
서봉 등이 서계를 가지고 왔는데, 거기에 조유(詔諭)라고 일컬었
는데도 조정에서 장차 회답을 하려 한다고 하였습니다. 그러나
신의 어리석은 생각에는 화친하는 일을 끝내 이룰 수 없을 뿐더
러 교활한 오랑캐의 계략에 말려들어 천하 후세에 비난만 받게
되리라고 여겨집니다. 저 오랑캐가 이미 멋대로 황제로 자처하
고 또 친히 대군을 통솔하였다는 등의 말로 방자하게 위협하니,
그 뜻은 정묘년처럼 사신과 약조하고 그만두는 정도에 그치지
않을 것입니다. 아, 피폐(皮幣)와 금백(金帛)을 더 줄 수도 있고
왕자와 대신을 인질로 내줄 수도 있지만, 여기에서 한 등급이라
도 더 가해주는 일은 따를 수 없습니다. 이는 천경지위(天經地緯)
처럼 큰 명분이 관련되어 있으니, 문란시킬 수 없습니다. 저들이
따를 수 없는 일과 문란시킬 수 없는 명분을 요구하고 있는데,
조정에서는 장차 어떻게 조처할 것입니까. 지금 공손한 말로 동
정을 구한다 하더라도 이 한 조목을 잘못 처리하면 끝내 성패
(成敗)의 수(數)에 도움이 되지 못할 것입니다. 지난번 오랑캐의
글이 아무리 패역스럽고 거만했어도 아직 조유(詔諭)라는 두 글
자는 없었고, 사명을 받든 신하가 중도에서 내버렸는데도 오히
려 처벌을 받았는데, 이번에는 어떻게 해서 거짓 조서가 군부(君
父) 앞에 이르렀단 말입니까. 우리가 포위당하였다 하더라도 지
리적인 잇점을 충분히 의지할 수 있고 군사들의 마음도 아직 이
탈되지 않았으며 구원하는 군사 또한 모이게 될 것입니다. 더구

나 호칭을 참람하게 하는 오랑캐에 굴복하지 않고 명나라를 위
해 대신 병화(兵禍)를 당하는 것이고 보면 의열(義烈)이 당당하여
일월을 꿰뚫을 만합니다. 천도(天道)가 멀지 않고 신리(神理)가
어긋나지 않으니, 보존을 도모하고 어려움을 구제하는 계책은
다만 우리 성명(聖明)께서 뜻 세우기를 어떻게 하느냐에 달려 있
을 뿐입니다. 삼가 원하건대 전하께서는 오랑캐의 글을 태워 버
려 사기를 진작시키고 대의를 펴소서" 하였는데, 상소가 들어갔
으나 회보하지 않았다.

남한산성에 인조를 호종한 공으로 1계급 승진하였고, 종묘
제주(題主)를 한 공으로 1계급 승진하여 재상과 같은 반열이
되었다.
이해 10월 28일 강화도에서 순절(殉節)한 김상용(金尙容)의 절
개를 논한 차자를 올렸다.

동양위(東陽尉) 신익성(申翊聖)이 상차하기를, "절의는 국가에
있어서 대들보와 같으니, 그 융성하고 쇠퇴함은 흥망과 관계됩
니다. 이 때문에 나라에 절의를 지켜 죽은 신하가 있으면 사관
(史官)이 반드시 삼가 쓰고 조정이 반드시 칭찬하여 기록하며,
적국에서도 그 무덤을 높이 쌓고 그 여문(閭門)에 정표(旌表)한
것이 있습니다. 신이 성을 나간 뒤에 보니, 절의를 지켜 죽은 자
를 사람들이 전혀 대단하게 여기지 않고 도리어 헐뜯거나 혹 지
나치다 하고 심지어 그 사적(事迹)을 엄폐하고 시기하기도 하였
습니다. 신이 이 때문에 인심이 예전같지 않고 세도(世道)가 어
쩔 수 없는 것을 개탄하였습니다.
듣자옵건대, 고 상신(相臣) 김상용(金尙容)에게 사제(賜祭)하는
글에 대하여 미안한 분부가 있었다 하는데, 전하 같은 밝은 지
혜로 절의를 지켜 죽은 신하에 대하여 한 마디 칭찬을 망설이는

것은 한 나라 공공의 논의를 미처 살피지 못하셨기 때문입니다.
아, 강도(江都)가 패할 때에 김상용이 그 형세를 보고 지탱할 수
없다는 것을 알고는 성안으로 도로 들어와 성 남쪽 망루로 올라
갔습니다. 망루 위아래에 사람이 꽉 차 있자 사람을 시켜 물리
치고 입었던 융복(戎服)을 벗어 하인에 주어 본가로 보내게 하였
습니다. 화약 상자를 가져다가 자기 앞에 놓고 드디어 스스로
불을 놓았는데, 그때 달아나 산 사람 중에 눈으로 보아서 말할
수 있는 자가 많습니다.

또 강도가 패하기 전에 반드시 패할 것을 알고 배를 갖추어
급할 때에 대비하기를 권한 사람이 있는데 김상용이 한숨지으며
말하기를, '주상께서 포위되어 안위(安危)를 알 수 없고 종사(宗
社)와 원손(元孫)이 다 여기에 있으니, 만일 불행하게 되면 한 번
죽는 일이 있을 뿐이다' 하였고, 죽던 날에 사람들에게 말하기를
'명을 받아 일을 맡은 사람은 적당하게 선처해야 하거니와 나처
럼 늙고 병든 자는 한 번 죽음을 결행할 뿐이다' 하였습니다. 이
것은 사대부가 친히 듣고 말하는 것이니, 김상용이 의리를 위하
여 죽은 것은 평소 작정했던 것이 분명합니다. 한 나라 공공의
논의가 이미 하나로 돌아갔는데 일월같이 밝은 지혜로도 오히려
통촉하지 못하시니, 신은 한탄합니다.

옛날에 장순(張巡)과 허원(許遠)이 의리를 위하여 같이 죽었으
나 그때 혹 허원에 대하여 의심하는 자가 있었는데, 한유(韓愈)가
글을 지어 그 억울한 것을 씻었습니다. 이러쿵저러쿵 이야기하는
것은 예로부터 그러했거니와 끝내 엄폐할 수 없는 것입니다. 지
금 큰 변란을 겪은 뒤에 국가에서 충신을 포상하는 은전이 조금
이라도 어긋나면 구천의 충혼(忠魂)을 위로할 수 없고 앞으로 한
시대의 의사(義士)의 마음을 막을 것이니, 두려워하지 않을 수 있
겠습니까. 흑백이 바뀌고 진위가 혼란한 것은 국가의 작은 일이
아니므로, 신이 병중에도 맺힌 근심을 풀지 못하여 감히 들은 바
를 아룁니다" 하였다. 차자가 들어갔으나 답하지 않았다.

51세인 인조 16년(1638) 오위도총부 도총관에 제수되었으나 사퇴하였다. 이 때부터 묘전(墓田) 병사(丙舍)에 물러나 살았다.

52세인 인조 17년(1639) 6월 25일 삼전도비 서사관(三田渡碑 書寫官)에 임명되었다.

상이 하교하였다. "삼전도 비문(三田渡碑文)을 속히 인쇄하여 보내야 폐단 끼침을 면할 수 있다. 서사관(書寫官)은 서로 미루고 핑계해서는 안 되니 오준(吳竣)으로 하여금 쓰게 해서 말을 주어 발송하고, 전문(篆文)은 신익성(申翊聖)으로 하여금 쓰게 하라"

그러나 6월 26일 이를 거부하고 사퇴하여 끝내 쓰지 않았다.

동양위 신익성이 차자를 올리기를, "신을 삼전도 비문 서사관 (書寫官)으로 삼으셨으나, 신은 이미 임금이 욕을 당하시던 날 죽지 못하여 항상 깊은 한을 품었으므로 결단코 병든 몸으로 이 일을 담당할 수 없습니다" 하고, 마침내 쓰지 않았다.

55세인 인조 20년(1642) 8월 3일 아들 신면(申冕)이 이조좌랑에 임명되었다.

신면은 동양위 신익성의 아들인데, 위인이 간교하여 권세를 탐하고 국사를 제 마음대로 농단하여 오직 자기와 뜻이 다른 자를 공격하는 것으로 일을 삼기 때문에 염치없이 세리(勢利)를 추구하는 무리들이 그에게 많이 빌붙었다.

55세인 인조 20년(1642) 명나라와 밀무역하다가 청나라에 잡혀갔던 선천부사 이계(李烓)가 조선이 명나라를 지지하고 청나라를 배척한다고 고하여, 이 일로써 최명길(崔鳴吉)·김상헌(金

尚憲)·이경여(李敬輿) 등과 함께 심양(瀋陽)에 붙잡혀가 억류당
하였으나 조금도 굴하지 않았다. 소현세자(昭顯世子)의 주선으
로 풀려나와 귀국하여 시·서로써 세월을 보냈다.

56세인 인조 21년(1643) 2월 11일 김상헌·이경여 등과 함께
용골대의 심문을 받았다.

전 정승 이경여(李敬輿), 동양위(東陽尉) 신익성(申翊聖), 전 판
서 이명한(李明漢), 전 참판 허계(許啓), 전 정언 신익전(申翊全)
등이 심양에 당도하니 청인(淸人)이 칼을 씌우고 두 손을 결박하
고서 동관(東館)에 구금하였다. 조금 후에 정역(鄭譯)이 이들을
몰아 아문(衙門)으로 가니, 용장(龍將)이 가린박씨(加麟博氏) 및 압
송해 간 두 박씨(博氏)와 벽을 등지고 나란히 앉아서 오신(五臣)
에게 일제히 들어와 기둥 밖에 앉게 하고 차례로 문답한 뒤에
도로 동관에 안치하였다.

용골대와 가린박씨가 세자의 관소에 와서 옆사람을 물리치고
묻기를, "지금 온 제신(諸臣) 중에 동양위 형제는 국왕의 가까운
친속이라 하는데 세자와는 몇 촌의 친속입니까?" 하니, 세자가
대답하기를, "동양은 선왕(先王)의 부마이고 그의 아우 신익전(申
翊全)도 척리(戚里)입니다. 기타 여러 재상들도 다 국왕과 더불어
기쁨과 슬픔을 함께하는 사람들인데 어찌 감히 그와 같은 백해
무익한 일을 하여 국가를 그르치겠소. 간사한 사람이 기회를 틈
타 날조하여 진신을 모해한 것인데 대국(大國)이 만약 중률(重律)
을 가한다면 제신(諸臣)들이 원통함을 품을 뿐 아니라 악인의 계
획을 이루어 주는 것이 될 것이오" 하자, 용장 등이 잘 알았다
하고 나갔다.

이튿날 용장과 가린 등이 또 와서 세자에게 말하기를, "국왕
이, 오신은 죄가 없고 동양은 가까운 친속이라는 뜻으로 해명한
말이 있고 또 어제 세자께서 여러 가지 말씀이 있었거 때문에

오신이 진술한 내용과 함께 황제에게 아뢰었더니, 말씀하시기를 '이 사람들은 비록 죄를 범한 것이 있더라도 어찌 선뜻 실토할 것인가. 참으로 가까운 친속이라면 남조(南朝)를 부식하여 국사를 그르친 것은 친근한 이를 사랑하는 국왕의 거룩한 덕을 저버리는 일이 아닌가. 제신들은 겁이 나서 이계를 모살하여 입을 막아버릴 계책으로 삼았으니, 이계가 만약 생존해 있다면 자신들의 무죄를 변명할 수 있겠지만 지금 이미 죽여버렸으니 아무리 원통하고 억울하더라도 조사할 근거가 없다. 부마가 한 사람이 아니고 재상도 한 사람이 아닌데 이 오신의 이름을 끄집어냈으니, 이는 우연한 일이 아니다. 오신과 김상헌은 남겨두고 그 나머지 인마(人馬)는 내보내라' 하셨다" 하였다. 세자가 다시 어제 말한 뜻으로 반복하여 말하였으나 용장 등은 들은 체도 하지 않고 나갔다. …

그 이튿날 세자가 재신(宰臣)의 종관(從官) 및 여러 질자(質子)들을 불러 하령(下令)하기를, "국가가 이와 같은 비상한 변을 만나 명경(名卿) 귀척(貴戚)이 불의의 화를 당하였으므로 상께서 지금 몸을 조섭하고 계시는 가운데 반드시 걱정이 깊으실 것이다. 내가 친히 황제의 앞에 가서 글을 올려 힘껏 구제하여 억울함을 풀어보고 싶은데 어떻게 생각하는가?" 하니, 모두 그렇게 하는 것이 좋겠다고 하였다. 세자가 마침내 제신들을 거느리고 황제의 처소에 나아가 글을 올리니, 황제가 곧 동양 형제를 풀어주며 말하기를, "죄가 없다는 것이 아니라 국왕의 가까운 척속이며 세자가 또 와서 하소연하기 때문에 특별히 용서하여 국왕과 세자의 광채를 내주기 위해서이다. 그 나머지는 세자가 아무리 이와 같이 간청하더라도 선불리 풀어줄 수 없다" 하였다. 세자가 관소에 돌아오니 용장(龍將) 등 세 사람이 뒤따라 와서 동양 형제를 불러냈다. 그들이 도착하여 앞기둥 아래에 꿇어 앉자 용장 등이 일어나 서서 황제의 명을 전유(傳諭)하고 풀어주니, 정역이 칼과 포박을 풀고 황제의 처소를 향해 사배(四拜)하게 하였다.

그리하여 신익성과 그 아우 신익전은 동쪽으로 돌아왔다. 용장 및 범문정(范文程) 등과 박씨(博氏)를 위시하여 모두 8인이 관소에 와서 동양 형제를 불러 마루에 무릎을 꿇리고 황제의 명을 전유하기를, "임진년에 구제해준 남조의 은혜는 선왕(先王)의 대에 있었고 병자년에 다시 살려준 우리의 은덕은 금왕(今王)의 때에 있는데, 어찌 오늘날의 은혜를 잊고서 남조를 부식하려고 할 수 있는가. 게다가 부마가 살아서 돌아가는 것도 나의 은혜가 아닌가. 마땅히 이러한 뜻을 알고 돌아가 국왕에게 고하라" 하니, 신익성은 마땅히 황제의 명대로 하겠다고 대답하였다. 그리하여 뜰 아래 내려가 배사(拜謝)하고 나가게 하였다. 이경여(李敬輿)·이명한(李明漢)·허계(許啓)·김상헌(金尙憲)은 그대로 동관(東館)에 구금하고, 최명길(崔鳴吉)·심천민(沈天民)·이지룡(李之龍)은 북관에 구금하였는데, 얼마 후에 이지룡과 천민은 하찮은 인물이라서 깊이 문책할 것이 없다는 이유로 관소(館所)에 전유(傳諭)하여 석방하였다.

57세인 인조 22년(1644) 봄에 심기원(沈器遠) 옥사(獄事)를 듣고 입성하였다가, 병이 심해졌다. 7월 28일 병이 위중해지자 차자를 올리고, 인하여 자신이 찬한 『황극경세서동사보편 皇極經世書東史補編』 9권을 바쳤다.

상이 답하기를, "경이 올린 차자를 보니, 내가 매우 염려된다. 경이 바친 새 책은 실로 내가 거울삼아 경계해야 할 좋은 선례(先例)들이니, 의당 유신(儒臣)으로 하여금 교정해서 간행하도록 하겠다. 경은 몸조리를 잘하여, 쾌차해지거든 들어와서 경의 소회를 다 진술하라" 하였다. 인하여 그 책과 차자를 옥당에 내렸다.

인조 22년 8월 2일에 명례방(明禮坊) 집에서 57세로 졸했다.

그는 기개와 절조를 숭상하고, 담론하기를 좋아하였으며, 문장과 필법이 모두 뛰어났다. 광해군 때에는 인목대비를 폐하기 위한 정청(庭廳)에 참여하지 않았다. 반정(反正) 후 사친(私親)에 대한 추숭(追崇)과 청나라와의 강화(講和) 등의 의논이 일어나자, 신익성은 그를 모두 극력 배척하였는데, 그 후 마침내 강화를 배척했다는 이유로 심양에 잡혀가서 구류되어 있다가 돌아왔으므로, 선비들의 공론이 그를 훌륭하게 여겼다. 다만 그가 성품이 조용하지 못하였고, 또 산업을 경영한다는 비난이 있었으므로, 사람들이 이것을 불만스럽게 여겼다.

10월 17일 광주(廣州) 사부촌(沙阜村) 정숙옹주(貞淑翁主) 묘에 합장하였다.

영조 22년(1746) 2월 27일 좌의정 송인명(宋寅明, 1689~1746)이 신익성에게 시호를 내릴 것을 청했다.

임금이 주강을 행하였다. 대신과 비국 당상을 인견하였는데, 좌의정 송인명(宋寅明)이 아뢰기를, "기묘명현(己卯名賢) 가운데는 조광조(趙光祖)·김정(金淨) 이외에도 도학(道學)이 뛰어난 사람이 많이 있었는데, 아직 숨겨져 있음을 면하지 못하고 있으니, 의당 이조와 예조로 하여금 널리 초계(抄啓)하게 하여 증직(贈職)이 없는 사람은 증직하게 하고, 이미 증직한 사람은 시호(諡號)를 내리게 하소서. 의빈(儀賓) 가운데 동양위(東陽尉) 신익성(申翊聖)은 문장(文章)과 절행(節行)이 참으로 뛰어났는데도 아직 절혜(節惠)의 은전이 행해지지 않았습니다. 고 종신(宗臣) 화산군(花山君) 연(浣)은 효행(孝行)이 매우 독실하였습니다. 아울러 시호를 내리도록 명하는 것이 마땅하겠습니다" 하니, 임금이 옳게 여겼다.

영조 22년 10월 7일 문충(文忠)이라는 시호가 내려졌다.

영조 30년 12월 23일 절의를 지킨 아들 신경(申炅)에게 벼슬을 추증할 것을 김상로(金尙魯, 1702~?)가 아뢰어 허락되었다.

　… "고 진사 신경(申炅)은 동양위(東陽尉) 신익성(申翊聖)의 아들로 일찍이 선정신 김집(金集)을 사사(師事)하며 문학(文學)과 행의(行義)가 한때에 뚜렷이 일컬어졌는데, 병자년·정축년의 난리 후에는 뜻을 끊고 벼슬하지 않은 채 『재조번방지 再造藩邦志』를 지었습니다. 의리를 지키고 강상을 부지한 것이 이처럼 뛰어난데도 지금까지 묻혀 있었으니, 참으로 성세(聖世)의 흠전(欠典)입니다. 특별히 벼슬을 추증하여 장려하는 뜻을 보이소서" 하니, 임금이 그대로 따랐다.

문장·시·서에 뛰어났으며, 특히 김상용(金尙容)과 더불어 전서(篆書)의 대가였다. 글씨는 회양 「청허당휴정대사비 淸虛堂休靜大師碑」, 광주(廣州) 「영창대군비 永昌大君碑」, 파주(坡州) 「율곡이이비 栗谷李珥碑」 등이 있고, 저서로는 『낙전당집 樂全堂集』·『낙전당귀전록 樂全堂歸田錄』·『청백당일기 靑白堂日記』 등이 있다.

▒ 정숙옹주 남편

【생몰년】 선조 21년(1588) ~ 인조 22년(1644). 향년 57세

【성 명】 신익성(申翊聖)　　　　　【본 관】 평산(平山)

【 자 】 군석(君奭)

【 호 】 낙전당(樂全堂) · 동회거사(東淮居士)

【시 호】 문충(文忠)

【 묘 】 광주 동면 사부촌 고랑리(廣州東面莎阜村古浪里: 선원록)

장단 장도면 두매리 원통 해좌(長湍長道面杜梅里圓通亥坐: 대동보)

【문 헌】『선조실록 宣祖實錄』『인조실록 仁祖實錄』

『영조실록 英祖實錄』

『평산신씨대동보 平山申氏大同譜』

김상헌(金尙憲)『청음집 淸陰集』권26「동양위신공신도비명 東陽尉申公神道碑銘」

8. 정안옹주(貞安翁主)

서5녀 정안옹주(貞安翁主, 1590~1660)
부마: 박미(朴瀰, 1592~1645). 반남(潘南)

출전:『선원록 璿源錄』

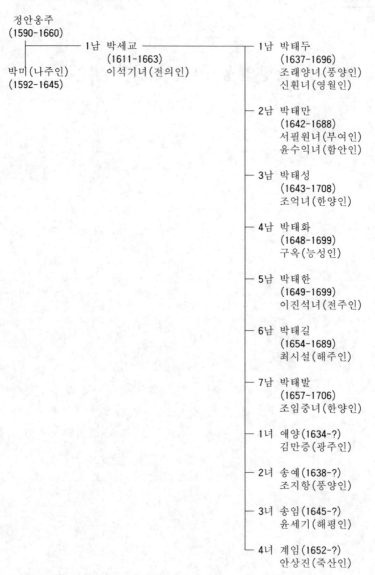

정안옹주
(1590-1660)
├── 1남 박세교 ── ┐
│   (1611-1663)
│   이석기녀(전의인)
박미(나주인)
(1592-1645)

1남 박태두
(1637-1696)
조래양녀(풍양인)
신훤녀(영월인)

2남 박태만
(1642-1688)
서필원녀(부여인)
윤수익녀(함안인)

3남 박태성
(1643-1708)
조억녀(한양인)

4남 박태화
(1648-1699)
구옥(능성인)

5남 박태한
(1649-1699)
이진석녀(전주인)

6남 박태길
(1654-1689)
최시설(해주인)

7남 박태발
(1657-1706)
조임중녀(한양인)

1녀 애양(1634-?)
김만증(광주인)

2녀 송예(1638-?)
조지항(풍양인)

3녀 송임(1645-?)
윤세기(해평인)

4녀 계임(1652-?)
안상진(죽산인)

※ 본서 부록 378쪽 참조

선조의 서5녀로서 인빈 김씨 소생이다.

남편은 반남 박씨 금양위(錦陽尉) 박미(朴瀰, 1592~1645)이다. 슬하에 1남 박세교(朴世橋, 1611~1663)를 두었다.

선조 23년(1590)에 태어났다.

14세인 선조 36년(1603)에 금양위 박미(朴瀰)와 혼인하였다.

22세인 광해군 3년(1611) 아들 박세교(朴世橋)를 낳았다.

56세인 인조 23년(1645) 남편 박미가 졸했다.

남편이 졸하니 더욱 가세가 빈한해져서 효종이 아들 박세교를 특별히 군수로 임명하여 봉양을 하도록 해주었다.

현종 1년(1660)에 과부가 된지 16년만에 71세로 졸했다.

정조 21년(1797) 8월 17일 정조가 안산 행궁을 출발하여 현륭원에서 작헌례를 행하고 수원 행궁에서 머물면서 치제하도록 하였다.

"정안옹주(貞安翁主)와 정정옹주(貞正翁主)는 모두 장릉(章陵)의 동기(同氣)인데, 정안옹주는 금양위(錦陽尉)와, 정정옹주는 진안위(晉安尉)와 합장하였다. 본릉(本陵)을 참배하고 또 이곳을 지나가는 일은 우연이 아닌 것 같다. 내시를 보내어 치제하도록 하라"

▓ 정안옹주

【생몰년】선조 23년(1590) ~ 현종 1년(1660). 향년 71세
【본　관】전주(全州)
【　묘　】안산 마유면(安山馬遊面: 선원록)
　　　　　시흥시 군자동(君子洞: 선원강요)
【문　헌】『선원록 璿源錄』『정조실록 正祖實錄』

정안옹주 남편

박 미(朴瀰)

출전:『반남박씨세보 潘南朴氏世譜』

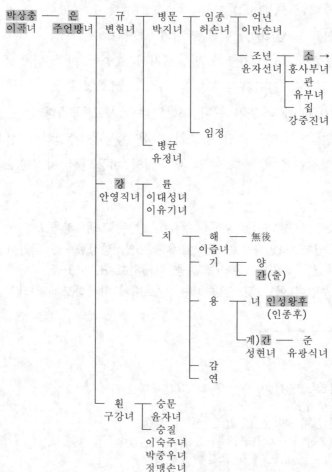

박상충 —— 은 ┬ 규 ┬ 병문 ┬ 임종 ┬ 억년
이곡녀　주언방녀 │ 변현녀 │ 박지녀 │ 허손녀 │ 이만손녀
　　　　　　　　│ │ │ │
　　　　　　　　│ │ │ └ 조년 ┬ 소 →
　　　　　　　　│ │ │ 　윤자선녀 │ 홍사부녀
　　　　　　　　│ │ │ 　　　　　├ 관
　　　　　　　　│ │ │ 　　　　　│ 유부녀
　　　　　　　　│ │ │ 　　　　　└ 집
　　　　　　　　│ │ │ 　　　　　　강중진녀
　　　　　　　　│ │ │
　　　　　　　　│ │ └ 임정
　　　　　　　　│ │
　　　　　　　　│ └ 병균
　　　　　　　　│ 　유정녀
　　　　　　　　│
　　　　　　　　├ 강 ┬ 류
　　　　　　　　│ 안영직녀 │ 이대성녀
　　　　　　　　│ │ 이유기녀
　　　　　　　　│ │
　　　　　　　　│ └ 치 ┬ 해 ── 無後
　　　　　　　　│ 　　　│ 이즙녀
　　　　　　　　│ 　　　├ 기 ┬ 양
　　　　　　　　│ 　　　│ 　　└ 간(출)
　　　　　　　　│ 　　　│
　　　　　　　　│ 　　　├ 용 ┬ 녀 인성왕후
　　　　　　　　│ 　　　│ 　　│ 　(인종후)
　　　　　　　　│ 　　　│ 　　│
　　　　　　　　│ 　　　│ 　　└계)간 ── 준
　　　　　　　　│ 　　　│ 　　　성현녀　유광식녀
　　　　　　　　│ 　　　│
　　　　　　　　│ 　　　├ 감
　　　　　　　　│ 　　　└ 연
　　　　　　　　│
　　　　　　　　└ 훤 ┬ 숭문
　　　　　　　　　구강녀 │ 윤자녀
　　　　　　　　　　　　└ 숭질
　　　　　　　　　　　　　이숙주녀
　　　　　　　　　　　　　박중우녀
　　　　　　　　　　　　　정맹손녀

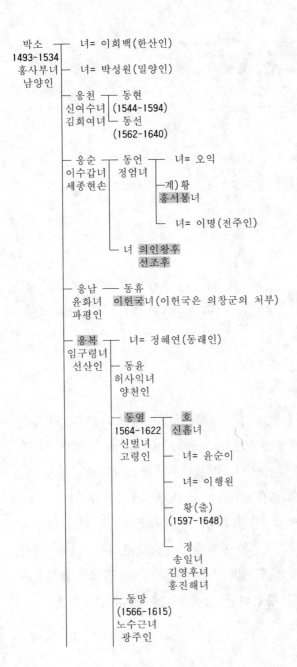

박소
1493-1534
홍사부녀
남양인

├ 녀= 이희백(한산인)

├ 녀= 박성원(밀양인)

├ 응천 ── 동현
신여수녀 │ (1544-1594)
김희여녀 └ 동선
         (1562-1640)

├ 응순 ── 동언 ── 녀= 오익
이수갑녀   정엄녀
세종현손   ── 계)황
               홍서봉녀

               └ 녀= 이명(전주인)

         └ 녀 의인왕후
              선조후

├ 응남 ── 동휴
윤화녀   이헌국녀(이헌국은 의창군의 처부)
파평인

├ 응복 ── 녀= 정혜연(동래인)
임구령녀
선산인 ├ 동윤
      허사익녀
      양천인

      ├ 동열 ── 호
      1564-1622 신흠녀
      신벌녀
      고령인 ├ 녀= 윤순이

             ├ 녀= 이행원

             ├ 황(출)
             (1597-1648)

             └ 정
               송일녀
               김영후녀
               홍진해녀

├ 동망
(1566-1615)
노수근녀
광주인

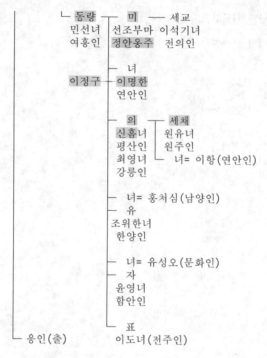

※ 본서 부록 396쪽 참조

  고려말 학자인 판전교시사(判典校寺事) 박상충(朴尚衷)의 8대
손이다. 7대조인 박은(朴틀, 1370~1422)은 이곡(李穀, 1298~13
51)의 외손이며 전법판서(典法判書) 주언방(周彦邦)의 사위이다.
태종을 도와 좌명공신(佐命功臣)이 되었고 좌의정을 지냈다.
  박은(朴틀)의 아들인 박강(朴薑, ?~1460)은 세조 1년(1455) 수
양대군(首陽大君)이 단종의 왕위를 수선(受禪)하는 일에 협력,
그 공으로 좌익공신(佐翼功臣) 3등에 책정되고 금천군(錦川君)에
봉하여졌다. 박강의 증손녀가 인종비 인성왕후(仁聖王后, 1514
~1577)이다.

종조부(從祖父)인 박응순(朴應順, 1526~1580)은 선조비 의인왕
후(懿仁王后, 1555~1600)의 아버지이고, 아우 박응남(朴應男, 15
27~1572)과 같이 성제원(成悌元)의 문하에서 배웠다. 따라서 아
버지 박동량과 선조비 의인왕후는 4촌간이다.

또한 박응남의 아들 박동휴(朴東烋)는 이헌국(李憲國, 1525~
1602)의 딸과 혼인하였는데 이헌국은 의창군(義昌君, 1589~16
45)의 처외조부가 된다.

【전주 이씨 이헌국을 중심으로】

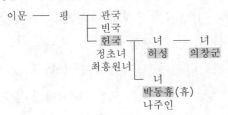

증조부 박소(朴紹, 1493~1534)는 조광조(趙光祖, 1482~1519)
의 문인으로 사간원 사간(司諫院司諫)이 되었으나 김안로(金安
老) 등의 탄핵으로 파면되어 합천(陜川)에 내려가 살았다.

조부 박응복(朴應福, 1525~1598)은 성제원·이중호의 문인으
로 형조참판을 지냈다.

아버지는 참찬 박동량(朴東亮, 1569~1635)이며, 어머니는 민
선(閔善)의 딸 여흥 민씨이다.

박동량(朴東亮)은 선조로부터 한응인(韓應寅, 1554~1614)·유
영경(柳永慶, 1550~1608)·서성(徐渻, 1558~1631)·신흠(申欽,
1566~1628)·허성(許筬, 1548~1612)·한준겸(韓浚謙, 1557~162
7)과 함께 영창대군을 잘 보호하라는 부탁을 받은 이른바 유교

7신의 한 사람으로 대북파(大北派)의 질시 대상이 되었다. 김상용(金尙容, 1561~1637)·김상헌(金尙憲, 1570~1652) 형제와 친교가 두터웠다.

부인은 선조의 서5녀로 인빈 김씨 소생인 정안옹주(貞安翁主)이다.

사촌 형인 박호(朴濠, 1586~1667)는 신흠(申欽)의 사위이고, 동생 박의(朴漪, 1600~1645)도 신흠(申欽)의 사위이다. 박의의 아들이 소론의 영수가 되는 좌의정 박세채(朴世采, 1631~1695)이다. 동생 박유(朴濰, 1606~1626)는 김제남(金悌男)의 무옥(誣獄)에 연좌되어 여러 조신들과 함께 구금된 한양 조씨 조위한(趙緯韓, 1558~1649)의 사위이다. 여동생은 월사(月沙) 이정구(李廷龜, 1564~1635) 아들 이명한(李明漢, 1595~1645)에게 출가하여 박미와 이명한과는 처남 매부지간이 된다.

【연안 이씨 이명한을 중심으로】

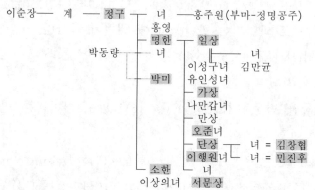

슬하에 1남을 두었다.

아들 박세교(朴世橋, 1611~1663)는 이석기(李碩基)의 딸 전의 이씨(全義李氏, 1613~1666)와 혼인하였다. 효종 때에 군수(郡守)를 지내고 첨정(僉正)에 이르렀다.

이항복(李恒福)의 문인으로 백사 문집을 정리하였다. 이항복은 어머니의 외삼촌이다. 계곡(谿谷) 장유(張維, 1587~1638)와 송강(松江) 정철(鄭澈, 1536~1593)의 아들인 기암(畸菴) 정홍명(鄭弘溟, 1582~1650)과 함께 사계(沙溪) 김장생(金長生, 1548~1631)에 찾아가 4일 동안 이치를 토론하기도 하였다.

【경주 이씨 이항복을 중심으로】

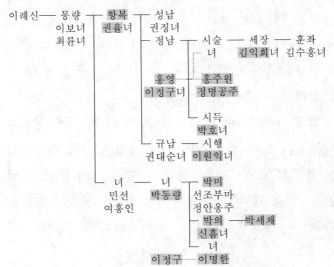

임진왜란이 일어났던 선조 25년(1592) 9월 6일에 피난 가있던 가평군(加平郡) 망일산(望日山)에서 태어났다.

6세인 선조 30년(1597) 정유재란이 일어나자 명나라 군대가 주둔해 있는 연안부(延安府)로 피난갔었다. 이 때에 남긴 시가 있다.

11세인 선조 35년(1602)에 승보시(陞補試)에 합격하였다.

12세인 선조 36년(1603) 7월 6일 선조의 다섯째딸인 정안옹주(貞安翁主)와 혼인하여 종2품 순의대부(順義大夫) 금양위(錦陽尉)에 봉하여졌다.

14세인 선조 38년(1605) 친공신적장자(親功臣嫡長子)의 자격으로 종2품 자의대부(資義大夫)가 되고, 선조 40년(1607) 선조 즉위 40년을 기념하여 정2품 통헌대부(通憲大夫)가 되고 오위도총부(五衛都摠府) 도총관(都摠管)을 겸하였다.

20세인 광해군 3년(1611) 아들 박세교를 낳았다.

22세인 광해군 5년(1613) 김제남 옥사에 아버지 박동량이 유교 7신으로 연루되어 유배되었다. 이 사건에서 실언을 하여 저주사건으로 확대되어 뒤에 문제가 되었다.

27세인 광해군 10년(1618) 폐모 논의가 일어났을 때, 진안위(晉安尉) 유적(柳頔) 등과 함께 폐모론의 정청(政廳)에 불참하였다 하여, 이정구(李廷龜)·김상용(金尙容) 등은 8간(奸)이라 하고, 김류(金瑬)·이경직(李景稷)·홍우경(洪友敬)·정효성(鄭孝成)·박동선(朴東善)·윤형준(尹衡俊)·신익성(申翊聖) 등과 함께 10사(十邪)로 불리면서 관작을 삭탈당하였다.

32세인 인조 1년(1623) 인조 반정 후에 올바름을 지킨 신하로 정2품 봉헌대부(奉憲大夫)로 승진했다. 그러나 아버지 박동량이 광해군 김제남 옥사 때 김제남과 사이가 나쁘다고 하느라 인목대비가 저주를 했다고 한 것 때문에 유배를 갔다. 이 사건에 박미도 같이 논의했다고 말려들뻔 하다가 겨우 면했다.

후에 공신회맹제 때 종1품 숭덕대부(崇德大夫)가 되었고, 총관 (摠管)이 되었다.

33세인 인조 2년(1624) 이괄 난이 일어나자 아버지 유배지 전라도 고부에 있다가 공주 궁원(弓院)으로 인조를 호종하러 갔다. 34세인 인조 3년(1625) 인조반정 후 회맹공신(會盟功臣) 책봉 때 구공신적장자(舊功臣嫡長子)로 가자(加資)되었으며, 혜 민서제조(惠民署提調)에 서용되었다.

상이 하교하기를, "회맹제(會盟祭) 뒤에 신구 공신(新舊功臣)의 부자에 대한 논상의 일을 어찌 거행하지 않는가. 구례(舊例)에 의하여 아뢰라" 하니, 이조가 아뢰기를, "개국 이래로 모든 공신 이 회맹제를 지낸 뒤에는 으레 모두 부자가 추은(推恩)하였습니 다. 연양군(延陽君) 김계한(金繼韓) 등 10인은 모두 선왕조의 구 공신으로서 회맹제에 참여하였으니, 마땅히 가자(加資)를 내려야 할 것 같고, 금양위(錦陽尉) 박미(朴瀰) 등 13인은 모두 구 공신의 적장(嫡長)이니 응당 가자를 내려야 할 것입니다. 그리고 첨정 윤환(尹晥) 등은 공신의 적장으로 나이가 70인데다 이미 4품의 실직을 거친 자는 당상에 올랐던 규례가 등록(謄錄)에 실려 있으 니 구례에 의하여 시행하는 것이 마땅할 것 같습니다. 그런데 그중 이덕연(李德演)은 당상관으로서 이미 부사를 행공하고 나이 가 70을 넘은 자지만 아직 당상의 실직을 거치지 못하였기 때문 에 본조에서 감히 하비(下批)하지 못하였고, 환관 최언순(崔彦恂) 등 4인은, 내관(內官)의 신분으로서 정훈(正勳)에 참여한 경우 숭 록에만 그치는 것이 이미 정제(定制)로 되어 있으니, 지금 본품 을 넘을 수 없습니다. 그리고 이중로(李重老)의 아버지인 부정(副 正) 이인기(李麟奇) 등 10인과 이시백(李時白)의 적장자인 현령(縣 令) 이각(李恪) 등 39인 등은 모두 부자 추은(父子推恩)의 대열에 끼여 있습니다. 교서(教書)를 가지고 본다면, 부모와 처자는 모두 그 공의 고하에 따라 자기 자신과 마찬가지로 취급하도록 되어 있으니 마땅히 이에 의하여 시행해야 할 것 같습니다. 그런데 임진년 후에는 문서가 산실되어 일찍이 선조(先朝)의 호성 청난 선무 공신(扈聖淸難宣武功臣)을 감록(勘錄)할 때에 있어서는 그 고사를 찾아낼 길이 없어서 단지 광국 평난(光國平難) 때의 견문만 가지고 시행하였습니다.

혹자는 '공신의 등급을 따지지 말고 자궁 준직자(資窮準職者)는 단지 당상에만 올리고 참하관은 6품으로 천전(遷轉)하자'고 하였는데 등급의 구분이 없어서 논의가 정해지지 못했습니다. 위에서 누차 하교하셔서 대신에게 수의토록 한 것이 한두 번이 아니었으나 또한 타당한 결론을 내릴 수 없자 전조에 돌려보냈습니다. 그 당시 전조에서 필시 처치한 일이 있었을 터인데 그때의 등록이 또한 지난해 변란 때에 유실되어 상고할 수가 없습니다. 아래에서 감히 마음대로 할 수 없으니 삼가 상의 재결을 바랍니다" 하니, 답하기를, "다시 대신에게 의논하라" 하였다.

대신에게 의논하니, 좌의정 윤방과 우의정 신흠이 의논드리기를, "대체로 이 가자는 모두 본조의 계사에 의하여 시행하는 것이 온당하겠습니다. 말단의 부자 추은은 이미 근거할 만한 등록이 없으니 당하 산자(堂下散資)의 경우는 교서에 의하여 등급에 따라서 주고, 자궁 준직 이상의 경우는 단지 한 자급만을 올릴 것이며 참하의 경우 6품으로 천전하는 것이 또한 구례가 있으니, 이에 의하여 하는 것이 마땅할 것 같습니다. 단, 일이 은명(恩命)에 관계되는 것이니, 상께서 재결하시기 바랍니다" 하니, 답하기를, "의논대로 시행하라. 이덕연도 가자하라" 하였다. 『인조실록』 권9. 인조 3년 6월 19일

인조 3년(1625)에 어머니가 돌아가셔 기년상을 끝내고 심상 3년상을 치르고 있는데, 36세인 인조 5년(1627) 정묘호란이 일

어나 나라가 위급하여 상을 치르던 것을 잠시 그만두고 호서 경계에 이르니 세자가 분조하여 남하하고 있어 세자를 모시고 있다가 화의가 성립하여 인조를 알현하였다.

44세인 인조 13년(1635) 아버지 박동량이 서호(西湖)에서 돌아가셨다. 이해 인조가 장릉(章陵)에 참배오는 때를 맞이하여 아버지의 억울함을 신원해줄 것을 요청하여 12월 30일 관작을 회복시켰다.

박동량이 죽은 뒤에 그의 아들 금양위(錦陽尉) 박미(朴瀰) 등이 글을 올려 원통함을 하소연하였는데, 대신 윤방(尹昉)·오윤겸(吳允謙)·김류·김상용(金尙容) 등은 의논을 올려 그의 관작을 회복시켜 줄 것을 요청하였고, 정언 이해창(李海昌)은 그 불가함을 논하다가 피혐하여 체직되었다. 이때에 이르러 하교하였다. "선왕이 일곱 신하에게 유교(遺敎)를 내려 그들로 하여금 대군(大君)을 보호하게 하였으니, 일곱 신하의 처지로는 비록 감히 드러나게 구호는 못할망정, 그에게 해가 되는 말은 의리상 입을 열어서는 안 되는 것이다. 그런데 이 사람은 감히 난언(亂言)을 해서 광해군으로 하여금 듣기 좋게 했으니, 그의 마음에 얽어 모함하려는 계책은 없었다고 하더라도 목숨이 아까워서 임금을 잊어버린 죄는 진실로 용서하기 어렵다. 그러나 대신들의 의견이 이와 같으니, 의논한 대로 시행하라"

45세인 인조 14년(1636) 12월 병자호란이 일어나니 아버지 3년상을 치르다가 인조를 호종하러 강화도로 가서 기다리는데 인조는 남한산성으로 들어가니 묘사(廟社)를 따라 강화도로 들어갔다. 46세인 인조 15년(1637) 병자호란이 끝나고 서울로 돌아와서 아버지 삼년상을 마치고 아버지 공신 작위를 이어받아 금양군(錦陽君)이 되었다.

47세인 인조 16년(1638) 9월 10일 동지 겸 성절사(冬至兼聖節使)로 청나라 심양에 갔다.

승문원이 아뢰기를, "동지 성절사(冬至聖節使) 박미(朴瀰)의 자급(資級)이 숭덕대부(崇德大夫)이니, 청나라의 연호(年號)를 범했습니다. 혹 방애(妨礙)되는 일이 있을까 염려되니, 문서 중에는 숭록대부(崇祿大夫)로 고쳐 써서 보내소서" 하니, 상이 따랐다.

후에 특별히 혜민서(惠民署) 제조(提調)가 되었다.

53세인 인조 22년(1644) 여름에 중풍(中風)을 맞아 고생하다가, 인조 23년(1645) 1월 15일 54세로 태평동(太平洞) 집에서 졸했다.

4월에 안산군(安山郡) 아버지 박동량 묘 옆에 장사지냈다.

별업(別業)이 분진(分津)에 있어 호를 분서(汾西)라 하였다.

어릴 때부터 문예에 능했고 이항복(李恒福)에게 배웠으며, 장유(張維)·정홍명(鄭弘溟) 등과 사귀었다. 글씨에도 능하였는데 많은 유묵(遺墨)이 있으며, 서체는 특히 오흥(吳興)의 체를 따랐다. 청렴하기로 이름이 났었다. 문집 『분서집 汾西集』이 있고, 글씨는 『참판박이서비 參判朴彝敍碑』 『영흥부사이수준갈 永興府使李壽俊碣』 등이 있다.

조카 박세채(朴世采)가 행장을 짓고, 송시열(宋時烈)이 신도비명(神道碑銘)을 지었다.

▓ 정안옹주 남편

【생몰년】 선조 25년(1592) ～ 인조 23년(1645). 향년 54세
【성 명】 박미(朴瀰)　　　　　　【본 관】 반남(潘南: 羅州)
【 자 】 중연(仲淵)　　　　　　【 호 】 분서(汾西)·재옹(鞞翁)
【시 호】 문정(文貞)
【 묘 】 안산군(安山郡) 아버지 박동량 묘 옆 유향지원(酉向之原)
　　　　현재 경기도 시흥시 군자동 산22-2 (향토유적 제12호)
　　　　신도비의 비신은 높이 2.1m, 폭 1m 이내, 두께 49cm이며, 이수
　　　　는 두 마리의 용이 승천하는 형상을 조각해 놓았다.
【문 헌】 『반남박씨세보 潘南朴氏世譜』
　　　　『선조실록 宣祖實錄』『인조실록 仁祖實錄』
　　　　송시열(宋時烈)『송자대전 宋子大全』「금양군박공신도비명병서
　　　　錦陽君朴公神道碑銘幷序」
　　　　박세채(朴世采)『남계집 南溪集』권80「백부금양군박공행장 伯
　　　　父錦陽君朴公行狀」

박동량·박미 신도비각
경기도 시흥시 군자동 산22-2 (향토유적 제12호)

9. 정휘옹주(貞徽翁主)

서6녀 정휘옹주(貞徽翁主, 1593~1653)
부마: 유정량(柳廷亮, 1591~1663). 전주(全州)

출전:『선원록』10책 7275쪽

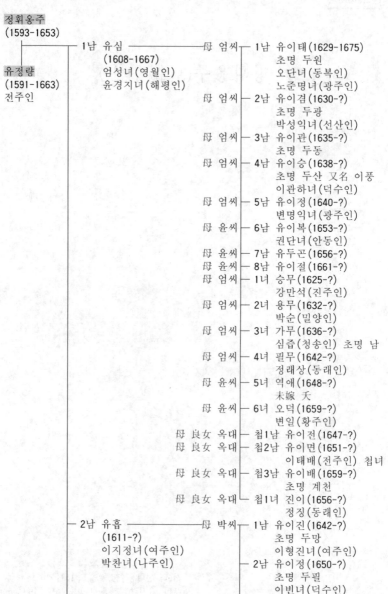

정휘옹주
(1593-1653)

유정량
(1591-1663)
전주인

1남 유심
(1608-1667)
엄성녀(영월인)
윤경지녀(해평인)

母 엄씨 ─ 1남 유이태(1629-1675)
　　　　　초명 두원
　　　　　오단녀(동복인)
　　　　　노준명녀(광주인)

母 엄씨 ─ 2남 유이겸(1630-?)
　　　　　초명 두광
　　　　　박성익녀(선산인)

母 엄씨 ─ 3남 유이관(1635-?)
　　　　　초명 두동

母 엄씨 ─ 4남 유이승(1638-?)
　　　　　초명 두산 又名 이풍
　　　　　이관하녀(덕수인)

母 엄씨 ─ 5남 유이정(1640-?)
　　　　　변명익녀(광주인)

母 윤씨 ─ 6남 유이복(1653-?)
　　　　　권단녀(안동인)

母 윤씨 ─ 7남 유두곤(1656-?)
母 윤씨 ─ 8남 유이절(1661-?)
母 엄씨 ─ 1녀 승무(1625-?)
　　　　　강만석(진주인)

母 엄씨 ─ 2녀 용무(1632-?)
　　　　　박순(밀양인)

母 엄씨 ─ 3녀 가무(1636-?)
　　　　　심즙(청송인) 초명 남

母 엄씨 ─ 4녀 필무(1642-?)
　　　　　정래상(동래인)

母 윤씨 ─ 5녀 역애(1648-?)
　　　　　未嫁 夭

母 윤씨 ─ 6녀 오덕(1659-?)
　　　　　변일(황주인)

母 良女 옥대 ─ 첩1남 유이전(1647-?)
母 良女 옥대 ─ 첩2남 유이면(1651-?)
　　　　　　　이태배(전주인) 첩녀

母 良女 옥대 ─ 첩3남 유이배(1659-?)
　　　　　　　초명 계천

母 良女 옥대 ─ 첩1녀 진이(1656-?)
　　　　　　　정징(동래인)

2남 유흡
(1611-?)
이지정녀(여주인)
박찬녀(나주인)

母 박씨 ─ 1남 유이진(1642-?)
　　　　　초명 두망
　　　　　이형진녀(여주인)

　　　　─ 2남 유이정(1650-?)
　　　　　초명 두필
　　　　　이빈녀(덕수인)

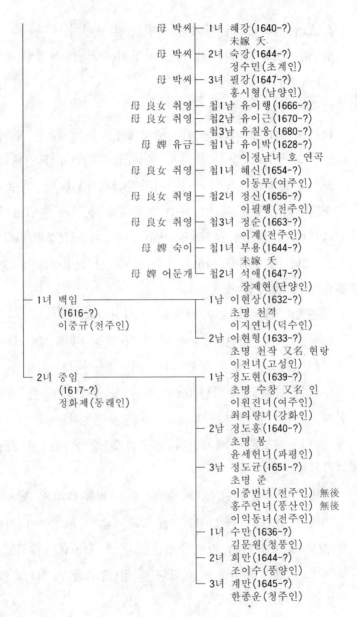

```
                          母 박씨 ─┬─ 1녀 혜강(1640-?)
                                  │   未嫁 夭.
                      母 박씨 ─┬─ 2녀 숙강(1644-?)
                              │   정수민(초계인)
                  母 박씨 ─┬─ 3녀 필강(1647-?)
                          │   홍시형(남양인)
              母 良女 취영 ─┬─ 첩1남 유이행(1666-?)
              母 良女 취영 ─┬─ 첩2남 유이근(1670-?)
                          │   첩3남 유칠웅(1680-?)
              母 婢 유금 ─┬─ 첩1남 유이박(1628-?)
                          │   이정남녀 호 연곡
              母 良女 취영 ─┬─ 첩1녀 혜신(1654-?)
                          │   이동무(여주인)
              母 良女 취영 ─┬─ 첩2녀 정신(1656-?)
                          │   이필행(전주인)
              母 良女 취영 ─┬─ 첩3녀 정순(1663-?)
                          │   이계(전주인)
                  母 婢 숙이 ─┬─ 첩1녀 부용(1644-?)
                              │   未嫁 夭
              母 婢 어둔개 ─┬─ 첩2녀 석애(1647-?)
                              │   장제현(단양인)
─ 1녀 백임 ──────────────┬─ 1남 이현상(1632-?)
   (1616-?)               │   초명 천격
   이중규(전주인)          │   이지연녀(덕수인)
                         └─ 2남 이현형(1633-?)
                             초명 천작 又名. 현랑
                             이전녀(고성인)
─ 2녀 중임 ──────────────┬─ 1남 정도현(1639-?)
   (1617-?)               │   초명 수창 又名 인
   정화제(동래인)          │   이원진녀(여주인)
                         │   최의량녀(강화인)
                         ├─ 2남 정도홍(1640-?)
                         │   초명 봉
                         │   윤세헌녀(파평인)
                         ├─ 3남 정도균(1651-?)
                         │   초명 준
                         │   이중번녀(전주인) 無後
                         │   홍주언녀(풍산인) 無後
                         │   이익동녀(전주인)
                         ├─ 1녀 수만(1636-?)
                         │   김문원(청풍인)
                         ├─ 2녀 회만(1644-?)
                         │   조이수(풍양인)
                         └─ 3녀 계만(1645-?)
                             한종운(청주인)
```

※ 본서 부록 380쪽 참조

선조의 서6녀로서 어머니는 인빈 김씨이다.

남편은 전주 유씨(全州柳氏) 전창위(全昌尉) 유정량(柳廷亮, 1591~1663)이다.

슬하에 2남 2녀를 두었다.

1남 유심(柳淰, 1608~?)은 엄성(嚴惺)의 딸 영월 엄씨(寧越嚴氏), 윤경지(尹敬之)의 딸 해평 윤씨(海平尹氏)와 혼인했다.

2남 유흡(柳潝, 1611~?)은 이지정(李志定)의 딸 여주 이씨(驪州李氏), 박찬(朴燦)의 딸 나주 박씨(羅州朴氏)와 혼인했다.

1녀 백임(伯任, 1616~?)은 전주 이씨 이중규(李重揆)에게 출가했고, 2녀 중임(仲任, 1617~?)은 동래 정씨(東萊鄭氏) 정화제(鄭華齊)에게 출가했다.

선조 26년(1593) 해주 행궁에서 태어났다.

12세인 선조 37년(1604)에 유정량(柳廷亮)에게 출가하였다. 13세인 선조 38년(1605) 궁을 나가 가정을 가졌다.

16세인 광해군 즉위년(1608) 첫 아들 유심(柳淰)을 낳았다. 유심이 태어난지 얼마 안되어 전양군 유영경(柳永慶)이 이이첨에게 몰려 북으로 유배가면서 옹주에게 증손자를 잘 기를 것을 부탁하였다.

19세인 광해군 3년(1611) 둘째 아들 유흡(柳潝)을 낳았다.

20세인 광해군 4년(1612) 7월 20일 남편 유정량이 전라도 고부(古阜)로 유배가니 따라가 8년간 온갖 고초를 다 겪었다.

24세인 광해군 8년(1616) 1녀 백임(伯任)을 낳았다. 이듬해에 2녀 중임(仲任)을 낳았다.

27세인 광해군 11년(1619) 5월 17일 남편 유정량이 경상도 기장(機張)으로 이배되니 옹주는 처음으로 서울로 돌아왔다.

효종 4년(1653) 윤7월 14일 환갑인 61세로 졸했다.

■ 정휘옹주

【생몰년】 선조 26년(1593) ~ 효종 4년(1653). 향년 61세
【본 관】 전주(全州)
【 묘 】 양주 도봉산 포계지원(楊州道峯山抱癸之原)
        양주 도봉산 직동(楊州道峯山直洞: 선원록)
        양주 도봉(楊州道峯: 선원계보)
        서울 도봉구(道峯區: 선원강요)
【문 헌】『선원록 璿源錄』
        이민구(李敏求)『동주집 東州集』권8「정휘옹주묘지명 貞徽翁主墓誌銘」

정휘옹주 남편

유정량(柳廷亮)

출전:『전주유씨대동보 全州柳氏大同譜』

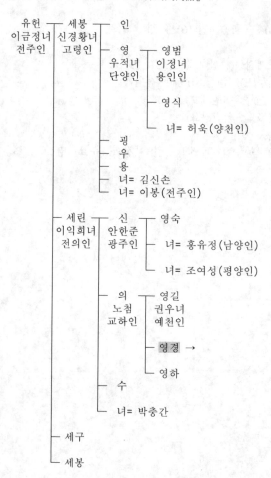

유헌 ── 세봉 ── 인
이금정녀 신경황녀
전주인   고령인 ── 영 ── 영범
                우적녀 이정녀
                단양인 용인인

                       ── 영식

                       ── 녀= 허욱(양천인)

                ── 굉
                ── 우
                ── 용
                ── 녀= 김신손
                ── 녀= 이봉(전주인)

        ── 세린 ── 신 ── 영숙
        이익회녀 안한준
        전의인   광주인 ── 녀= 홍유정(남양인)

                       ── 녀= 조여성(평양인)

                ── 의 ── 영길
                노첩   권우녀
                교하인 예천인

                       ── 영경 →

                       ── 영하

                ── 수

                ── 녀= 박충간

        ── 세구

        ── 세봉

```
유영경 ─┬─ 열      ─┬─ 정량   ─┬─ 심      ─┬─ 이태
황응규녀   이한녀      정휘옹주    윤경지녀    오단녀
창원인     전의인      선조6녀     해평인      동복인
                                            ├─ 노준명녀
                                            │   광산인
                                            ├─ 이겸
                                            ├─ 이승
                                            ├─ 이정
                                            ├─ 이복
                                            ├─ 이전
                                            ├─ 이면
                                            ├─ 이배
                                            ├─ 녀
                                            │   강만석
                                            ├─ 녀
                                            │   박순
                                            ├─ 녀
                                            │   심즙
                                            ├─ 녀
                            ┌─ 흡            ├─ 정래상
                            ├─ 녀            ├─ 녀
                            │   이중규        │   변일
                            ├─ 녀            └─ 녀
                            │   정화제            정징
                            ├─ 회
                     측실 ─┤─ 영
                            ├─ 창
                            ├─ 척
                            ├─ 익
                            ├─ 급
                            ├─ 담
                            ├─ 녀
                            │   김익우
                            ├─ 녀
                            │   이태운
                            ├─ 녀
                            │   이창유
                            ├─ 녀
                            │   이지정
         ┌─ 흔               ├─ 녀
         ├─ 업               │   이석규
         ├─ 제               └─ 녀
         ├─ 선                   임홍유
         ├─ 녀
         │   유수증
         ├─ 녀        ┌─ 녀
         └─ 이현       ├─ 양립
             녀        └─ 녀
           한소일        배명전      성후척
```

※ 본서 부록 410쪽 참조

고조부는 이조참판을 지낸 유세린(柳世麟)이고, 조부는 영의
정 유영경(柳永慶, 1550~1608)이다. 아버지는 유열(柳悅)이며,
어머니는 첨지 이필(李韠)의 딸 전의 이씨이다.

부인은 선조의 서6녀로 인빈 김씨 소생인 정휘옹주(貞徽翁
主)이다.

슬하에 2남 2녀를 두었다. 1남은 유심(柳淰)이고, 2남은 유흡
(柳潝)이다. 1녀는 이중규(李重揆)에게 출가하였고, 2녀는 정화
제(鄭華齊)에게 출가하였다.

측실에 7남 7녀를 두었다. 아들은 유회(柳澮)·유령(柳泠)·유
창(柳滄)·유척(柳滌)·유익(柳瀷)·유급(柳汲)·유담(柳潭)이다.

딸은 김익보(金益甫)·이태운(李泰運)·이창유(李昌裕)·이지
정(李之貞)·이석규(李錫圭)·임홍유(林弘儒)·성후척(成後陟)에게
출가했다.

선조 24년(1591) 10월 7일에 태어났다.

14세인 선조 37년(1604) 선조의 딸 정휘옹주(貞徽翁主)와 혼
인하여 9월 12일 전창위(全昌尉)에 봉하여졌다.

18세인 광해군 즉위년(1608) 9월 1일 할아버지 유영경이 돌
아가셨다.

22세인 광해군 4년(1612) 7월 1일 할아버지 유영경 일파가
대북파(大北派)의 탄핵으로 멸족의 화를 입을 때, 한성부에서
황시(黃是)에게서 특별히 받은 집을 헐어버리고 못을 파려고
하였다.

한성부가 아뢰기를, "역적 유영경(柳永慶)·김대래(金大來)·이

홍로(李弘老) 등의 집을 헐어버리고 못을 파는 일로, 본부가 승전(承傳)에 따라 문기(文記) 및 부(府)에 있는 장적(帳籍)을 가져다 상고하니, 유영경이 평소 살던 집은 동부 숭교방(東部崇敎坊)에 있는데 빈 대지 및 행랑 10여 칸만 있고, 난리 이후에 살던 집은 남부 성명방(南部誠明坊)에 있는데 이는 곧 유영경의 처조카인 전 승지 황시(黃是)가 유정량(柳廷亮)에게 별급(別給)한 것입니다. 그런데 그 문기가 관의 서명을 거쳐 발급되지 않았으며, 또 병오년 장적에는 유영경의 이름으로 입적되었고, 무신년에 유영경이 죄를 입은 후 기유년 장적에 이르러서야 비로소 유정량의 이름으로 입적되었습니다. 황시는 유정량의 이성(異姓) 사촌 대부이니 별급의 문서를 만들 수 없으며, 법전 내에 '부모·조부모·외조부모·처부모·지아비·처첩 이외는 모두 관의 서명을 거친 문기를 쓴다'고 하였고 보면 이 문기는 관의 서명을 거치지 않았으니 법례에 어긋남이 있습니다. 또 전계(傳係) 문기가 없으므로 사실을 증명하기는 어려울 것 같습니다. 더구나 병오년 장적에 유영경의 이름으로 입적되어 있으므로 곧 유영경의 집이라 할 수 있기에, 승전에 의해 헐어버리고 못을 파려고 하였습니다. 그런데 삼가 어제 금부(禁府)에 내린 비망기를 보니 몹시 황공합니다. 모처에 못을 파는 일은 우선 금부의 처치를 기다려 시행함이 어떻겠습니까?" 하니, 윤허한다고 전교하였다.

광해군 4년 7월 17일 남해에 유배되었다.

　연좌인 유영하(柳永賀)는 거제(巨濟)에, 유정량(柳廷亮)은 남해(南海)에, 유여휘(柳汝輝)·유흥휘(柳興輝)는 진도(珍島)에, 이영로(李榮老)는 거제에, 유성(柳惺)은 삼수(三水)에 모두 이미 위리 안치하였다.

광해군 4년 7월 19일 유정량은 부마이므로 중도(中道)에 자원하는 곳에 부처하라고 하였다.

전교하였다. "법률이 내 마음대로 신축할 수 있는 바는 아니나, 유정량(柳廷亮)은 곧 부마(駙馬)이다. 절도의 극변에 위리 안치하는 것은 내가 차마 할 수 없다. 중도(中道)의 자원하는 곳에 부처하라"

광해군 4년 7월 20일 전라도 고부로 유배되었다. 토굴을 쌓고 햇빛을 보지 못하고 지냈다.

금부가 연좌인 유흘은 흥양(興陽)으로, 유정량은 고부(古阜)로 고쳐 정배하고 아뢰었다.

여러 해 동안의 귀양살이로 토굴 속에서 햇빛을 보지 못하여 실명의 위기에 놓이게 되었다.

29세인 광해군 11년(1619) 5월 14일 장차 역모가 있으리라는 소문이 호남지방에 유포되자 경상도로 이배하라고 명하였다.

전교하기를, "유정량(柳廷亮)을 영남의 궁벽한 읍으로 급히 개정하여 정배하라" 하였다. — 유정량이 이때 고부(古阜)에 정배되었는데, 당시에 떠도는 말이 호남에 장차 역변이 있을 것이라고 하였으므로 이러한 명령이 있었다.

광해군 11년 5월 17일 경상도 기장(機張)으로 이배되었다.

33세인 인조 1년(1623) 3월 15일 인조반정으로 풀려나 전창위(全昌尉) 직첩(職牒)을 환급받았다.

의빈(儀賓) 종1품 숭덕대부(崇德大夫)에 승품되고, 여러차례 승진하여 의빈(儀賓) 정1품 성록대부(成祿大夫)에 이르러 세훈(世勳)을 물려받고 전창군(全昌君)에 봉하여졌다. 정2품 도총부

도총관(都摠管)을 겸하고 7서(署)에 제조(提調)를 지냈다.

38세인 인조 6년(1628) 동반(東班) 종1품 숭록대부(崇祿大夫)에 올랐다.

42세인 인조 10년(1632) 12월 25일 남의 딸을 강탈하여 첩을 삼아 파직되었다.

전창군(全昌君) 유정량(柳廷亮)이 남의 딸을 강탈하여 첩으로 삼았으므로, 간원이 관작을 삭탈할 것을 청하니, 상이 단지 먼저 파직시키고 나중에 추고하라고 명하였다. 간원이 이 일로 연계(連啓)하였으나, 상이 따르지 않았다.

56세인 인조 24년(1646) 7월 6일 사은사(謝恩使)로 청나라에 갔다가 12월 16일 돌아왔다.

사은사(謝恩使) 유정량(柳廷亮) 등이 금주위(錦州衛)에 되돌아와서 치계하였다. "신이 옥하관(玉河舘)에 있을 때에 정역(鄭譯)에게 말하기를 '우리나라에 해마다 흉년이 들었는데 목화(木花)가 더욱 심하여 형편없으니 앞으로의 세폐(歲幣)에 틀림없이 일을 일으킬 근심이 있소. 대체로 세폐는 본래 이웃 나라와 교통하면서 서로 주는 것인데, 지금 하나로 합쳐진 뒤에도 세폐를 그대로 두었으니 실로 명분이 없는 듯하오' 하였더니, 정역이 말하기를 '말한 바가 아주 옳으니 다시 생각해 보는 것이 적당하겠소' 하고, 인해서 말하기를 '세자를 책봉한 뒤에 한번 입조(入朝)하는 것을 그만둘 수 없을 것 같소' 하기에, 신이 답하기를 '세자께서 오래도록 이역(異域)에서 생활하느라 상로(霜露)에 손상이 되셨고, 또 국왕(國王)의 병환(病患)이 한결같이 오래 끌어 장기간 시약(侍藥)하는 중에 있으며, 도로가 그전에 비교하여 더욱 멀어 형세로 보아 입조하기 어렵소' 하였더니, 정역은 다시 말하지 않고 떠났습니다. 이튿날 정역이 전천기(全天機)를 ― 역관(譯官)이다 ― 불러 신에게 말을 전하기를 '명년에 의당 별도의 거조(擧措) 가 ― 대체로 사신(使臣)을 보내려는 것임 ― 있을 터이니 사신 의 행차에 순부(順付)할 필요는 없겠소' 하므로, 일이 반드시 이루어지겠기에 신이 전천기를 시켜 칙행(勅行)의 지속(遲速)을 탐문하도록 하였더니, 정역이 말하기를 '의당 좋은 시절(時節)에 나갈 것이오' 하였습니다"

61세인 효종 2년(1651) 1월 21일 진향사로 청나라에 갔다.

진향사(進香使) 유정량(柳廷亮), 부사 박서(朴遾), 서장관 이만영 (李晩榮) 등이 북경으로 떠나니, 상이 그들을 불러 접견하였다.

효종 2년 3월 2일에 청나라에서 돌아와 섭정왕 모역사건을 알렸다.

진향사(進香使) 유정량(柳廷亮) 등이 우가장(牛家庄)에 당도하여 치계하기를, "섭정왕이 모역으로 태묘(太廟)에서 축출된 것은 정명수가 말한 그대로이며 섭정왕의 장지(葬地)에 묻은 금은(金銀)의 기물 등을 파내고 질그릇으로 대체하였다고 합니다" 하였다. 그리하여 상이 승지를 불러 이르기를, "저쪽 나라가 섭정왕에 대하여 이미 모역으로 단죄하였으니 그 초상을 위해 진향(進香)하는 행차를 어찌 그대로 보낼 수 있는가" 하니, 승지들이 급히 비국으로 하여금 사신에게 통보하여 행차를 중지하게 하였다.

효종 4년(1653) 윤7월 14일 부인 정휘옹주가 환갑인 61세로 졸했다.

65세인 효종 6년(1655) 1월 15일 사은사가 되었다.

전창군(全昌君) 유정량(柳廷亮)을 사은사로, 오정일(吳挺一)을 부
사로, 강호(姜鎬)를 서장관으로, 채충원(蔡忠元)을 집의로, 이경휘
(李慶徽)를 교리로 삼았다.

효종 6년 4월 12일 사은사로 부사(副使) 오정일(吳挺一), 서장
관(書狀官) 강호(姜鎬)와 함께 청나라로 갔다.

68세인 효종 9년(1658) 8월 14일 북경에서 돌아왔다.

현종 4년(1663) 4월 22일 73세로 졸하였다. 6월 19일 양주 도
봉산에 예장하였다.

숙종 34년 5월 6일 효정(孝靖)이란 시호(諡號)가 내려졌다.

이수광(李晬光)의 아들 이민구(李敏求, 1589~1670)가 쓴 묘갈
명과 강백년(姜栢年, 1603~1681)이 쓴 묘지명이 있다.

▒ 정휘옹주 남편

【생몰년】 선조 24년(1591) ~ 현종 4년(1663). 향년 73세
【성 명】 유정량(柳廷亮)   【본 관】 전주(全州)
【 자 】 자룡(子龍)   【 호 】 소한당(素閒堂)
【시 호】 효정(孝靖)
【 묘 】 양주 도봉산 정좌지원(楊州道峯山丁坐之原)
        양주 도봉산 직동(楊州道峯山直洞: 선원록)
        1979년 11월에 남양주 덕송리 전릉군 묘 아래로 이장함
【문 헌】『전주유씨대동보 全州柳氏大同譜』『광해군일기 光海君日記』
        『인조실록 仁祖實錄』『효종실록 孝宗實錄』
        이민구(李敏求)『동주집 東州集』권10「전창군유공묘갈명 全昌
        君柳公墓碣銘」
        강백년(姜栢年)『설봉유고 雪峯遺稿』권10「성록대부전창군겸
        오위도총부도총관유공묘지명 成祿大夫全昌君兼五衛都摠府都
        摠管柳公墓誌銘」

부 록

선조대왕과 친인척 세계도

▨ 세계도의 출전(出典)과 그 출전의 약칭은 다음과 같다.

- 조선왕조 선원록(朝鮮王朝璿源錄, 民昌文化社 1992년 影印本)은 '선원록'으로
- 선원계보 기략(璿源系譜記略)은 '선원계보'로
- 조선왕조실록의 기사(記事)를 참조한 것은 '실록'으로 각각 표시하였다.

※ 세계도 목차 (성씨 본관 인물 가나다순)

선조대왕 선원록

선조대왕(宣祖大王) 선원록(璿源錄)

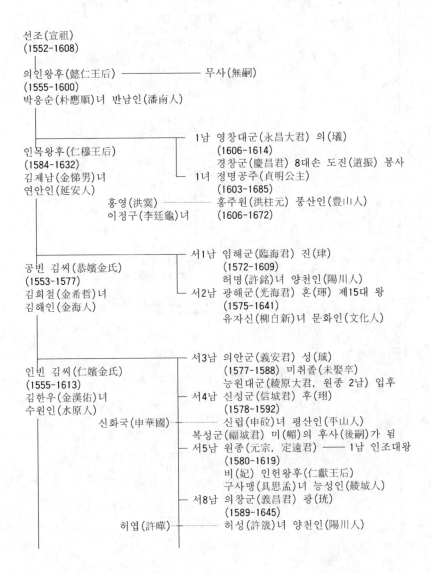

선조(宣祖)
(1552-1608)

의인왕후(懿仁王后) ──────── 무사(無嗣)
(1555-1600)
박응순(朴應順)녀 반남인(潘南人)

인목왕후(仁穆王后)
(1584-1632)
김제남(金悌男)녀
연안인(延安人)

　1남 영창대군(永昌大君) 의(㼁)
　　　(1606-1614)
　　　경창군(慶昌君) 8대손 도진(道振) 봉사
　1녀 정명공주(貞明公主)
　　　(1603-1685)
홍영(洪霙) ⋯⋯⋯⋯ 홍주원(洪柱元) 풍산인(豊山人)
이정구(李廷龜)녀 　(1606-1672)

공빈 김씨(恭嬪金氏)
(1553-1577)
김희철(金希哲)녀
김해인(金海人)

　서1남 임해군(臨海君) 진(珒)
　　　　(1572-1609)
　　　　허명(許銘)녀 양천인(陽川人)
　서2남 광해군(光海君) 혼(琿) 제15대 왕
　　　　(1575-1641)
　　　　유자신(柳自新)녀 문화인(文化人)

인빈 김씨(仁嬪金氏)
(1555-1613)
김한우(金漢佑)녀
수원인(水原人)
신화국(申華國)

허엽(許曄)

　서3남 의안군(義安君) 성(珹)
　　　　(1577-1588) 미취졸(未娶卒)
　　　　능원대군(綾原大君, 원종 2남) 입후
　서4남 신성군(信城君) 후(珝)
　　　　(1578-1592)
　　　　신립(申砬)녀 평산인(平山人)
　　　　복성군(福城君) 미(嵋)의 후사(後嗣)가 됨
　서5남 원종(元宗, 定遠君) ──── 1남 인조대왕
　　　　(1580-1619)
　　　　비(妃) 인헌왕후(仁獻王后)
　　　　구사맹(具思孟)녀 능성인(綾城人)
　서8남 의창군(義昌君) 광(珖)
　　　　(1589-1645)
　　　　허성(許筬)녀 양천인(陽川人)

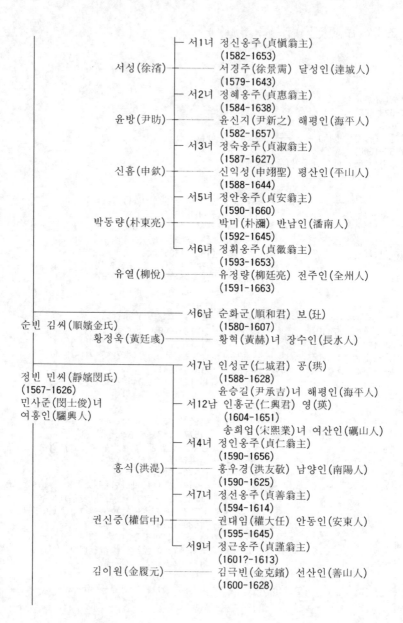

서1녀 정신옹주(貞愼翁主)
(1582-1653)

서성(徐渻)──────── 서경주(徐景霌) 달성인(達城人)
(1579-1643)

서2녀 정혜옹주(貞惠翁主)
(1584-1638)

윤방(尹昉)──────── 윤신지(尹新之) 해평인(海平人)
(1582-1657)

서3녀 정숙옹주(貞淑翁主)
(1587-1627)

신흠(申欽)──────── 신익성(申翊聖) 평산인(平山人)
(1588-1644)

서5녀 정안옹주(貞安翁主)
(1590-1660)

박동량(朴東亮)──────── 박미(朴瀰) 반남인(潘南人)
(1592-1645)

서6녀 정휘옹주(貞徽翁主)
(1593-1653)

유열(柳悅)──────── 유정량(柳廷亮) 전주인(全州人)
(1591-1663)

순빈 김씨(順嬪金氏)   서6남 순화군(順和君) 보(玬)
(1580-1607)
황정욱(黃廷彧)──────── 황혁(黃赫)녀 장수인(長水人)

정빈 민씨(靜嬪閔氏)   서7남 인성군(仁城君) 공(珙)
(1567-1626)   (1588-1628)
민사준(閔士俊)녀   윤승길(尹承吉)녀 해평인(海平人)
여흥인(驪興人)
                      서12남 인흥군(仁興君) 영(瑛)
                            (1604-1651)
                            송희업(宋熙業)녀 여산인(礪山人)

                      서4녀 정인옹주(貞仁翁主)
                            (1590-1656)

홍식(洪湜)──────── 홍우경(洪友敬) 남양인(南陽人)
(1590-1625)

서7녀 정선옹주(貞善翁主)
(1594-1614)

권신중(權信中)──────── 권대임(權大任) 안동인(安東人)
(1595-1645)

서9녀 정근옹주(貞謹翁主)
(1601?-1613)

김이원(金履元)──────── 김극빈(金克鑌) 선산인(善山人)
(1600-1628)

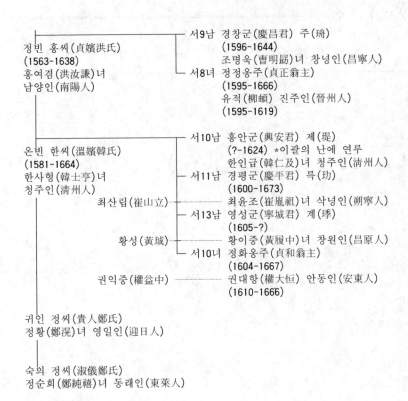

정빈 홍씨(貞嬪洪氏)
(1563-1638)
홍여겸(洪汝謙)녀
남양인(南陽人)

서9남 경창군(慶昌君) 주(珘)
(1596-1644)
조명욱(曺明勗)녀 창녕인(昌寧人)

서8녀 정정옹주(貞正翁主)
(1595-1666)
유적(柳頔) 진주인(晉州人)
(1595-1619)

온빈 한씨(溫嬪韓氏)
(1581-1664)
한사형(韓士亨)녀
청주인(淸州人)

서10남 홍안군(興安君) 제(瑅)
(?-1624) *이괄의 난에 연루
한인급(韓仁及)녀 청주인(淸州人)

서11남 경평군(慶平君) 륵(玏)
(1600-1673)
최윤조(崔胤祖)녀 삭녕인(朔寧人)

최산립(崔山立)

서13남 영성군(寧城君) 계(玏)
(1605-?)
황이중(黃履中)녀 창원인(昌原人)

황성(黃城)

서10녀 정화옹주(貞和翁主)
(1604-1667)
권대항(權大恒) 안동인(安東人)
(1610-1666)

권익중(權益中)

귀인 정씨(貴人鄭氏)
정황(鄭滉)녀 영일인(迎日人)

숙의 정씨(淑儀鄭氏)
정순희(鄭純禧)녀 동래인(東萊人)

선조(宣祖: 조선 제 14대 왕)
덕흥대원군(德興大院君) 3남, 하동부대부인(河東府大夫人) 정씨(鄭氏) 소생
하성군(河城君) 이연(李昖, 1552. 11. 11~1608. 2. 1)
재위: 1567. 7~1608. 2. 40년 7개월
등극: 16세(1567), 향년: 57세
부인: 10명, 자녀: 14남 11녀

왕자와 옹주

선조 서2남

광해군(光海君)

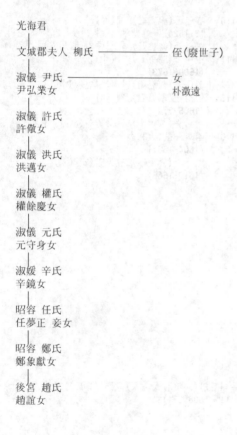

光海君

文城郡夫人 柳氏 ──────── 侄(廢世子)

淑儀 尹氏 ──────── 女
尹弘業女 　　　　　　　　朴澂遠

淑儀 許氏
許儆女

淑儀 洪氏
洪邁女

淑儀 權氏
權餘慶女

淑儀 元氏
元守身女

淑媛 辛氏
辛鏡女

昭容 任氏
任夢正 妾女

昭容 鄭氏
鄭象獻女

後宮 趙氏
趙誼女

선조 서4남

신성군(信城君)

출전: 『璿源錄』 10책 7179쪽

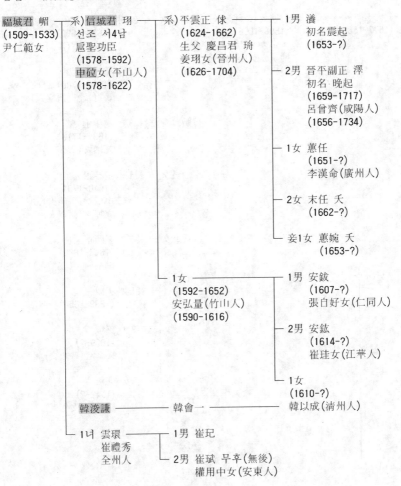

- 福城君 嵋 (1509-1533) 尹仁範女
  - 系)信城君 珝 선조 서4남 扈聖功臣 (1578-1592) 申砬女(平山人) (1578-1622)
    - 系)平雲正 俅 (1624-1662) 生父 慶昌君 珘 姜琊女(晉州人) (1626-1704)
      - 1男 溎 初名震起 (1653-?)
      - 2男 晉平副正 澤 初名 晩起 (1659-1717) 呂曾齊(咸陽人) (1656-1734)
      - 1女 蕙任 (1651-?) 李漢命(廣州人)
      - 2女 末任 夭 (1662-?)
      - 妾1女 蕙婉 夭 (1653-?)
    - 1女 (1592-1652) 安弘量(竹山人) (1590-1616)
      - 1男 安鈸 (1607-?) 張白好女(仁同人)
      - 2男 安鉉 (1614-?) 崔珪女(江華人)
      - 1女 (1610-?) 韓以成(淸州人)
  - 1녀 雲環 崔禮秀 全州人
    - 1男 崔玘
    - 2男 崔斌 무후(無後) 權用中女(安東人)

韓浚謙 — 韓會一 — 韓以成(淸州人)

선조 서3남

의안군(義安君)

출전: 『璿源錄』 10책 7175쪽

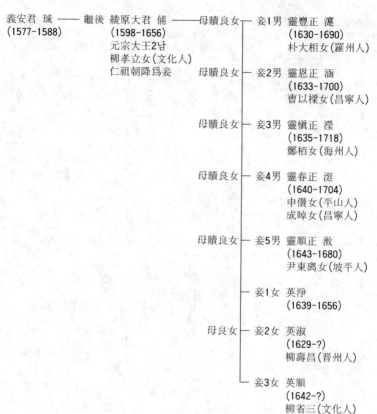

義安君 珹 ── 繼後 綾原大君 俌 ── 母贖良女 ┬ 妾1男 靈豊正 澊
(1577-1588)　　　　 (1598-1656)　　　　　　　　　 (1630-1690)
　　　　　　　　　 元宗大王2남　　　　　　　　　　 朴大相女(羅州人)
　　　　　　　　　 柳孝立女(文化人)
　　　　　　　　　 仁祖朝降爲妾　　　 母贖良女 ┼ 妾2男 靈恩正 涵
　　　　　　　　　　　　　　　　　　　　　　　　　 (1633-1700)
　　　　　　　　　　　　　　　　　　　　　　　　　 曺以樑女(昌寧人)

　　　　　　　　　　　　　　　　　　　 母贖良女 ┼ 妾3男 靈愼正 澄
　　　　　　　　　　　　　　　　　　　　　　　　　 (1635-1718)
　　　　　　　　　　　　　　　　　　　　　　　　　 鄭栢女(海州人)

　　　　　　　　　　　　　　　　　　　 母贖良女 ┼ 妾4男 靈春正 涏
　　　　　　　　　　　　　　　　　　　　　　　　　 (1640-1704)
　　　　　　　　　　　　　　　　　　　　　　　　　 申償女(平山人)
　　　　　　　　　　　　　　　　　　　　　　　　　 成皥女(昌寧人)

　　　　　　　　　　　　　　　　　　　 母贖良女 ┼ 妾5男 靈順正 潋
　　　　　　　　　　　　　　　　　　　　　　　　　 (1643-1680)
　　　　　　　　　　　　　　　　　　　　　　　　　 尹東离女(坡平人)

　　　　　　　　　　　　　　　　　　　　　　　 ┼ 妾1女 英淨
　　　　　　　　　　　　　　　　　　　　　　　　　 (1639-1656)

　　　　　　　　　　　　　　　　　　　 母良女 ┼ 妾2女 英淑
　　　　　　　　　　　　　　　　　　　　　　　　 (1629-?)
　　　　　　　　　　　　　　　　　　　　　　　　 柳壽昌(晋州人)

　　　　　　　　　　　　　　　　　　　　　　　 └ 妾3女 英順
　　　　　　　　　　　　　　　　　　　　　　　　　 (1642-?)
　　　　　　　　　　　　　　　　　　　　　　　　　 柳省三(文化人)

선조 서8남

의창군(義昌君)

출전:『璿源錄』10책 7199쪽

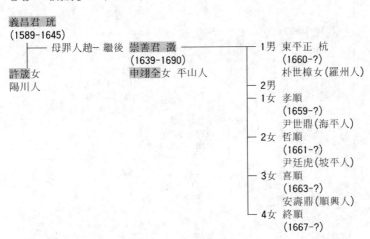

義昌君 珖
(1589-1645)
┌── 母罪人趙─ 繼後 崇善君 澂 ─────┬ 1男 東平正 杭
                    (1639-1690)   │   (1660-?)
許筬女   申翊全女 平山人   │   朴世樟女(羅州人)
陽川人   ├ 2男
                                      ├ 1女 孝順
                                      │   (1659-?)
                                      │   尹世鼎(海平人)
                                      ├ 2女 哲順
                                      │   (1661-?)
                                      │   尹廷虎(坡平人)
                                      ├ 3女 喜順
                                      │   (1663-?)
                                      │   安壽鼎(順興人)
                                      └ 4女 終順
                                             (1667-?)

【전주 이씨 의창군을 중심으로】

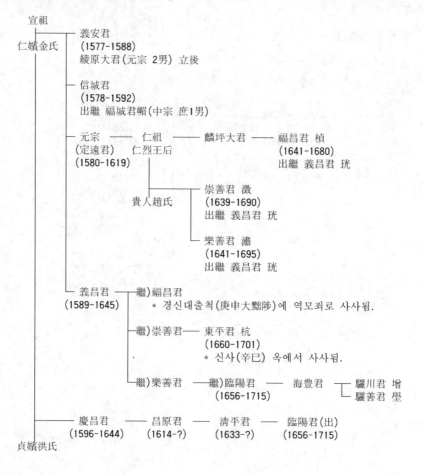

宣祖
仁嬪金氏

義安君
(1577-1588)
綾原大君(元宗 2男) 立後

信城君
(1578-1592)
出繼 福城君嵋(中宗 庶1男)

元宗 ── 仁祖 ── 麟坪大君 ── 福昌君 楨
(定遠君) 仁烈王后   (1641-1680)
(1580-1619)   出繼 義昌君 珖

貴人趙氏
崇善君 澂
(1639-1690)
出繼 義昌君 珖

樂善君 潚
(1641-1695)
出繼 義昌君 珖

義昌君   繼)福昌君
(1589-1645)   * 경신대출척(庚申大黜陟)에 역모죄로 사사됨.

繼)崇善君 ── 東平君 杭
              (1660-1701)
              * 신사(辛巳) 옥에서 사사됨.

繼)樂善君 ── 繼)臨陽君 ── 海豊君 ┬ 驪川君 增
              (1656-1715)   └ 驪善君 堅

慶昌君 ── 昌原君 ── 清平君 ── 臨陽君(出)
(1596-1644) (1614-?) (1633-?) (1656-1715)
貞嬪洪氏

선조 서1남

임해군(臨海君)

출전: 『璿源錄』 10책 7171쪽

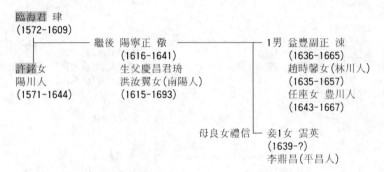

선조 서5남

정원군(定遠君: 元宗)

출전: 『璿源錄』 10책 7305쪽

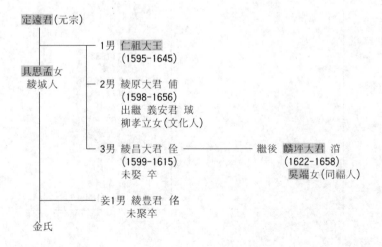

선조 서3녀

정숙옹주(貞淑翁主)

출전:『璿源錄』10책 7249쪽

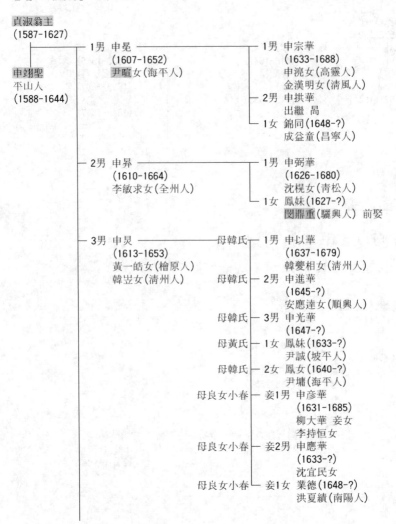

貞淑翁主
(1587-1627)

申翊聖
平山人
(1588-1644)

1男 申昮
(1607-1652)
尹暄女(海平人)

　1男 申宗華
　(1633-1688)
　申溭女(高靈人)
　金漢明女(淸風人)
　2男 申拱華
　出繼 昺
　1女 錦同(1648-?)
　成益童(昌寧人)

2男 申昪
(1610-1664)
李敏求女(全州人)

　1男 申弼華
　(1626-1680)
　沈梡女(靑松人)
　1女 鳳妹(1627-?)
　閔鼎重(驪興人) 前娶

3男 申晃
(1613-1653)
黃一皓女(檜原人)
韓岦女(淸州人)

母韓氏 1男 申以華
　　　(1637-1679)
　　　韓夑相女(淸州人)
母韓氏 2男 申進華
　　　(1645-?)
　　　安應達女(順興人)
母韓氏 3男 申光華
　　　(1647-?)
母黃氏 1女 鳳妹(1633-?)
　　　尹誠(坡平人)
母韓氏 2女 鳳女(1640-?)
　　　尹塤(海平人)
母良女小春 妾1男 申彦華
　　　(1631-1685)
　　　柳大華 妾女
　　　李持恒女
母良女小春 妾2男 申應華
　　　(1633-?)
　　　沈宜民女
母良女小春 妾1女 業德(1648-?)
　　　洪夏績(南陽人)

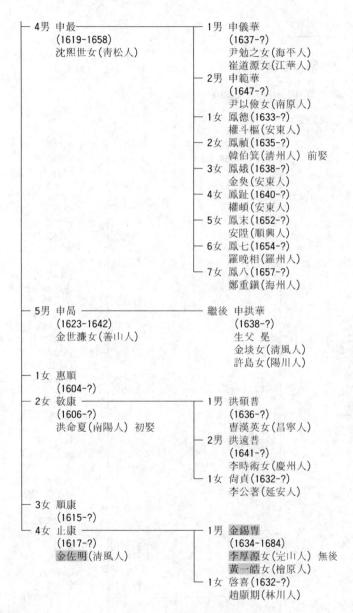

4男 申最
(1619-1658)
沈熙世女(靑松人)

　1男 申儀華
　(1637-?)
　尹勉之女(海平人)
　崔道源女(江華人)
　2男 申範華
　(1647-?)
　尹以儉女(南原人)
　1女 鳳德(1633-?)
　權斗樞(安東人)
　2女 鳳禎(1635-?)
　韓伯箕(淸州人) 前娶
　3女 鳳娥(1638-?)
　金奐(安東人)
　4女 鳳趾(1640-?)
　權頔(安東人)
　5女 鳳末(1652-?)
　安陞(順興人)
　6女 鳳七(1654-?)
　羅晩相(羅州人)
　7女 鳳八(1657-?)
　鄭重鎭(海州人)

5男 申冏
(1623-1642)
金世濂女(善山人)

　繼後 申拱華
　(1638-?)
　生父 晃
　金垵女(淸風人)
　許島女(陽川人)

1女 惠順
(1604-?)

2女 敬康
(1606-?)
洪命夏(南陽人) 初娶

　1男 洪碩普
　(1636-?)
　曺漢英女(昌寧人)
　2男 洪遠普
　(1641-?)
　李時術女(慶州人)
　1女 尙貞(1632-?)
　李公著(延安人)

3女 順康
(1615-?)

4女 止康
(1617-?)
金佐明(淸風人)

　1男 金錫冑
　(1634-1684)
　李厚源女(完山人) 無後
　黃一皓女(檜原人)
　1女 啓喜(1632-?)
　趙顯期(林川人)

※ 申彦華의 생년이 『璿源錄』에는 1631년, 『평산신씨대동보』에는 1640년 임.

선조 서1녀

정신옹주(貞愼翁主)

출전: 『璿源錄』 10책 7223쪽

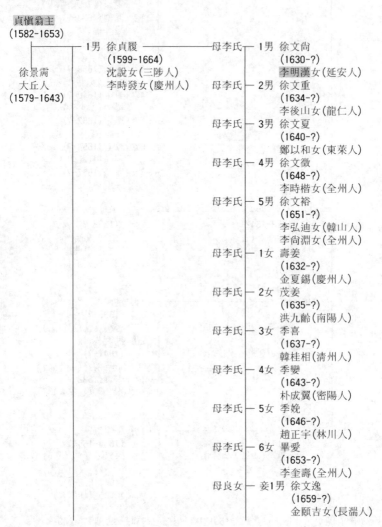

貞愼翁主
(1582-1653)

徐景霌
大丘人
(1579-1643)

─ 1男 徐貞履
    (1599-1664)
    沈說女(三陟人)
    李時發女(慶州人)

母李氏 ─ 1男 徐文尙
       (1630-?)
       李明漢女(延安人)

母李氏 ─ 2男 徐文重
       (1634-?)
       李後山女(龍仁人)

母李氏 ─ 3男 徐文夏
       (1640-?)
       鄭以和女(東萊人)

母李氏 ─ 4男 徐文徵
       (1648-?)
       李時楷女(全州人)

母李氏 ─ 5男 徐文裕
       (1651-?)
       李弘迪女(韓山人)
       李尙淵女(全州人)

母李氏 ─ 1女 壽姜
       (1632-?)
       金夏錫(慶州人)

母李氏 ─ 2女 茂姜
       (1635-?)
       洪九齡(南陽人)

母李氏 ─ 3女 季喜
       (1637-?)
       韓桂相(淸州人)

母李氏 ─ 4女 季孌
       (1643-?)
       朴成翼(密陽人)

母李氏 ─ 5女 季娩
       (1646-?)
       趙正宇(林川人)

母李氏 ─ 6女 畢愛
       (1653-?)
       李奎壽(全州人)

母良女 ─ 妾1男 徐文逸
         (1659-?)
         金頤吉女(長淵人)

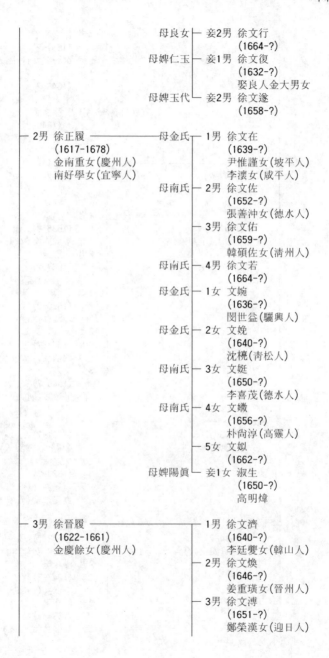

母良女 ─ 妾2男 徐文行
(1664-?)

母婢仁玉 ─ 妾1男 徐文復
(1632-?)
娶良人金大男女

母婢玉代 ─ 妾2男 徐文遂
(1658-?)

─2男 徐正履 ──────── 母金氏 ─ 1男 徐文在
(1617-1678)　　　　　　　　　　(1639-?)
金南重女(慶州人)　　　　　　　　尹惟謹女(坡平人)
南好學女(宜寧人)　　　　　　　　李澋女(咸平人)

母南氏 ─ 2男 徐文佐
(1652-?)
張善沖女(德水人)

─ 3男 徐文佑
(1659-?)
韓碩佐女(淸州人)

母南氏 ─ 4男 徐文若
(1664-?)

母金氏 ─ 1女 文婉
(1636-?)
閔世益(驪興人)

母金氏 ─ 2女 文娂
(1640-?)
沈檈(靑松人)

母南氏 ─ 3女 文婘
(1650-?)
李喜茂(德水人)

母南氏 ─ 4女 文㜷
(1656-?)
朴尙淳(高靈人)

─ 5女 文姒
(1662-?)

母婢陽眞 ─ 妾1女 淑生
(1650-?)
高明煒

─3男 徐晉履 ──────── 1男 徐文濟
(1622-1661)　　　　　　　　(1640-?)
金慶餘女(慶州人)　　　　　　李廷夔女(韓山人)

─ 2男 徐文煥
(1646-?)
姜重璜女(晉州人)

─ 3男 徐文溥
(1651-?)
鄭榮漢女(迎日人)

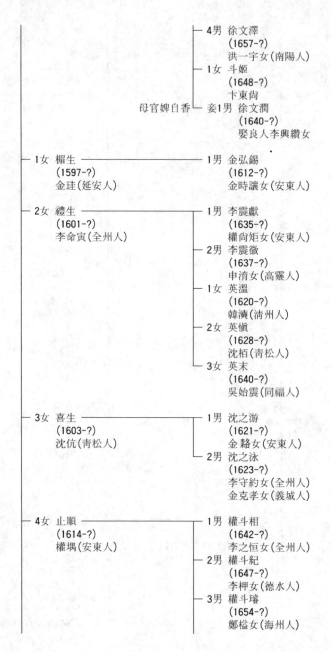

┌ 4男 徐文澤
│   (1657-?)
│   洪一宇女(南陽人)
├ 1女 斗姬
│   (1648-?)
│   卞東尙
母官婢白香 ─ 妾1男 徐文潤
              (1640-?)
              娶良人李興纘女

─ 1女 楣生 ──────── 1男 金弘錫
       (1597-?)   (1612-?)
       金珪(延安人)   金時讓女(安東人)

─ 2女 禮生 ──────── 1男 李震獻
       (1601-?)   (1635-?)
       李命寅(全州人)   權尙矩女(安東人)
                    ├ 2男 李震徵
                    │   (1637-?)
                    │   申淯女(高靈人)
                    ├ 1女 英溫
                    │   (1620-?)
                    │   韓涑(淸州人)
                    ├ 2女 英愼
                    │   (1628-?)
                    │   沈栢(靑松人)
                    └ 3女 英末
                          (1640-?)
                          吳始震(同福人)

─ 3女 喜生 ──────── 1男 沈之游
       (1603-?)   (1621-?)
       沈伉(靑松人)   金綹女(安東人)
                    └ 2男 沈之泳
                          (1623-?)
                          李守約女(全州人)
                          金克孝女(義城人)

─ 4女 止順 ──────── 1男 權斗相
       (1614-?)   (1642-?)
       權瑀(安東人)   李之恒女(全州人)
                    ├ 2男 權斗紀
                    │   (1647-?)
                    │   李枰女(德水人)
                    └ 3男 權斗璿
                          (1654-?)
                          鄭楹女(海州人)

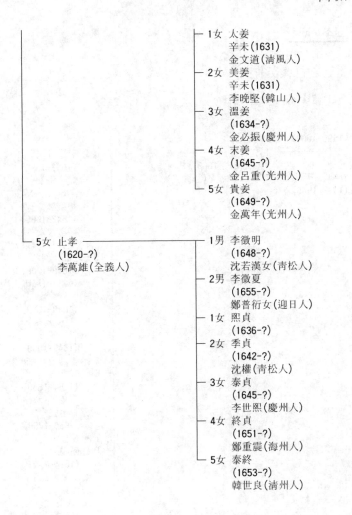

```
                                        ┌ 1女  太姜
                                        │     辛未(1631)
                                        │     金文道(淸風人)
                                        ├ 2女  美姜
                                        │     辛未(1631)
                                        │     李晩堅(韓山人)
                                        ├ 3女  溫姜
                                        │     (1634-?)
                                        │     金必振(慶州人)
                                        ├ 4女  末姜
                                        │     (1645-?)
                                        │     金呂重(光州人)
                                        └ 5女  貴姜
                                              (1649-?)
                                              金萬年(光州人)

  5女  止孝 ─────────────────────┬ 1男  李徵明
       (1620-?)                  │     (1648-?)
       李萬雄(全義人)             │     沈若漢女(靑松人)
                                 ├ 2男  李徵夏
                                 │     (1655-?)
                                 │     鄭普衍女(迎日人)
                                 ├ 1女  熙貞
                                 │     (1636-?)
                                 ├ 2女  季貞
                                 │     (1642-?)
                                 │     沈權(靑松人)
                                 ├ 3女  泰貞
                                 │     (1645-?)
                                 │     李世熙(慶州人)
                                 ├ 4女  終貞
                                 │     (1651-?)
                                 │     鄭重震(海州人)
                                 └ 5女  泰終
                                       (1653-?)
                                       韓世良(淸州人)
```

선조 서5녀

정안옹주(貞安翁主)

출전: 『璿源錄』 10책 7271쪽

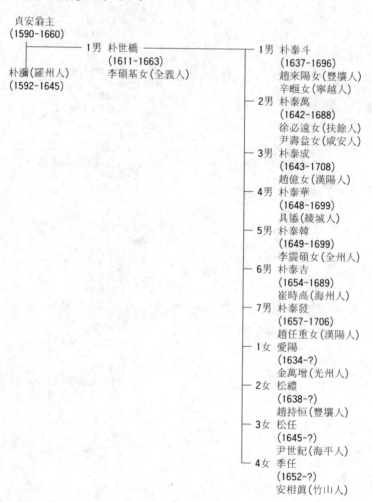

```
貞安翁主
(1590-1660)
            ┌─ 1男 朴世橋 ──────────┬─ 1男 朴泰斗
            │      (1611-1663)      │      (1637-1696)
朴瀰(羅州人) │      李碩基女(全義人)  │      趙來陽女(豊壤人)
(1592-1645) │                       │      辛暄女(寧越人)
            │                       ├─ 2男 朴泰萬
            │                       │      (1642-1688)
            │                       │      徐必遠女(扶餘人)
            │                       │      尹壽益女(咸安人)
            │                       ├─ 3男 朴泰成
            │                       │      (1643-1708)
            │                       │      趙億女(漢陽人)
            │                       ├─ 4男 朴泰華
            │                       │      (1648-1699)
            │                       │      具鎔(綾城人)
            │                       ├─ 5男 朴泰韓
            │                       │      (1649-1699)
            │                       │      李震碩女(全州人)
            │                       ├─ 6男 朴泰吉
            │                       │      (1654-1689)
            │                       │      崔時尙(海州人)
            │                       ├─ 7男 朴泰發
            │                       │      (1657-1706)
            │                       │      趙任重女(漢陽人)
            │                       ├─ 1女 愛陽
            │                       │      (1634-?)
            │                       │      金萬增(光州人)
            │                       ├─ 2女 松禮
            │                       │      (1638-?)
            │                       │      趙持恒(豊壤人)
            │                       ├─ 3女 松任
            │                       │      (1645-?)
            │                       │      尹世紀(海平人)
            │                       └─ 4女 季任
            │                              (1652-?)
            │                              安相眞(竹山人)
```

정혜옹주(貞惠翁主)

출전:『璿源錄』10책 7243쪽

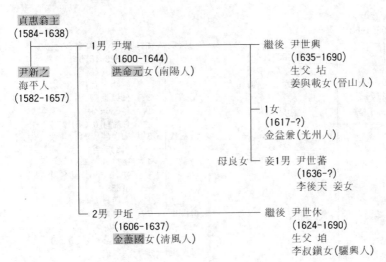

貞惠翁主
(1584-1638)

尹新之
海平人
(1582-1657)

1男 尹墀
(1600-1644)
洪命元女(南陽人)

繼後 尹世興
(1635-1690)
生父 坫
姜與載女(晉山人)

1女
(1617-?)
金益兼(光州人)

母良女 妾1男 尹世蕃
(1636-?)
李後天 妾女

2男 尹坵
(1606-1637)
金藎國女(淸風人)

繼後 尹世休
(1624-1690)
生父 垍
李叔鎭女(驪興人)

선조 서6녀

정휘옹주(貞徽翁主)

출전: 『璿源錄』10책 7275쪽

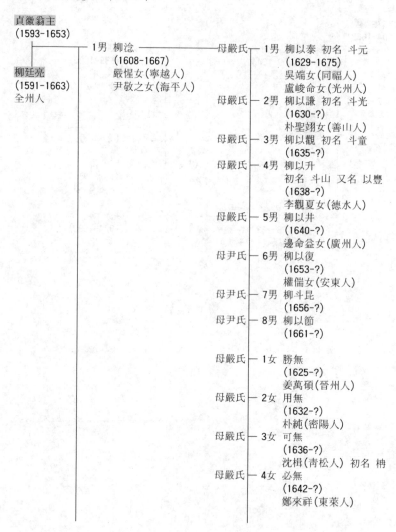

貞徽翁主
(1593-1653)

柳廷亮
(1591-1663)
全州人

1男 柳淰
(1608-1667)
嚴惺女(寧越人)
尹敬之女(海平人)

母嚴氏 — 1男 柳以泰 初名 斗元
(1629-1675)
吳端女(同福人)
盧峻命女(光州人)

母嚴氏 — 2男 柳以謙 初名 斗光
(1630-?)
朴聖翊女(善山人)

母嚴氏 — 3男 柳以觀 初名 斗童
(1635-?)

母嚴氏 — 4男 柳以升
初名 斗山 又名 以豐
(1638-?)
李觀夏女(德水人)

母嚴氏 — 5男 柳以井
(1640-?)
邊命益女(廣州人)

母尹氏 — 6男 柳以復
(1653-?)
權儒女(安東人)

母尹氏 — 7男 柳斗昆
(1656-?)

母尹氏 — 8男 柳以節
(1661-?)

母嚴氏 — 1女 勝無
(1625-?)
姜萬碩(晉州人)

母嚴氏 — 2女 用無
(1632-?)
朴純(密陽人)

母嚴氏 — 3女 可無
(1636-?)
沈楫(青松人) 初名 栴

母嚴氏 — 4女 必無
(1642-?)
鄭來祥(東萊人)

母尹氏 ── 5女　亦愛
　　　　　　　(1648-?)
　　　　　　　未嫁　夭

母尹氏 ── 6女　五德
　　　　　　　(1659-?)
　　　　　　　邊佾(黃州人)

母良女玉臺 ── 妾1男　柳以寬
　　　　　　　　(1647-?)

母良女玉臺 ── 妾2男　柳以免
　　　　　　　　(1651-?)
　　　　　　　　李泰培(全州人)　妾女

母良女玉臺 ── 妾3男　柳以培
　　　　　　　　初名　季賤
　　　　　　　　(1659-?)

母良女玉臺 ── 妾1女　眞伊
　　　　　　　　(1656-?)
　　　　　　　　鄭懲(東萊人)

─ 2男　柳澐 ──────────── 母朴氏 ┬ 1男　柳以震
　　　　(1611-?)　　　　　　　　　　 　　　　初名　斗旲
　　　　李志定女(驪州人)　　　　　　 　　　　(1642-?)
　　　　朴燦女(羅州人)　　　　　　　 　　　　李衡鎭女(驪州人)
　　　　　　　　　　　　　　　　　　 └ 2男　柳以鼎
　　　　　　　　　　　　　　　　　　 　　　　初名　斗弼
　　　　　　　　　　　　　　　　　　 　　　　(1650-?)
　　　　　　　　　　　　　　　　　　 　　　　李積女(德水人)

　　　　　　　　　　　　母朴氏 ── 1女　惠姜
　　　　　　　　　　　　　　　　　　(1640-?)
　　　　　　　　　　　　　　　　　　未嫁　夭

　　　　　　　　　　　　母朴氏 ── 2女　淑姜
　　　　　　　　　　　　　　　　　　(1644-?)
　　　　　　　　　　　　　　　　　　鄭洙閔(草溪人)

　　　　　　　　　　　　母朴氏 ── 3女　必姜
　　　　　　　　　　　　　　　　　　(1647-?)
　　　　　　　　　　　　　　　　　　洪始亨(南陽人)

　　　　　　　　　　 母良女翠英 ── 妾1男　柳以幸
　　　　　　　　　　　　　　　　　　　(1666-?)

　　　　　　　　　　 母良女翠英 ── 妾2男　柳以根
　　　　　　　　　　　　　　　　　　　(1670-?)

　　　　　　　　　　　　　　　 ── 妾3男　柳七雄
　　　　　　　　　　　　　　　　　　　(1680-?)

　　　　　　　　　　　 母婢有今 ── 妾1男　柳以朴
　　　　　　　　　　　　　　　　　　　(1628-?)
　　　　　　　　　　　　　　　　　　　李挺男女　號　漣谷

　　　　　　　　　　 母良女翠英 ── 妾1女　惠信
　　　　　　　　　　　　　　　　　　　(1654-?)
　　　　　　　　　　　　　　　　　　　李東茂(驪州人)

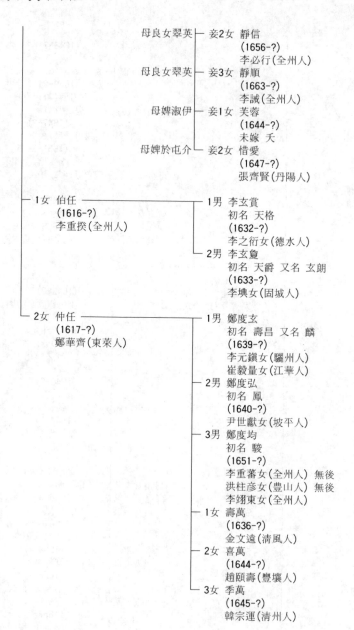

母良女翠英 ── 妾2女 靜信
　　　　　　　　　　(1656-?)
　　　　　　　　　　李必行(全州人)

母良女翠英 ── 妾3女 靜順
　　　　　　　　　　(1663-?)
　　　　　　　　　　李誠(全州人)

母婢淑伊 ── 妾1女 芙蓉
　　　　　　　　　(1644-?)
　　　　　　　　　未嫁 夭

母婢於屯介 ── 妾2女 惜愛
　　　　　　　　　　(1647-?)
　　　　　　　　　　張齊賢(丹陽人)

1女 伯任 ──────── 1男 李玄賞
　　(1616-?)　　　　　　　初名 天格
　　李重揆(全州人)　　　　(1632-?)
　　　　　　　　　　　　　李之衍女(德水人)
　　　　　　　　　　└── 2男 李玄㲼
　　　　　　　　　　　　　初名 天爵 又名 玄朗
　　　　　　　　　　　　　(1633-?)
　　　　　　　　　　　　　李㙖女(固城人)

2女 仲任 ──────── 1男 鄭度玄
　　(1617-?)　　　　　　　初名 壽昌 又名 麟
　　鄭華齊(東萊人)　　　　(1639-?)
　　　　　　　　　　　　　李元鎭女(驪州人)
　　　　　　　　　　　　　崔毅量女(江華人)
　　　　　　　　　　├── 2男 鄭度弘
　　　　　　　　　　　　　初名 鳳
　　　　　　　　　　　　　(1640-?)
　　　　　　　　　　　　　尹世獻女(坡平人)
　　　　　　　　　　├── 3男 鄭度均
　　　　　　　　　　　　　初名 駿
　　　　　　　　　　　　　(1651-?)
　　　　　　　　　　　　　李重蕃女(全州人) 無後
　　　　　　　　　　　　　洪柱彦女(豊山人) 無後
　　　　　　　　　　　　　李翊東女(全州人)
　　　　　　　　　　├── 1女 壽萬
　　　　　　　　　　　　　(1636-?)
　　　　　　　　　　　　　金文遠(淸風人)
　　　　　　　　　　├── 2女 喜萬
　　　　　　　　　　　　　(1644-?)
　　　　　　　　　　　　　趙頤壽(豐壤人)
　　　　　　　　　　└── 3女 季萬
　　　　　　　　　　　　　(1645-?)
　　　　　　　　　　　　　韓宗運(淸州人)

이씨 전주

신성군 처외조부

이담명(李聃命: 全州人)

출전: 『璿源錄』 7책 4623쪽

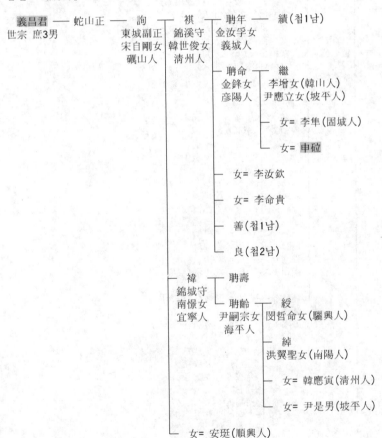

義昌君 —— 蛇山正 —— 詢 ┬ 祺 ┬ 聃年 —— 續(첩1남)
世宗 庶3男　東城副正　錦溪守　金汝孚女
　　　　　　宋自剛女　韓世俊女　義城人
　　　　　　礪山人　　清州人

├ 聃命 ┬ 繼
│ 金鋒女　李增女(韓山人)
│ 彦陽人　尹應立女(坡平人)

├ 女= 李隼(固城人)

└ 女= 申砬

├ 女= 李汝欽

├ 女= 李命貴

├ 善(첩1남)

└ 良(첩2남)

├ 褘 ┬ 聃壽
│ 錦城守
│ 南憬女
│ 宜寧人

├ 聃齡 ┬ 綏
│ 尹嗣宗女　閔哲命女(驪興人)
│ 海平人

├ 綽
│ 洪翼聖女(南陽人)

├ 女= 韓應寅(清州人)

└ 女= 尹是男(坡平人)

└ 女= 安珽(順興人)

의창군 처외조부

이헌국(李憲國: 全州人)

출전:『璿源錄』2권 885쪽,『全州李氏璿源續報』

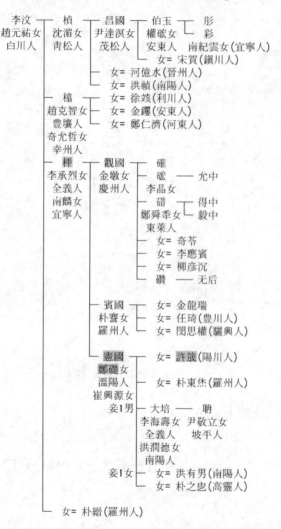

인빈 김씨 외조부

이효성(李孝誠: 全州人)

출전:『全州李氏孝寧大君靖孝公派世譜』

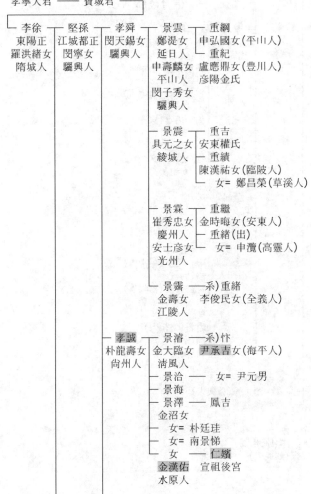

孝寧大君 ── 寶城君

李徐　　堅孫　　孝舜　　景雲　　重綱
東陽正　江城都正　閔天錫女　鄭湜女　申弘國女(平山人)
羅洪緒女　閔寧女　驪興人　延日人　重紀
隋城人　驪興人　　　　申壽麟女　盧應鼎女(豊川人)
　　　　　　　　　　平山人　彦陽金氏
　　　　　　　　　　閔子秀女
　　　　　　　　　　驪興人

　　　　　　　　　景震 ── 重吉
　　　　　　　　　具元之女　安東權氏
　　　　　　　　　綾城人 ── 重績
　　　　　　　　　　　　陳漢祜女(臨陂人)
　　　　　　　　　　　── 女= 鄭昌榮(草溪人)

　　　　　　　　　景霖 ── 重繼
　　　　　　　　　崔秀忠女　金時晦女(安東人)
　　　　　　　　　慶州人 ── 重緒(出)
　　　　　　　　　安士彦女　　女= 申瀁(高靈人)
　　　　　　　　　光州人

　　　　　　　　　景霽 ─系)重緒
　　　　　　　　　金壽女　李俊民女(全義人)
　　　　　　　　　江陵人

　　　　　孝誠 ── 景濬 ─系)忬
　　　　　朴龍壽女　金大臨女　尹承吉女(海平人)
　　　　　尙州人　清風人
　　　　　　　── 景洽 ── 女= 尹元男
　　　　　　　── 景海
　　　　　　　── 景澤 ── 鳳吉
　　　　　　　金沼女
　　　　　　　── 女= 朴廷珪
　　　　　　　── 女= 南景悌
　　　　　　　── 女 ── 仁嬪
　　　　　　　金漢佑　宣祖後宮
　　　　　　　水原人

```
┌─ 孝參 ──── 女= 金希逸(金海人)
│  尹濡女       女= 南大河(宜寧人)
│  茂松人
│
├─ 孝彦 ──── 景欽 ┬─ 惇
│  韓承貞女  安東權氏 │  任凱(豊川人)
│  清州人           ├─ 愃(出)
│                   ├─ 怀(出)
│                   └─ 女= 李崹(固城人)
│
│           ┌─ 景嶸 ┬─ 惟
│           │  洪仁佑女 │  兪大脩女(杞溪人)
│           │  南陽人   ├─ 憘
│           │          │  朴承賢女(密陽人)
│           │          ├─ 憚
│           │          │  鄭誠之女(溫陽人)
│           │          ├─ 㦤
│           │          │  孫天佑女(原州人)
│           │          │
│           │          ├─ 女= 尹优
│           │          ├─ 女= 李好仁
│           │          └─ 女= 洪得仁
│           │
│           ├─ 景屻 ── 系)愃
│           │  禹承舜女  趙仁后女(平壤人)
│           │  禮安人
│           │
│           ├─ 景峈 ┬─ 憺
│           │  鄭彦愨女 │  申吉元女(平山人)
│           │  海州人   ├─ 恂
│           │          │  朴嗣賢女(密陽人)
│           │          └─ 女= 朴耆豪
│           │
│           ├─ 女= 柳思新(文化人)
│           ├─ 女= 崔涵(水原人)
│           └─ 女= 權徵(安東人)
│
├─ 女= 權鉌(安東人)
├─ 女= 閔子秀(驪興人)
└─ 女= 權熹

┌─ 女= 金士剛
├─ 女= 元世應(原州人)
└─ 女= 安燦(順興人)
```

구씨 능성

정원군 처부

구사맹(具思孟: 綾城人)

출전:『綾城具氏世譜』

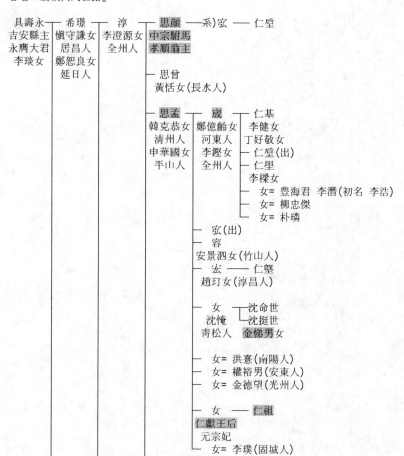

具壽永　　希璟　　　淳　　　思顔 ———系)宖 —— 仁垕
吉安縣主　愼守謙女　李澄源女　中宗駙馬
永膺大君　居昌人　　全州人　　孝順翁主
李琰女　　鄭恕良女
　　　　　延日人
　　　　　　　　　　　　　　思曾
　　　　　　　　　　　　　　黃恬女(長水人)

　　　　　　　　　　　　　　思孟 ———— 晟 ——— 仁基
　　　　　　　　　　　　　　韓克恭女　　鄭億齡女　李健女
　　　　　　　　　　　　　　淸州人　　　河東人　　丁好敬女
　　　　　　　　　　　　　　申華國女　　李鏗女　 — 仁垕(出)
　　　　　　　　　　　　　　平山人　　　全州人　 — 仁墍
　　　　　　　　　　　　　　　　　　　　　　　　　李樑女
　　　　　　　　　　　　　　　　　　　　　　　 — 女= 豊海君　李潛(初名 李浩)
　　　　　　　　　　　　　　　　　　　　　　　 — 女= 柳忠傑
　　　　　　　　　　　　　　　　　　　　　　　 — 女= 朴璘

　　　　　　　　　　　　　　　　　　　 — 宖(出)
　　　　　　　　　　　　　　　　　　　 — 容
　　　　　　　　　　　　　　　　　　　安景泗女(竹山人)
　　　　　　　　　　　　　　　　　　　 — 宏 ——— 仁堅
　　　　　　　　　　　　　　　　　　　趙玎女(淳昌人)

　　　　　　　　　　　　　　　　　　　 — 女 ┬沈命世
　　　　　　　　　　　　　　　　　　　沈悗 └沈挺世
　　　　　　　　　　　　　　　　　　　靑松人　金悌男女

　　　　　　　　　　　　　　　　　　　 — 女= 洪憙(南陽人)
　　　　　　　　　　　　　　　　　　　 — 女= 權裕男(安東人)
　　　　　　　　　　　　　　　　　　　 — 女= 金德望(光州人)

　　　　　　　　　　　　　　　　　　　 — 女 ——— 仁祖
　　　　　　　　　　　　　　　　　　　仁獻王后
　　　　　　　　　　　　　　　　　　　元宗妃
　　　　　　　　　　　　　　　　　　　 — 女= 李璞(固城人)

```
                              ┌ 思仲(出)
                              ├ 思閔
                                崔權女(慶州人)
                                尹興義女(坡平人)
                              ┌ 女= 閔思曾(驪興人)
                              ├ 女= 朴致元(密陽人)
                              ├ 女= 鄭曕(溫陽人)
                              ├ 女= 朴安仁(潘南人)
                              └ 女= 安震(順興人)

                   ┌ 準(出)
                   ├ 洽
                     申瑛女(平山人)
                   ├ 淏
                   ├ 澤
                   ├ 浹
                   ├ 女= 李順壽(全州人)
                   ├ 澄
                   ├ 濯
                   ├ 淸
                   ├ 澎
                   ├ 淨
                   └ 沖

   ┌ 承璟
     權自均女(安東人)

   ┌ 文璟
     燕山君女

   ┌ 信璟 ── 灝 ┌ 思謹
     李鈞女   中宗駙馬 ├ 思訒
     固城人   淑靜翁主 └ 思誠

   ┌ 女= 任熙載(豊川人)
   ├ 女= 沈光門(靑松人)
   ├ 女= 安陽君 忻
   ├ 女= 崔祥(永川人)
   ├ 女= 李希賢(平昌人)

   ┌ 麟孫
   ├ 麟種
   ├ 麟仝

   ┌ 女= 林有明
   └ 女= 李元詡(德水人)
```

권씨 안동

공빈 김씨 외조부

권 장(權璋: 安東人)

출전: 『安東權氏世譜』(국립중앙도서관 古 2518-07-38-7)

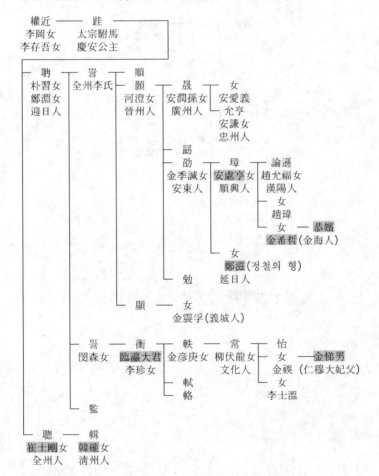

김씨 광산

【광산 김씨 김만기를 중심으로】

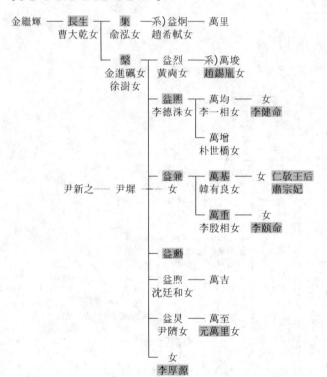

金繼輝 —— 長生 —— 集 —系)益炯 —— 萬里
　　　　　曹大乾女　俞泓女　趙希軾女

　　　　　　　　　 槃 —— 益烈 —系)萬埈
　　　　　　　　金進礪女　黃頙女　趙錫胤女
　　　　　　　　徐澍女

　　　　　　　　　　　　　 益熙 —— 萬均 —— 女
　　　　　　　　　　　　　李德洙女　李一相女　李健命

　　　　　　　　　　　　　　　　　 萬增
　　　　　　　　　　　　　　　　　朴世橋女

　　　　　　　　　　　　　 益兼 —— 萬基 —— 女　仁敬王后
尹新之 —— 尹墀　　　　　 女　　韓有良女　　　 肅宗妃

　　　　　　　　　　　　　　　　　 萬重 —— 女
　　　　　　　　　　　　　　　　　李殷相女　李頤命

　　　　　　　　　　　　　 益勳

　　　　　　　　　　　　　 益煦 —— 萬吉
　　　　　　　　　　　　　沈廷和女

　　　　　　　　　　　　　 益炅 —— 萬至
　　　　　　　　　　　　　尹隋女　元萬里女

　　　　　　　　　　　　　 女
　　　　　　　　　　　　　李厚源

김씨 김해 ────────────────────────

공빈 김씨 아버지

김희철(金希哲: 金海人)

출전:『金海金氏京派統合譜』, 1991, 金海金氏京派統合譜所

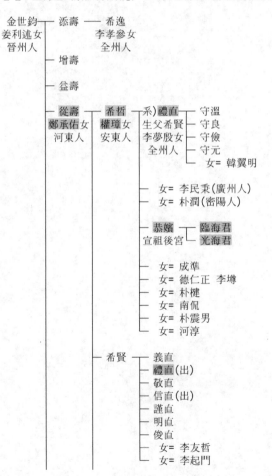

```
金世鈞 ─┬─ 添壽 ── 希逸
姜利述女  │    李孝參女
晉州人   │    全州人
         │
        ─┤ 增壽
         │
        ─┤ 益壽
         │
        ─┤ 從壽 ─┬─ 希哲 ─┬─ 系)禮直 ─┬─ 守溫
         │  鄭承佑女  │  權瑋女  │  生父希賢 ├─ 守良
         │  河東人   │  安東人  │  李夢殷女 ├─ 守儉
         │          │        │  全州人  ├─ 守元
         │          │        │         └─ 女= 韓翼明
         │          │        │
         │          │        ├─ 女= 李民秉(廣州人)
         │          │        ├─ 女= 朴潤(密陽人)
         │          │        │
         │          │        ├─ 恭嬪 ─┬─ 臨海君
         │          │        │  宣祖後宮 └─ 光海君
         │          │        │
         │          │        ├─ 女= 成準
         │          │        ├─ 女= 德仁正 李增
         │          │        ├─ 女= 朴楗
         │          │        ├─ 女= 南侃
         │          │        ├─ 女= 朴震男
         │          │        └─ 女= 河淳
         │          │
         │          └─ 希賢 ─┬─ 義直
         │                   ├─ 禮直(出)
         │                   ├─ 敬直
         │                   ├─ 信直(出)
         │                   ├─ 謹直
         │                   ├─ 明直
         │                   ├─ 俊直
         │                   ├─ 女= 李友哲
         │                   └─ 女= 李起門
```

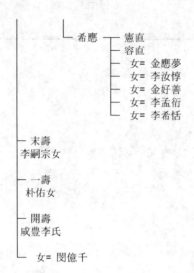

希應 ── 憲直
       ── 容直
       ── 女= 金應夢
       ── 女= 李汝惇
       ── 女= 金好善
       ── 女= 李孟衍
       ── 女= 李希恬

── 末壽
李嗣宗女

── 一壽
朴佑女

── 開壽
咸豊李氏

── 女= 閔億千

김씨 수원

인빈 김씨 아버지

김한우(金漢佑: 水原人)

출전: 『水原金氏世譜』

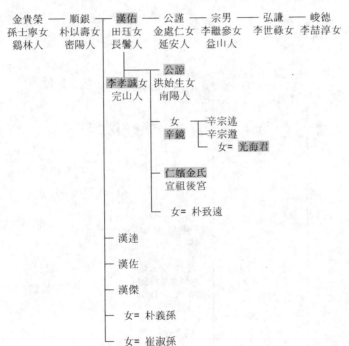

金貴榮 ── 順銀 ── 漢佑 ── 公謹 ── 宗男 ── 弘謙 ── 峻德
孫士寧女　朴以壽女　田珏女　金處仁女　李繼參女　李世祿女　李喆淳女
鷄林人　　密陽人　　長鬐人　延安人　益山人

公諒
李孝誠女　洪始生女
完山人　　南陽人

女 ── 辛宗述
辛鏡 ── 辛宗遵
　　 └─ 女＝ 光海君

仁嬪金氏
宣祖後宮

女＝ 朴致遠

漢達

漢佐

漢傑

女＝ 朴義孫

女＝ 崔淑孫

남씨 의령

의창군 처외조부

남언순(南彦純: 宜寧人)

출전:『宜寧南氏族譜』1992, 宜寧南氏大宗會

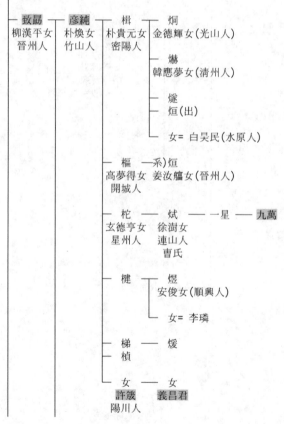

```
南佚 ── 憕 ┬ 致勛
安鬲女  李恕長女 │ 權謹繼女
廣州人  全義人  │ 安東人
                │
                ├ 致勛 ──── 彦純 ┬ 楫 ┬ 烔
                │ 柳漢平女   朴煥女  │ 朴貴元女 金德輝女(光山人)
                │ 晉州人     竹山人  │ 密陽人
                │                    │       ┬ 㷋
                │                    │       │ 韓應夢女(淸州人)
                │                    │       │
                │                    │       ┬ 燧
                │                    │       ┴ 烜(出)
                │                    │
                │                    │       └ 女= 白昊民(水原人)
                │                    │
                │                    ├ 樞 ── 系)烜
                │                    │ 高夢得女  姜汝𪖐女(晉州人)
                │                    │ 開城人
                │                    │
                │                    ├ 柁 ── 炖 ── 一星 ── 九萬
                │                    │ 玄德亨女  徐澍女
                │                    │ 星州人    連山人
                │                    │          曺氏
                │                    │
                │                    ├ 㭒 ┬ 煜
                │                    │    │ 安俊女(順興人)
                │                    │    │
                │                    │    └ 女= 李璘
                │                    │
                │                    ├ 梯 ── 煖
                │                    ├ 楨
                │                    │
                │                    └ 女 ── 女
                │                      許筬    義昌君
                │                      陽川人
```

```
┌ 彦經 ─┬─ 權
洪德演女 │  成沆女(昌寧人)
南陽人  │  邊克治女 (原州人)
      ├─ 格
      │  洪天民女(南陽人)
      ├─ 女= 崔男秀(全州人)
      ├─ 女= 權盡己(安東人)
      └─ 女
  黃赫 ─┬─ 黃坤厚(長水人)
      └─ 女
  沈忠謙 ──── 沈悅(靑松人)

┌ 彦績 ─┬─ 橙
李崇祖女 │  李榮緖女(全州人)
全州人  │  李崙女(禮安人)
      ├─ 女= 李原濟
      ├─ 女= 趙士元
      ├─ 女= 李山立
      ├─ 女= 吳煥
      └─ 女= 李楡

┌ 彦紀 ─┬─ 樸
薛弘允女 │  許鐏女(陽川人)
淳昌人  ├─ 女= 李榮林(全義人)
      └─ 女= 安由敬(順興人)

┌ 彦絳 ─── 棋
金達佑女   孫履武女(密陽人)
金海人
  ├─ 女= 韓胤明(淸州人)
  └─ 女= 高大畜(濟州人)


─ 致勤
金允章女(瑞興人)
許衍女(陽川人)
─ 致勉
─ 致勦
和順崔氏
─ 致慶
─ 女= 李孝孫(全州人)
─ 女= 權�(安東人)
─ 女= 金鼐(光山人)
─ 女= 李軾
─ 女= 韓承義(淸州人)
─ 女= 權夢弼
─ 女= 李鉉臣
─ 女= 吳淑璡(海州人)
```

박씨 반남

정안옹주 남편

박 미(朴瀰: 潘南人)

출전:『潘南朴氏世譜』
始祖: 朴應珠(潘南)

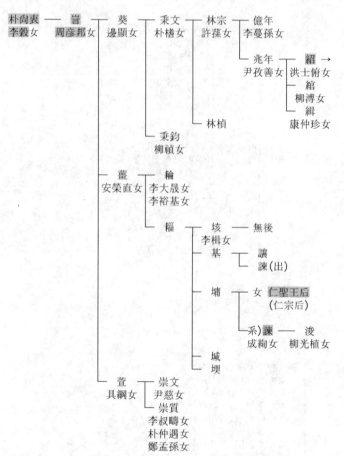

출전:『潘南朴氏世譜』1981 (반남박씨대종중족보편찬위원회)

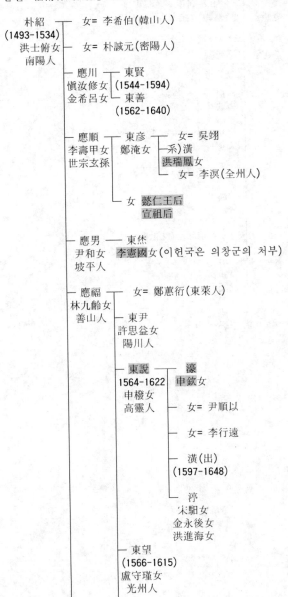

朴紹
(1493-1534)
洪士俯女
南陽人

女= 李希伯(韓山人)

女= 朴誠元(密陽人)

應川　　　東賢
愼汝修女 (1544-1594)
金希呂女 ─ 東善
　　　　　(1562-1640)

應順　　　東彦 ── 女= 吳翊
李壽甲女　鄭淹女 ─ 系)潢
世宗玄孫　　　　　洪瑞鳳女
　　　　　　　　─ 女= 李溟(全州人)

　　　　　── 女 懿仁王后
　　　　　　　宣祖后

應男 ── 東㳐
尹和女　李憲國女(이헌국은 의창군의 처부)
坡平人

應福 ── 女= 鄭蕙衍(東萊人)
林九齡女
善山人 ── 東尹
　　　　　許思益女
　　　　　陽川人

　　　── 東說 ── 濠
　　　　 1564-1622　申欽女
　　　　 申橃女
　　　　 高靈人 ── 女= 尹順以

　　　　　　　 ── 女= 李行遠

　　　　　　　 ── 潢(出)
　　　　　　　　　(1597-1648)

　　　　　　　 ── 渟
　　　　　　　　　宋馹女
　　　　　　　　　金永後女
　　　　　　　　　洪進海女

　　── 東望
　　　 (1566-1615)
　　　 盧守瑾女
　　　 光州人

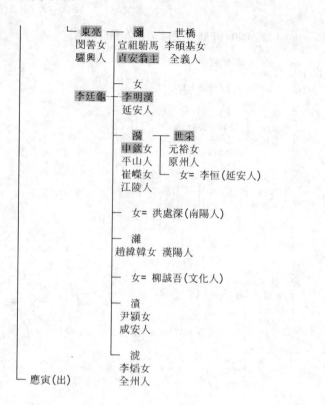

東亮 ── 灪 ── 世橋
閔善女   宣祖駙馬 李碩基女
驪興人   貞安翁主 全義人

── 女
李廷龜 ── 李明漢
         延安人

── 瀰 ──── 世采
申欽女   元裕女
平山人   原州人
崔嶸女   ── 女＝ 李恒(延安人)
江陵人

── 女＝ 洪處深(南陽人)

── 灘
趙緯韓女 漢陽人

── 女＝ 柳誠吾(文化人)

── 濱
尹潁女
咸安人

── 滾
李熌女
全州人

── 應寅(出)

서씨 달성

정신옹주 남편

서경주(徐景霌: 達城人)

출전: 『大邱徐氏世譜』
　　　金尙憲『淸陰集』「判中樞府事徐公[渻]神道碑銘并序」
　　　金尙憲『淸陰集』「判中樞府事徐公[渻]行狀」

```
徐彌性 ┬ 居廣 ── 彭召 ┬ 厚
       └ 居正    楊泚女   梁舜卿女
                        ├ 久
                        嚴孝良女
                        ├ 包
                        └ 固 ┬ 岱
                          安嗣全女   李蕢女
                                 ├ 崦
                                 宋之楨女
                                 └ 嶰 ── 渻 →
                                   李股女
```

```
徐渻 ┬ 景雨   ┬ 元履 ─系) 文重
宋寧女   成希舜女   崔山立女   生父貞履
礪山人   昌寧人    朔寧人    李後山女
        成恬女    金堉女    龍仁人
        昌寧人    淸風人

     └ 裕履 ┬ 文永
       李潣女   金壽能女(金尙憲曾孫女, 金光燦孫女)
       咸平人    安東人
             ├ 辛景轅女
             靈山人
             ├ 李東標女
             全州人
             └ 文奎
               李世裕女
               全州人
```

```
┌ 景需    ┌ 亨履    ┌ 文遠
  金僖女     成仁耈女    李德匡女
  光州人             ├ 文述
                    趙聖達女
                  ├ 文起(出)
                  └ 文道 ── 宗悌 ── 女 貞聖王后
                    金鼎之女              英祖妃

         ├ 擇履    ┌ 系)文起
           李立信女    金汝鈺女
                  ├ 文得
                    李昆承女
                  ├ 文甲
                    李士哲女
                  ├ 文傑
                    李京煥女
                  └ 文逵
                    金海金氏

         ├ 祥履    ┌ 文博
           柳程女     李裕後女
                    金廷望女
                  ├ 文郁
                    金重鎰女
                  ├ 文碩
                    金曄女
                  ├ 女= 南景薰
                  ├ 女= 金重明
                  └ 文厚
                    水原柳氏

         ├ 匡履    ┌ 文虎
           金熹女     金灝女
                  ├ 文緯
                    柳震立女
                  ├ 文緝
                    申憿女
                    南宮碩女
                  ├ 文紹
                    尹璜女
                    李尙儉女
                  └ 文赫(出)

         └ 弘履    ┌ 文潏
           金綏善女    成轂女
                  └ 文漢
                    權克有女
```

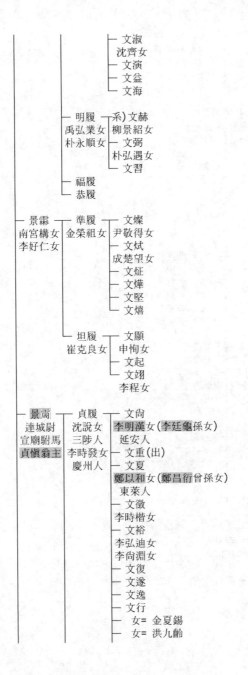

文淑
沈齊女
文演
文益
文海

明履　系)文赫
禹弘業女　柳景紹女
朴永順女　文弼
　　　　　朴弘遇女
　　　　　文習
福履
恭履

景霑　準履　文燦
南宮構女　金榮祖女　尹敬得女
李好仁女　　　　　文炊
　　　　　　　　成楚望女
　　　　　　　　文炡
　　　　　　　　文燁
　　　　　　　　文堅
　　　　　　　　文熺

坦履　文顯
崔克良女　申恂女
　　　　文起
　　　　文翊
　　　　李程女

景滈　貞履　文尙
達城尉　沈說女　李明漢女(李廷龜孫女)
宣廟駙馬　三陟人　延安人
貞愼翁主　李時發女　文重(出)
　　　　慶州人　文夏
　　　　　　　鄭以和女(鄭昌衍曾孫女)
　　　　　　　東萊人
　　　　　　　文徵
　　　　　　　李時楷女
　　　　　　　文裕
　　　　　　　李弘迪女
　　　　　　　李尙淵女
　　　　　　　文復
　　　　　　　文邃
　　　　　　　文逸
　　　　　　　文行
　　　　　　　女= 金夏錫
　　　　　　　女= 洪几齡

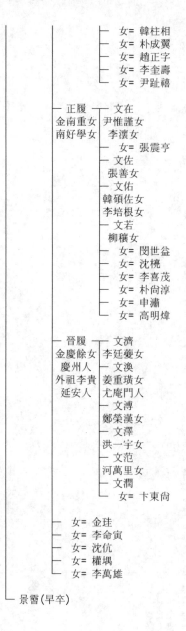

女= 韓柱相
女= 朴成翼
女= 趙正字
女= 李奎壽
女= 尹趾禧

正履 ── 文在
金南重女　尹惟謹女
南好學女　李濩女
　　　　── 女= 張震亨
　　　　── 文佐
　　　　張善女
　　　　── 文佑
　　　　韓碩佐女
　　　　李培根女
　　　　── 文若
　　　　柳穡女
　　　　── 女= 閔世益
　　　　── 女= 沈橈
　　　　── 女= 李喜茂
　　　　── 女= 朴尙淳
　　　　── 女= 申瀟
　　　　── 女= 高明煒

晉履 ── 文濟
金慶餘女　李廷夔女
慶州人　── 文渙
外祖李貴　姜重璜女
延安人　　尤庵門人
　　　　── 文溥
　　　　鄭榮漢女
　　　　── 文澤
　　　　洪一宇女
　　　　── 文范
　　　　河萬里女
　　　　── 文潤
　　　　── 女= 卞東尙

女= 金珪
女= 李命寅
女= 沈伉
女= 權璹
女= 李萬雄

景霄(早卒)

신씨 평산

신성군 처부	정원군 처외조부
신 립(申砬: 平山人)	신화국(申華國: 平山人)

출전:『平山申氏大同譜』

始祖: 申崇謙
12대손

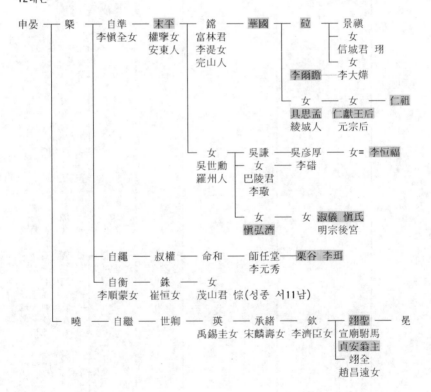

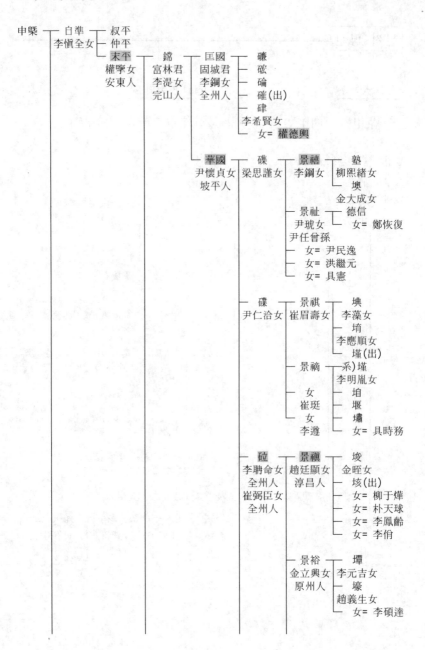

景禋 ─── 垓
柳夢熊女   李敬元女
高興人   └─ 女= 李慶果
李星吉女
全州人
     └─ 女= 信城君 珝
              선조 서4남
     └─ 女
李爾瞻 ─── 李大燁(廣州人)

砬 ─── 景徽 ─── 埴
金軸女   趙守鏛女   尹彦誠女
              └─ 城
     └─ 女= 尹趌

女 ─── 女 ─── 1남 仁祖
具思孟   仁獻王后
綾城人   元宗后
         仁嬪金氏所生

     └─ 女= 安景誠
     └─ 女= 柳瀹

鐸 ─── 系)弘國 ─── 硌
靈光金氏 趙應卿女   張鳳禎女
              └─ 磊
              └─ 女= 愼有
              └─ 女= 李重綱
              └─ 女= 申克濟
              └─ 女= 朴悌男

女 ─── 吳謙 ─── 吳彦厚 ─── 女= 李恒福
吳世勳   └─ 吳諒
羅州人   丁熿女
     └─ 女 ─── 李碏
         巴陵君
         李璥
     └─ 女 ─── 女 淑儀愼氏
         愼弘濟   明宗後宮

     └─ 女= 韓浩
     └─ 女= 李龜楨
     └─ 女= 朴龜壽
     └─ 女= 吳福貞

自繩 ─── 叔權 ─── 命和 ─── 師任堂 ─── 栗谷 李珥
自衡   李元秀

정숙옹주 남편

신익성(申翊聖: 平山人)

출전: 『平山申氏大同譜』

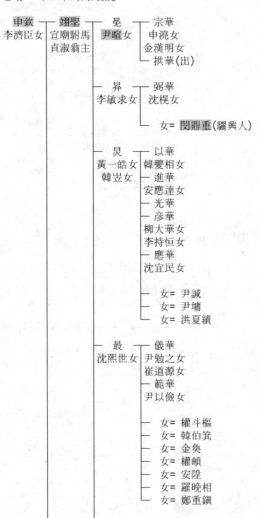

扃 ──系)拱華
金世濂女 金埮女
許島女

女= 洪命夏(南陽人)
女
姜碩期……姜文斗(衿川人)
女
金堉……金佐明(淸風人)

翊全 ── 晸 ── 徵華
趙昌遠女 沈熙世女 李翔女
許遲女 ── 瑞華
權誨女
── 啓華
李敬輿……李敏章女
── 鎭華
金光燦……金壽增女
── 尙華
權斗章女
── 錫華
閔維重女
── 宅華
李淵女
── 從華
兪準一女
李思述女
── 女= 李碩亨
── 女= 洪重益
── 女= 李翊夏
── 女= 李世規

── 暹 ── 志華
柳誠吾女 兪櫶女
── 夢華
柳綰女
── 處華(出)

── 昹──系)處華
李檀女 宋光洵女
── 曄 ── 采華
任垕女 李斗岳女
── 世華
李樟女
── 女= 洪重聖
── 女= 李大源
── 女= 李東稷

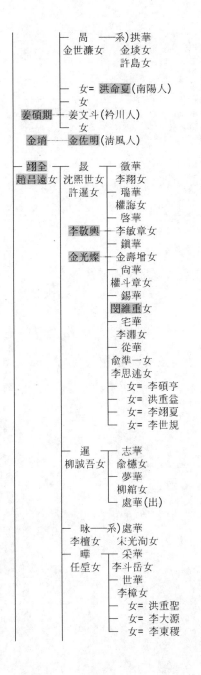

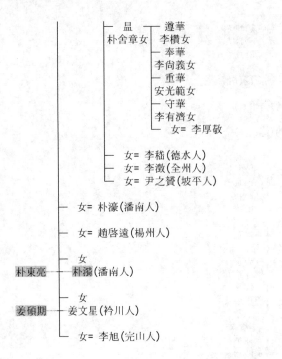

안씨 죽산

【죽산 안씨 안창을 중심으로】

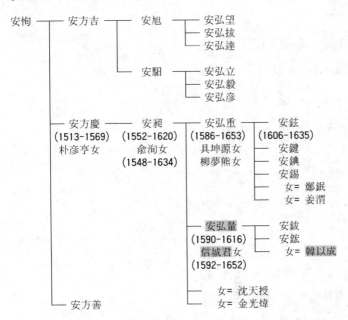

유씨 전주

정휘옹주 남편

유정량(柳廷亮: 全州人)

출전:『全州柳氏大同譜』

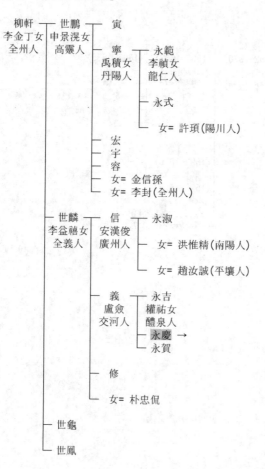

柳軒　─　世鵬　─┬─　寅
李金丁女　　申景滉女
全州人　　　高靈人　　├─　寧　　　┬─　永範
　　　　　　　　　　　　禹積女　　　　李禎女
　　　　　　　　　　　　丹陽人　　　　龍仁人

　　　　　　　　　　　　　　　　　　├─　永式

　　　　　　　　　　　　　　　　　　└─　女＝　許頊(陽川人)

　　　　　　　　　　├─　宏
　　　　　　　　　　├─　宇
　　　　　　　　　　├─　容
　　　　　　　　　　├─　女＝　金信孫
　　　　　　　　　　└─　女＝　李封(全州人)

　　　　　├─　世麟　─┬─　信　　　┬─　永淑
　　　　　　李益禧女　　安漢俊
　　　　　　全義人　　　廣州人　　├─　女＝　洪惟精(南陽人)

　　　　　　　　　　　　　　　　　　└─　女＝　趙汝誠(平壤人)

　　　　　　　　　　├─　義　　　　┬─　永吉
　　　　　　　　　　　盧僉　　　　　權祐女
　　　　　　　　　　　交河人　　　　醴泉人
　　　　　　　　　　　　　　　　　　├─　永慶　→
　　　　　　　　　　　　　　　　　　└─　永賀

　　　　　　　　　　├─　修

　　　　　　　　　　└─　女＝　朴忠侃

　　　　　├─　世龜

　　　　　└─　世鳳

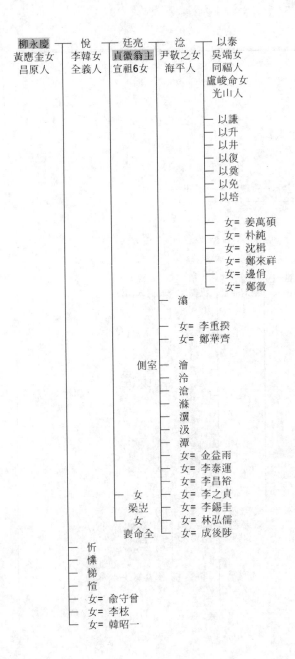

柳永慶 ─┬─ 悅 ─┬─ 廷亮 ─┬─ 渰 ─┬─ 以泰
黃應奎女 │ 李韓女 │ 眞徽翁主 │ 尹敬之女 │ 吳端女
昌原人 │ 全義人 │ 宣祖6女 │ 海平人 │ 同福人
　　　　│ │ │ │ 盧峻命女
　　　　│ │ │ │ 光山人
　　　　│ │ │ │
　　　　│ │ │ ├─ 以謙
　　　　│ │ │ ├─ 以升
　　　　│ │ │ ├─ 以井
　　　　│ │ │ ├─ 以復
　　　　│ │ │ ├─ 以奠
　　　　│ │ │ ├─ 以免
　　　　│ │ │ └─ 以培
　　　　│ │ │
　　　　│ │ │ ─┬─ 女＝ 姜萬碩
　　　　│ │ │ ├─ 女＝ 朴純
　　　　│ │ │ ├─ 女＝ 沈楫
　　　　│ │ │ ├─ 女＝ 鄭來祥
　　　　│ │ │ ├─ 女＝ 邊佾
　　　　│ │ │ └─ 女＝ 鄭徵
　　　　│ │ │
　　　　│ │ ├─ 瀚
　　　　│ │ │
　　　　│ │ ├─ 女＝ 李重揆
　　　　│ │ ├─ 女＝ 鄭華齊
　　　　│ │ │
　　　　│ │ 側室 ─ 澮
　　　　│ │ 泠
　　　　│ │ 㳔
　　　　│ │ 滌
　　　　│ │ 瀗
　　　　│ │ 汲
　　　　│ │ 潭
　　　　│ │ 女＝ 金益雨
　　　　│ │ 女＝ 李泰運
　　　　│ │ 女＝ 李昌裕
　　　　│ ├─ 女 女＝ 李之貞
　　　　│ │ 梁岦 女＝ 李錫圭
　　　　│ └─ 女 女＝ 林弘儒
　　　　│ 裵命全 女＝ 成後陟
　　　　│
　　　　├─ 忻
　　　　├─ 憛
　　　　├─ 悌
　　　　├─ 愃
　　　　├─ 女＝ 兪守曾
　　　　├─ 女＝ 李柱
　　　　└─ 女＝ 韓昭一

윤씨 파평

정혜옹주 남편

윤신지(尹新之: 海平人)

출전: 『海平尹氏大同譜』

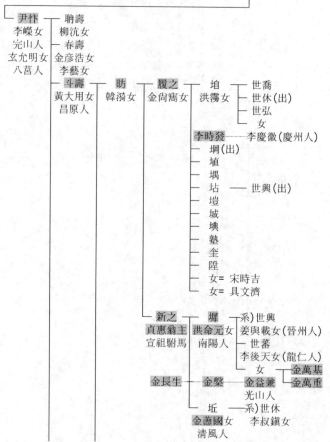

```
尹彰 ─── 達成 ─── 延齡 ─── 繼丁 ─── 希琳 ─┐
┌────────────────────────────────────────────────────┘
┌─ 尹忭 ─── 聃壽
│  李嶸女    柳沆女
│  完山人  ─ 春壽
│  玄允明女  金彦浩女
│  八莒人    李藝女
└─ 斗壽 ─── 昉 ─── 履之 ─── 坥 ─── 世喬
   黃大用女  韓溮女   金尙寯女  洪霧女 ─ 世休(出)
   昌原人                            ─ 世弘
                                    ─ 女
                          李時發 ──── 李慶徵(慶州人)
                        ─ 坰(出)
                        ─ 埴
                        ─ 堣
                        ─ 坫 ─── 世興(出)
                        ─ 壒
                        ─ 城
                        ─ 塽
                        ─ 塾
                        ─ 奎
                        ─ 陞
                        ─ 女= 宋時吉
                        ─ 女= 具文濟

                   新之 ─── 墀 ─┬─ 系)世興
                   貞惠翁主  洪命元女  姜與載女(晉州人)
                   宣祖駙馬  南陽人  ─ 世蕃
                                     李後天女(龍仁人)
                                   ─ 女        ┌ 金萬基
                   金長生 ─── 金槃 ─── 金益兼 ─┤
                              光山人            └ 金萬重
                           ─ 坵 ─── 系)世休
                   金藎國女      李叔鎭女
                   淸風人
```

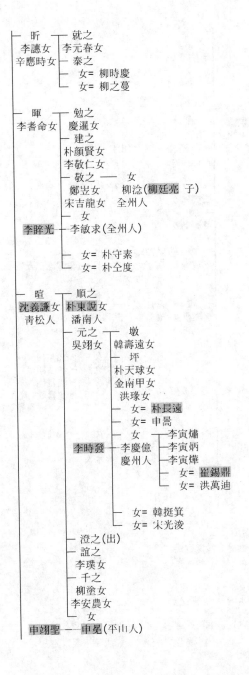

```
├ 昕 ──── 就之
│ 李譓女    李元春女
│ 辛應時女  泰之
│          ├ 女= 柳時慶
│          └ 女= 柳之蔓
│
├ 暉 ──── 勉之
│ 李耆命女  慶暹女
│          建之
│          朴顏賢女
│          李敬仁女
│          敬之 ──── 女
│          鄭昱女    柳淰(柳廷亮 子)
│          宋吉龍女  全州人
│          女
│   李睟光 ── 李敏求(全州人)
│
│          ├ 女= 朴守素
│          └ 女= 朴仝度
│
├ 暄 ──── 順之
│ 沈義謙女  朴東說女
│ 靑松人    潘南人
│          元之 ──── 墩
│          吳翊女    韓壽遠女
│                    坪
│          朴天球女
│          金甫甲女
│          洪璨女
│          ├ 女= 朴長遠
│          ├ 女= 申晑
│          └ 女 ──── 李寅燦
│           李時發 ── 李慶億  李寅炳
│                    慶州人   李寅燁
│                    ├ 女= 崔錫鼎
│                    └ 女= 洪萬迪
│
│          ├ 女= 韓挺箕
│          └ 女= 宋光浚
│   澄之(出)
│   誼之
│   李璞女
│   千之
│   柳淦女
│   李安農女
│ 申翊聖 ── 申冕(平山人)
```

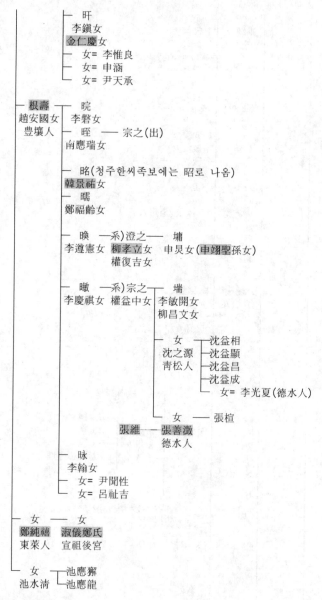

```
                       ┌ 旰
                       │ 李鎭女
                       │ 金仁慶女
                       ├ 女= 李惟良
                       ├ 女= 申涵
                       └ 女= 尹天承

    ┌ 根壽 ──┬ 晥
    │ 趙安國女  李磐女
    │ 豊壤人   ├ 晊 ── 宗之(出)
    │         南應瑞女
    │
    │         ┌ 旳(청주한씨족보에는 昭로 나옴)
    │         │ 韓景祐女
    │         ├ 暁
    │         │ 鄭福齡女
    │
    │         ┌ 晚 ──系)澄之── 堉
    │         │ 李遵憲女 柳孝立女  申昊女(申翊聖孫女)
    │         │         權復吉女
    │
    │         ┌ 暾 ──系)宗之── 端
    │         │ 李慶祺女 權益中女  李敏開女
    │         │                 柳昌文女
    │
    │                   ┌ 女        ┌ 沈益相
    │                   │ 沈之源     ├ 沈益顯
    │                   │ 青松人     ├ 沈益昌
    │                   │           ├ 沈益成
    │                   │           └ 女= 李光夏(德水人)
    │
    │                   ┌ 女 ── 張楦
    │               張維 ── 張善澂
    │                       德水人
    │
    │         ┌ 眹
    │         │ 李翰女
    │         ├ 女= 尹聞性
    │         └ 女= 呂祉吉
    │
    ├ 女 ── 女
    │ 鄭純禧  淑儀鄭氏
    │ 東萊人  宣祖後宮
    │
    └ 女 ┬ 池應獬
      池水清└ 池應龍
```

※ 尹斗壽의 부인 黃大用女의 외조부는 鄭百朋이다.

이씨 경주

【경주 이씨 이항복을 중심으로】

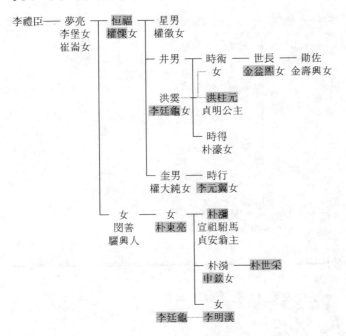

이씨 성주

【성주 이씨 이의노를 중심으로】

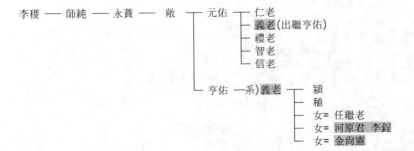

이씨 연안

【연안 이씨 이명한을 중심으로】

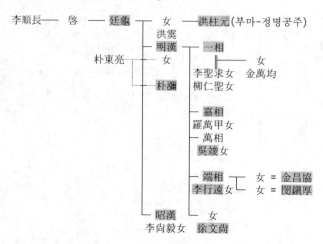

李順長── 啓 ── 廷龜 ── 女 ──洪柱元(부마-정명공주)
　　　　　　　　　　　　　洪霙
　　　　　　　　　　　　明漢 ── 一相
　　　　　　　朴東亮── 女　　　　‖　── 女
　　　　　　　　　　　　朴瀰　　李聖求女　金萬均
　　　　　　　　　　　　　　　　柳仁聖女

　　　　　　　　　　　── 嘉相
　　　　　　　　　　　　羅萬甲女
　　　　　　　　　　　── 萬相
　　　　　　　　　　　　吳竣女

　　　　　　　　　　　── 端相 ── 女 ＝ 金昌協
　　　　　　　　　　　李行遠女 ── 女 ＝ 閔鎭厚

　　　　　　　── 昭漢 ── 女
　　　　　　　　李尙毅女　徐文尙

정씨 온양

【온양 정씨 정초를 중심으로】

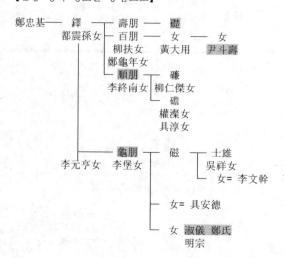

鄭忠基── 鐸 ┬─ 壽朋 ── 礎
　　　都震孫女　│　　柳扶女　黃大用　尹斗壽
　　　　　　　　├─ 百朋 ── 女 ── 女
　　　　　　　　│　鄭龜年女
　　　　　　　　├─ 順朋 ── 礛
　　　　　　　　　李終南女 │柳仁傑女
　　　　　　　　　　　　　　礏
　　　　　　　　　　　　　權溙女
　　　　　　　　　　　　　具淳女

　　　　　　　　├─ 龜朋 ── 磁 ┬─ 士雄
　　　　李元亨女　李堡女　　　　│　吳祥女
　　　　　　　　　　　　　　　　└─ 女＝ 李文幹

　　　　　　　　├─ 女＝ 具安德

　　　　　　　　└─ 女 淑儀 鄭氏
　　　　　　　　　　　　明宗

정씨 하동

【하동 정씨 정승우를 중심으로】

```
鄭麟趾 ─┬─ 光祖 ──── 女 * 생 2남1녀
趙侯女     安孟聃女   權自均
* 無子
李携女  ┌─ 顯祖 ──── 承秀
*5남2녀  │ 世祖駙馬
        │ 懿淑公主 * 無子
        │ 李氏(再娶)
        │
        ├─ 崇祖 ──┬─ 女 母朴氏
        │ 朴堧女   │ 會原君 李崢
        │ * 1녀    ├─ 承忠
        │ 趙昌老女 │ 德原君 李曙女
        │ * 4남1녀 └─ 承孝
        │
        ├─ 敬祖 ── 承佑 ──── 女 ──── 金希哲── 女 ── 恭嬪金氏
        │ 桂陽君 李瑠女   金從壽   權璋女      宣祖後宮
        │ 李繼孫女
        │
        ├─ 尙祖 ── 世虎 ──── 女
        │ 安溫泉女  李世傑女  德興大院君
        │                   中宗 庶7男
        │                   昌嬪安氏 所生
        │
        ├─ 女 ──── 女 ──── 女
        │ 權金成   洪景舟   熙嬪洪氏
        │ 安東人   南陽人   中宗後宮
        │
        └─ 女 ──── 女
          金由岳   蓮城君 李溍
```

최씨 전주

신성군 처외조부

최필신(崔弼臣: 全州人)

출전: 『全州崔氏族譜』

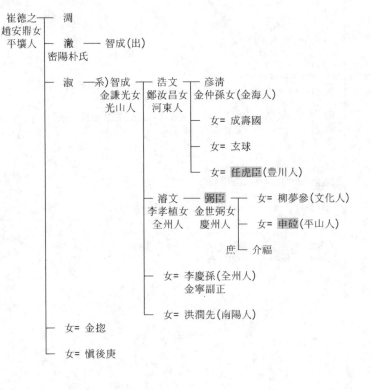

한씨 청주

임해군 처외조부

한경복(韓景福: 淸州人)

출전: 『淸州韓氏襄節公派族譜』, 1981, 淸州韓氏襄節公派族譜編纂委員會

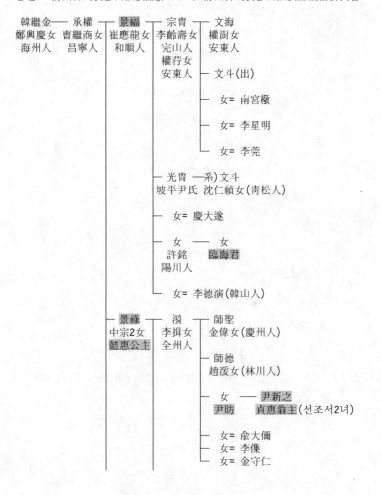

韓繼金 —— 承權 —— 景福 —— 宗冑 —— 文海
鄭興慶女   曺繼商女   崔應龍女   李齡壽女   權澍女
海州人   昌寧人   和順人   完山人   安東人
                                  權荇女
                                  安東人

—— 文斗(出)

—— 女= 南宮橄

—— 女= 李星明

—— 女= 李莞

—— 光冑 ——系)文斗
坡平尹氏 沈仁禎女(靑松人)

—— 女= 慶大遂

—— 女 —— 女
   許銘   臨海君
   陽川人

—— 女= 李德演(韓山人)

—— 景祿 —— 漣 —— 師聖
中宗2女   李揖女   金偉女(慶州人)
懿惠公主   全州人

—— 師德
   趙溭女(林川人)

—— 女 —— 尹新之
   尹昉   貞惠翁主(선조서2녀)

—— 女= 兪大儞
—— 女= 李傑
—— 女= 金守仁

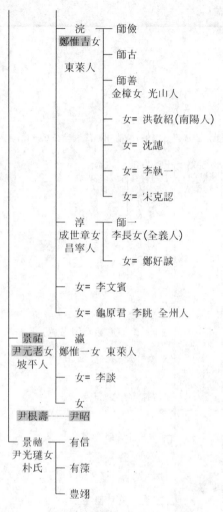

浣
鄭惟吉女
東萊人
├ 師儉
├ 師古
├ 師善
│ 金樟女 光山人
├ 女= 洪敬紹(南陽人)
├ 女= 沈憓
├ 女= 李執一
└ 女= 宋克認

淳
成世章女
昌寧人
├ 師一
│ 李長女(全義人)
└ 女= 鄭好誠

├ 女= 李文賓
└ 女= 龜原君 李眺 全州人

景祐
尹元老女
坡平人
├ 瀛
│ 鄭惟一女 東萊人
├ 女= 李談
└ 女

尹根壽┈┈┈尹昭

景禧
尹光璭女
朴氏
├ 有信
├ 有簨
└ 豊翊

※ 한경록 후손의 기록으로 『청주한씨양절공파족보』의 내용과 『선원록』의 내용에 많은 차이점이 있다.

정원군 처외조부

한극공(韓克恭: 淸州人)

출전:『淸州韓氏大同族譜 文靖公篇』上

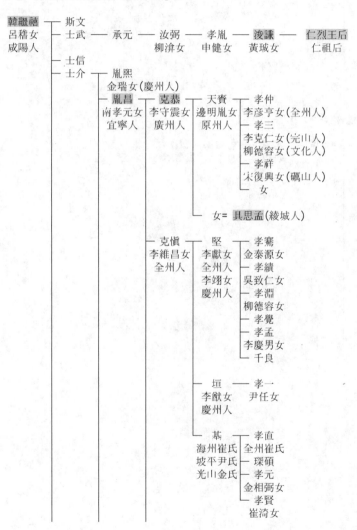

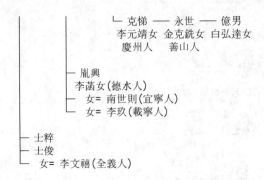

```
└ 克悌 ── 永世 ── 億男
  李元靖女  金克鉷女  白弘達女
  慶州人      善山人

┌ 胤興
  李菡女(德水人)
├ 女= 南世則(宜寧人)
└ 女= 李玖(載寧人)

士粹
士俊
女= 李文禧(全義人)
```

【청주 한씨 한준겸을 중심으로】

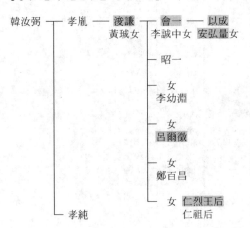

```
韓汝弼 ── 孝胤 ── 浚謙 ┬ 會一 ── 以成
              黃珹女  李誠中女  安弘量女

                      ├ 昭一

                      ├ 女
                        李幼淵

                      ├ 女
                        呂爾徵

                      ├ 女
                        鄭百昌

                      └ 女  仁烈王后
                             仁祖后

        └ 孝純
```

허씨 양천

임해군 처부

허 명(許銘: 陽川人)

출전: 『陽川許氏世譜』 1911 (陽川許氏世譜所)

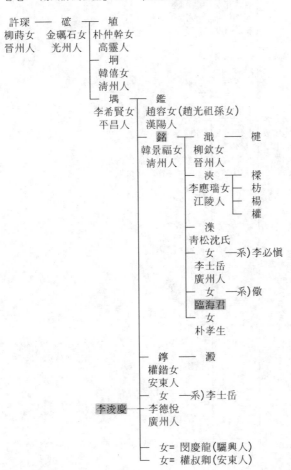

許琛 ── 礎 ── 埴
柳蒔女   金礪石女   朴仲幹女
晉州人   光州人   高靈人
              ── 坰
              韓僖女
              淸州人
         ── 墒 ── 鑑
         李希賢女 趙容女(趙光祖孫女)
         平昌人   漢陽人
                  ── 鑫 ── 澈 ── 樗
                  韓景福女 柳欽女
                  淸州人   晉州人
                            ── 浹 ── 樑
                            李應瑞女   枋
                            江陵人   ── 楊
                                     ── 權
                            ── 渼
                            靑松沈氏
                            ── 女 ──系)李必愼
                            李士岳
                            廣州人
                            ── 女 ──系)儆
                            臨海君
                            ── 女
                            朴孝生
                  ── 鐏 ── 澱
                  權鐕女
                  安東人
                  ── 女 ──系)李士岳
         李浚慶┈┈李德悅
               廣州人
         ── 女= 閔慶龍(驪興人)
         ── 女= 權叔卿(安東人)

의창군 처부

허 성(許筬: 陽川人)

출전: 『陽川許氏世譜』

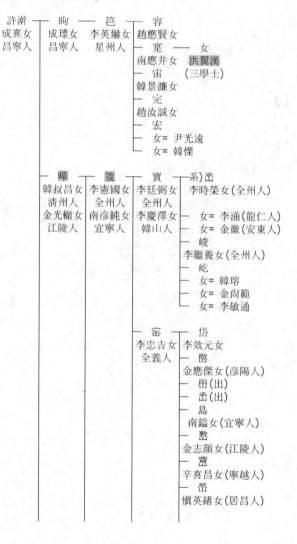

```
許澣 ── 昫 ── 筽 ── 容
成熹女   成璟女  李英爀女  趙應賢女
昌寧人   昌寧人  星州人    ── 寔 ──── 女
                          南應井女  洪翼漢
                          ── 宙    (三學士)
                          韓景濂女
                          ── 完
                          趙汝誠女
                          ── 宏
                          ── 女= 尹光遠
                          └─ 女= 韓㮚

        ── 曄    ── 筬    ── 實 ──┬ 系)岙
        韓叔昌女  李憲國女  李廷弼女   李時榮女(全州人)
        淸州人    全州人    全州人
        金光轍女  南彦純女  李慶澤女  ── 女= 李涌(龍仁人)
        江陵人    宜寧人    韓山人   ── 女= 金徽(安東人)
                                  ── 峻
                                  李繼養女(全州人)
                                  ── 屹
                                  ── 女= 韓瑢
                                  ── 女= 金尙範
                                  └─ 女= 李敏通

                          ── 宧 ──┬ 伀
                          李忠吉女  李效元女
                          全義人   ── 晵
                                  金應傑女(彦陽人)
                                  ── 昌(出)
                                  ── 岙(出)
                                  ── 島
                                  南鎰女(宜寧人)
                                  ── 嫯
                                  金志顔女(江陵人)
                                  ── 窩
                                  辛喜昌女(寧越人)
                                  ── 嵒
                                  愼英緖女(居昌人)
```

```
                              ┬ 女= 黃汝㤠(昌原人)
                              ├ 女= 李潤培
                              └ 女= 黃道光(昌原人)

                              ┬ 輿善
                              ├ 彎
                              洪宇紀女(南陽人)
                              ├ 喦
                              金起聲女(淸風人)

                              ┬ 女= 李之漢
                              └ 女= 趙匡輔

                  ┌ 賓 ──系)喦
                  沈洛女
                  靑松人
                  ├ 女= 沈愉(沈鋼 孫子)
                  ├ 女 ──洪宇遠
                    洪榮
                    南陽人
                  ├ 女= 朴弘道(竹山人)
                  ├ 女= 義昌君 李珖
                    宣祖庶8男
                  └ 密
                  尹英賢女(坡平人)

      ┌ 劉 ──── 宋
      李禹賓女  南宮渡女(咸悅人)
      全州人   ├ 案
              李忠司女(全州人)

              └ 女= 金克鍵(善山人)

      ┌ 鷯 ──── 宏
      金孝元女  全州李氏
      善山人   ├ 女= 李士星(廣州人)
              └ 女= 朴氏

      ┌ 女= 朴舜元(密陽人)
      ├ 女= 禹性傳(丹陽人)
      └ 女(蘭雪軒)
        金誠立
        安東人
┬ 明
尹倬女(坡平人)

└ 女= 李念(全義人)
```

홍씨 풍산

【풍산 홍씨 홍주원을 중심으로】

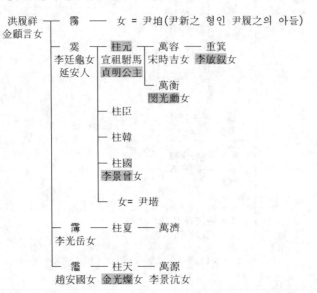

洪履祥 ── 霶 ── 女 = 尹坵(尹新之 형인 尹履之의 아들)
金顧言女

　　 ── 霙 ── 柱元 ── 萬容 ── 重箕
　　 李廷龜女　 宣祖駙馬　 宋時吉女　 李敏叙女
　　 延安人　　 貞明公主

　　　　　　　　　　 ── 萬衡
　　　　　　　　　　　 閔光勳女

　　　　　　 ── 柱臣

　　　　　　 ── 柱韓

　　　　　　 ── 柱國
　　　　　　　 李景曾女

　　　　　　 ── 女 = 尹堦

　　 ── 霦 ── 柱夏 ── 萬濟
　　 李光岳女

　　 ── 霔 ── 柱天 ── 萬源
　　 趙安國女　 金光燦女　 李景沆女

선조대왕과 친인척 연보

선조대왕과 친인척 연보

연산군대
연산 07년(1501) 인빈 김씨 아버지 김한우 출생

중종대
중종 10년(1515) 인성군 처외조부 박간이 태어남
중종 12년(1517) 02월 22일 정원군 처외조부 신화국 출생
중종 14년(1519) 윤변이 유생들과 같이 조광조의 억울함을 상소함
중종 18년(1523) 의창군 처외조부 남언순 출생
중종 19년(1524) 인빈 김씨 아버지 김한우 등과
중종 20년(1525) 의창군 처외조부 이헌국 출생
중종 26년(1531) 09월 16일 정원군 처부 구사맹 출생
중종 27년(1532) 정원군 처외조부 한극공이 구사맹의 부인이 되는 딸을 낳음
중종 30년(1535) 한극공이 아들 한천뢰를 낳음
중종 30년(1535) 순화군 처외조부 조정기가 태어남
중종 31년(1536) 순화군 처외조부 윤엄이 태어남
중종 32년(1537) 정빈 민씨의 아버지 민사준이 태어남
중종 34년(1539) 09월 13일 염희준이 한극공에게 뇌물을 바치자 벌을 주게 함
중종 34년(1539) 임해군 처부 허명 출생
중종 35년(1540) 10월 인성군 처부 윤승길이 한양 동촌리 사제에서 태어남
중종 35년(1540) 11월 17일 신성군 처외조부 최필신이 금부의 추국을 당함
중종 36년(1541) 정원군 처외조부 신화국이 1남 신잡을 낳음
중종 38년(1543) 02월 28일 경창군 처외조부 원연이 태어남
중종 38년(1543) 신화국이 2남 신급을 낳음
중종 39년(1544) 10월 10일 한극공의 부인 광주 이씨 졸

명종대

명종 01년(1546) 10월 01일 한극공 졸
명종 01년(1546) 신화국이 3남 신립을 낳고 생원이 됨
명종 03년(1548) 06월 13일 의창군 처부 허성 출생
명종 03년(1548) 신화국이 4남 신할을 낳음
명종 04년(1549) 정원군 처부 구사맹이 진사가 됨
명종 06년(1551) 03월 26일 구사맹 아버지 구순이 졸
명종 06년(1551) 의창군 처외조부 이헌국이 사마시에 합격하고 별시 문과에 급제함
명종 08년(1553) 10월 11일 공빈 김씨 출생
명종 08년(1553) 05월 02일 이헌국이 예문관 검열에 임명됨
명종 09년(1554) 12월 09일 구사맹의 첫째 부인인 청주 한씨 졸
명종 10년(1555) 02월 갑오일 인빈 김씨 출생
명종 10년(1555) 10월 02일 이헌국이 사간원 정언이 됨
명종 11년(1556) 10월 28일 이헌국이 경기도사에 임명됨
명종 12년(1557) 의창군 처외조부 남언순이 3남 남타를 낳음
명종 13년(1558) 11월 02일 남언순이 정시 무과에 합격함
명종 13년(1558) 구사맹이 1남인 구성을 낳음
명종 13년(1558) 구사맹이 식년문과 병과로 급제
명종 15년(1560) 구사맹이 전적이 된 뒤 사간원 정언이 됨
명종 16년(1561) 임해군 처부 허명이 23세에 생원시에 급제함
명종 16년(1561) 11월 05일 구사맹이 병조 좌랑이 됨
명종 17년(1562) 02월 04일 구사맹이 홍문관 부수찬에 임명됨
명종 17년(1562) 구사맹이 2남인 구홍을 낳음
명종 18년(1563) 구사맹이 교리를 역임함
명종 19년(1564) 02월 17일 이헌국이 사헌부 장령에 임명됨
명종 19년(1564) 06월 13일 구사맹이 이조좌랑에 임명됨
명종 19년(1564) 09월 18일 남언순의 장남 남즙이 혼인함
명종 20년(1565) 08월 28일 구사맹이 이조정랑에 임명됨
명종 20년(1565) 남언순의 부인 죽산 박씨가 42세로 졸
명종 21년(1566) 06월 18일 임해군 처외조부 한경복이 추고됨
명종 21년(1566) 08월 11일 구사맹이 의정부 사인이 됨
명종 21년(1566) 10월 04일 구사맹이 사간원 사간이 됨
명종 22년(1567) 06월 15일 구사맹이 사재감정에 임명됨
명종 22년(1567) 06월 28일 명종 승하

선조대

선조 00년(1567) 07월 03일 선조 근정전에서 즉위

선조 00년(1567) 신성군 처부 신립이 22세에 무과에 급제함

선조 01년(1568) 의창군 처부 허성이 생원이 됨

선조 01년(1568) 인빈 김씨 14세에 선조의 후궁이 됨

선조 02년(1569) 07월 11일 정원군 처부 구사맹이 황해도관찰사가 됨

선조 02년(1569) 의창군 처외조부 남언순의 아버지 남치욱 76세로 졸

선조 02년(1569) 구사맹이 3남 구용을 낳음

선조 03년(1570) 02월 구사맹이 성태(聖胎)의 일로 파직됨

선조 03년(1570) 05월 13일 구사맹의 직첩이 환급됨

선조 04년(1571) 07월 05일 허명이 임해군에게 출가하는 2녀를 낳음

선조 04년(1571) 신성군 처부 신립이 26세에 진주판관이 됨

선조 05년(1572) 08월 14일 공빈 김씨 임해군을 낳음

선조 05년(1572) 10월 13일 이헌국이 사간원 사간에 임명됨

선조 05년(1572) 12월 04일 임해군 처부 허명이 34세에 별시 을과 3등으로 급제함

선조 06년(1573) 06월 17일 대신 등이 쓸 만한 무신으로 남언순을 발탁함

선조 06년(1573) 09월 21일 조강에 임해군 처부 허명이 사관으로 입시함

선조 06년(1573) 12월 01일 조강에 허명이 사관으로 입시함

선조 06년(1573) 12월 02일 주강에 허명이 사관으로 입시함

선조 06년(1573) 인빈 김씨 19세에 종4품 숙원이 됨

선조 07년(1574) 01월 15일 임해군을 진국이라고 이름짓고 선원록에 올림

선조 07년(1574) 06월 28일 허성이 1남 허실을 낳음

선조 07년(1574) 인빈 김씨 아버지 김한우가 74세로 졸

선조 08년(1575) 03월 20일 구사맹이 충청 감사가 됨

선조 08년(1575) 04월 26일 공빈 김씨 광해군을 낳음

선조 08년(1575) 이헌국이 동부승지가 됨

선조 08년(1575) 구사맹이 첨지중추부사가 됨

선조 09년(1576) 08월 25일 구사맹이 동지사로 명나라에 감

선조 09년(1576) 09월 27일 이헌국이 승지에 임명됨

선조 09년(1576) 10월 11일 허명이 특별시인 중시 병과에 1등으로 급제함

선조 09년(1576) 이헌국이 52세에 아들 이대배를 낳음

선조 10년(1577) 03월 30일 인빈 김씨 23세에 1남 의안군을 낳음

선조 10년(1577) 05월 27일 공빈 김씨 산후병으로 졸
선조 10년(1577) 인빈 김씨 23세에 정3품 소용이 됨
선조 11년(1578) 05월 10일 정원군 처외조부 신화국이 62세로 졸
선조 11년(1578) 의창군 처외조부 남언순 향년 56세로 졸
선조 11년(1578) 의창군 처외조부 이헌국이 성절사로 명나라에 다녀옴
선조 11년(1578) 12월 10일 인빈 김씨 24세에 2남 신성군을 낳음
선조 11년(1578) 인빈 김씨 24세에 종1품 귀인이 됨
선조 11년(1578) 정원군 처부 구사맹이 인헌왕후를 낳음
선조 12년(1579) 임해군 처부 허명이 내섬시 첨정으로 식년시 시험관이 됨
선조 12년(1579) 07월 14일 정신옹주 남편 서경주 출생
선조 13년(1580) 06월 22일 인빈 김씨 26세에 3남 정원군을 경복궁 별전에서 낳음
선조 14년(1581) 03월 15일 이헌국이 도승지에 임명됨
선조 14년(1581) 04월 01일 이헌국이 한성부 우윤에 임명됨
선조 15년(1582) 07월 11일 인빈 김씨 28세에 정신옹주를 낳음
선조 15년(1582) 12월 15일 정혜옹주 남편 윤신지 출생
선조 15년(1582) 구사맹이 남양부사로 나감
선조 16년(1583) 02월 신성군 처부 신립이 첩입해온 야인들을 소탕함
선조 16년(1583) 02월 신립이 적병 50여명을 목베고 이어 적군을 추격, 두만강을
                건너가서 그들의 소굴을 소탕함
선조 16년(1583) 02월 14일 신립이 북변에서 공을 세워 가자됨
선조 16년(1583) 02월 15일 신립이 금대 1요와 남필단철릭을 하사받음
선조 16년(1583) 윤02월 23일 공빈 김씨 아버지 김희철이 사도시 첨정에서 체직됨
선조 16년(1583) 05월 신립이 니탕개의 1만여 군대를 물리침
선조 16년(1583) 07월 18일 선조 신립의 노모가 병이 나면 정원에 아뢰도록 전교함
선조 16년(1583) 08월 11일 선조 계미삼찬이 율곡을 모함하자, 신립 형 신급이 삼
                사의 간특함을 극론하고 홍혼·박근원 등을 지적하니 충성
                스럽다고 답함
선조 16년(1583) 공빈 김씨 아버지 김희철이 사도시 첨정이 됨
선조 16년(1583) 의창군 처부 허성이 별시문과에 병과로 급제함
선조 16년(1583) 의안군이 남별궁을 하사받음
선조 17년(1584) 02월 22일 허명 등이 이순인을 논박하여 체직시킴
선조 17년(1584) 03월 08일 선조가 신립을 인견하고 술을 내림

선조 17년(1584) 03월 11일 신립을 함경도 북병사로 임명하고, 술과 물품을 내림

선조 17년(1584) 인빈 김씨 30세에 2녀 정혜옹주를 낳음

선조 17년(1584) 구사맹이 대사성에 임명됨

선조 18년(1585) 01월 16일 의창군 처부 허성이 3남 허포를 낳음

선조 18년(1585) 04월 17일 임해군이 허명의 딸을 맞아들임

선조 18년(1585) 04월 22일 임해군 처부 허명을 봉상시 정에 임명함

선조 20년(1587) 02월 왜선 18척이 홍양현에 침입하자 신립이 우방어사로 임명됨

선조 20년(1587) 02월 신립이 파직되었으나 곧 함경도 남병사로 다시 임명됨

선조 20년(1587) 03월 인빈 김씨 정숙옹주를 낳음

선조 20년(1587) 의안군이 중종 후궁인 경빈박씨 소생 복성군의 양자로 들어감

선조 20년(1587) 정원군이 8세에 봉호를 받음

선조 21년(1588) 02월 24일 인빈 김씨 소생 의안군이 역질에 걸려 졸

선조 21년(1588) 03월 26일 의안군이 죽은 데 대하여 그 입후에 대해 전례의 유무
           를 예조로 하여금 상고해서 아뢰게 함

선조 21년(1588) 10월 신성군 처부 신립이 동지중추부사의 한직으로 전보됨

선조 21년(1588) 신립이 출정, 적병 20명을 목베고, 말 세필을 빼앗아 돌아옴

선조 21년(1588) 정숙옹주 남편 동양위 신익성 출생

선조 22년(1589) 01월 인빈 김씨 35세에 4남 의창군을 낳음

선조 22년(1589) 01월 구사맹이 강원도 관찰사에 임명됨

선조 22년(1589) 08월 16일 신립이 정언신, 이일과 변비에 관한 일을 의논함

선조 23년(1590) 02월 신립이 평안도병마절도사로 나감

선조 23년(1590) 03월 06일 의창군 처부 허성이 서장관이 되어 일본으로 출발함

선조 23년(1590) 의창군 처외조부 이헌국이 평난공신 3등에 책록됨

선조 23년(1590) 인빈 김씨 36세에 4녀 정안옹주를 낳음

선조 23년(1590) 구사맹이 좌승지가 되고 광국평난원종공신에 책록됨

선조 24년(1591) 01월 05일 이헌국이 대사간에 임명됨

선조 24년(1591) 01월 28일 의창군 처부 허성이 일본에서 돌아옴

선조 24년(1591) 02월 06일 허성이 동래부에 수감됨

선조 24년(1591) 02월 11일 의금부가 허성을 잡아다 가두었다고 아룀

선조 24년(1591) 10월 07일 정휘옹주 남편 유정량 출생

선조 24년(1591) 신립이 내직인 한성부판윤이 됨

선조 24년(1591) 신성군이 14세 때 송강 정철의 건저문제에 거론됨

선조 25년(1592) 02월 04일 의창군 처부 허성이 4남 허뢰를 낳음
선조 25년(1592) 04월 17일 신립을 삼도도순변사로 임명하고 보검을 하사함
선조 25년(1592) 04월 신성군이 종묘 관원을 따라 평양으로 피란함
선조 25년(1592) 04월 28일 신립이 탄금대에서 순절함
선조 25년(1592) 04월 29일 광해군이 18세때 세자로 책봉됨
선조 25년(1592) 04월 29일 김귀영과 윤탁연에게는 임해군을 받들게 하고, 한준과
　　　　　　　　　　　　이개에게는 순화군을 받들게 하여 함경북도로 나가도록 명함
선조 25년(1592) 04월 30일 새벽에 왕 중전 동궁이 창덕궁을 나와 피란함
선조 25년(1592) 05월 03일 신성군이 평양성 사수와 평안도 병사 모집을 위해 정원
　　　　　　　　　　　　군, 유홍, 이항복과 함께 평양으로 떠남
선조 25년(1592) 05월 07일 선조 평양으로 들어감
선조 25년(1592) 05월 08일 정빈 홍씨, 정빈 민씨, 숙의 김씨, 숙용 김씨, 신성군,
　　　　　　　　　　　　정원군 등이 하루에 세 끼니를 지급받음
선조 25년(1592) 05월 29일 신성군이 구사맹 등의 호위를 받아 영변으로 향함
선조 25년(1592) 07월 24일 임해군 순화군 등이 포로가 됨
선조 25년(1592) 08월 06일 비변사가 의창군 처부 허성의 파직을 청함
선조 25년(1592) 08월 18일 공빈 김씨 아버지 김희철이 금산싸움에서 전사함
선조 25년(1592) 08월 28일 의창군 처부 허성이 홍문관 교리가 됨
선조 25년(1592) 09월 06일 정안옹주 남편 금양위 박미 출생
선조 25년(1592) 09월 27일 의창군 처외조부 이헌국이 형조판서로 있으면서 왕세자
　　　　　　　　　　　　가 보내어 행재소로 감
선조 25년(1592) 09월 28일 이헌국이 임금을 뵙고 세자의 행선지 등에 대해 아룀
선조 25년(1592) 10월 19일 허명이 백성의 전답을 빼앗았다고 윤두수가 논박함
선조 25년(1592) 10월 20일 허성이 이조정랑에 제수됨
선조 25년(1592) 11월 05일 신성군이 15세로 의주에서 병사함
선조 25년(1592) 서경주가 정신옹주와 혼약하였으나 임진왜란이 일어나 혼례를 올
　　　　　　　　　리지 못하고 선조를 호종함
선조 25년(1592) 의창군이 임진왜란이 일어나 유모를 따라 산곡 민가에 숨음
선조 25년(1592) 구사맹이 임진왜란이 일어나자 임금을 호종하여 의주로 피란하고,
　　　　　　　　　평양으로부터 왕자를 호종한 공으로 이조참판에 오름
선조 25년(1592) 정혜옹주가 봉호를 받음
선조 26년(1593) 01월 05일 구사맹이 윤두수등과 평양 수복책 등을 논의하는데 참

여함

선조 26년(1593) 01월 29일 의창군 처외조부 이헌국이 조릉사로 봉심 조알하는 즈
         음의 예를 해조에게 강정케 하라고 청함
선조 26년(1593) 03월 26일 의창군 처부 허성이 사헌부 집의가 됨
선조 26년(1593) 03월 27일 허성이 홍문관 응교가 됨
선조 26년(1593) 04월 포로가 된 임해군 등이 부산으로 이송됨
선조 26년(1593) 06월 27일 이헌국이 한성부 판윤으로 경도에 들어가서 한 일이 없
         다고 하여, 사간원이 추고를 청하여 허락됨
선조 26년(1593) 07월 04일 허성이 사헌부 집의 겸 세자 시강원 보덕이 됨
선조 26년(1593) 08월 30일 허성이 홍문관 응교가 됨
선조 26년(1593) 09월 07일 허성이 의정부 사인이 됨
선조 26년(1593) 11월 02일 의창군 처외조부 이헌국이 대사헌에 임명됨
선조 26년(1593) 12월 26일 허성이 다시 홍문관 응교가 됨
선조 26년(1593) 이헌국이 한성부판윤이 됨
선조 26년(1593) 서경주가 정신옹주와 혼례를 올려 달성위에 봉해짐
선조 26년(1593) 인빈 김씨 39세에 5녀 정휘옹주를 낳음
선조 26년(1593) 윤신지가 아버지 윤방을 임단 여소에서 모시고, 경사를 읽음
선조 27년(1594) 04월 10일 의창군 처부 허성이 47세에 이조참의가 됨
선조 27년(1594) 정원군 처부 구사맹이 왕비를 해주에서 시종함
선조 27년(1594) 08월 10일 구사맹이 동지춘추관사에 임명됨
선조 28년(1595) 정숙옹주가 9세에 옹주로 봉해짐
선조 28년(1595) 구사맹이 공조판서가 됨
선조 28년(1595) 11월 07일 정원군이 16세에 인조대왕을 낳음
선조 28년(1595) 11월 30일 의창군 처외조부 이헌국이 완성군에 임명됨
선조 28년(1595) 윤신지가 서울에 와서 과거 시험 공부를 함
선조 29년(1596) 01월 05일 이헌국이 72세 때 아들 이대배가 죽음
선조 29년(1596) 윤신지가 15세에 정혜옹주와 혼인하여, 해숭위에 봉해짐
선조 30년(1597) 01월 05일 의창군 처부 허성이 동부승지가 됨
선조 30년(1597) 01월 22일 허성이 우부승지가 됨
선조 30년(1597) 02월 13일 분의복수군이 회맹하데, 서경주 이헌국등이 참여
선조 30년(1597) 04월 17일 허성이 이조참의가 됨
선조 30년(1597) 12월 15일 이헌국이 대사헌에 제수됨

선조 30년(1597) 12월 17일 허성이 병조 참지가 됨
선조 30년(1597) 정유재란때 서경주가 총관 겸 상방제조 측근에서 시종함
선조 30년(1597) 의창군이 9세에 봉호를 받음
선조 30년(1597) 정신옹주가 1녀 미생을 낳음
선조 30년(1597) 박미가 정유재란때 연안부로 피난감
선조 30년(1597) 구사맹이 정유재란때 왕자와 후궁을 시종하여 성천에 피난감
선조 30년(1597) 윤신지가 정유재란때 의인왕후를 모시고 성천으로 피난감
선조 31년(1598) 01월 27일 의창군 처부 허성이 도승지가 됨
선조 31년(1598) 02월 29일 의창군 처부 허성이 대사성이 됨
선조 31년(1598) 04월 14일 의창군 처부 허성이 우승지가 됨
선조 31년(1598) 10월 15일 구사맹이 좌참찬이 됨
선조 31년(1598) 이헌국이 이조판서를 제수받았으나 사양하여 취임하지 않음
선조 31년(1598) 정원군이 19세에 2남인 능원군을 낳음
선조 32년(1599) 02월 11일 의창군 처부 허성이 영흥 부사가 됨
선조 32년(1599) 11월 26일 신익성이 12세에 정숙옹주와 혼인하여 동양위에 봉해짐
선조 32년(1599) 이헌국이 우의정이 됨
선조 32년(1599) 정신옹주가 1남 서정리(徐貞履)를 낳음
선조 32년(1599) 정원군이 20세에 3남 능창군을 낳음
선조 32년(1599) 해숭위 윤신지가 해주로 이주함
선조 33년(1600) 01월 12일 신성군의 묘를 의주에서 옮겨오도록 함
선조 33년(1600) 이헌국이 76세에 좌의정이 되어 기로소에 들어감
선조 33년(1600) 정혜옹주가 17세에 아들 윤지를 낳음
선조 33년(1600) 의인왕후 박씨가 병환이 들자 인빈 김씨가 매일 곁에서 돌봄
선조 34년(1601) 08월 23일 허성이 전라도 관찰사가 됨
선조 34년(1601) 선조가 정숙옹주에게 출합하라고 명함
선조 34년(1601) 이헌국이 병으로 사직함
선조 34년(1601) 정신옹주가 2녀 예생을 낳음
선조 34년(1601) 해숭위 윤신지가 서울에 돌아옴
선조 34년(1601) 해숭위 윤신지의 할아버지 윤두수 졸
선조 35년(1602) 01월 14일 허성이 동지중추부사가 됨
선조 35년(1602) 구사맹 맏아들인 구성이 유배
선조 35년(1602) 윤02월 03일 구사맹 체직

선조 35년(1602) 04월 25일 구사맹 지중추부사에 임명됨

선조 35년(1602) 금양위 박미가 11세에 승보시에 합격함

선조 35년(1602) 이헌국이 향년 78세로 졸

선조 35년(1602) 해숭위 윤신지가 21세에 부총관에 임명됨

선조 36년(1603) 01월 07일 허성이 홍문관 부제학이 됨

선조 36년(1603) 01월 13일 허성이 이조참판이 됨

선조 36년(1603) 03월 18일 윤근수 등이 의창군이 혼인하는 날짜를 5월로 정함

선조 36년(1603) 04월 15일 의창군 부인의 어머니가 위독해 혼례를 앞당기도록 함

선조 36년(1603) 04월 17일 의창군이 이조참판 허성의 딸을 맞아 아내로 삼음

선조 36년(1603) 04월 25일 신성군의 딸을 안창의 아들 안홍량에게 출가하게 함

선조 36년(1603) 05월 07일 신성군과 사돈이 될 안창을 통천 군수로 삼음

선조 36년(1603) 07월 06일 박미가 12세 때 정안옹주와 혼인하여 금양위 봉해짐

선조 36년(1603) 10월 11일 안창을 남양부사로 옮겨 줌

선조 36년(1603) 임해군이 32세에 사옹원 도제조가 됨

선조 36년(1603) 정신옹주가 3녀 희생을 낳음

선조 36년(1603) 정원군 처부 구사맹이 기로소에 들어감

선조 36년(1603) 해숭위 윤신지가 22세에 어머니 졸

선조 37년(1604) 04월 02일 구사맹이 74세로 졸

선조 37년(1604) 06월 25일 신성군, 정원군 등이 호성공신 2등에 책록됨

선조 37년(1604) 07월 27일 허성이 예조판서가 됨

선조 37년(1604) 09월 12일 유정량이 정휘옹주와 혼인하여 전창위에 봉해짐

선조 37년(1604) 11월 12일 인빈 김씨 관작이 올라 정1품 인빈이 됨

선조 37년(1604) 정숙옹주가 1녀 혜순을 낳음

선조 38년(1605) 01월 04일 허성이 병조판서가 됨

선조 38년(1605) 금양위 박미가 친공신적장자의 자격으로 종2품 자의대부가 됨

선조 38년(1605) 정휘옹주가 궁을 나와 가정을 가짐

선조 38년(1605) 해숭위 윤신지가 24세에 어머니 상을 마침

선조 39년(1606) 05월 25일 허성이 이조판서가 됨

선조 39년(1606) 동양위 신익성이 19세에 오위도총부 부총관이 됨

선조 39년(1606) 정숙옹주가 2녀 경강을 낳음

선조 40년(1607) 06월 10일 인빈의 봉사는 정원군 이부가 할 것을 전교함

선조 40년(1607) 06월 10일 신성군의 후사를 정원군 아들 이전으로 하라고 전교함

선조 40년(1607) 12월 03일 동양위 신익성이 오위도총부 도총관이 됨
선조 40년(1607) 해숭위 윤신지가 총관이 됨
선조 40년(1607) 정숙옹주가 1남 신면을 낳음
선조 40년(1607) 금양위 박미가 통헌대부가 되고 오위도총부 도총관을 겸함
선조 41년(1608) 02월 01일 선조 훙
선조 41년(1608) 허성 등이 고명칠신이 됨

광해군대

광해 00년(1608) 02월 02일 광해군 즉위
광해 00년(1608) 02월 12일 이사경과 완산군 이축이 유영경을 탄핵함
광해 00년(1608) 02월 14일 장령 윤양 등이 임해군을 절도로 유배보낼 것을 주장함
광해 00년(1608) 02월 14일 임해군 진도에 안치됨
광해 00년(1608) 02월 20일 임해군을 강화도 교동으로 옮기라고 함
광해 00년(1608) 05월 07일 공빈 김씨의 신주를 효경전에 옮기라고 함
광해 00년(1608) 05월 27일 추국청에서 임해군 일당의 역모가 드러났다고 아룀
광해 00년(1608) 06월 15일 명나라에서 관원을 파견하여, 임해군이 병으로 폐인이
                        되어 후사가 되기에 적합하지 않은지 대질해서 조사하게 함
광해 00년(1608) 06월 16일 차관을 만나게 하려고 임해군을 데려옴
광해 00년(1608) 06월 20일 임해군이 엄일괴 등을 보고 역적에 대한 사실을 부인함
광해 00년(1608) 06월 20일 임해군 다시 강화도 교동에 유배됨
광해 00년(1608) 07월 02일 감찰 김담령 등이 상소하여 임해군을 죽일 것을 청함
광해 00년(1608) 09월 01일 영의정 유영경을 임해군 옥사에 연루시켜 자진케 함
광해 00년(1608) 정휘옹주와 유정량이 1남 유심을 낳음
광해 01년(1609) 02월 19일 공빈 김씨 묘를 개수할 것을 의논함
광해 01년(1609) 02월 27일 공빈 김씨 묘를 개수함
광해 01년(1609) 04월 29일 임해군을 교동도에서 죽임
광해 02년(1610) 02월 18일 예조가 쓴 공빈 추숭에 관한 기록을 봉하여 홍문관에
                        내리니 홍문관이 널리 상고하여 봉입함
광해 02년(1610) 03월 29일 공빈 김씨를 추존하여 자숙단인 공성왕후로 삼음
광해 02년(1610) 05월 16일 공빈 김씨 아버지인 김희철을 해령부원군으로 추증함

광해 02년(1610) 05월 17일 김희철의 증조의 추증을 법규대로 하게 함

광해 02년(1610) 05월 22일 세자 이질이 태묘와 공성왕후 사묘를 알현함

광해 02년(1610) 09월 15일 김희철 아들 김예직이 조부모 산소에 성묘감

광해 02년(1610) 12월 26일 좌의정 이항복을 봉성릉 도감의 도제조로 삼음

광해 02년(1610) 정숙옹주가 2남 신변을 낳음

광해 03년(1611) 11월 08일 윤신지가 양재 찰방 이형원이 공이 역마를 남기했다고 고발한 것에 대해 해명함

광해 03년(1611) 정안옹주가 아들 박세교를 낳음

광해 03년(1611) 정휘옹주가 19세 때 2남 유흡을 낳음

광해 04년(1612) 07월 01일 유영경 일파가 대북파의 탄핵으로 멸족의 화를 입을 때, 한성부에서 황시에게서 특별히 받은 집을 헐어버리고 못을 파려고 함

광해 04년(1612) 07월 17일 전창위 유정량이 남해에 유배됨

광해 04년(1612) 07월 19일 유정량을 중도에 자원하는 곳에 부처하라고 함

광해 04년(1612) 07월 20일 전창위 유정량이 전라도 고부로 유배됨

광해 04년(1612) 07월 20일 정휘옹주가 남편 유정량이 전라도 고부로 유배가니 따라가 8년간 온갖 고초를 다 겪음

광해 04년(1612) 08월 06일 의창군 처부 지중추부사 허성이 향년 65세로 졸

광해 04년(1612) 윤11월 11일 명나라에 주청사를 파견하여 공빈을 왕후로 책봉해 줄 것을 청하려 함

광해 05년(1613) 04월 25일 계축옥사 발발

광해 05년(1613) 05월 17일 서성이 김제남 옥사에 연루되어 공초를 받음

광해 05년(1613) 05월 30일 서성이 단양으로 유배감

광해 05년(1613) 06월 21일 달성위 서경주가 김제남의 옥사에 연좌되어 파직됨

광해 05년(1613) 인빈 김씨 위독해지자 의창군이 직접 약을 달임

광해 05년(1613) 10월 29일 인빈 김씨 향년 59세로 졸

광해 05년(1613) 12월 인빈 김씨를 양주 풍양리에 장사지냄

광해 05년(1613) 12월 11일 공빈 김씨를 왕후로 책봉해 줄 것을 주청함

광해 05년(1613) 김제남 옥사에 박미의 아버지 박동량이 연루되어 유배감

광해 05년(1613) 정숙옹주가 계축옥사에 시아버지 신흠이 연루되어 옥에 갇히자 시어머니를 따라 땅에 자리를 깔고 곡하면서 며칠동안 음식을 물리침

광해 05년(1613) 정숙옹주가 3남 신경을 낳음

광해 06년(1614) 정신옹주가 4녀 지순을 낳음

광해 07년(1615) 06월 13일 윤방 등이 공성왕후의 고명을 싸가지고 돌아옴

광해 07년(1615) 07월 29일 공성왕후 관복을 다시 주청하는 것에 대해 예관으로 하
여금 의논하도록 함

광해 07년(1615) 08월 13일 공성왕후의 책봉 고명에 대한 사은 전문을 김상헌이 짓
게 되었는데 전문 내용에 문제가 있다 하여 삭탈 관작함

광해 07년(1615) 08월 27일 공성왕후의 신주를 고쳐 쓰고 친히 제사를 지냄

광해 07년(1615) 윤08월 14일 신립의 조카인 신경희 등이 능창군을 옹립하려 하였
다고 신경희의 친구 소명국이 고변함

광해 07년(1615) 09월 13일 공성왕후 종묘에 부묘됨

광해 07년(1615) 11월 10일 능창군 이전이 신경희 옥사에 연루되어 교동에 안치됨

광해 07년(1615) 11월 17일 능창군 이전이 17세의 나이로 죽임을 당함

광해 07년(1615) 능창군이 죽으니 정숙옹주가 문안함

광해 07년(1615) 정숙옹주가 3녀 순강을 낳음

광해 08년(1616) 09월 11일 서경주의 첫째 딸이 김제남 옥사에 연좌되어 조사받음

광해 08년(1616) 11월 04일 공성왕후의 면복을 청하는 주문을 보냄

광해 08년(1616) 정혜옹주 아들 윤지가 17세로 진사가 됨

광해 08년(1616) 정휘옹주가 1녀 백임을 낳음

광해 09년(1617) 08월 19일 모화관에서 공성왕후의 관복을 맞이하는 예를 거행함

광해 09년(1617) 09월 17일 공성왕후의 관복을 태묘에 고함

광해 09년(1617) 정신옹주가 2남 서정리(徐正履)를 낳음

광해 09년(1617) 정휘옹주가 2녀 중임을 낳음

광해 09년(1617) 정숙옹주가 4녀 지강을 낳음

광해 10년(1618) 이이첨 등이 폐모론을 주창하여 의창군에게 참여하기를 위협했지
만 참여하지 않음

광해 10년(1618) 01월 04일 달성위 서경주가 폐모론에 참여함

광해 10년(1618) 금양위 박미가 폐모정청에 불참하였다 하여 관작을 삭탈당함

광해 10년(1618) 동양위 신익성이 폐모정청에 시종일관 불참한 38인으로 방축됨

광해 10년(1618) 해숭위 윤신지가 아버지 윤방이 폐모정청에 불참하고 은퇴하자 매
일 아버지만 문안하고 두문불출함

광해 10년(1618) 09월 24일 의창군 훈작을 삭탈당하고 기읍에 정배되어 위리안치됨

광해 11년(1619) 05월 14일 전창위 유정량이 경상도로 이배할 것을 명함

광해 11년(1619) 05월 17일 전창위 유정량이 경상도 기장으로 이배됨
광해 11년(1619) 12월 29일 정원군이 40세로 호현방 우사에서 승하
광해 11년(1619) 정혜옹주 아들 윤지가 20세로 문과에 급제함
광해 11년(1619) 정숙옹주가 4남 신최를 낳음
광해 12년(1620) 정신옹주가 5녀 지효를 낳음
광해 14년(1622) 09월 25일 광해군이 공성왕후의 증조부모, 조부모를 추증한 후 석
　　　　　　　　　　물, 비석을 세우고 신주를 쓰도록 공홍감사에 하유함
광해 14년(1622) 정신옹주가 3남 서진이를 낳음
광해 15년(1623) 동양위 신익성의 어머니 졸

인조대

인조 01년(1623) 03월 13일 인조반정
인조 01년(1623) 03월 14일 광해군 폐위
인조 01년(1623) 03월 15일 유정량이 33세에 인조반정으로 전창위 직첩을 환급받음
인조 01년(1623) 03월 18일 고명 등이 불태워지고 성릉(成陵)의 호가 혁파됨
인조 01년(1623) 05월 22일 광해군 아들 이질이 땅굴을 파고 도망치다 붙잡히고,
　　　　　　　　　　며느리인 폐빈 박씨는 3일 뒤에 자결함
인조 01년(1623) 06월 25일 광해군 아들 폐세자 이질이 죽음
인조 01년(1623) 09월 21일 임해군의 묘를 개장함
인조 01년(1623) 10월 08일 문성군부인이 강화도 위리에서 졸
인조 01년(1623) 금양위 박미가 올바름을 지킨 신하로 정2품 봉헌대부로 승진함
인조 01년(1623) 해숭위 윤신지가 인조 반정으로 정2품 봉헌대부가 됨
인조 01년(1623) 의창군이 인조반정으로 다시 풀려나옴
인조 01년(1623) 인조반정을 계기로 정원군을 대원군에 추존함
인조 01년(1623) 정숙옹주가 5남 신향을 낳음
인조 01년(1623) 달성위 서경주 아버지 서성이 11년 유배 세월 만에 복직됨
인조 02년(1624) 01월 25일 신익성이 이괄의 난 때 3궁을 호위함
인조 02년(1624) 02월 09일 신익성이 중전을 모시고 가다가 자전이 길을 잘못 드신
　　　　　　　　　　것을 알고 찾아가 모시고 옴
인조 02년(1624) 06월 01일 임금이 정신옹주에게 집 2채를 하사함
인조 02년(1624) 박미가 이괄 난이 일어나자 아버지 유배지 전라도 고부에 있다가
　　　　　　　　　　공주 궁원으로 인조를 호종하러 감

인조 02년(1624) 해숭위 윤신지가 43세 때 이괄 난이 일어나자 인조를 호종함

인조 02년(1624) 달성위 서경주가 복제 겸 금화내자제조를 제수받음

인조 03년(1625) 03월 19일 동양위 신익성이 영창대군의 비문을 쓰게 됨

인조 03년(1625) 03월 22일 능원군 이보가 의안군의 뒤를 이은 아들이라고 함

인조 03년(1625) 06월 22일 호조가 신성군 부인의 급료와 딸의 급료에 대하여 논함

인조 03년(1625) 09월 16일 윤신지가 소장을 올리고 선조대왕께서 직접 쓴 '존덕성
　　　　　　　　　　　도문학 신기독 사무사' 12자(字)를 올림

인조 03년(1625) 금양위 박미가 34세 때 어머니 졸

인조 03년(1625) 금양위 박미가 인조반정 후 회맹공신 책봉 때 구공신적장자로 가
　　　　　　　　　　　자되었으며, 혜민서제조에 서용됨

인조 04년(1626) 01월 03일 동양위 신익성이 선조(先朝)에서 사여한 어장을 사양함

인조 04년(1626) 02월 10일 예조에서 능원군 이보를 어머니 계운궁의 상주로 정함

인조 04년(1626) 04월 01일 정원군의 묘호를 흥경원이라 함

인조 04년(1626) 06월 10일 동양위 신익성이 숙마 1필을 하사받음

인조 04년(1626) 명나라에서 사신이 오니 해숭위 윤신지가 영접하러 안주에 감

인조 05년(1627) 01월 13일 정묘호란 발발

인조 05년(1627) 박미가 정묘호란이 일어나 세자를 모시고 있다가 화의가 성립하여
　　　　　　　　　　　인조를 알현함

인조 05년(1627) 해숭위 윤신지가 정묘호란이 일어나니 인조를 호종함

인조 05년(1627) 동양위 신익성이 정묘호란 때 소현세자를 모시고 전주로 피함

인조 05년(1627) 08월 27일 정원군의 묘를 김포에 개장함

인조 05년(1627) 09월 16일 동양위 신익성이 흥경원 천장 때 표석 서사관으로 힘썼
　　　　　　　　　　　다고 숙마 1필을 하사받음

인조 05년(1627) 11월 05일 동양위 신익성의 부인 정숙옹주가 41세로 졸

인조 05년(1627) 12월 04일 정숙옹주 예장일 때문에 세자 가례를 연기할지 논의함

인조 05년(1627) 12월 28일 정숙옹주를 광주 동면 고랑리에 예장함

인조 05년(1627) 인빈 김씨의 묘도에 비석을 세울 것을 명하여 신흠에게 비명을 쓰
　　　　　　　　　　　게 함

인조 06년(1628) 01월 15일 동양위 신익성이 해창군 윤방·영의정 신흠 등과 함께
　　　　　　　　　　　인성군 이공을 처벌하라는 정청에 참여함

인조 06년(1628) 03월 26일 정숙옹주 묘 옆에 있는 봉안역의 위전 1결을 절급하라
　　　　　　　　　　　고 인조가 하교함

인조 06년(1628) 06월 29일 동양위 신익성이 41세 때 아버지 신흠 졸

인조 06년(1628) 09월 28일 정숙옹주의 자손에게 3년 상을 지내는 동안 왕자의 예
　　　　　　　　에 따라 녹봉을 지급하도록 함
인조 06년(1628) 전창위 유정량이 38세에 동반 종1품 숭록대부에 오름
인조 07년(1629) 05월 03일 정안옹주 제전으로 사급 받았던 위전 1결을 사헌부의
　　　　　　　　건의에 따라 봉안역에 되돌려 줌
인조 08년(1630) 03월 21일 해숭위 윤신지가 산릉도감 당상이 됨
인조 08년(1630) 08월 26일 신익성이 아버지 신흠의 유문 22권을 바침
인조 08년(1630) 목릉을 옮기게 되었는데 해숭위 윤신지가 선공감 제조에 임명됨
인조 09년(1631) 03월 13일 동양위 신익성이 『역전 易傳』을 바치며 차자를 올림
인조 09년(1631) 04월 18일 달성위 서경주의 아버지 서성 졸
인조 10년(1632) 03월 11일 정원군의 묘인 흥경원을 장릉으로 고침
인조 10년(1632) 03월 12일 인조가 사묘에 친제하고 아울러 인빈을 제사함
인조 10년(1632) 04월 01일 정원군의 존호를 경덕으로 고침
인조 10년(1632) 05월 02일 정원군을 원종으로 추존하고 책보를 올리는 예를 행함
인조 10년(1632) 05월 04일 원종 아들 능원군과 능창군이 각각 대군에 임명됨
인조 10년(1632) 06월 28일 인목왕후가 승하하자 신익성이 빈전도감 제조가 됨
인조 10년(1632) 12월 25일 전창위 유정량이 남의 딸을 강탈하여 첩을 삼아 파직됨
인조 10년(1632) 동양위 신익성이 45세 때 원종 추숭을 반대하여 질책을 받음
인조 10년(1632) 구사맹이 능안부원군에 추봉됨
인조 10년(1632) 윤신지가 정1품 성록대부로 승진함
인조 11년(1633) 09월 20일 동양위 신익성이 역사를 편찬하는 곳에서 술을 마셨다
　　　　　　　　고 하여 사간원의 탄핵을 받음
인조 11년(1633) 계곡 장유에게 인빈 김씨 신도비명을 쓰게 함
인조 11년(1633) 여진족이 위협하자 동양위 신익성이 상소를 올려 계책을 말하니
　　　　　　　　인조가 불러보고 대책을 물어봄
인조 13년(1635) 금양위 박미가 44세 때 아버지 박동량이 서호에서 졸
인조 13년(1635) 12월 30일 금양위 박미의 아버지 박동량이 관작을 회복함
인조 13년(1635) 해숭위 윤신지가 상소하여 너무 자주 능침을 개수하지 말고 보수
　　　　　　　　만 할 것을 주청하여 허락받음
인조 13년(1635) 해숭위 윤신지가 인열왕후가 승하하자 돈장을 맡음
인조 14년(1636) 12월 17일 동양위 신익성이 주화파 대신들이 세자를 청나라에 볼
　　　　　　　　모로 보내자고 하자 칼을 뽑아 그들을 위협함
인조 14년(1636) 12월 17일 동양위 신익성이 병자호란 때 끝까지 싸울 것을 주장함

인조 14년(1636) 12월 금양위 박미가 병자호란이 일어나니 아버지 3년상을 치르다
           가 인조를 호종하러 강화도로 가서 기다리는데 인조는 남한
           산성으로 들어가니 묘사를 따라 강화도로 들어감
인조 14년(1636) 병자호란이 일어나자 의창군이 인조를 따라 남한산성에 들어감
인조 14년(1636) 정혜옹주가 병자호란으로 강화로 피신함
인조 14년(1636) 해숭위 윤신지가 병자호란 때 왕명을 받아 강화에 감
인조 15년(1637) 01월 03일 동양위 신익성이 오랑캐의 글을 태워버리라고 상소함
인조 15년(1637) 09월 17일 정혜옹주 아들 윤구가 32세로 졸
인조 15년(1637) 10월 28일 동양위 신익성이 김상용의 절개를 논한 차자를 올림
인조 15년(1637) 금양위 박미가 병자호란이 끝나고 서울로 돌아와서 아버지 삼년상
           을 마치고 아버지 공신 작위를 이어받아 금양군이 됨
인조 16년(1638) 09월 10일 금양위 박미가 동지 겸 성절사로 청나라 심양에 감
인조 16년(1638) 11월 17일 정혜옹주 졸
인조 16년(1638) 동양위 신익성이 오위도총부 도총관에 제수되었으나 사퇴함
인조 17년(1639) 02월 정미일에 정혜옹주를 광주 저도에 장례지냄
인조 17년(1639) 06월 25일 동양위 신익성이 삼전도비 서사관에 임명됨
인조 17년(1639) 06월 26일 동양위 신익성이 삼전도 비문 전문 쓰기를 거부하고 사
           퇴하여 끝내 쓰지 않음
인조 18년(1640) 8월 해숭위 윤신지가 59세 때 아버지 윤방 졸
인조 19년(1641) 02월 신미일에 정혜옹주묘를 삭녕군 가재동으로 이장함
인조 19년(1641) 07월 01일 광해군 제주도에서 향년 67세로 졸
인조 20년(1642) 08월 03일 신익성이 55세 때 아들 신면이 이조좌랑에 임명됨
인조 20년(1642) 신익성이 최명길·김상헌·이경여 등과 함께 심양에 붙잡혀가 억
           류당하였으나 조금도 굴하지 않음
인조 20년(1642) 해숭위 윤신지가 3년상을 마치니 선공감 제조에 임명됨
인조 21년(1643) 02월 11일 신익성이 김상헌 등과 함께 용골대의 심문을 받음
인조 21년(1643) 09월 29일 달성위 서경주 65세로 졸
인조 22년(1644) 동양위 신익성이 봄에 병이 심해짐
인조 22년(1644) 04월 08일 해숭위 윤신지가 63세 때 아들인 윤지 졸
인조 22년(1644) 07월 28일 동양위 신익성이 병이 위중해지자 차자를 올리고, 인하
           여 자신이 찬한『황극경세서동사보편』9권을 바침
인조 22년(1544) 08월 02일 동양위 신익성이 명례방 집에서 향년 57세로 졸
인조 22년(1544) 10월 17일 동양위 신익성을 광주 사부촌 정숙옹주 묘에 합장함

인조 22년(1644) 금양위 박미가 여름에 중풍을 맞음

인조 23년(1645) 01월 15일 금양위 박미가 54세로 태평동 집에서 졸

인조 23년(1645) 04월 금양위 박미를 아버지 박동량 묘 옆에 장시지냄

인조 23년(1645) 10월 15일 의창군 향년 57세로 졸

인조 23년(1645) 해숭위 윤신지가 소현세자 상에 도감 당상으로 묘소에 나감

인조 24년(1646) 07월 06일 전창위 유정량이 사은사로 청나라에 감

인조 24년(1646) 12월 16일 전창위 유정량이 청나라에서 돌아옴

인조 25년(1647) 04월 24일 정신옹주가 아들 서정리가 수령으로 있는 충원에 가려
　　　　　　　　 하였으나 사간원에서 못하게 하여 고만 둠

인조 25년(1647) 해숭위 윤신지가 수리도감 제조로 창덕궁을 영조함

인조 27년(1649) 05월 08일 인조가 승하하니, 해숭위 윤신지가 도감 당상이 됨

효종대

효종 02년(1651) 01월 21일 전창위 유정량이 61세에 진향사로 청나라에 감

효종 02년(1651) 03월 02일 유정량이 청나라에서 돌아와 섭정왕 모역사건을 알림

효종 02년(1651) 03월 14일 조익이 지은 윤방의 시장 중 소현세자 부인인 민회빈
　　　　　　　　 강씨에 대해 빈궁이라 하여 문제가 발발함

효종 02년(1651) 03월 18일 해숭위 윤신지가 아버지 윤방의 시장은 이식이 지은 것
　　　　　　　　 을 조익이 고치지 않고 올린 것이라고 해명함

효종 02년(1651) 11월 25일 인흥군 48세로 졸

효종 04년(1653) 02월 정신옹주 향년 72세로 졸

효종 04년(1653) 04월 15일 정신옹주의 자손에게 3년 상을 지내는 동안 녹봉을 그
　　　　　　　　 대로 지급하도록 함

효종 04년(1653) 윤07월 14일 전창위 유정량 부인 정휘옹주가 환갑인 61세로 졸

효종 06년(1655) 01월 15일 전창위 유정량이 65세에 사은사가 됨

효종 06년(1655) 04월 12일 전창위 유정량이 사은사로 청나라에 감

효종 07년(1656) 01월 10일 정인옹주 67세로 졸

효종 08년(1657) 05월 03일 해숭위 윤신지가 향년76세로 졸

효종 08년(1657) 08월 26일 해숭위 윤신지를 고양군 원당리에 장사지냄

효종 09년(1658) 08월 14일 전창위 유정량이 북경에서 돌아옴

현종대

현종 01년(1660) 정안옹주 71세로 졸
현종 04년(1663) 04월 22일 전창위 유정량이 73세로 졸
현종 04년(1663) 06월 19일 전창위 유정량을 양주 도봉산에 예장함
현종 09년(1668) 02월 14일 정신옹주와 달성위의 천장에 예장을 내려줌
현종 13년(1673) 우암 송시열이 신화국의 묘표를 찬함

숙종대

숙종 06년(1680) 04월 26일 경신대출척으로 의창군 후사인 복창군 이정이 역모죄로
          죽음
숙종 06년(1680) 06월 20일 이 무렵에 인빈 김씨의 사당을 짓고 있음
숙종 08년(1682) 12월 11일 정신옹주 손자인 서문중이 당시의 사치스러운 폐단을
          말하면서, 할머니 정신옹주의 검소한 기풍을 말함
숙종 09년(1683) 06월 20일 인빈 김씨 사우의 공역이 끝남
숙종 12년(1686) 12월 21일 해숭위 윤신지에게 문목이라는 시호를 내림
숙종 14년(1688) 12월 24일 숭선군 아들 동평군 이항의 집에서 인빈의 제사를 받듦
숙종 19년(1693) 01월 02일 의안군에게 의회라는 시호가 내려짐
숙종 19년(1693) 09월 02일 임금이 개성부에 있는 인빈의 부모 묘에 치제하게 함
숙종 27년(1701) 11월 06일 인빈의 제사를 받들고 있는 동평군을 사사하라고 명함
숙종 27년(1701) 11월 08일 임양군이 인빈방 및 의창군의 제사를 받들게 함
숙종 27년(1701) 11월 10일 예조에서 의창군의 봉사를 낙선군 대신 임양군의 이름
          으로 입안을 성급하기를 청하니 윤허함
숙종 34년(1708) 05월 06일 전창위 유정량에게 효정이란 시호가 내려짐

영조대

영조 15년(1739) 08월 19일 인빈 김씨 어머니 이씨의 묘소가 있는 곳을 묻고, 회가
          한 뒤에 예관을 보내어 치제하라고 명함
영조 19년(1743) 06월 13일 인빈 사우는 따로 세우고 봉사자는 관직을 세습케 함
영조 19년(1743) 06월 20일 인빈의 별묘를 다시 세울 때 경비를 보조케 함

영조 19년(1743) 06월 21일 인빈의 사우에 전배하고 돌아온 후에 내시와 예관을 보
　　　　　　　　내 사우에 치제하게 함

영조 19년(1743) 06월 22일 인빈의 사우에 거둥하여 대원군 사우처럼 수리하게 하
　　　　　　　　고 숙빈의 사우도 전배함

영조 21년(1745) 08월 26일 영조가 예관을 보내어 김한우 부인의 묘에 치제하게 함

영조 22년(1746) 02월 27일 좌의정 송인명이 신익성에게 시호를 내릴 것을 청함

영조 22년(1746) 10월 07일 동양위 신익성에게 문충이라는 시호가 내려짐

영조 24년(1748) 05월 23일 임금이 인빈의 사우를 중수하는 일이 끝나서 종신을 보
　　　　　　　　내어 치제함

영조 25년(1749) 10월 08일 인빈의 제사를 받들고 있는 이증을 제주에 안치할 것을
　　　　　　　　명하고 그가 경과하는 고을로 하여금 약물을 돕게 함

영조 30년(1754) 12월 23일 절의를 지킨 동양위 신익성 아들 신경에게 벼슬을 추증
　　　　　　　　할 것을 김상로가 아뢰어 허락됨

영조 31년(1755) 06월 01일 이증의 동생인 이학이 복주됨

영조 31년(1755) 06월 02일 인빈의 궁은 저경, 무덤은 순강원으로 정해짐

영조 31년(1755) 06월 02일 저경궁에 시호를 올리고 고묘·반교·진하를 예에 의
　　　　　　　　해 거행하도록 함

영조 31년(1755) 06월 02일 승지를 보내 의창군 묘에 치제함

영조 31년(1755) 06월 03일 임금이 저경궁의 고유제를 친히 행하고 환궁함

영조 31년(1755) 06월 04일 예조의 건의로 순강원 수호군으로 원호 30명을 입역시킴

영조 31년(1755) 06월 05일 의창군의 묘를 수진궁에서 거행케 함

영조 31년(1755) 06월 05일 판중추부사 유척기가 인빈의 죽책문을 짓지 못한다고
　　　　　　　　했으나 불허함

영조 31년(1755) 06월 05일 저경궁의 상시 고유제 및 봉안제의 의전에 대해 전교함

영조 31년(1755) 06월 08일 임금이 저경궁 고유제에 쓸 향을 명정전에서 친히 전함

영조 31년(1755) 06월 09일 임금이 순강원 고유제에 쓸 향을 명정전에서 친히 전함

영조 31년(1755) 06월 14일 증 숙의 이씨에게 경빈을 추증함

영조 31년(1755) 06월 19일 예조의 건의로 육상궁의 예에 의해 저경궁의 중삭제를
　　　　　　　　시행토록 함

영조 31년(1755) 06월 22일 새벽에 좌참찬 서종급에게 경혜 인빈의 시책보를 올리
　　　　　　　　게 하고 친제함

영조 31년(1755) 06월 22일 인빈 김씨의 죽책문을 이천보가 짓고 신만이 쓰고 전문

은 김한신이 씀

영조 31년(1755) 06월 23일 인빈 시호를 올리고 원을 봉한 것을 하례함

영조 31년(1755) 08월 04일 임금이 순강원에 나가 친제함

영조 31년(1755) 08월 06일 순강원기를 친히 지어 판에 새겨 걸도록 함

영조 31년(1755) 09월 25일 춘당대에 나가 정시를 보고 심이지 등 15인을 뽑음

영조 31년(1755) 12월 04일 대신·관각 당상·정부·육조에서 의논하여 육상궁의
　　　　　　　　　　시호를 휘덕이라 올림

영조 31년(1755) 12월 26일 이조 당상에게 저경궁과 육상궁의 외친에게 증직을 명함

영조 32년(1756) 02월 06일 육상궁·저경궁의 축문에 대해 명함

영조 38년(1762) 07월 06일 의안군 집에 제사를 지내도록 함

정조대

정조 14년(1790) 03월 16일 해주 유생 정지근 등이 인빈 탄생지이자 인조 탄생지인
　　　　　　　　　　해주에 비석과 전각을 지을 것을 상소함

정조 15년(1791) 01월 02일 정조가 사릉에 가는 길에 구사맹의 묘에 치제함

정조 21년(1797) 08월 17일 정조가 안산 행궁을 출발하여 현륭원에서 작헌례를 행
　　　　　　　　　　하고 수원 행궁에서 머물면서 정안옹주묘에 치제하도록 함

용어해설과 품계표

용어 해설

✥ 공신(功臣): 자기의 공훈(功勳)으로 공신의 봉작(封爵: 君)을 받은 사람. 봉작은 세습하는데 그 봉작을 승계(承繼: 承襲)받아서 공신의 예(例)에 들은 사람과 구별하여 특히 친공신(親功臣)이라 한다

✥ 공주(公主): 왕의 적녀(嫡女)

✥ 관직(官職)의 정식 명칭(正式名稱): 계(階)·사(司)·직(職) 순
예시) 대광보국숭록대부(大匡輔國崇祿大夫: 階) 의정부(議政府: 司) 영의정 (領議政: 職)

✥ 교명(敎命): 왕비(王妃)를 책봉(冊封)하는 교명(王命)을 말하는 것이며 본시 왕의 정부인(正夫人)인 왕비는 품계가 없으므로 빈이 왕비로 승격(昇格)하면 품계가 없게 된다

✥ 국장(國葬): 왕·왕비·대비·왕대비 및 왕세자 등의 장례

✥ 군부인(郡夫人): 왕자군(王子君)의 부인

✥ 군주(郡主): 왕세자의 적녀(정2품)

✥ 궁인직(宮人職): 종4품 숙원(淑媛) 이상은 실제로 왕의 부실(副室, 妾)로서 궁중(宮中)에서 직무(職務)는 없으나 정5품 상궁 이하는 궁녀(宮女)로서 각각 그 명칭이 표시하는 바와 같은 직무가 있다

✥ 내명부(內命婦): 궁중(宮中)에서 봉직(奉職)하는 여관(女官)으로서 품계(品階)가 있는 사람

✥ 대감(大監): 공사교제시(公社交際時) 정2품 이상을 부르는 호칭

✥ 대군(大君): 왕의 적자(嫡子)

✥ 대원군(大院君): 방계(傍系)에서 왕위를 계승(繼承)한 때에 그 왕의 생부(生父)

✥ 봉보부인(奉保夫人): 왕의 유모(종1품)

✥ 봉작: 왕자(王子)·왕손(王孫) 또는 공신 등을 군으로 봉하고 또는 외명부에게 그 남편의 관직에 상응한 부인직(夫人職)을 하사(下賜)하는 것을 말하는 것이다

✥ 부부인(府夫人): 왕비(王妃)의 어머니(정1품), 대군(大君)의 부인(정1품)

✥ 부인의 봉작(封爵)은 그 남편의 관직(官職)에 좇는다.
첩(妾)의 소생녀(所生女) 및 남편의 생전(生前)에 개가(改嫁)한 사람은 봉작

(封爵)하지 아니하며 남편의 사후(死後)에 재가(再嫁)한 사람은 이미 하사(下賜)한 봉작(封爵)을 박탈(剝奪)한다. 왕비(王妃)의 어머니, 왕세자(王世子)의 딸 및 종친(宗親)으로서 2품 이상인 사람의 부인은 모두 읍호(邑號)를 쓴다.
보(補): 종친은 대군·왕자군의 부인 이외에는 읍호를 쓰지 아니한다

✤ 빈(嬪): 정1품이나 교명(敎命)을 받은 사람은 품계(品階)가 없다

✤ 새보(璽寶): 왕실의 인장(印章). 옥인(玉印)을 새(璽)라 하고 금인(金印)을 보(寶)라 한다. 새보에는 대보(大寶)·시령지보(施令之寶)·이덕보(以德寶)·유서지보(諭書之寶)·과거지보(科擧之寶)·선사지보(宣賜之寶) 및 규장지보(奎章之寶) 등이 있다.

✤ 선왕(先王): 현재 재위한 왕[今上]의 선대(先代)의 왕

✤ 선원제파(璿源諸派): 왕실(王室)의 제지손(諸支孫)으로서 선원보(璿源譜)에 등록(登錄)된 사람

✤ 세자빈(世子嬪): 왕세자(王世子)의 정부인(正夫人)

✤ 시호(諡號): 고관(高官) 또는 공훈(功勳)이 있는 사람에게 사후(死後)에 주는 존칭(尊稱)

✤ 양첩(良妾): 첩(妾)에는 두 종류가 있으니 서민(庶民)의 여자가 첩(妾)이 되면 양첩(良妾)이라 하고, 노비(奴婢) 또는 기(妓)·백정(白丁) 등의 여인이 첩(妾)이 되면 천첩(賤妾)이라 한다

✤ 영감(令監): 공사교제시(公社交際時) 당상관(堂上官)을 부르는 호칭

✤ 영종정경(領宗正卿): 대군(大君)·왕자군(王子君)이 의례(依例)히 겸임한다

✤ 옹주(翁主): 왕의 서녀(庶女)

✤ 왕자군(王子君): 왕의 서자(庶子)

✤ 외명부(外命婦): 종친의(宗親) 딸, 그들의 처(妻) 및 문무관(文武官)의 처(妻)로서 봉작(封爵)을 받은 사람

✤ 원손(元孫): 왕의 장손(長孫)으로 아직 왕세손(王世孫)으로 책봉되지 않은 사람

✤ 원자(元子): 왕의 장자(長子)로서 아직 왕세자(王世子)로 책봉되지 않은 사람

✤ 예장(禮葬): 왕비의 부모·빈(嬪)·귀인(貴人)·대군과 왕자군 및 그 부인(夫人), 공주(公主)·옹주(翁主), 1품관 및 공신 등의 장례에는 국가에서 위의(威儀)를 차려 주기 위하여 인원(人員)과 물품(物品)을 공여(供與)하고 예장이라 칭함

✤ 읍호(邑號): 읍(邑)은 오늘의 시(市) 또는 군(郡)과 같은 부(府)·목(牧)·군(郡) 또는 현(縣) 등의 소재지(所在地)를 말하는 것이며 종친(宗親)의 처(妻)

는 그 봉작칭호(封爵稱號)에 그의 본관(本貫)의 읍호(邑號)를 붙인다
예시) 韓山李氏 府夫人, 密城朴氏 郡夫人 등

✥ 의빈(儀賓): 왕 및 왕세자(王世子)의 여서(女婿)를 말함

✥ 적장자(嫡長子): 적출(嫡出)의 장남(長男)

✥ 종부시(宗簿寺): 선원보첩(璿源譜牒)을 편집(編輯) 기록하고 종실의 비위(非違)를 조사(調査) 규탄(糾彈)하는 임무를 담당

✥ 종반(宗班): 종친(宗親)으로서 관계(官階)가 있는 사람

✥ 종성(宗姓): 왕과 동성(同姓) 즉 조선의 국성(國姓)인 전주이씨

✥ 종재(宗宰): 종친(宗親) 중의 수석(首席)인 대군(大君) 및 왕자군(王子君)

✥ 종정경(宗正卿): 종친(宗親)으로서 봉군(封君)된 모든 사람 및 종성(宗姓)인 관원으로서 2품 이상인 사람으로써 정원이 없이 상주(上奏)하여 임명한다

✥ 종친(宗親): 왕(王)의 부계친(父系親)으로서 촌수(寸數)가 가까운 사람. 대군 (大君)의 자손(子孫)은 그의 4대손(代孫)까지를, 왕자군(王子君)의 자손은 그 의 3대손(代孫)까지를 봉군(封君)하여 종친(宗親)으로 예우(禮遇)한다

✥ 종친(宗親)·종친(宗親)의 처(妻)·의빈(儀賓)의 각 종1품 이하는 후기에서는 그 품계의 칭호가 일반 문관·문관의 처의 호칭과 동일하게 되었다. (품계 표 2 참조)

✥ 종친(宗親)의 부인: 『경국대전』에 의하면 대군과 왕자군의 처는 부부인(府夫 人) 또는 군부인(郡夫人)이라 일컫고 그 이하의 종친의 부인에게는 그 남편 의 품계에 따라서 현부인(縣夫人) 내지 순인(順人) 등의 칭호를 봉작하였으 나 대전통편에서는 종친의 처의 특별한 봉작칭호를 폐지하고 문무관의 처와 동일한 칭호로서 그 남편의 품계에 좇아 봉작하였다

✥ 종친부(宗親府): 역대 국왕의 계보(系譜)와 초상화(肖像畵)를 보관하고 국왕 과 왕비의 의복(衣服)을 관리하며 선원제파(璿源諸派)를 감독한다

✥ 중자(衆子): 차남(次男) 이하의 제적출자(諸嫡出子)

✥ 출육(出六, 陞六): 참하(參下)에서 참상(參上)으로 되는 것

✥ 품(品, 流品): 관료(官僚)의 등급(等級)

✥ 행수법(行守法): 관직에는 각각 소정(所定)의 품계가 있으나 예외의 경우도 많아서 「계고직비(階高職卑)」이면 「행(行)」이라하고, 「계비직고(階卑職高)」이 면 「수(守)」라 하였다   예시) 종1품계를 가진 이가 정2품인 이조판서가 되 면 崇政大夫行吏曹判書라 하고 종2품계를 가진 이가 정2품직인 대제학이 되면 嘉善大夫守弘文館大提學이라 하였다

✥ 현주(縣主): 왕세자의 서녀(정3품)

품 계 표

< 한글 품계표 1 >

구분 품계	내명부		종친	외명부 종친처	외명부		의빈
	왕궁	세자궁					
무계	빈		대군 왕자군		공주 옹주		
정1품	빈		군	현록대부 흥록대부 후기에는 상보 국숭록대부	부부인 (대군처) 군부인 (왕자군처)		위	수록대부 성록대부 후기에는 상보 국 숭록대부
종1품	귀인		군	소덕대부 (수덕)-후개 가덕대부	군부인		위	광덕대부 (정덕)-후개 숭덕대부 (명덕)-후개
정2품	소의		군	승헌대부 승헌대부	현부인	군주	위	봉헌대부 통헌대부
종2품	숙의	양제	군	중의대부 정의대부 (소의)-후개	현부인		위	자의대부 순의대부
정3품	소용		도정	명선대부	신부인	현주	부위	봉순대부
정3품			정	창선대부			첨위	정순대부
종3품	숙용	양원	부정	보신대부 자신대부	신인		첨위	명신대부 돈신대부
정4품	소원		수	선휘대부 광화대부	혜인			
종4품	숙원	승휘	부수	봉성대부 광성대부				
정5품	(이하계 궁인직) 상궁 상의		영	통직랑 병직랑	온인			
종5품	상복 상식	소훈	부령	근절랑 신절랑				
정6품	상침 상공		감	집순랑 종순랑	순인			

< 한자 품계표 1 >

區分 / 品階	內命婦 王宮	內命婦 世子宮	宗親		外命婦 宗親妻	外命婦	儀賓	
無階	嬪		大君 王子君			公主 翁主		
正1品	嬪		君	顯祿大夫 興祿大夫 後期에는 上輔 國崇祿大夫	府夫人 (大君妻) 郡夫人 (王子君妻)		尉	綏祿大夫 成祿大夫 後期에는 上輔 國 崇祿大夫
從1品	貴人		君	昭德大夫 (綏德)-後改 嘉德大夫	郡夫人		尉	光德大夫 (靖德)-後改 崇德大夫 (明德)-後改
正2品	昭儀		君	崇憲大夫 承憲大夫	縣夫人	郡主	尉	奉憲大夫 通憲大夫
從2品	淑儀	良娣	君	中義大夫 正義大夫 (昭義)-後改	縣夫人		尉	資義大夫 順義大夫
正3品	昭容		都正	明善大夫	愼夫人	縣主	副尉	奉順大夫
正3品			正	彰善大夫			僉尉	正順大夫
從3品	淑容	良媛	副正	保信大夫 資信大夫	愼人		僉尉	明信大夫 敦信大夫
正4品	昭媛		守	宣徽大夫 廣徽大夫	惠人			
從4品	淑媛	承徽	副守	奉成大夫 光成大夫				
正5品	(以下係 宮人職) 尚宮 尚儀		令	通直郎 秉直郎	溫人			
從5品	尚服 尚食	昭訓	副令	謹節郎 愼節郎				
正6品	尚寢 尚功		監	執順郎 從順郎	順人			

< 한글 품계표 1 - 앞과 연결 >

구분 품계	내명부		종친	외명부 종친처	외명부	의빈
	왕궁	世子宮				
종6품	상정 상기	(이하계 궁인직) 수규 수칙				
정7품	전빈 전의 전선					
종7품	전설 전제 전언	장찬 장정				
정8품	전찬 전식 전약					
종8품	전등 전채 전정	장서 장봉				
정9품	주궁 주상 주각					
종9품	주변징 주징 주우 주변궁	장장 장식 장의				

< 한자 품계표 1 - 앞과 연결 >

區分 / 品階	內命婦		宗親	外命婦 宗親妻	外命婦	儀賓
	王宮	世子宮				
從6品	尙正 尙記	(以下係宮人職) 守閨 守則				
正7品	典賓 典衣 典膳					
從7品	典設 典製 典言	掌饌 掌正				
正8品	典贊 典飾 典藥					
從8品	典燈 典彩 典正	掌書 掌縫				
正9品	奏宮 奏商 奏角					
從9品	奏變徵 奏徵 奏羽 奏變宮	掌藏 掌食 掌醫				

< 한글 품계표 2 >

구분 품계			동반	서반	외명부 (문무관처)	잡직 동반	잡직 서반	토관직 동반	토관직 서반
참	당 상	정1품	대광보국숭록대부(의정) 상보국숭록대부 (국구,종친,의빈 – 후기) 보국숭록대부		부부인 (왕비모) 정경부인				
		종1품	숭록대부 숭정대부		봉보부인 (대전유모) 정경부인				
		정2품	정헌대부 자헌대부		정부인				
		종2품	가정대부 (가의)-후개 가선대부						
		정3품	통정대부	절충장군	숙부인				
상	당 하	정3품	통훈대부	어모장군	숙인				
		종3품	중직대부 중훈대부	건공장군 보공장군					
		정4품	봉정대부 봉열대부	진위장군 소위장군	영인				
		종4품	조산대부 조봉대부	정략장군 선략장군					
		정5품	통덕랑 통선랑	과의교위 충의교위	공인			통의랑	건충대위
		종5품	봉직랑 봉훈랑	현신교위 창신교위				봉의랑	여충대위
		정6품	승의랑 승훈랑	돈용교위 진용교위	의인	공직랑 여직랑	봉임교위 수임교위	선직랑	건신대위
		종6품	선교랑 선무랑	여절교위 병절교위		근임랑 효임랑	현공교위 적공교위	봉직랑	여신대위
참 하		정7품	무공랑	적순부위	안인	봉무랑	등용부위	회공랑	돈의도위
		종7품	계공랑	분순부위		승무랑	선용부위	주공랑	중의도위
		정8품	통사랑	승의부위	단인	면공랑	맹건부위	공무랑	분용도위
		종8품	승사랑	수의부위		부공랑	장건부위	직무랑	효용도위
		정9품	종사랑	효력부위	유인	복근랑	치력부위	계사랑	여력도위
		종9품	장사랑	전력부위		전근랑	근력부위	시사랑	탄력도위

< 한자 품계표 2 >

品階		區分	東班	西班	外命婦 (文武官妻)	雜職		土官職	
						東班	西班	東班	西班
參 上	堂 上	正1品	大匡輔國崇祿大夫(議政) 上輔國崇祿大夫 (國舅,宗親,儀賓 - 後期) 輔國崇祿大夫		府夫人 (王妃母) 貞敬夫人				
		從1品	崇祿大夫 崇政大夫		奉保夫人 (大殿乳母) 貞敬夫人				
		正2品	正憲大夫 資憲大夫		貞夫人				
		從2品	嘉靖大夫 (嘉義)-後改 嘉善大夫						
		正3品	通政大夫	折衝將軍	淑夫人				
上	堂 下	正3品	通訓大夫	禦侮將軍	淑人				
		從3品	中直大夫 中訓大夫	建功將軍 保功將軍					
		正4品	奉正大夫 奉列大夫	振威將軍 昭威將軍	令人				
		從4品	朝散大夫 朝奉大夫	定略將軍 宣略將軍					
		正5品	通德郞 通善郞	果毅校尉 忠毅校尉	恭人			通議郞	健忠隊尉
		從5品	奉直郞 奉訓郞	顯信校尉 彰信校尉				奉議郞	勵忠隊尉
		正6品	承議郞 承訓郞	敦勇校尉 進勇校尉	宜人	供職郞 勵職郞	奉任校尉 修任校尉	宣職郞	健信隊尉
		從6品	宣教郞 宣務郞	勵節校尉 秉節校尉		謹任郞 效任郞	顯功校尉 迪功校尉	奉職郞	勵信隊尉
參 下		正7品	務功郞	迪順副尉	安人	奉務郞	騰勇副尉	熙功郞	敦義徒尉
		從7品	啓功郞	奮順副尉		承務郞	宣勇副尉	注功郞	守義徒尉
		正8品	通仕郞	承義副尉	端人	勉功郞	猛健副尉	供務郞	奮勇徒尉
		從8品	承仕郞	修義副尉		赴功郞	壯健副尉	直務郞	效勇徒尉
		正9品	從仕郞	效力副尉	孺人	服勤郞	致力副尉	啓仕郞	勵力徒尉
		從9品	將仕郞	展力副尉		展勤郞	勤力副尉	試仕郞	彈力徒尉

출전:『대전회통 大典會通』,『선원강요 璿源綱要』

묘비(墓碑)와 분영(墳塋) 제도

1. 묘비(墓碑)

	광 기 (廣 記)						당장령 唐葬令
	수(首)		신(身)		부(趺)		
		고 高	비신고 碑身高	활 闊	귀부고 龜趺高		
封王	이수 螭首	3尺 2寸	9尺	3尺 6寸		3尺 8寸	五品以上 螭首龜趺 降五品爲 碣石方趺 圓首 其高四尺
1품	螭首	3尺	8尺 5寸	3尺 4寸		3尺 6寸	
2품	개용인봉 盖用麟鳳	2尺 8寸	8尺	3尺 2寸		3尺 4寸	
3품	개용천록벽사 盖用天祿辟邪	2尺 6寸	7尺 5寸	3尺		3尺 2寸	
4품		2尺 4寸	7尺	2尺 8寸		3尺	
5품	원수 圓首	2尺 2寸	6尺 5寸	2尺 6寸	방부고 方趺高	2尺 8寸	
6품		2尺	6尺	2尺 4寸		2尺 6寸	
7품		1尺 8寸	5尺 5寸	2尺 2寸		2尺 4寸	

2. 분영(墳塋)과 석물(石物)

	광 기 (廣 記)								
	분영(墳塋)				석물(石物)				
	영지주위 塋地周圍	매면 每面	분고 墳高	사위분장고 四圍墳墻高	석인 石人	석호 石虎	석양 石羊	석마 石馬	망주석 望柱石
封王	100步	25步	2丈	1丈	4	2	2	2	2
1품	90步	22步半	1丈 8尺	9尺	2	2	2	2	2
2품	80步	20步	1丈 6尺	8尺	2	2	2	2	2
3품	70步	17步半	1丈 4尺	7尺		2	2	2	2
4품	60步	15步	1丈 2尺	6尺					
5품	50步	12步半	1丈	5尺			2	2	2
6품	40步	10步		8尺					
7품	30步	7步半		8尺					
庶人	9步	穿心計 18步							

* 封王 石物 石人 ; 文二武二 (가례원류)
* 1품 石物 石人 ; 文官用文武官用一文一武 (가례원류)
* 2품 石物 石人 ; 文官用文石二武官用一文一武 (가례원류)
* 5품의 四圍墳墻高가 『가례원류』에는 4尺으로 나옴
* 『가례원류』에 4품의 石物 가운데 石羊대신 石虎 있음
  『가례증해』에 5품이하 無石虎라고만 되어 있음

< 근 거 >
이의조(李宜朝), 1824년경, 『가례증해(家禮增解)』 권6
유 계(兪 棨), 1713년경, 『가례원류(家禮源流)』 권10
이민식(李敏植), 1996,「朝鮮時代 陵墓碑에 關한 研究」-京畿道 地方을 中心으로-
        (한성대학교 석사학위논문)

3. 분묘 면적

```
1품 90보 평방(平方)에, 사면(四面)이 각각 45보(步)
2품 80보 평방
3품 70보 평방
4품 60보 평방
5품 50보 평방
6품 40보 평방
7품 30보 평방
8품 30보 평방
9품 30보 평방
서인  5보 평방
* 전조(前朝) 문왕 37년에 정한 제도를 쓴 것이다.

                              보수(步數) 단위: 주척(周尺)
```

4. 석상·석인의 크기

단위: 영조척(營造尺)

구분 등급	석상(石床)		석인(石人)
	길이〔長〕	너비〔廣〕	길이〔長〕
대군(大君)	7척	4척	6척
1품	6척 5촌	3척 7촌 5푼	5척 5촌
2품	〃	〃	〃
3품	6척	3척 5촌	5척
4품	〃	〃	〃
5품	〃	〃	〃
6품	〃	〃	〃
7품 이하 / 생원진사(生員進士) / 유음자제(有蔭子弟)	5척 5촌	3척	4척 5촌

* 주석
    주척(周尺): 자의 한가지. 곡척(曲尺)의 여섯치 6푼〔약 20cm〕을 한 자로 잡음
            주로 토지·도로의 측정과 사격장의 보법(步法) 등에 사용함
            1보(步): 주척(周尺) 6척(尺) / 1리(里): 3백 60보 / 1식(息): 30리
    영조척(營造尺): 목수(木手)들이 쓰는자. 목척(木尺)
            주척의 1자 4치 9푼〔分〕 9리(厘)에 해당함.
    곡척(曲尺): 곱자. 'ㄱ'자 꼴로 나무나 쇠로 만든 자.

< 근거 >
1. 분묘 면적: 태종 4년 3월 庚午(29) (조선왕조실록 1책 293쪽)
2. 석상·석인의 크기: 성종 5년 9월 辛未(19) (조선왕조실록 9책 147쪽)
3. 주석: 태종 15년 12월 丁丑(14) (2책 94쪽) / 『고법전용어집』(法制處, 1797년간)

찾아보기

찾아보기

※ 역사문화에서 나온 책

● 사상사 시리즈

한국의 사상사 시리즈는 문화의 발전과정이 그 당시를 대표하는 사상과 철학의 조류 속에서 정치, 경제, 사회의 발전과 의례, 미술, 음악 등의 문화가 형성됨을 알리기 위한 기획 시리즈이다.

조선시대 사상과 문화
朝鮮時代 思想과 文化

1998년 3월 4일 초판 발행
1999년 9월 21일 2쇄 발행
2000년 3월 6일 개정 발행
2001년 8월 17일 2쇄 발행

값 7,000 원

조선시대 사상사의 재조명
朝鮮時代 思想史의 再照明

1998년 7월 11일 초판 발행

값 12,000 원

※ 제1회 대산문화재단·교보문고 양서발간 지원 사업의 지원 대상 도서.

한국사상사
韓國思想史

1999년 9월 13일 초판 발행
2002년 9월 10일 2쇄 발행

값 9,000 원

● 정치사 시리즈

　조선의 정치사를 정리하는데 필수적인 요소가 되는 국왕 친인척을 조사하면서 정치사를 정리하기 시작하고, 이렇게 정리한 것을 강의하면서 일반 사람들은 정치사를 배우면서 역사에 흥미를 느끼고 역사가 중요하다고 평가를 하고 있다는 것을 알게 되었다. 왕위계승이나 왕실친인척과 연결하여, 그동안 왕조사관이라 하여 부정적으로 보아만 왔던 국왕 왕실 관계와 연결하여 설명해보려 하였다.

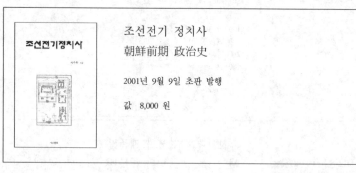

조선전기 정치사
朝鮮前期 政治史

2001년 9월 9일 초판 발행

값　8,000 원

< 근간 >

『선조대 정치사』
『광해군대 정치사』
『현종대 정치사』
『숙종대 정치사』

● 조선의 왕실 시리즈

　조선의 왕실 시리즈는 한국학이나 역사를 연구하는데 있어 인물 연구가
중요하면서도 기초적인 것이라는 것을 알면서도 연구의 작업량이 워낙 방대
하여 누구나 손쉽게 접근하지 못한 면이 많았다. 이에 역사의 중심이자 핵심
인 왕실의 인척 관계를 정리하고, 역사 속에서 커다란 역할을 했던 각 인물
에 대한 정리를 하기 위한 기획 시리즈이다.

태조대왕과 친인척
太祖大王과 親姻戚

1999년 2월 23일 초판 발행

값 8,000 원

정종대왕과 친인척
定宗大王과 親姻戚

1999년 9월 21일 초판 발행

값 10,000 원

중종대왕과 친인척 1
中宗大王과 親姻戚 1

2001년 6월 23일 초판 발행

값 8,000 원

중종대왕과 친인척 2
中宗大王과 親姻戚 2、

2001년 7월 11일 초판 발행

값 10,000 원

중종대왕과 친인척 3
中宗大王과 親姻戚 3

2001년 7월 27일 초판 발행

값 12,000 원

명종대왕과 친인척
明宗大王과 親姻戚

2002년 2월 28일 초판 발행

값 10,000 원

인조대왕과 친인척
仁祖大王과 親姻戚

2000년 11월 30일 초판 발행

값 10,000 원

효종대왕과 친인척
孝宗大王과 親姻戚

2001년 3월 26일 초판 발행

값 10,000 원

< 근간 >

『인종대왕과 친인척』
『광해군과 친인척』
『현종대왕과 친인척』